JN323119

横穴式石室と東国社会の原像

小林 孝秀 著

雄山閣

序 文

　本書は、小林君がこれまで研究の中心課題として、構造論や系譜論を中心に据えて真摯に追究してきた東国の横穴式石室を、そこで実施されたであろう儀礼にも目をくばって分析し、歴史的評価を与えた渾身の中間報告である。

　小林君は出身地（茨城県）である東国（特に関東）を主なフィールドとして、東国各地の地域間関係や系譜関係に留意しつつ、汎列島的に共通する性格やそれとは対照的な独自性の抽出などに情熱を傾けている。しかし、偏狭な郷土愛に陥ることなく、冷静な目で分析を行っている。そこでは畿内はもちろんのこと山陰や九州、さらには朝鮮半島までをも分析の対象とするグローバルな視点が特徴であり、多くの成果を収めている。この点では、1年間韓国慶北大學校に留学し李熙濬教授を始め多くの先生方から学んだ経験が生かされている。このような積年の努力の結果、関東における古墳時代の発展を畿内との関係にのみ求めるような従来よく見られた研究から一歩進め、複雑な実態に迫ることに成功した。すなわち、後期古墳時代（6世紀）になっても畿内一辺倒ではなく、山陰や九州との直接的な交流の存在を認め、さらには朝鮮半島に至る交流の実態を直視している。もちろん当該期において畿内の占める位置はとうてい無視できるものではなく、政治や文化の諸側面において列島社会の中心的存在であったことは誰しも認めるところである。小林君はそのことを基本に据えながらも、しかし畿内一辺倒ではない交流の実態を浮き彫りにした。それによって古代律令国家成立直前の様相と、成立に至る歴史的展開を明らかにすることに一定の成果を収めたのである。こうして5世紀後半から7世紀に至る東国社会の実態が、独自性を保持しつつ徐々に畿内の政権に組み込まれていく過程を描き出せたのである。

　小林君は駒澤大学において酒井清治教授から考古学の基礎を学び、次いで専修大学大学院に進学された。横穴式石室を研究の対象に選んだことから土生田と親交のある酒井教授の勧めもあって専修大学への進学を選択したという。また小林君が学部生当時、駒澤大学が研究を進めていた三河における古墳について、駒澤大学に招かれて考古談義をした土生田と意見交換したこともこの決断に至った要因であると聞いている。私にとって光栄の至りではあるが、その後の研究成果は小林君自身の努力のたまものであることは言うまでもないであろう。

　小林君は専修大学入学以来、各地の発掘に積極的に参加して見聞を広めた。特に群馬県高崎市山名伊勢塚古墳の調査では、発掘の当初から報告書の刊行に至るすべての段階において、学生の中心的存在として研究を主導してくれた。さらに入学前に専修大学が調査した剣崎長瀞西古墳群の報告書についても、多大の努力を傾けて刊行に至ったことは記憶に残っている。また、後輩にも多くの示唆や助言を行い、誰からも頼れる存在であり、彼らの親交は今日も続いている。後輩諸氏も大いに努力して小林君と対等に考古談義できるように精進してほしいと願っている。その意味においても今回の書籍刊行がもたらす効果をひそかに期待しているのである。

しかし、小林君の研究はまだその緒に就いたばかりである。山陰や九州地方、さらには朝鮮半島との直接的な関係を含むあらゆる交流の実態については、未だ十分に証明されたとまでは言い切れない部分が残っていることも事実である。冒頭で、本書を「中間報告」と称した所以である。今後はこれまでとは別の視角からこうした交流の実態を追究し、また横穴式石室以外の資料についても検証の手を広げてほしい。そしてそれらを総合することによって、東国の独自性と列島社会における普遍性についての、さらなる研究の深化がなされることを願っている。

土生田 純之

横穴式石室と東国社会の原像　目　次

序　文 ………………………………………………………………………… 土生田純之　1

序　章　本書の視点と課題
　1　研究の視角 …………………………………………………………………………… 11
　2　横穴式石室の研究とその意義 ……………………………………………………… 11
　3　横穴式石室の系譜と地域性への視座 ……………………………………………… 13
　4　東国横穴式石室研究の視点と方法 ………………………………………………… 19

第1章　横穴式石室の導入とその特質
第1節　横穴式石室導入の一側面―常陸高崎山2号墳の横穴式石室― …… 29
　1　高崎山2号墳の横穴式石室 ………………………………………………………… 29
　2　関東における横穴式石室の導入 …………………………………………………… 32
　3　導入期横穴式石室の系譜と高崎山2号墳の評価 ………………………………… 35
　4　小　結―関東における横穴式石室導入の一側面― ……………………………… 38

第2節　上野・下野の横穴式石室―導入と地域色― ……………………………… 41
　1　はじめに ……………………………………………………………………………… 41
　2　上野における横穴式石室の導入 …………………………………………………… 41
　3　下野における横穴式石室の導入 …………………………………………………… 45
　4　おわりに ……………………………………………………………………………… 47

第2章　横穴式石室の展開と地域社会の諸相
第1節　常陸南部における横穴式石室の系譜と地域性 ………………………… 51
　1　はじめに ……………………………………………………………………………… 51
　2　横穴式石室研究の視点 ……………………………………………………………… 51
　3　横穴式石室構造の伝播とその諸形態 ……………………………………………… 52
　4　横穴式石室構造の展開と地域性 …………………………………………………… 58
　5　結　語 ………………………………………………………………………………… 66

第2節　下野の刳り抜き玄門をもつ横穴式石室 …………………………………… 75
　1　はじめに ……………………………………………………………………………… 75
　2　下野の刳り抜き玄門への着目 ……………………………………………………… 75
　3　山陰の石棺式石室とその系譜について …………………………………………… 79
　4　下野における刳り抜き玄門の特質とその評価 …………………………………… 84
　5　刳り抜き玄門からみた伝播経路および交流の視座 ……………………………… 88

第3節　北武蔵における横穴式石室の動向とその系譜 …………………… 97
  1　はじめに ……………………………………………………………………… 97
  2　北武蔵の横穴式石室への着目 ……………………………………………… 97
  3　画期の設定と横穴式石室の諸系統 ………………………………………… 99
  4　北武蔵北西部の動向 ………………………………………………………… 99
  5　片袖石室の採用と展開 ……………………………………………………… 106
  6　胴張りをもつ複室両袖石室の導入と展開 ………………………………… 108
  7　結　語 ………………………………………………………………………… 113

第4節　南関東の横穴式石室―東京湾沿岸諸地域の様相から― …… 118
  1　はじめに ……………………………………………………………………… 118
  2　上総・東京湾東岸地域における横穴式石室の導入 ……………………… 119
  3　下総・現江戸川下流域における横穴式石室の導入 ……………………… 126
  4　結　語―東京湾沿岸諸地域における横穴式石室の導入とその評価― … 128

第3章　横穴式石室に見る上野の歴史動向

第1節　上野における横穴式石室研究の視角 ……………………………… 137

第2節　横穴式石室の構造と葬送儀礼の変化 ……………………………… 139
  1　はじめに ……………………………………………………………………… 139
  2　研究の視点 …………………………………………………………………… 139
  3　群集墳における土器出土状況とその変化 ………………………………… 141
  4　土器供献の変化とその諸段階 ……………………………………………… 146
  5　葬送儀礼の変化に見る群集墳の特質 ……………………………………… 151
  6　おわりに ……………………………………………………………………… 154

第3節　羨道部に区画をもつ横穴式石室 …………………………………… 160
  1　はじめに ……………………………………………………………………… 160
  2　葬送儀礼の変化に関する視点 ……………………………………………… 160
  3　羨道部に区画をもつ横穴式石室の諸例 …………………………………… 161
  4　羨道部に区画をもつ石室構造の評価 ……………………………………… 165
  5　おわりに ……………………………………………………………………… 167

第4節　東毛地域における古墳終末への一様相 …………………………… 170
  1　はじめに ……………………………………………………………………… 170
  2　巖穴山古墳の横穴式石室とその評価 ……………………………………… 171
  3　菅ノ沢古墳群の特徴とその歴史的意義 …………………………………… 177

第5節　横穴式石室から見た上野と畿内の関係性 ………………………… 186

第4章　石室系譜と地域間交流の史的理解
第1節　九州系石室の伝播と東国古墳の諸相 …………… 191
 1　はじめに ………………………………………… 191
 2　東海における九州系石室の動向 ……………… 192
 3　関東における後期前半の動向 ………………… 194
 4　関東における後期後半以降の動向 …………… 197
 5　まとめ …………………………………………… 202

第2節　関東の横穴式石室と朝鮮半島への視座
 　　　―「長鼓峯類型石室」の提起する問題― …… 207
 1　はじめに ………………………………………… 207
 2　関東における横穴式石室の特質と系譜の問題 … 207
 3　前二子古墳の系譜とその評価をめぐる問題 … 208
 4　朝鮮半島への視座 ……………………………… 209
 5　「長鼓峯類型石室」の提起する問題 ………… 214

第3節　太平洋沿岸の海上交通と横穴式石室
 　　　―千葉県匝瑳市関向古墳の石室構造から― … 217
 1　はじめに ………………………………………… 217
 2　関向古墳の横穴式石室 ………………………… 217
 3　系譜関係をめぐる検討から …………………… 221
 4　太平洋沿岸の海上交通をめぐって …………… 224
 5　おわりに ………………………………………… 230

終　章　古代国家の形成と東国社会
 1　横穴式石室の導入とその史的背景―日本海沿岸の海上交通網をめぐって― … 237
 2　横穴式石室の展開と東国社会の実相 ………… 251

図版出典 …………………………………………………… 270
あとがき …………………………………………………… 284

図版目次

序 章
第 1 図	畿内型石室（奈良県・市尾墓山古墳）	15
第 2 図	九州系石室の大別	17
第 3 図	山陰の石棺式石室	17
第 4 図	東海における九州系石室の導入	18
第 5 図	石室構造の用語・部位名称	21

第1章
第1節
第 6 図	高崎山2号墳の位置および墳丘	29
第 7 図	高崎山2号墳石室図	30
第 8 図	閉塞石の検出状況（写真）（写真提供：上高津貝塚ふるさと歴史の広場）	31
第 9 図	石室内出土状況および出土土器	31
第 10 図	石室内出土馬具	32
第 11 図	関東北西部における横穴式石室の導入と高崎山2号墳	34
第 12 図	飯沼天神塚古墳（雲彩寺古墳）の横穴式石室	35
第 13 図	「長鼓峯類型」の石室	36
第 14 図	前二子古墳と高崎山2号墳の石室	37

第2節
第 15 図	上野における導入期の横穴式石室	42
第 16 図	竪穴系埋葬施設の系譜を引く横穴式石室	43
第 17 図	朝鮮半島南部の両袖石室	44
第 18 図	下野における導入期の横穴式石室	46
第 19 図	興覚寺後古墳の石室	46

第2章
第1節
第 20 図	横穴式石室の導入	53
第 21 図	片袖石室の採用	55
第 22 図	単室両袖石室の採用	57
第 23 図	複室両袖石室の出現	60
第 24 図	複室両袖石室の波及	61
第 25 図	中台1号墳のL字形切り込み（写真）	62
第 26 図	御鷲山古墳の横穴式石室	62
第 27 図	平沢1号墳の門構造（写真）	63
第 28 図	L字形・コの字形加工の門構造をもつ横穴式石室	64
第 29 図	小見真観寺古墳・浅間山古墳の横穴式石室	65
第 30 図	下野における刳り抜き玄門使用石室	65
第 31 図	筑波山周辺麓地域の周縁における様相	69

第2節
第 32 図	下野における刳り抜き玄門を有する横穴式石室	77
第 33 図	出雲の石棺式石室	80
第 34 図	九州の横口式家形石棺および宇賀岳古墳の横穴式石室	82
第 35 図	九州における刳り抜き玄門を有する横穴式石室	83
第 36 図	関東における刳り抜き玄門関連資料とその分布	86
第 37 図	伯耆西部の石棺式石室	88
第 38 図	吾妻古墳石室の調査と推定復元図	90

第3節	第39図	無袖石室の導入と展開	100・101
	第40図	無袖石室の両袖化と単室両袖石室の展開	103
	第41図	幅広形で胴張りをもつ単室両袖石室の出現	104
	第42図	片袖石室の採用と展開	107
	第43図	胴張りをもつ複室両袖石室の導入	109
	第44図	複室両袖石室の展開と地域性	111
	第45図	九州における胴張りをもつ複室両袖石室	112
	第46図	出雲・越前の切石積み石室例	113
第4節	第47図	九条塚古墳の墳丘・石室調査略図（明治43年当時）	119
	第48図	九条塚古墳の石室遺存状況調査	120
	第49図	上総・東京湾東岸の横穴式石室（1）	120
	第50図	上総・東京湾東岸の横穴式石室（2）	121
	第51図	狭長なプランを志向する無袖石室	122
	第52図	三ノ宮・下谷戸7号墳の石室	123
	第53図	馬坂上16号墳の石室	124
	第54図	桜土手38号墳の石室	124
	第55図	平山2号墳と秋葉1号墳の石室	125
	第56図	法皇塚古墳の石室および主な副葬品	127
	第57図	城山1号墳の石室および主な副葬品	127
	第58図	相模・南武蔵の片袖・両袖石室	128
	第59図	東京湾沿岸諸地域における横穴式石室の受容	129
第3章			
第2節	第60図	少林山台遺跡の石室および出土土器の様相	142
	第61図	蟹沼東古墳群の石室および出土土器の様相	144
	第62図	西大室遺跡群・七ツ石古墳群の石室および出土土器の様相	145
	第63図	権現山2号墳の石室および出土土器の様相	147
	第64図	奥原53号墳の石室および出土土器の様相	149
	第65図	剣崎長瀞西遺跡35号墳の石室および出土土器の様相	150
	第66図	首長墓における石室および出土土器の様相	152
第3節	第67図	羨道部に区画をもつ横穴式石室（1）	163
	第68図	羨道部に区画をもつ横穴式石室（2）	165
第4節	第69図	巖穴山古墳と菅ノ沢古墳群の位置	170
	第70図	巖穴山古墳の墳丘と横穴式石室	171
	第71図	亀山京塚古墳の石室	173
	第72図	東毛地域における前方後円墳の石室	174
	第73図	沢野村102号墳の石室	174
	第74図	宝塔山古墳と帯解黄金塚古墳の石室	176
	第75図	菅ノ沢古墳群の立地および分布図	178
	第76図	菅ノ沢L-95号墳の石室	179
	第77図	菅ノ沢古墳群における小石室	179
	第78図	菅ノ沢P-10号墳における小石槨状の遺構	180
	第79図	西長岡横塚28号墳の埋葬施設	182
第5節	第80図	7世紀後半の道路体系と東山道武蔵路	187

第4章

第1節
第81図	東海における中期後半の様相	192
第82図	東海における横穴式石室の導入（中期後半）	193
第83図	関東における後期前半の様相	195
第84図	北武蔵における胴張り複室構造石室の諸例	197
第85図	三室構造の石室	198
第86図	下野における刳り抜き玄門をもつ石室の諸例	199
第87図	複室構造の志向（上総北東部・常陸南部の諸例）	199
第88図	下総における片袖石室の導入	200
第89図	上野における羨道部に区画をもつ横穴式石室	201
第90図	上野の台形前庭（多田山10号墳）	201
第91図	畿内における羨道部の埋葬空間化	202

第2節
第92図	朝鮮半島における九州と関連をもつ横穴式石室	210
第93図	「長鼓峯類型石室」の諸例	211
第94図	「長鼓峯類型石室」をもつ古墳と石室の位置	212
第95図	中洞里4号墓類型の横穴式石室	213

第3節
第96図	関向古墳の位置および周辺の遺跡	218
第97図	関向古墳の石室および墳丘図	219
第98図	伝関向古墳出土の圭頭大刀把頭・装具	220
第99図	伊那谷の横穴式石室と朝鮮半島の類例	221
第100図	北部九州の石室例	222
第101図	渥美半島の横穴式石室	223
第102図	関向古墳の位置と椿海の景観	225
第103図	飯岡石を用いた石垣および屏風ヶ浦の現況（写真）	227
第104図	殿塚古墳・姫塚古墳の横穴式石室	228
第105図	紀南地域の横穴式石室	229

終章

第106図	佐渡台ヶ鼻古墳の石室	239
第107図	越後磐舟浦田山2号墳の石室	240
第108図	肥前の石室例と出土遺物	241
第109図	両袖石室の分布に見る海上交通網と信濃・上野の事例	242
第110図	越中朝日長山古墳の石室と出土遺物	244
第111図	細長方形横口式石室	246
第112図	若狭の主要横穴式石室	248
第113図	若狭出土の主な杏葉	249
第114図	前二子古墳・簗瀬二子塚古墳出土の杏葉および耳飾片	249
第115図	上総・下総における横穴式石室の受容	255
第116図	馬具副葬古墳の分布と7世紀後半の計画道路	258
第117図	横穴式石室の展開と畿内の影響	260

序　章
本書の視点と課題

1　研究の視角

　日本列島において古墳と呼ばれる巨大な墳墓が造営された時代は、農耕社会の成立後、古代国家の成立へと至る胎動期として位置づけることができる。そのため、古墳という墓制や豊富な副葬品の内容から読み取ることができる社会関係の変化を重視し、前方後円墳を頂点とする墳形・規模に現出される階層秩序の存在やヤマト王権を中心とする汎列島的な政治連合の形成過程などの把握を通して、日本の古代国家形成過程に関する史的評価が提示されている。

　さて、本書においてもこうした古墳時代の歴史的意義やその実態を明らかにするというねらいがあるが、その際、『横穴式石室と東国社会の原像』と書名に掲げているように、対象とする資料は「横穴式石室」、地域は「東国」を扱うことにする。古墳の埋葬施設である横穴式石室の実証的な検討を通して、東国社会の評価を試みるとともに、地域社会の実態把握から古代国家の形成過程を論じる一視角を示すことを目的としている。

　まず、地域社会の実態を論じるうえで、日本列島のなかでも東方に位置する関東地方を中心に取り上げることにするが、関東における史的評価をめぐっては国造制の施行、東国国司の派遣などの事象をはじめ、畿内、すなわちヤマト王権による東国への政治的介入、在地首長層の伝統的権力の奪取など中央による地方支配の動きのなかで評価されるといった研究状況が窺える。このような見解は、中央集権化を目指す畿内による畿外支配といった歴史観点に偏る理解・評価となる一方で、後の律令国家へと取り込まれる側に相当する地域社会の実態解明には至っていないと言える。そのため、関東をはじめとする東国の地域社会に主眼を置いた考古資料の徹底的な検討・分析を実施するなかで、中央・地方相互の動向を相対的に明確化し、列島的視野から総合的な評価を提示することが必要であろう。

　また、このような各地域における実態を把握するうえで、古墳の埋葬施設である横穴式石室を扱うことにするが、それは横穴式石室が6、7世紀、すなわち古代国家成立の前段階に相当する後・終末期古墳における古墳構築行為の中核的要素であり、当時の古墳被葬者のもつ活動領域や地域圏・流通圏の存在、被葬者間の人的交流、地域間の交流関係などを窺うことができる有効な資料であると認識できるためである。

　以上のように、本書では横穴式石室の動向や系譜関係と地域間交流に関する実証的な分析を通して、東国の各地域における実態の解明を行ない、こうした地域社会のあり方から古代国家の形成・成立過程に関する評価との対比、畿内による「東国経営」に対する評価の再考、再構築を試みることを目的としている。なお、このような地域社会のもつ自立性や地域的特性を重視した研究視点は地域偏重の傾向に陥る可能性もある。しかし、実際の資料に即して検討するとともに、日本列島の古代国家形成の動きや広く列島諸地域における動向との総合化を図ることにより、日本の古代国家の本質や矛盾点などについても、再考する一視角にも成り得るであろう。

2　横穴式石室の研究とその意義

　本書では、冒頭に述べたように横穴式石室を主な研究対象とするが、ここではまず、横穴式石

室の研究意義について触れておくことにする。

　横穴式石室とは、古墳の墳丘内部に構築された出入口部を有する埋葬施設であり、複数回に亘る遺体埋葬行為（追葬）を可能とする機能や構造をもつ点が最大の特徴である。これは単葬および埋葬後の密閉原理を基本とする従来の竪穴系埋葬施設の構造とは大きく異なる特徴と言え、朝鮮半島からの新来技術・生活文化が急速に普及する中で、新たに採用された古墳の埋葬施設である。このことは、中国・朝鮮半島といった東アジアにおける横穴系諸墓制の潮流とも同調した動きを示す点、その採用や普遍化を契機として葬送観念の転換・変貌、社会構造の変革を促した点に大きな歴史的意義が見出せる。

　また、横穴式石室は古墳構築や葬送行為の中核を成す要素でもあり、こうした埋葬施設を対象とした分析により、古墳のもつ機能面・精神面の追究が可能となると言える。なかでも、この横穴式石室の普及が進行する6世紀代になると、これまでの巨大な墳丘とそれに付随する周溝・葺石・埴輪樹立などの外表施設を視角的に誇示するといった古墳築造の中核的な要素が徐々に変化し、代わって墳丘内に設けられた埋葬空間である横穴式石室の精緻さを重視する傾向が強まることが知られる。このような古墳築造の意義やその本質をも大きく変容させた埋葬施設である横穴式石室を対象に研究を実施することは、当時における政治的動向や社会構造の解明に役立つと言えよう。

　このような横穴式石室の分析視点としては、まず横穴式石室を平面形態のみではなく立体的構築物として捉え、平面形、立面形、積み方、壁面の構造、使用石材の加工度など石室を構成するさまざまな要素を分析する中で、その型式学的検討や構築技術の時期的推移を重視した変遷観を提示する研究方法がある。これは早くから群馬県の横穴式石室を対象とした尾崎喜左雄による先駆的研究があり[1]、その後の日本列島各地における横穴式石室の変遷観や地域的な動向を把握するうえで、有効な研究手法となっている。

　さらに近年は、尾崎が提示した横穴式石室を立体的構築物として捉える視点について、横穴式石室の調査事例の蓄積や発掘調査精度の向上とも連動する形で、古墳構築時における作業工程の復元や古墳時代における土木技術の観点から、横穴式石室と墳丘構築技術の関係を実証的に検討し、古墳構築技術の推移や地域性の存在を踏まえた史的背景の追究が試みられている[2]。

　一方、石室構造の比較検討を通して系譜関係や地域性を明確化することも、古墳時代社会の実態を解明する上で重要な研究視点である。石室構造の類似性や諸要素の共有状況は政治性を伴う動向や地域間・被葬者間の交流関係などを窺うことができる有効な資料となり、逆に構造上の差異点や特殊性の存在に留意すると、在地性や地域的な特色を保持する地域社会の実態を把握する一視角になると考えられる。

　以下、本章では横穴式石室研究の中でも、特に石室構造の系譜や地域性をめぐる研究動向とその視点を整理し、研究の方向性および課題点を提示してみることにする。

3 横穴式石室の系譜と地域性への視座

(1) 地域性の把握と系譜論への着目

　横穴式石室の系譜関係や地域性に着目した先駆的研究として、古くは喜田貞吉による指摘が挙げられる[3]。これは喜田の論文「古墳墓の年代に就いて」の追記に書かれたものであるが、そこでは近畿・山陰・九州の横穴式石室について、近畿では「多数が単室」、九州では「数室連続したの（複室：筆者補）が多く」、出雲・伯耆では「1枚石の大きな切石の中央に穴をあけて、それを室の境界にしたの（石棺式石室：筆者補）が多い」[4]とあり、早くから石室構造に地域性が存在する点を指摘するとともに、その特徴を的確に把握し、記述している点が注目できる。さらに、その末文では、「韓地伝来の道筋を示して居るかの感がある」と述べ、こうした石室の地域差・構造的差異が受容時における系譜の違いに起因している可能性についても触れていることが重要であろう。

　喜田が提示した横穴式石室における地域性の把握と系譜的追究という2つの視点はその後、古墳文化における地域性の問題について、畿内の動向と対比するなかで、九州の古墳の実相を論じた樋口隆康の研究にも認められる[5]。樋口はその論文中で、九州における横穴式石室の特徴について、分布域および石室平面形・天井構造などから、筑後平野を中心とする長方形プランで天井断面が梯形を呈する石室、熊本平野を中心とする正方形プランで穹窿天井となる石室の2種に大別しており、注目できる。このような九州の横穴式石室を2系統で把握するという視点は、後の「北部九州型」・「肥後型」の認識へと繋がる重要な指摘であったと位置づけられる。また、2系統のうち、前者は高句麗・百済の石室墳、後者は楽浪・帯方の塼槨・木槨との関係に言及するなど、大陸・半島諸墓制との系譜関係を積極的に取り上げた点は、列島における横穴式石室導入の遡源を探る研究視点としての方向性を提示したと評価できるであろう。

　さて、このような横穴式石室の系譜をめぐる問題や列島各地への伝播・普及の動向を大局的に扱ったのが、白石太一郎の研究である[6]。白石はまず、樋口の指摘した九州における2つの系統の横穴式石室とともに、畿内における初期横穴式石室に関する実証的な検討および相互比較を行ない、さらに、大陸・朝鮮半島における横穴系埋葬施設の様相とも対比し、日本列島の横穴式石室の遡源を言及した。その結果、九州における2系統の横穴式石室のうち、北九州が百済漢城期、中九州が百済熊津期の石室にそれぞれ系譜を辿ることができると位置づけたのに対し、畿内の初期横穴式石室の源流は中国における南朝の塼槨墓の直接的な影響によって独自に導入されたと指摘した。こうした見解は、畿内における横穴式石室の導入が九州よりも大幅に遅れて、九州から畿内に伝播したという従来の小林行雄をはじめとする大勢を占めた歴史的理解[7]に対する再考を促す視点であったと評価でき、九州とは異なる系譜で畿内に横穴式石室が伝播した可能性を論じた点が重要である。

　ただし、横穴式石室の遡源をめぐる見解としてはその後、韓国における発掘調査の進展に伴い、九州・畿内の横穴式石室の源流をそれぞれともに、韓国京畿道ソウル特別市の可楽洞古墳群・芳夷洞古墳群中の百済漢城期の石室に求めることができるといった見解が示されるようにな

る[8]。他方、畿内の初期横穴式石室と近い時期の石室が中九州（肥後）でも存在することが明らかとなり、両石室の時期差を根拠に畿内と中九州（肥後）の石室が別系譜であるとした点には問題が残り、両者ともに正方形プラン・穹窿状天井といった共通する特徴を有する点、中国南朝塼槨墓とは構造上の飛躍が著しい点などが指摘されるに至っている[9]。このように石室系譜の遡求をめぐる問題は依然として残るものの、日本列島の初期横穴式石室の詳細な分析・比較検討を通して、一元的な系譜論に終始せず複数系譜の存在を示唆した白石の研究は以後の横穴式石室研究に大きな影響を与えたと言える。

加えて、白石の研究はこうした初期横穴式石室の系譜論のみに留まらず、その後の畿内における横穴式石室の展開過程とそれに付随する埋葬儀礼の実態にも迫った論究をしている点が重要である[10]。そこでは、「日本の横穴式石室の主流となるのは畿内の系統であり、これは5世紀代には畿内及び紀伊・若狭といった特殊な地域に伝播していたにすぎないが6世紀前半には西は吉備から東は遠江にまで及び、その後半は東北をのぞく本州、四国のほぼ全域にまで普及するのである」[11]と論じ、また別稿では、用材の巨石化に伴う持ち送りの減少、玄室の長大化、羨道部の発達といった畿内における横穴式石室の変遷観の指標を明確化するなど[12]、白石による一連の研究は、以後、活発な研究対象となる「畿内」・「九州」における横穴式石室の動向比較を通して歴史的理解に結びつける研究手法や、「畿内型石室」の定義・史的意義を考究する研究視角の基盤を形成したと位置づけることができる。

(2)「畿内型石室」をめぐる研究動向

白石の研究以後、横穴式石室の研究は「畿内」と「九州」の二相に大別し、両者の細分・類型化を通した動向把握を行なう研究が主流となり[13]、「畿内型石室」の史的意義に迫った議論へと発展するようになる。

まず、椙山林継は近畿・九州の横穴式石室の様相把握を行なうなかで「大和型」・「九州型」に大別したが、特に玄門構造に着眼点を置いたことが注目できる[14]。また、森下浩行は平面形や天井構造に加えて、閉塞方法の違い、袖部（玄門部）の形態差にも着目した上で、「九州型」と対比する形で「畿内型」の設定とその細分を試み、時期や出自の検討を行なった[15]。そこでは特に、閉塞方法が畿内型は羨道部に石材を積み上げて閉塞するのに対し、九州型は玄門に板石を立てる閉塞である点、袖部（玄門）形態が畿内型は両袖・片袖のように袖部を形成するのに対し、九州型は袖部が内側に突出し、平面形が凸字形を成すとしている。その上で、畿内型をA類（長方形プラン・平天井）、B類（正方形プラン・穹窿状天井）の2つに細分している。

山崎信二も九州型・畿内型の両者が中・四国地方各地に波及し、変容する諸過程を論じたが、そのなかで玄門立石（袖部）の構造を基準とする畿内型石室を設定した[16]。そこでは玄門立柱が内側にせり出さず、羨道幅と同じであり、玄門立柱を覆う天井石が羨道部を覆う天井石と同じレベルで水平に並ぶ構造を畿内型石室の特徴とし、Ⅰ～Ⅳ期に区分した変遷観を提示している。

さて、以上のような横穴式石室の分類作業を通した森下・山崎による畿内型石室の設定に対し、土生田純之は森下・山崎の提示した畿内型石室が「5世紀中葉～後半に出現して型式変化を遂

げながら7世紀代まで築造された畿内地方の石室（当初から複数の系統がある）の大半を畿内型石室に含めた。その上でこれを細分するのである。これらの中には九州の石室と類似するものも含まれているのである」[17]と指摘し、畿内型の設定基準や定義に疑義を唱えた。そして、初期の石室（森下の畿内型B類、山崎の畿内型Ⅰ期）が小規模墳を中心に確認できる点、九州の石室にも類似したものが存在する点から、これらを畿内型の範疇には含まないとする。

すなわち、土生田の提示する畿内型石室とは、5世紀末から6世紀初頭頃に畿内で成立した石室を指しており、奈良県市尾墓山古墳（第1図）などをはじめとした首長墓を中心に採用される埋葬施設である点、他地域の首長墓への広範な伝播が見られる点、こうした伝播を契機として各地域における在地墓制の転換、横穴式石室の普及・定着を促進させた点を、その特徴として重視している[18]。加えて、この畿内型石室の展開は畿内政権による各地への進出という政治的側面を示すのみでなく、須恵器の主体部埋納という新しい他界観を基礎とする葬送墓制や死生観の変化を伴い各地に伝播した点に、畿内型石室の強力な浸透力の背景を見出しているのであり、ここにおいて政治性・精神面の両方から畿内型石室の成立と各地への伝播に関する明確な意義づけがされたと評価できる。

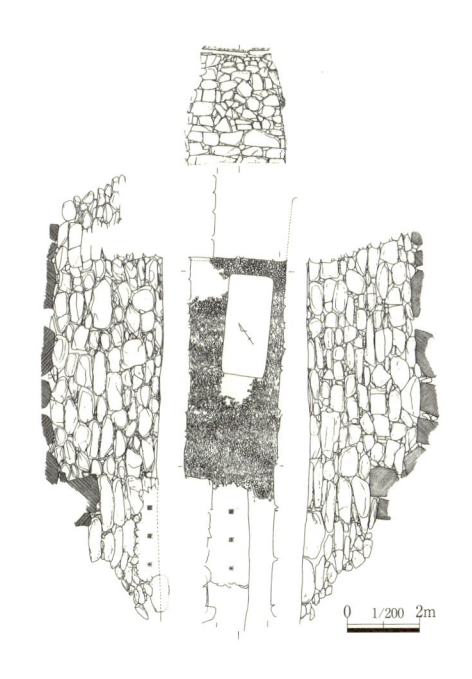

第1図　畿内型石室（奈良県・市尾墓山古墳）

なお、和田晴吾は群集墳の動向を検討する中で、群集墳を古式・新式・終末式群集墳および群集墳消滅以後の4段階で捉え、その変化の背景に大和政権による支配の進展や葬制の改革との関係を指摘したが、その中で畿内の横穴式石室の設計尺（高麗尺）が統一され、規格化された段階の石室を畿内型横穴式石室と呼称し、この石室が採用された群集墳を新式群集墳としている[19]。このことは、中央による支配強化・秩序化を伴い、定型化した横穴式石室が群集墳に展開・普及した点に、畿内型石室の意義を見出している。

また、畿内型石室の構造を属性分析により、実証的に論じた太田宏明の研究にも留意が必要である[20]。太田の提示する畿内型石室とは、畿内中枢部の大型石室と共通する用石法の組み合わせをもつ横穴式石室を指し、その結果、それらが面的な分布を示すのは畿内地域にほぼ限定される点、畿内各地域においては地域色が希薄な点、そのほかの多くの地域では用石法の組み合わせが異なる点が指摘され、こうした他地域と異なる情報伝達を可能にしたのが、古墳時代後期の畿内地域における特殊な階層構造にあると論じている。

さらに近年は、畿内型石室および九州系石室の伝播過程の類型化・モデルの提示を積極的に行ない、両者が異なる次元に属する分類単位であるということ、そして「畿内型石室が恒常的な人

間関係である政治組織を媒体として伝達したのに対し、九州系石室が広域に伝播する際は地域間交流など単発的に行われた互恵的交易によることが多い」[21]と位置づけるに至っている。このように、横穴式石室の伝播に内包された史的背景を考究・論証した点、明確な伝播モデルの明示を行なった点からは、次に取り上げる九州系石室の伝播・拡散をめぐる研究動向にも、新たな研究視角とそれに基づく議論の必要性を喚起したと言えるであろう。

以上、畿内・九州の二相をめぐる研究視角とそこから発展した「畿内型石室」の意義をめぐる研究動向について概観したが、そこでは少なくとも畿内型石室の成立や伝播に現出される歴史的意義の重要性は意見の一致を見るところである。このような畿内型石室のもつ史的性格を念頭に置いた上で、日本列島各地の動向把握を試みることが、古墳時代後期の実態解明にも繋がると言える。その際、一方の九州系石室の動向にも留意が必要であり、畿内・九州相互における横穴式石室の動向把握および史的性格の比較を行なうことを通して、総合的な理解を提示することが望まれる。次に、こうした視点を踏まえ、九州系石室の研究の中でも、特に伝播と拡散をめぐる研究動向を中心に取り上げることにしたい。

(3) 九州系石室の伝播・拡散と地域間交流の視座

九州における横穴式石室の研究としては、発掘調査例が増加する中、先述した樋口や白石による２系統の把握（北九州・中九州）を基礎とする分類・変遷観の検討が進められる一方で、新たに「竪穴系横口式石室」の認識[22]とその意義をめぐる研究視点が加わるようになる。こうした中で、九州内における石室の類型化とともに、列島各地への伝播に関する動向把握を含めた精力的な検討を行なったのが、柳沢一男の研究である[23]。柳沢は、九州における横穴式石室を「北部九州型」・「肥後型」・「竪穴系横口式石室」にそれぞれ大別し（第２図）、明確な分類基準や変遷観を実証的に論じた上で、改めて九州内における横穴式石室の総合的把握を実施した点、さらに列島への伝播・拡散をめぐる問題にまで横穴式石室研究の視野を広げ、九州系石室の研究意義やその方向性を提示した点が、高く評価できる。なかでも、こうした九州系石室が列島各地に伝播・拡散するといった動態をどのように理解するか、列島全体での評価を目指し、諸地域間における時期的把握や比較検討の活発化を促進したと言える。

また、土生田純之も著書『日本横穴式石室の系譜』にて、九州系石室が列島各地に伝播・拡散する事象を、山陰・近畿・中国・四国・東海地方などの諸地域における地域的展開を踏まえた把握を行ない、さらに畿内型石室のあり方との比較にも留意した上で、横穴式石室から見た５、６世紀における日本列島の史的動向を論じている[24]。なかでも、東海地方の西三河を対象とした研究では、５世紀後半に北部九州系の石室が受容され、６世紀代にも継続して同じ系統の石室が構築される点、一方で畿内系石室が採用されない点などを西三河がもつ地域的特質と評価している。その上で、周辺地域の動向との対比を試み、畿内系石室の伝播という実態把握を通して、畿内より伊勢・志摩、そして西三河を介さずに直接、渥美半島（東三河）を経由して遠江に至るという海浜部の「原東海道」経路の存在について言及した。

このように、九州系石室の動向に留意し、各地域における九州・畿内を淵源とする石室の系

3　横穴式石室の系譜と地域性への視座

譜関係を追究すると同時に、その伝播・定着に内包される史的背景を探るという研究手法は、地域史理解にも有効であるということ、さらに、こうした地域社会の実態把握という視点が逆に、古墳時代後期の実像を見直す一視角にもなり得ると考えられる。なかでも、古墳時代を通して強い地域色を保持した山陰地方の動向を見ると、横穴式石室の動向から窺うことができる地域間交流の実態は注目できる。

山陰では、横穴式石室の受容時から九州系石室の影響を強く受けており、その後、出雲東部を中心に展開する「石棺式石室」の動向に着目すると（第3図）、九州の横口式家形石棺に起源が求められ、このことから山陰・九州間における密接な地域間交渉の実態を窺うことができるとされる[25]。さらに、角田徳幸はこのような九州の横口式家形石棺とともに、その構造の影響を受けて出現した割り抜き玄門をもつ横穴式石室の動向やその分布域から、出雲東部の石棺式石室の系譜を九州の肥後、特に宇土半島基部に求めることができると指摘するに至っている[26]。そして、このような6

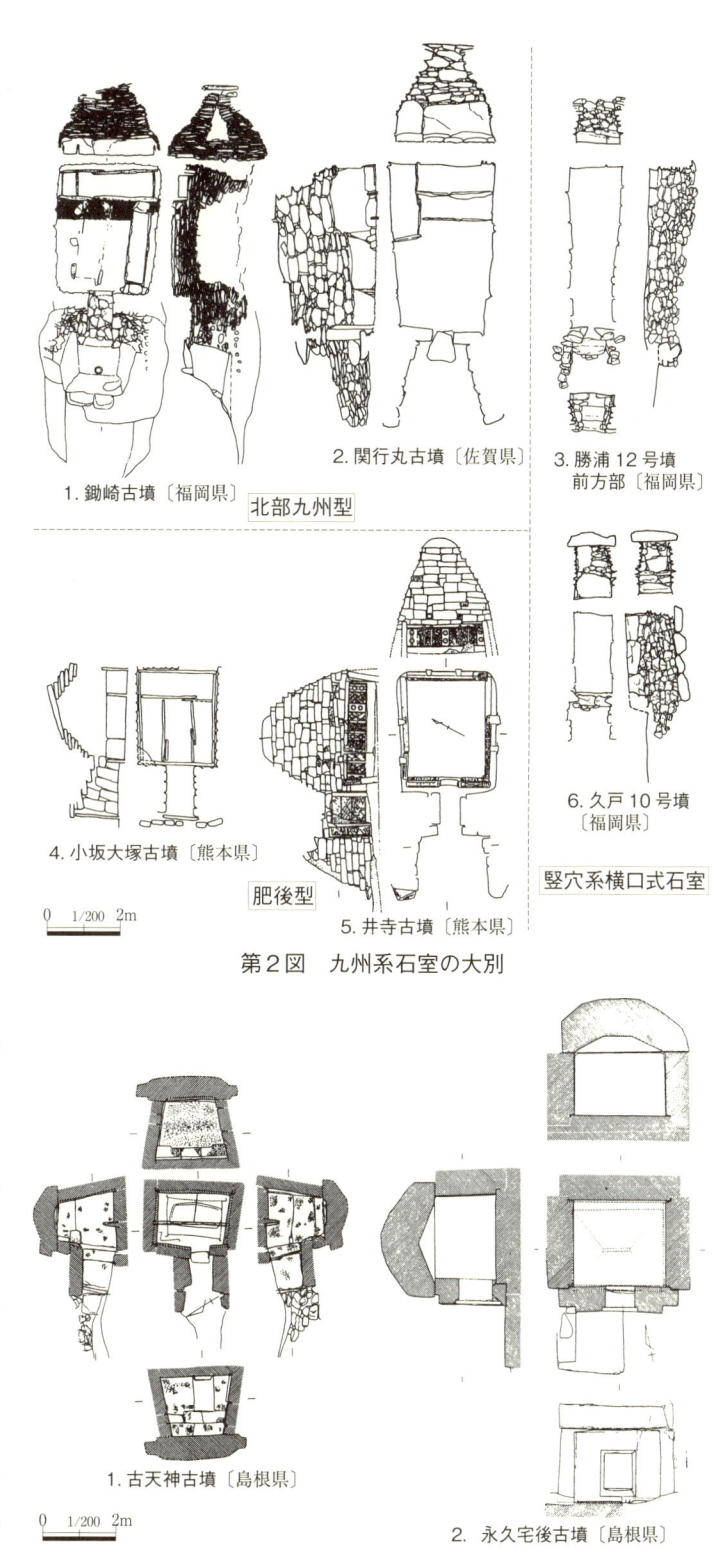

1. 鋤崎古墳〔福岡県〕
2. 関行丸古墳〔佐賀県〕
3. 勝浦12号墳前方部〔福岡県〕
北部九州型

4. 小坂大塚古墳〔熊本県〕
5. 井寺古墳〔熊本県〕
肥後型

6. 久戸10号墳〔福岡県〕
竪穴系横口式石室

第2図　九州系石室の大別

1. 古天神古墳〔島根県〕
2. 永久宅後古墳〔島根県〕

第3図　山陰の石棺式石室

序　章　本書の視点と課題

世紀代における石棺式石室の系譜関係が示す地域間交流の実態を重視し、「肥後と出雲の交流は畿内政権の地域支配強化に対し、地域首長相互が連携することによって対処した、その所産である」[27]と位置づけており、畿内型石室の動向とは異なる埋葬施設の系譜関係から、古墳時代後期における歴史動向の一側面を提示したと評価することができる。

　一方、東日本の動向に着目すると、東海ではこのような地域間交流の存在を重視した視点として、鈴木一有による東海地方の研究成果が注目できる[28]。鈴木は、遠江における横穴式石室の系譜関係および史的性格や階層構造を踏まえた分類・類型化および変遷観を明示するとともに[29]、こうした変遷観を基礎とした東海地方における横穴式石室の段階的把握、および各地域のもつ地域的特性に留意した地域間交流の実態を指摘している。その中で、「中央政権を頂点とした地方支配体制は決して列島規模で一律に整えられたのではなく」[30]、このような「単純な「中心─周縁」観では捉えられない文化事象」[31]について、横穴式石室をはじめ多角的視野による解釈の必要性を提示している。また別稿では、古墳時代後期における「東海各地域に築かれた古墳の内容は極めて多彩で、在地首長と倭王権との繋がりにも違いがあったことが理解できる。埋葬施設の情報発信という側面に限れば、倭王権の統制力は限定的であったと評価せざるを得ない」[32]と結論づけている。このような鈴木の一連の研究は、東海における横穴式石室の変遷観や伝播経路・系譜関係を明確化したのみでなく、こうした複雑かつ多彩な地域社会の実態解明が古墳時代の理解へと繋がるという研究の方向性を提示したと高く評価することができる。

　加えて、東海における横穴式石室の導入期である5世紀後半のおじょか古墳・中ノ郷古墳・経ヶ峰1号墳が「いずれも北部九州に遡源が辿れる横穴式石室をもつが、石室の形態的特徴はそれぞれ異なり、3古墳の共通性は低い」[33]と指摘し、これらが各被葬者固有の交流網によって導入されたと考え、さらに海浜部に立地する傾向や経ヶ峰1号墳と中ノ郷古墳には朝鮮半島製の可能性をもつ馬具の副葬品が含まれる点から、海上交易に長けた活動領域をもつ被葬者像を想定するに至っている[34]（第4図）。こうした点から、当地域における横穴式石室の受容やその情報伝播にあたり、九州系石室の伝播・拡散の示唆する史的意義が、畿内系石室の史的性格とは大きく異なる点に留意し、北部九州やその背後の朝鮮半島との海上交通を基礎とする交流関係を踏まえた評価が必要と言える。

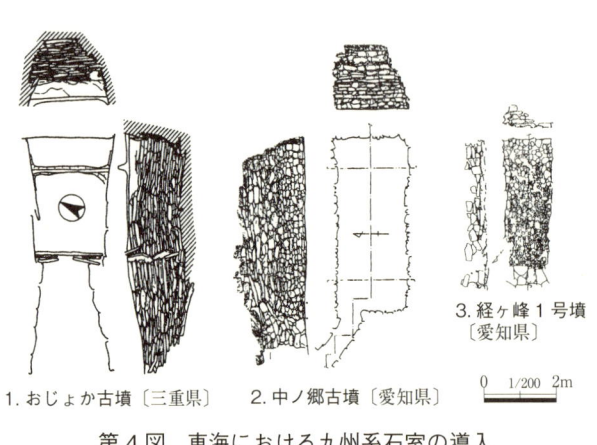

1. おじょか古墳〔三重県〕　2. 中ノ郷古墳〔愛知県〕　3. 経ヶ峰1号墳〔愛知県〕

第4図　東海における九州系石室の導入

4 東国横穴式石室研究の視点と方法

(1) 問題の所在

　前述したように、日本列島各地に伝播・展開する「畿内型石室」や「九州系石室」の動向をはじめ、横穴式石室の系譜関係を追究することは、中央と地方における関係や諸地域間における交流の実態を解明するうえで有効な手段であると考えられる。

　さて、本書で対象とするのは東国古墳であり、その中でも関東における横穴式石室の動向に視点を置いて検討を試みることにする。

　関東の横穴式石室に関しては、先述した尾崎喜左雄による先駆的研究[35]を嚆矢として、その後も発掘調査や資料の集成、出土遺物との比較検討が活発に行なわれ、徐々に各地の実態が明確化してきている。なかでも、これまで三県シンポジウムの『東日本における横穴式石室の受容』[36]や国立歴史民俗博物館による『東国における古墳の終末』[37]の特集号の刊行、東北・関東前方後円墳研究会のシンポジウム『横穴式石室と前方後円墳』[38]などにより、各地の動向把握が精力的に進められてきたと言える。

　しかし、一方で地域ごとに入手可能な石材によって規定される石室構造上の特徴を地域的特色として理解し、そのなかでさらに変遷観を論じるという研究の現状が窺え、その結果、各地域の微細な差異の抽出に中心を置くものの、系譜関係や史的意義にまで踏み込んだ見解は依然として少ないという問題が窺える。関東各地における横穴式石室の研究に関しては、本書第1章から第3章の各節で地域ごとに研究動向とその問題点を論じているが、いずれも根底には上述した問題を抱えていると言えるであろう。そのため、各地域の趨勢を踏まえたうえで地域的特質を明確化し、これまでの見方を改めて石室構造の技術系譜や伝播経路に内包された史的性格の追究を目指し、畿内や九州をはじめとした列島諸地域との系譜関係や関東各地の動向を大局的に捉え、論究することが望まれるのである[39]。

　以上のような横穴式石室研究の現状を鑑み、本書では東国古墳の中でも、関東の諸地域における地域性の把握を試みるが、その際、特に地域の枠を越えた系譜関係や地域間の交流関係を追究するなかで、地域社会の実態を明らかにしていくことにする。

(2) 本書の構成と論点

　これまでに本序章で取り上げてきた研究の現状と問題およびその研究視角を踏まえ、本書では以下のような構成で論を進めることにしたい。

　第1章「横穴式石室の導入とその特質」では、常陸（第1節）、上野・下野（第2節）における横穴式石室の導入を論じる。特に第1節では、常陸南部の高崎山2号墳の石室構造および出土遺物の実証的な検討を試みるが、そこでは従来から導入期の石室が集中すると注目されていた関東北西部の動向と石室系譜が異なる点、九州系石室の要素が認められる点に言及している。これを受けて、第2節で、上野・下野における横穴式石室導入の様相を扱うが、特にこれらの特徴が畿内の様相とは大きく異なる点に着目した上で論を進めていく。なお、本章で論究した導入期を対

象とする検討から、関東では後期前半には横穴式石室伝播の中心が畿内との関係ではなく、長距離交流の存在も含め多様な系譜関係を想定できる可能性を提起するに至っている。こうした視点が次の第2章における関東各地の動向を把握する際の中核を成す要素となる。

第2章「横穴式石室の展開と地域社会の諸相」では、東国各地における横穴式石室研究の現状や問題点を抽出すると同時に、横穴式石室の時期的推移や地域性に関する実証的な検討を行なう。具体的には常陸南部（第1節）、下野（第2節）、北武蔵（第3節）、上総・下総（主に東京湾沿岸諸地域、第4節）を扱い、第4節では石室の系譜関係を検討するうえで相模・南武蔵の動向についても適宜、取り上げている。なお、上野に関しては別途、次の第3章で検討を実施する。こうした各地の動向把握を基礎として、畿内―諸地域間の関係に留意する一方で、畿内を介さずに列島諸地域間が結びつくという交流の実態を抽出・総体化し、地域首長・地域社会がもつ多元的な長距離地域間の交流網の存在を浮き彫りにしていく。

第3章「横穴式石室に見る上野の歴史動向」では、古墳時代における東国の文化・情報移入の窓口としての上野がもつ地理的環境や歴史的背景を念頭に置き（第1節）、石室構造と葬送儀礼の変化における相関性、群集墳・首長墓間における葬送儀礼の差異といった2つの視角から動向の把握を試みる（第2節・第3節）。そこでは上野特有の石室構造とされる前庭部構造（台形前庭）の出現をめぐり、その背景には畿内による影響の強まりや親縁的関係が存在する点にも言及する。また、従来から上野では、畿内との密接な繋がりのもと、6、7世紀を通して段階的かつ円滑に地域の再編成が促進される中で、律令制下における上野国の成立を迎えると理解されるのが一般的であるが、その中心となる中・西毛地域（上野中・西部）の動向とは別に、東毛地域（上野東部）の実態にも着目するとともに、その歴史展開を論じることにする（第4節）。こうした分析からは、古代国家成立直前における上野、そして各地域社会の複雑な実態を読み解くことができると考えられる（第5節）。

第4章「石室系譜と地域間交流の史的理解」では、これまでの第1章から第3章に亘って論じてきた関東各地における横穴式石室の諸動向に関する検討結果を基盤とし、明確化した地域動向を収斂させる形で、新たに大局的な視野から東国全体の歴史動向を論じる（第1節）。その際、畿内系石室の動向を相対化するとともに、九州系石室の伝播・拡散の実態に留意し、その史的性格の追究を試みることにする。また、九州系石室の展開は日本列島内の枠に留まる現象ではなく、朝鮮半島南部でも確認される点、その多くは半島所在の前方後円墳の埋葬施設に採用されている点から、こうした分析は朝鮮半島における倭系古墳・遺物の評価にも関連する。そのため、九州系石室の史的意義を考究する上で、近年提唱されている「長鼓峯類型石室」をめぐる研究動向から、朝鮮半島諸地域と列島諸地域間を取り巻く交流を扱う（第2節）。他方、東国に伝播する横穴式石室のうち、下総東南部（九十九里地域北東部）に位置する関向古墳の横穴式石室の特徴から、7世紀代における九州―東海間、さらには房総半島を結ぶ太平洋沿岸の海上交通網を介する伝播の実態とその歴史評価を行なう（第3節）。

終章「古代国家の形成と東国社会」では、古代国家の形成期における東国社会をどのように理解すべきか、第4章までの各論考とその成果を踏まえ、そこから展開する問題点や課題点を取り

上げつつ、その追究を試みる。そして、中央集権化を目指す畿内の動向のみに終始せず、東国地域社会の実態も含めた双方の視点から、6、7世紀における日本の古代国家形成の歴史的意義を考えてみることにする。

(3) 時期区分および用語について

　序章の最後に、本書で扱う時期区分や用語等についても述べておきたい。
　まず、本書における時期区分としては、陶邑古窯跡群における田辺昭三の須恵器編年を適宜、

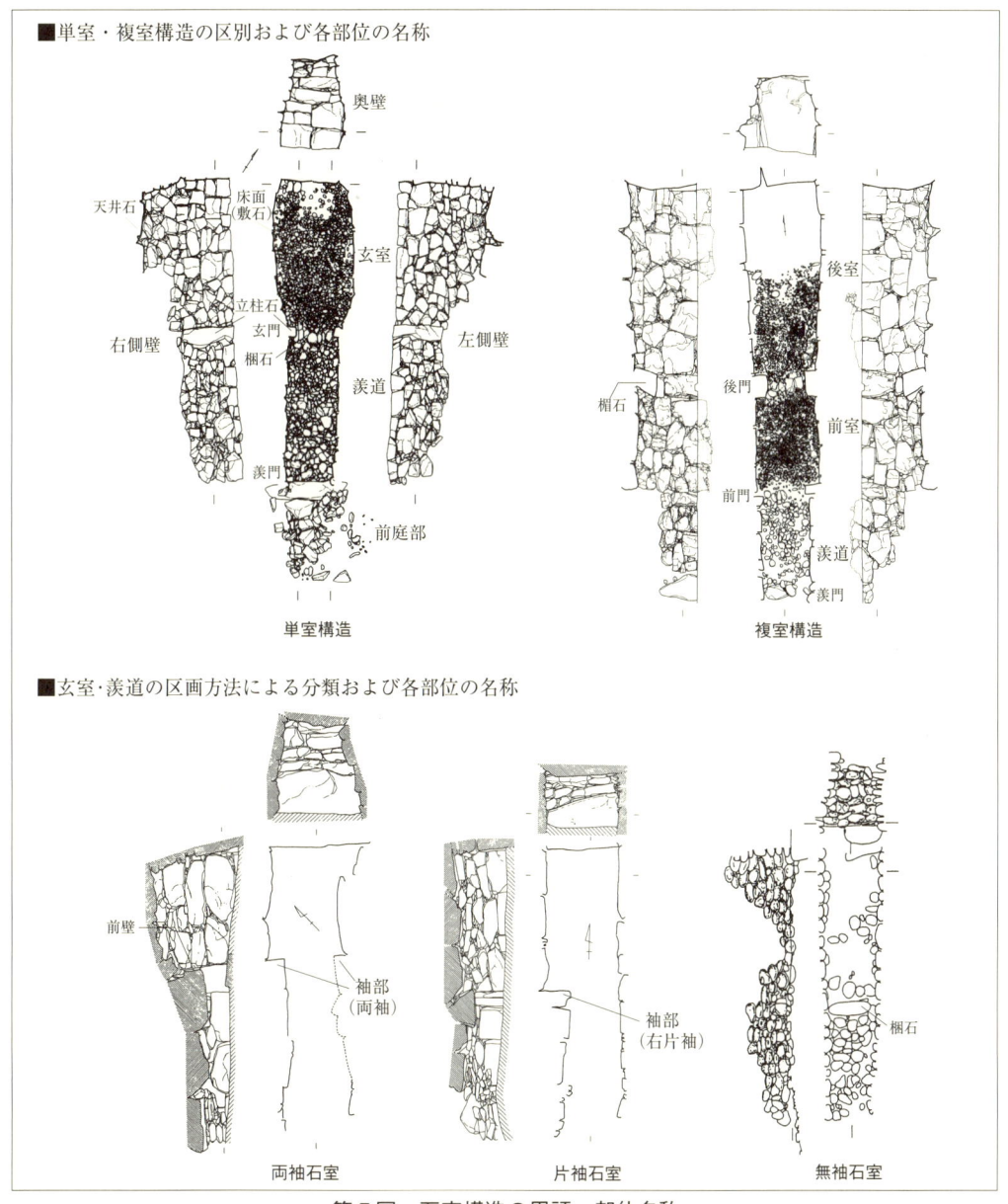

第5図　石室構造の用語・部位名称

援用して用いることにする[40]。実年代観としては、おおむねMT15型式—6世紀初頭から前半[41]、TK10—6世紀中葉、TK43—6世紀後半、TK209—6世紀末から7世紀初頭、TK217—7世紀前半から中葉、TK46・TK48—7世紀後半から末としている。

ただし、特にTK217型式以降、すなわち7世紀代における飛鳥時代の須恵器に関しては、依然として年代観やその定義をめぐる評価が分かれており、また本書で対象とする関東では、在地産須恵器も多く出土するため、あくまでも併行期として暫定的に以上のような時期で捉えることにしたい。

次に、本書で扱う横穴式石室の分類および各部位の名称については第5図のとおりである。まず、室数の違いにより、単室構造・複室構造（三室構造）に分類し、また玄室と羨道部の接続構造から大きくは両袖石室・片袖石室・無袖石室に分けることができる。なお、これらの石室構造の細分に伴う用語やその特徴については、各章・各節で適宜、説明を加えることにする。他に横穴式石室の構造を扱うにあたり、本書では石室における袖部の左右について、石室奥壁から石室開口部を見て、右側が屈曲する形態を右片袖、左側が屈曲する形態を左片袖と呼称する。側壁についても同様に石室奥壁から見て右側を右側壁、左側を左側壁として記述することにする。

また、各地域の名称については、原則として後の律令制下における旧国名を用い、古墳名とその所在を示す際には、適宜、現在の行政区画に基づく市町村名・古墳名ないし遺跡名の順で記述している。なお、旧国名を地域区分として援用する形で用いることは、古墳時代当時の地域区分と正確には一致しない以上、現在の行政区画による都道府県名の地域名・地域区分で論じるべきであるとする考えもある。しかし、例えば、現在の茨城県南西部の地域は少なくとも律令制下における常陸国ではなく、下総国の北西部に属するなど現在の地域区分とは異なっている。当時の古墳の位置やその地域圏を論じる上で、より近い時代の範囲を用いた方が当時における地域圏の実態に近づけると考えられ、こうした地域間における古墳同士や出土資料に見る地域間交流の存在を念頭に置き、それらを検討する中で、より歴史的な領域や地域圏の復元にも繋がると考えている。加えて、こうした古墳時代の研究が古代の国の範囲と一致する点、矛盾する点を追究することが、古代国家成立における地域動向の把握にも役立つと考えるためである。

註
(1) 尾崎喜左雄 1966『横穴式古墳の研究』吉川弘文館
(2) a. 右島和夫・土生田純之・曺永鉉・吉井秀夫 2003『古墳構築の復元的研究』雄山閣
　　b. 青木　敬 2003「後・終末期古墳の土木技術と横穴式石室―群集墳築造における畿内と東国―」『東国史論』第20号　群馬考古学研究会　1-35頁
(3) 喜田貞吉 1914「古墳墓の年代に就いて」『考古学雑誌』第4巻第8号　日本考古学会　1-17頁
(4) 前掲註(3)文献：17頁・追記
(5) 樋口隆康 1955「九州古墳墓の性格」『史林』第38巻第3号　史学研究会　1-23頁
(6) 白石太一郎 1965「日本における横穴式石室の系譜―横穴式石室の受容に関する一考察―」『先史学研究』5　同志社大学先史学会　61-78頁

(7)　小林行雄 1950「古墳時代における文化の伝播」『史林』第 33 巻第 3・4 号　史学研究会（後に「中期古墳時代文化とその伝播」として小林行雄 1961『古墳時代の研究』青木書店に所収：225-260 頁）

(8)　a. 永島暉臣慎 1979「横穴式石室の源流を探る」『共同研究　日本と朝鮮の古代史』三省堂　61-102 頁

　　b. 小田富士雄 1980「横穴式石室の導入とその源流」『東アジア世界における日本古代史講座』第 4 巻　朝鮮三国と倭　学生社　242-295 頁

(9)　土生田純之 1983「九州の初期横穴式石室」『古文化談叢』第 12 集　九州古文化研究会（後に土生田純之 1991『日本横穴式石室の系譜』学生社に所収：30-94 頁）

(10)　前掲註(6)文献

(11)　前掲註(6)文献：76 頁

(12)　白石太一郎 1966「畿内の後期大型群集墳に関する一試考―河内高安千塚及び平尾山千塚を中心として―」『古代学研究』第 42・43 合併号　古代学研究会　33-64 頁

(13)　a. 椙山林継 1983「古墳時代後期における地域性について―横穴式石室の玄門構造―」國學院大學文学部史学科編『坂本太郎博士頌寿記念　日本史学論集』上巻　吉川弘文館　59-126 頁

　　b. 森下浩行 1986「日本における横穴式石室の出現とその系譜―畿内型と九州型―」『古代学研究』第 111 号　古代学研究会　1-17 頁

　　c. 山崎信二 1985『横穴式石室構造の地域別比較研究―中・四国編―』1984 年度文部省科学研究費奨励研究 A

　　など

(14)　前掲註(13)a 文献

(15)　前掲註(13)b 文献

(16)　前掲註(13)c 文献

(17)　土生田純之 1994「畿内型石室の成立と伝播」『ヤマト王権と交流の諸相』古代王権と交流 5　名著出版（後に土生田純之 1998『黄泉国の成立』学生社に所収：173-199 頁、抜粋箇所：174 頁）

(18)　a. 土生田純之 1991『日本横穴式石室の系譜』学生社

　　b. 前掲註(17)文献

(19)　和田晴吾 1992「群集墳と終末期古墳」『新版　古代の日本 5 近畿 I』角川書店　325-350 頁

(20)　a. 太田宏明 1999「「畿内型石室」の属性分析による社会組織の検討」『考古学研究』第 46 巻第 1 号　考古学研究会　52-71 頁

　　b. 太田宏明 2003「畿内型石室の変遷と伝播」『日本考古学』第 15 号　日本考古学協会　35-55 頁

　　c. 太田宏明 2011『畿内政権と横穴式石室』学生社

(21)　太田宏明 2009「九州系石室の伝播・拡散の過程―畿内型石室との比較検討を通じて―」杉井健編『九州系横穴式石室の伝播と拡散』日本考古学協会 2007 年度熊本大会分科会 I 記録集　北九州中国書店　101-128 頁、抜粋箇所：122 頁

(22)　小田富士雄 1966「古墳文化の地域的特色　九州」『日本の考古学』Ⅳ　古墳時代　上　河出書房（後に「総説―古墳時代の九州」として、小田富士雄 1979『九州考古学研究 古墳時代編』学生社に所収：31-89 頁）など

(23)　a. 柳沢一男 1975「北部九州における初期横穴式石室の展開―平面形と尺度について―」『九州考古学の諸問題』東出版　243-311頁

　　　b. 柳沢一男 1980「肥後型横穴式石室考―初期横穴式石室の系譜」『古文化論巧』鏡山猛先生古稀記念論文集刊行会　465-497頁

　　　c. 柳沢一男 1982「竪穴系横口式石室再考」『森貞次郎博士古稀記念古文化論集』下巻　森貞次郎博士古稀記念論文集刊行会　1051-1109頁

　　　など

(24)　前掲註(18)a文献

(25)　山本　清 1964「古墳の地域的特色とその交渉―山陰の石棺式石室を中心として―」『山陰文化研究紀要』第5号　島根大学　43-73頁

(26)　角田徳幸 1993「石棺式石室の系譜」『島根考古学会誌』第10集　10周年記念特集号　島根考古学会　69-103頁

(27)　前掲註(26)文献：92頁

(28)　a. 鈴木一有 2000「遠江における横穴式石室の系譜」『浜松市博物館報』第13号　浜松市博物館　49-70頁

　　　b. 鈴木一有 2001「東海地方における後期古墳の特質」『東海の後期古墳を考える』第8回東海考古学フォーラム三河大会　三河大会実行委員会・三河古墳研究会　383-406頁

　　　c. 鈴木一有 2003「東海東部の横穴式石室にみる地域圏の形成」『静岡県の横穴式石室』静岡県考古学会　255-266頁

　　　d. 鈴木一有 2007「東海の横穴式石室における分布と伝播」『研究集会　近畿の横穴式石室』横穴式石室研究会　269-280頁

(29)　前掲註(28)a文献

(30)　前掲註(28)b文献：403頁

(31)　前掲註(28)b文献：404頁

(32)　前掲註(28)d文献：279頁

(33)　前掲註(28)d文献：271頁

(34)　前掲註(28)d文献

(35)　前掲註(1)文献

(36)　千曲川水系古代文化研究所・北武蔵古代文化研究会・群馬県考古学研究所 1989『東日本における横穴式石室の受容』第10回三県シンポジウム

(37)　国立歴史民俗博物館 1992「東国における古墳の終末《本編》」『国立歴史民俗博物館研究報告』第44集

(38)　東北・関東前方後円墳研究会 1997『《シンポジウム》横穴式石室と前方後円墳　発表要旨集』第2回東北・関東前方後円墳研究会大会

(39)　近年、東海地方を中心に無袖石室の動向から、関東を視座に据えた研究成果が提示されている。

　　　a. 静岡県考古学会 2008『東国に伝う横穴式石室―駿河東部の無袖式石室を中心に―』静岡県考古学会 2007年度シンポジウム

　　　　b. 土生田純之編 2010『東日本の無袖横穴式石室』雄山閣
(40)　a. 田辺昭三 1966『陶邑古窯址群Ⅰ』平安学園考古学クラブ
　　　　b. 田辺昭三 1981『須恵器大成』角川書店
(41)　MT15型式の時期については、5世紀末に遡るとする見解がある（下記文献a）。近年は群馬県における榛名山火山灰（Hr-FA）層に覆われた樹木の炭素14年代の分析結果（ウィグルマッチング法）から、その降下年代が5世紀末であるという分析結果が提示されており（下記文献b）、その火山灰に覆われた住居跡出土須恵器の分析検討から、MT15型式が5世紀末となる可能性が指摘されている（下記文献c）。MT15型式の年代観をめぐっては、今後こうした事例の増加する中で、5世紀末に遡る可能性も視座に据える必要があるが、本書ではこうした現状を踏まえつつも、そのはじまりを便宜上、6世紀初頭頃としておく。なお、近年における須恵器の編年と年代観をめぐる問題を整理・検討したものとして、酒井清治の研究がある（下記文献d）。
　　　　a. 白石太一郎 1995「年代決定論」『岩波講座日本考古学』1 研究の方法　岩波書店　217-242頁
　　　　b. 中村賢太郎ほか 2008「ウィグルマッチング法による榛名渋川噴火の年代決定」『日本第四紀学会講演要旨集』38　日本第四紀学会　18-19頁
　　　　c. 藤野一之 2009「Hr-FAの降下年代と須恵器暦年代」『上毛野の考古学』Ⅱ　群馬考古学ネットワーク　69-78頁
　　　　d. 酒井清治 2013『土器から見た古墳時代の日韓交流』同成社

第 1 章
横穴式石室の導入とその特質

第1節　横穴式石室導入の一側面
― 常陸高崎山2号墳の横穴式石室 ―

1　高崎山2号墳の横穴式石室

(1) 古墳の概要

　高崎山2号墳[1]は、筑波山の南側を北西から南東に向かって流れる桜川の左岸、現在の茨城県土浦市（合併前における旧新治郡新治村）の丘陵上に所在している（第6図）。1987年に確認調査が行なわれ、さらに1997年に新治村教育委員会内の高崎山古墳群西支群発掘調査会の委託を請け、山武考古学研究所が調査を実施した。その結果、本墳は墳丘に埴輪、後円部に横穴式石室をもつ墳丘長27.35m、後円部径18.6m、前方部推定幅12.5mの前方後円墳であることが明らかになった[2]。

　以下、主として発掘調査の成果および報告書を参考に、移築復元された石室の実見結果をも照合して、本墳の埋葬施設である横穴式石室の概要を述べ、特徴を把握していくことにする。

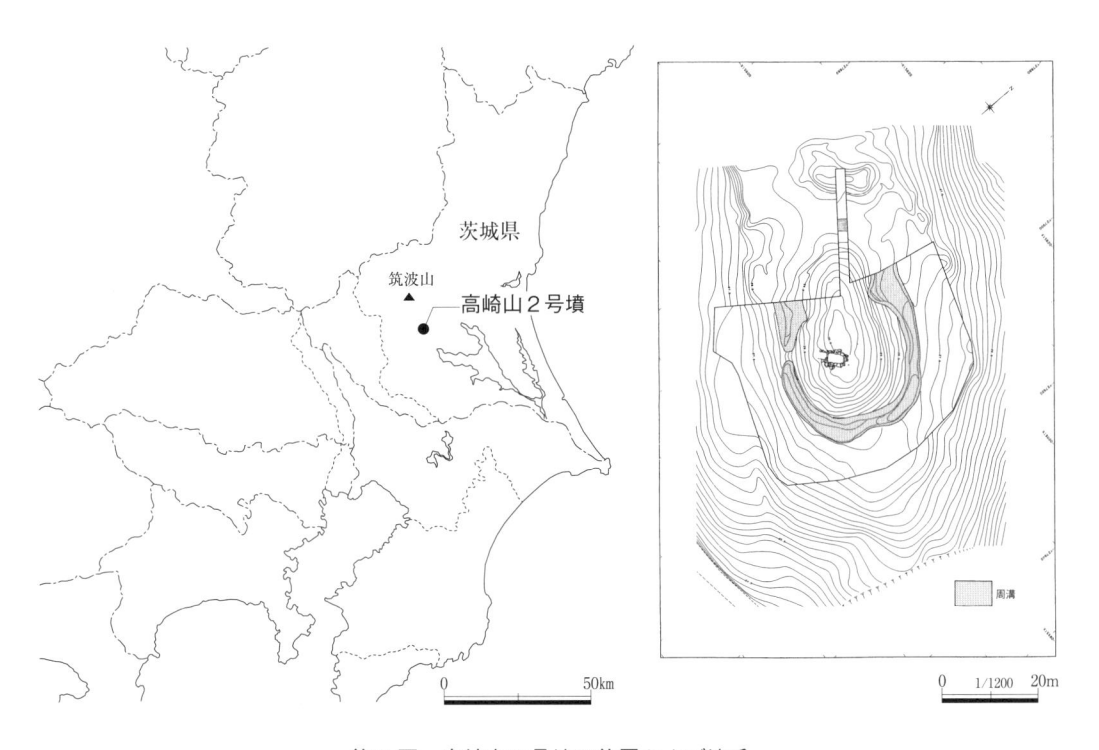

第6図　高崎山2号墳の位置および墳丘

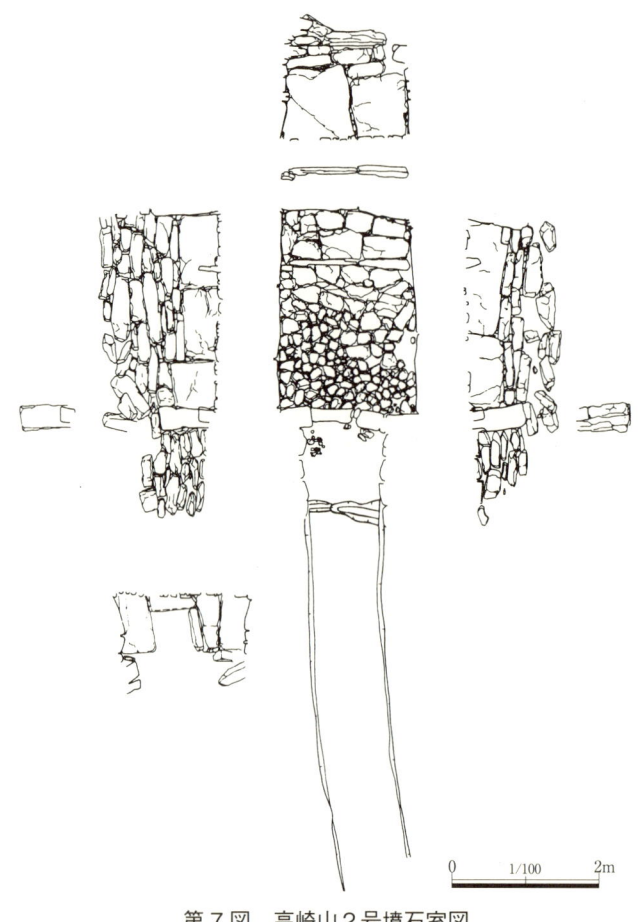

第1章　横穴式石室の導入とその特質

横穴式石室は南西方向に向かって開口する全長4.44m、玄室長2.76m、玄室幅1.99m（玄室中央）、羨道長1.43m、羨道幅1.12m（羨道中央）の両袖石室であり、壁石には筑波山から得られる割石を使用している（第7図）。調査前にすでに左側壁上部が乱れ、天井石はすべて失われていたものの、比較的遺存状態はよいと言える。

玄室は平面形が長方形を呈するものの、長さと幅の差は小さい。側壁は全体に横長の石材を積み、横方向の目地が通っている。両側壁とも基底に大振りの石材を配しており、いわゆる腰石の使用が認められる点が注目できる。奥壁も側壁と同様の壁面構成であり、大型の石材2石を並列して据え、その上部に石材を小口積みしている。

玄室床面の奥壁沿いには石室主軸に直交させて屍床仕切石を配置し、棺床を形成している。この棺床内左壁側からは石枕として利用されたと考えられる石材が検出されており、東頭位の遺骸埋葬が推定できる。玄室床面には敷石が認められるが、なかでも奥壁沿いの棺床内に大振りの板石を敷き詰めている。

第7図　高崎山2号墳石室図

　玄門の構造も特徴的である。玄門は立柱石を立てているが平面的には左右とも羨道側壁の並びから突出しており、立柱石間に梱石を挟んだ門構造である。しかし、奥壁から開口部に向かって右側の立柱石が1石のみであるのに対し、左側は2石用いている点が特異である。1石は平面的には羨道側壁からほとんど突出せず、壁体内にほぼ組み込まれる形になるが、この石材に接してもう1石を据えることにより、壁面からの突出を強めた構造となっており、やや不定形である。

　また、左側の立柱石に添わせて梱石上にさらにもう1石、小振りの角柱状の石材が置かれている。この玄門には入口側から1枚の板石による閉塞が認められたが、閉塞石はこの小振りの角柱状の石材と立柱石の接地部に当てて、入口側から嵌め込んでおり、右側の立柱石にも立てかける形で置かれている[3]（第8図）。この角柱状の石材も含めて立柱石とするかは判断しがたいが、いずれにしても玄門の閉塞に関連する石材である。玄門の上部は失われているが、楣石が架構され

第1節　横穴式石室導入の一側面―常陸高崎山2号墳の横穴式石室―

ていたと推定でき、玄門はこれらの石材によって形成されたやや小型の方形の空間を呈していたと考えられる。

　羨道は比較的短く、玄室側壁と比べると腰石を使用せず、基底部から割石を小口積みしている点が異なる。羨門部の壁体には特に造作は認められないが、床面上から石室主軸に直交する小溝が検出されており、羨門部を意識したものと思われる。この羨道に接続して長さ10.64m、幅2.04m（墓道中央）の墓道が存在し、周溝の陸橋部に至る構造である。

　なお、天井石を欠く点は既述のとおりであるが、玄室および羨道の側壁の残存状況からは、玄室天井に比べて羨道天井は一段低い構造であった可能性がある。また、玄室内には両側壁・奥壁および立柱石の玄室側の面に赤色顔料の塗布を認めることができる。

第8図　閉塞石の検出状況
（写真提供：上高津貝塚ふるさと歴史の広場）

(2) 横穴式石室の検討

　高崎山2号墳の概要を述べてきたが、ここで当古墳の石室の特色を列挙すると以下のようになる。

　①両袖石室であり、羨道側壁の並びから突出する立柱石をもつ玄門構造である。
　②玄門の閉塞には1枚の板石を用いている。
　③玄室側壁には腰石の使用が認められる。
　④玄室内奥壁沿いに屍床仕切石を据え置き、遺骸埋葬用の棺床を形成している。
　⑤玄室内の壁体に赤色顔料の塗布が認められる。

　以上の諸特徴のうち、まず①・②に見られるような壁体から突出させた玄門とそれに伴う板石を用いた閉塞構造や③の玄室の壁面構成における腰石の使用という要素からは、九州系の横穴式石室構造に多く認められる諸特徴と共通していると指摘できる。また、④の玄室奥壁沿いに屍床仕切石を配する点も九州を中心に認められる構造である。一方、⑤のような玄室内の赤色顔料の塗布は、汎列島的に各地の横穴式石室の導入時に見られる特徴であり、古い様相を示すと言えよう。後述するように、関東における導入期のほかの横穴式石室についても同様の特徴が認められる。

　次に出土遺物であるが、石室内では奥壁沿い

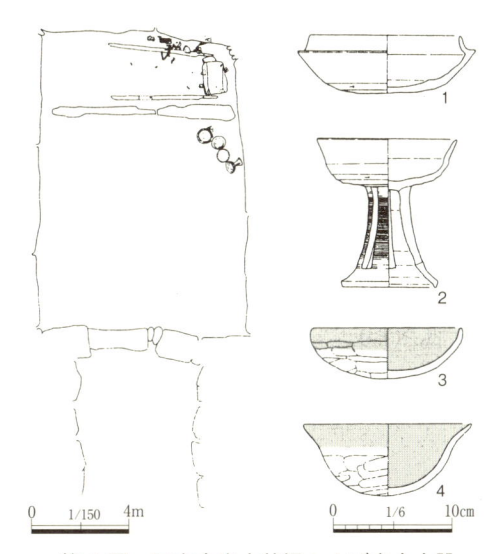

第9図　石室内出土状況および出土土器

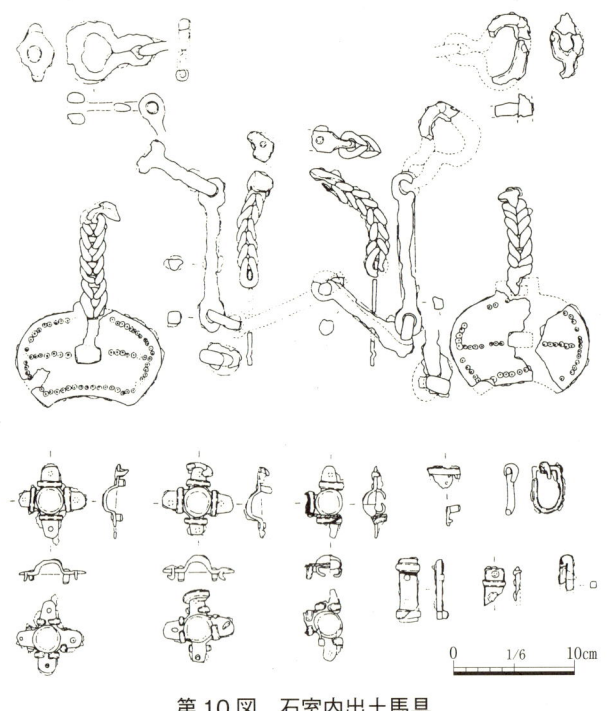

第10図　石室内出土馬具

の棺床から馬具（鉄製楕円形鏡板付轡、辻金具など）、直刀（2振）、鉄鏃、各種玉類（管玉・小玉・勾玉）、棺床外玄室中央の左側壁寄りから土器類（須恵器坏身・高坏、土師器坏2点：第9図）、ほかに周溝内から円筒埴輪、朝顔形埴輪、形象埴輪が出土している。なかでも土器類は、1の須恵器坏身がTK10型式に相当すると考えられるが、その他はこれよりも古い特徴をもっている。2の高坏は長脚1段透かしであるが脚高が比較的短い点などから、MT15型式の範疇で捉えてもよいであろう[4]。また3・4の土師器坏も、6世紀初頭から前半を中心とする時期が与えられる[5]。なお、土器類の出土状況からは1の須恵器坏身の上に4の土師器坏が逆位に置かれ、蓋として使用していた状況が推定でき、2・3も含めて1列に並べた状態で一度に置かれた可能性がある。

　馬具は、鉄製楕円形鏡板付轡と辻金具3点などが棺床内から出土している（第10図）。鉄製楕円形鏡板付轡は鏡板下辺の抉り部分の両端が尖る点や兵庫鎖をもつ点、鋲を表現した列点文が施される点などの特徴から、MT15型式からTK10型式期に比定できる[6]。辻金具も轡とセットとして把握でき、同様の時期と考えられる。

　こうした副葬品の内容からはMT15型式期が主体となるが、須恵器坏身などTK10型式の特徴をもつ遺物も存在するため、当古墳の時期はMT15型式からTK10型式期、おおむね6世紀前半から中葉にかけての時期が与えられる。

　以上の検討から、高崎山2号墳は6世紀前半から中葉の時期に横穴式石室を採用した古墳であり、その石室構造は九州系の諸特徴と共通する点、常陸における横穴式石室のなかでは最も遡る事例である点は、当該時期における関東の横穴式石室の系譜を考える上で非常に重要である。そこで次に、関東における横穴式石室の導入期の様相を取り上げ、比較検討を試みることにする。

2　関東における横穴式石室の導入

(1) 横穴式石室の導入

　関東における横穴式石室の導入に関しては、まず尾崎喜左雄によって、群馬県下の横穴式石室の徹底的な資料分析を通した構造的視点に基づく編年研究が行なわれた。こうした尾崎の一連の

綿密な研究によって、上野における横穴式石室の変遷過程の大枠が築かれたと評価できる[7]。しかし、尺度論を重視する観点から副葬品との時期的検討を重視せず、横穴式石室は高麗尺とともに受容されたとし、当地域における横穴式石室の導入を6世紀末頃と位置づけた点に問題が残った。その年代観は、関東の初期横穴式石室を扱った原田道雄の研究によって、関東各地における導入期の石室構造と副葬品の比較検討が行なわれ、上野における横穴式石室の導入は6世紀初頭まで遡ることが指摘されるに至った[8]。

その後、さらに横穴式石室の発掘調査例が増加するなか、上野では右島和夫[9]、北武蔵では増田逸朗[10]が中心となって、両地域それぞれの横穴式石室の変遷観が明示された。これらの研究では、出土遺物の緻密な検討によって得られた時期を年代観との基礎として石室構造の特徴との整合性を明確にした。そして導入から展開までを通した変遷観を提示するとともに、横穴式石室の伝播経路やその系譜、性格にも言及した編年観を論じた。そのなかで両地域の横穴式石室の導入時期を6世紀初頭頃と位置づけている[11]。

(2) 導入期の諸特徴

こうした先行研究を基に横穴式石室の導入期の様相をまとめてみると、まず横穴式石室が先駆的に導入されるのは上野（なかでも西毛・中毛地域）と北武蔵の一部（北西部の児玉郡・大里郡域）、すなわち関東の北西部に集中するといった特徴が認められる（第11図）。この両地域の石室のあり方からは同一の系譜が想定でき、一連の事象として把握することが可能である。

その石室構造は、上野では導入期から両袖石室と無袖石室の両者が存在するが、北武蔵では、無袖石室のみに限られるといった分布傾向がある。また、両袖石室は羨道が非常に長く、天井は玄室から羨道にかけて段をもたない構造であり[12]、上野の有力な前方後円墳のみに限定的に導入されるのが特徴である。これに対し、無袖石室は狭長な長方形プランを呈し、玄室と羨道の区別は梱石の設置のみでなされており、上野と北武蔵北西部の中小古墳の埋葬施設として採用されている。このように採用する階層の差異からは、上野における両袖石室採用層の優位性が認められている。さらに導入期の横穴式石室の中には、壁面に赤色顔料の塗布が認められるのも特徴である。

なお、ここで本書において扱っている「導入期」について整理してみたい。関東の北西部（上野・北武蔵北西部）にまとまりをもって先駆的に横穴式石室が採用されることは前述したとおりであるが、採用後すぐに関東全体に展開するのではなく、あくまでも北西部のみに留まるといった特徴がある。こうした分布から見た偏在傾向や石室展開のあり方に対して、関東全体に横穴式石室が採用されるようになるのは、各地の有力な前方後円墳を中心に導入される6世紀後半以降のことである。しかもその系譜や伝播の性格は、導入期のものとは異なると考えられる。つまり、関東地方に広汎に横穴式石室が採用されるよりも前の段階であり、関東北西部に集中して導入が認められ、限定的に展開を見せる時期を導入期として扱うことにしたい。その時期はMT15型式期からTK10型式期の段階、6世紀初頭ないし前半から中葉の時期が相当する[13]。

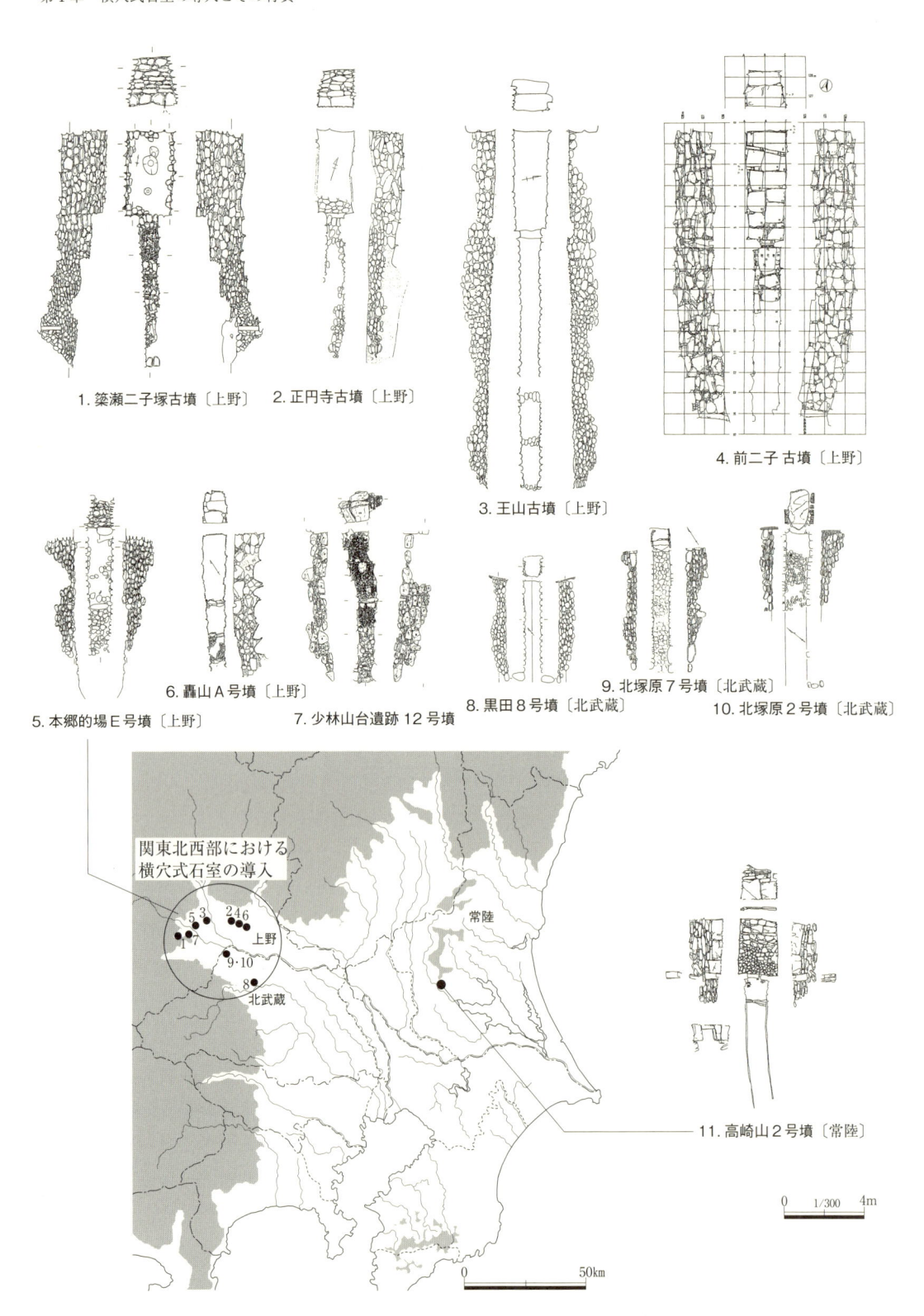

第1章 横穴式石室の導入とその特質

1. 築瀬二子塚古墳〔上野〕
2. 正円寺古墳〔上野〕
3. 王山古墳〔上野〕
4. 前二子古墳〔上野〕
5. 本郷的場E号墳〔上野〕
6. 轟山A号墳〔上野〕
7. 少林山台遺跡12号墳
8. 黒田8号墳〔北武蔵〕
9. 北塚原7号墳〔北武蔵〕
10. 北塚原2号墳〔北武蔵〕
11. 高崎山2号墳〔常陸〕

第11図　関東北西部における横穴式石室の導入と高崎山2号墳

3　導入期横穴式石室の系譜と高崎山2号墳の評価

(1) 伝播経路の推定

次に、これら導入期の横穴式石室の系譜を取り上げてみることにする。まず、上野の有力な前方後円墳に採用された両袖石室であるが、これに関して白石太一郎は信濃の伊那谷の横穴式石室に関する研究の中で論じている。そこでは、伊那谷に所在する前方後円墳である長野県飯田市飯沼天神塚古墳（雲彩寺古墳、第12図）の横穴式石室と、上野の最も古い両袖石室である群馬県安中市簗瀬二子塚古墳をはじめとした導入期の両袖石室との形態的な類似性を指摘し、共通の技術的影響を認めている[14]。

また、上野における東西両地域の対比の中で歴史展開を論じた右島によると、導入期の横穴式石室は信濃から上野西部への人・モノの流入の動きとともに理解されている[15]。その背景としては、右島の指摘するように、5世紀後半以降の西毛優勢に進められてきた地域圏形成の動きと対応している。無袖石室についても直接的な系譜がどこに求められるかは現段階では不明であるが、採用層や分布のあり方、構築技術などからは少なくとも両袖石室との関連性は強いと言えよう。

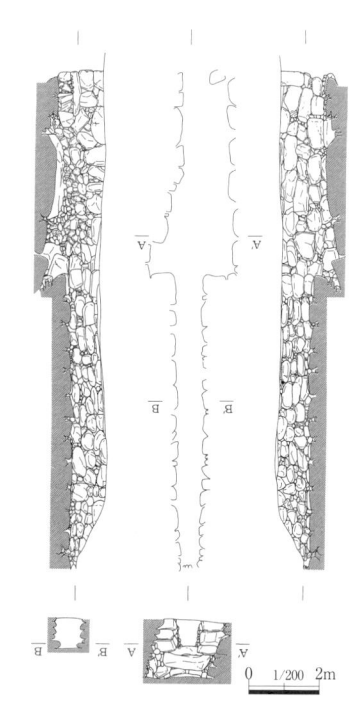

第12図　飯沼天神塚古墳（雲彩寺古墳）の横穴式石室

(2) 前二子古墳の横穴式石室に関する評価

このように、導入期の横穴式石室の伝播経路として古東山道ルートが指摘され、多くの支持を得るようになったが、一方で柳沢一男は上野の導入期横穴式石室の1つである群馬県前橋市前二子古墳の系譜について異なる見解を提示している[16]。それは朝鮮半島南部の前方後円墳である海南・長鼓峰（長鼓山・長鼓峯）古墳、連接墳である固城・松鶴洞古墳（1B号墳）の横穴式石室との類似性を指摘し、前二子古墳への直接的な系譜関係を論じている（第13図）。つまり、朝鮮半島南部と北部九州との交流の中で北部九州型の影響を受けた石室が朝鮮半島南部で成立したが、その朝鮮半島南部で成立した石室構造を前二子古墳が直接的に受容したと位置づけている[17]。

したがって当地域への横穴式石室の系譜に関しては、大きくは2つの見解が提示されている。その論点となるのが、前二子古墳の横穴式石室の評価であろう。確かに前二子古墳と簗瀬二子塚古墳など上野に所在する導入期横穴式石室とを対比すると、狭長な羨道を有する点や天井が段をもたない点、赤色顔料の塗布など多くの共通点を認めることができるが、詳細に比較すると相違点も存在する。前二子古墳の玄門部には立柱石が存在し、壁面から突出している点や奥壁沿いに屍床仕切石をもつ点、床面に加工を施した敷石を配置する点、板石閉塞が認められる点などである。しかし一方で、柳沢の指摘するように前二子古墳と朝鮮半島南部の事例との共通性も窺える

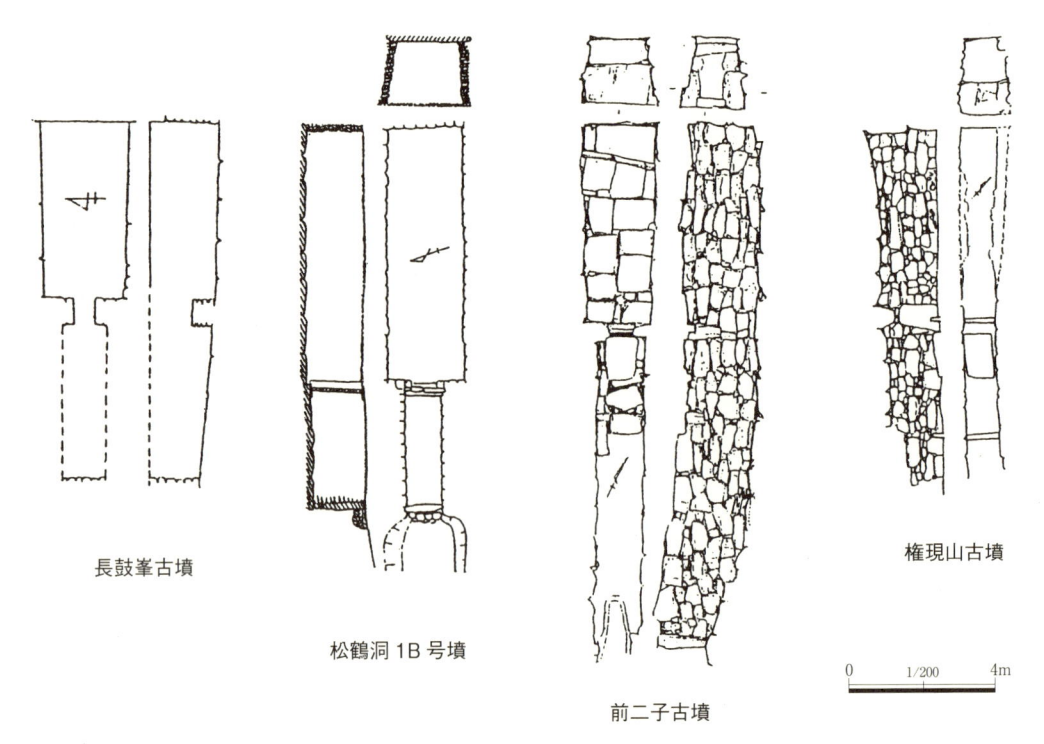

第1章　横穴式石室の導入とその特質

長鼓峯古墳

松鶴洞1B号墳

前二子古墳

権現山古墳

0　　1/200　　4m

第13図　「長鼓峯類型」の石室（註(16)b 文献より）

が、すぐに朝鮮半島との直接的な関係を想定するにはさらに詳細な検討が必要であろう。前二子古墳への直接的な伝播を認めるならば、そのほかの当地域に所在する導入期の両袖石室の出現・成立の背景についても言及が必要である。また、朝鮮半島南部の事例とは平面形態や天井構造、赤色顔料の塗布などが類似するものの、屍床仕切石や加工を施し平滑化した敷石の存在など相違点もまた存在している。

　ここまで関東北西部における導入期の横穴式石室について触れてきたが、その系譜を明確に特定するには至っていないのが現状である。前二子古墳の評価も含めて多くの問題点が残っているのであるが、少なくとも関東の北西部に横穴式石室が先駆的に導入されたことは明確であり、6世紀後半以降に関東各地に広汎に展開する横穴式石室とは別の系譜、性格が窺えるであろう。このような導入期の横穴式石室のもつ系譜問題を念頭に置いた上で、再度、高崎山2号墳の横穴式石室に着目してみることにする。

(3) 高崎山2号墳と前二子古墳の共通点
　既述したように、常陸南部に所在する高崎山2号墳の時期はMT15型式からTK10型式期、6世紀前半から中葉にかけてと考えられた。これは関東における横穴式石室の導入期に相当する時期であり、上野・北武蔵北西部といった関東北西部の初現より若干遅れるものの、早い段階ですでに常陸南部にも横穴式石室が導入されていたことには注意が必要である。しかも、その特徴か

らは九州系の横穴式石室と共通する諸特徴を認めることができ、導入期の関東北西部の特徴とは異なる系譜のものが併行して存在していたと指摘できよう。

　関東の横穴式石室の導入に関しては、前二子古墳の系譜とその評価が問題となっているが、ここでこの高崎山2号墳と比較してみることにする（第14図）。まず、両石室ともに羨道側壁の並びから突出する立柱石をもつ両袖石室であり、板石による閉塞を認めることができる。さらに、玄室内奥壁沿いに屍床仕切石を配置し、遺骸埋葬用の棺床を形成していることや石室内の壁体に赤色顔料の塗布が認められることも共通する要素である。こうした特徴からは、高崎山2号墳で確認できた九州系石室の要素が、それよりも早い段階ですでに前二子古墳にも採用されていた可能性を想定することができる。

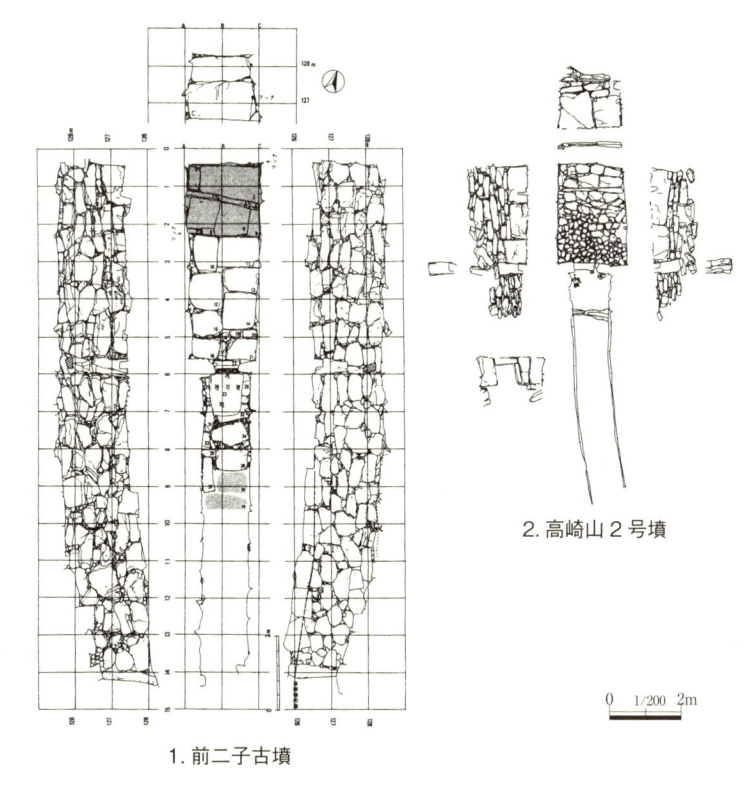

1. 前二子古墳
2. 高崎山2号墳

第14図　前二子古墳と高崎山2号墳の石室

　しかし、前二子古墳のもつ狭長な石室構造や天井面に段をもたない点などといった特徴からは、ほかの導入期の両袖石室との関係も看過することはできない。現在の段階ではこうした関東北西部の狭長な両袖石室の特徴と九州系の特徴との両方の要素を認めることができるといった指摘に留めておくことが妥当と思われる。その場合、導入期の前二子古墳と高崎山2号墳に認められた九州系の諸特徴が、九州から直接的に伝播したのか、他地域を介して二次的に伝播したかは明確に特定するには至っていない。あるいは柳沢の指摘するように、朝鮮半島南部からの直接的伝播の可能性も充分に考えられる。ただし、九州の影響を受けて成立した朝鮮半島南部の事例と同様に、関東においても長距離間ではあるが、九州との交流によって同様の現象が生じ得る可能性もまた否定できないであろう。

　こうした系譜関係については、横穴式石室以外の交流関係の実態と歴史展開の中で総合的に評価すべきであり、依然として明確な結論を導き出すには慎重にならなければならないが、いずれにせよ関東における導入期の一側面として高崎山2号墳のような九州系の特徴をもつ横穴式石室が受容されていた点を強調しておきたい。

第1章　横穴式石室の導入とその特質

4　小　結 —関東における横穴式石室導入の一側面—

　関東における横穴式石室の導入は古墳時代後期前半（6世紀初頭ないし前半から中葉）であり、上野と北武蔵の北西部といった関東北西部に集中して認められる点が挙げられ、古東山道ルートを介した伝播経路が指摘されている。また、そのなかの1基である前二子古墳の横穴式石室は、朝鮮半島南部との関連性を指摘する見解も提示されている。こうした研究動向を踏まえた上で、本節では、関東における横穴式石室導入の一側面として常陸に所在する高崎山2号墳の横穴式石室を提示し、構造の詳細な検討とその史的評価を試みた。その結果、これまでの導入期に相当する石室とは異なる系譜を指摘することができた。九州系の横穴式石室に多く認められる諸特徴と共通する構造をもつ石室が、これまで考えられてきた導入期のものとは別系譜で導入されていることは特筆できる。伝播経路の想定も今後の課題であるが、むしろ近隣に類例は無く、長距離間の伝播を想定せざるを得ないのである。このような横穴式石室の情報・技術の伝播のあり方は、横穴式石室のみに限らず、今後、古墳時代後期の情勢、錯綜する交流の実態を解明する上で極めて重要である。

註
(1)　この高崎山2号墳に関しては、日高慎によっておおむね6世紀中葉以降の石室であり、その特徴や系譜は霞ヶ浦周辺の横穴式石室を考えるうえで極めて重要な資料であるとすでに指摘されている。
　　　日高　慎 2000「雲母片岩使用の横穴式石室の箱形石棺」『風返稲荷山古墳』霞ヶ浦町教育委員会 95-107頁
(2)　平岡和夫・高野浩之ほか 2001『高崎山古墳群西支群第2号墳・第3号墳』山武考古学研究所・新治村教育委員会
　　　なお、高崎山2号墳の名称について、調査報告書では高崎山古墳群西支群2号墳（高崎山西2号墳）が使われており、本節・拙稿初出時にも高崎山西2号墳の名称を用いたが、その後、「高崎山古墳群2号墳（高崎山2号墳）」の名称で統一された（上高津貝塚ふるさと歴史の広場 2008『高崎山2号墳と桜川流域の後期古墳』第13回企画展　土浦の遺跡13　解説パンフレット）。そのため、本書でも以下、高崎山2号墳の名称を用いることにする。
(3)　この閉塞石は図化されていないが、前掲註(2)報告書内の報告文(33頁)および写真図版（写真図版7-1）から形状、規模および閉塞状況を窺うことができる。
(4)　報告者はこの高坏をTK10型式としているが、本稿ではMT15型式として捉えることにする。
(5)　当古墳が所在する常陸南部地域の土師器に関しては吹野富美夫の研究を参考にしている。
　　　吹野富美夫 1998「常陸南部における古墳時代後期の土器様相」『列島の考古学』渡辺誠先生還暦記念論集　245-254頁
(6)　鉄製楕円形鏡板付轡については以下の論考を参考にしている。
　　　a. 鹿野吉則 1987「大和における馬具の様相—鉄製楕円形鏡板付轡を中心に—」『考古学と地域文化』同志社大学考古学シリーズⅢ　同志社大学考古学シリーズ刊行会　445-452頁
　　　b. 花谷　浩 1991「馬具—日本出土鉄製鏡板付轡に関する覚え書き」『川上・丸井古墳発掘調査報

　　　　告書』長尾町教育委員会　100-109頁
　　　c. 宮代栄一 1993「5・6世紀における馬具の「セット」について―f字形鏡板付轡・剣菱形杏葉を中心に―」『九州考古学』第68号　九州考古学会　19-48頁
　　　d. 鈴木一有 2002「経ヶ峰1号墳の再検討」『三河考古』第15号　三河考古刊行会　1-20頁
（7）　尾崎喜左雄 1966『横穴式古墳の研究』吉川弘文館
（8）　原田道雄 1972「関東地方における初期横穴式石室古墳」『駿台史学』第30号　駿台史学会　27-60頁
　　　ただし、原田の用いた「初期」の概念は非常に曖昧であり、関東各地の古い横穴式石室を扱ったものの機械的に抽出しており、その明確な時期区分や定義などはなされていない点が後述する右島和夫の論考によって批判されている（後掲註（9）a文献）。
（9）　a. 右島和夫 1983「群馬県における初期横穴式石室」『古文化談叢』第12集　発刊10周年記念号　九州古文化研究会　293-330頁
　　　b. 右島和夫 1994「上野における横穴式石室の変遷」『東国古墳時代の研究』学生社　141-167頁
　　　c. 右島和夫 2002「古墳時代上野地域の東と西」『群馬県立歴史博物館紀要』第23集　群馬県立歴史博物館　1-20頁
（10）　a. 増田逸朗 1977「北武蔵における横穴式石室の変遷」『信濃』第29巻第7号　信濃史学会　64-81頁
　　　b. 増田逸朗 1995「北武蔵における初期横穴式石室導入期の様相」『調査研究報告』第8号　埼玉県立さきたま資料館　1-12頁
（11）　東日本全体でもこうした問題点を踏まえたシンポジウムが開催され、横穴式石室の集成、副葬品の内容、時期について各地域の横穴式石室の様相が明確化してきたと言え、研究を大きく進展させる契機になったとみることができる。
　　　千曲川水系古代文化研究所・北武蔵古代文化研究会・群馬県考古学研究所 1989『東日本における横穴式石室の受容』第10回三県シンポジウム
（12）　右島によると導入期の横穴式石室が狭長な構造を呈している要因として、墳丘と石室が合理的に組み合わされておらず、さらに構築技術も未熟で扱える石材も小さかったため、幅の狭い形態を取らざるを得なかったと言及している。また、こうした理由から袖部の形状も床面では明確に両袖を呈するが、天井に向かうにしたがって屈曲が無くなるといった傾向を指摘している（前掲註（9）a・b文献）。
（13）　ただし、下野でもこうした導入期に相当すると考えられる時期の横穴式石室が存在している。これらの中には関東北西部からの影響を受けたものもあろうが、その一方で異なる系譜を想定できるものもあると考えられる。本節では詳細については触れないが、今後、下野の横穴式石室の動向および歴史展開を論じる上で、導入期の様相とその系譜関係についても検討が必要であろう。
（14）　白石太一郎 1988「伊那谷の横穴式石室(1)・(2)」『信濃』第40巻第7・8号　信濃史学会　第7号：1-19頁、第8号：45-55頁
（15）　前掲註（9）c文献
（16）　a. 柳沢一男 2001「全南地方の栄山江型横穴式石室の系譜と前方後円墳」『朝鮮学報』第179輯

　　　　朝鮮学会　113-155頁
　　　b. 柳沢一男 2002「日本における横穴式石室受容の一側面―長鼓峯類型石室をめぐって―」『清
　　　　渓史学』16・17合輯　韓國精神文化研究院・清渓史学会　409-441頁
(17)　また柳沢によると、下野に所在する宇都宮市権現山古墳についても同様の系譜として捉えており、
　　　その構造から前二子古墳を介した二次的伝播の可能性を指摘している（前掲註(16)b文献）。

第2節　上野・下野の横穴式石室
―導入と地域色―

1　はじめに

　古墳時代中期に成立したヤマト王権を頂点とする流通・経済の仕組みは、後期になると大きく変化し、中央や地方における支配体制の再編成が行なわれるようになる。その背景としては、朝鮮半島からの新来技術・文化が列島各地で急速に普及・浸透するなかで、これまでの王権や在地首長層のもつ役割が変容すると同時に、新たな存立基盤の構築が必要となったことが挙げられる。

　このような趨勢と連動する形で、古墳築造の中心が巨大な墳丘の誇示から埋葬空間としての横穴式石室の構築を重視する傾向へと移り変わるようになるのが、後期古墳の特徴である。もっとも、横穴式石室自体はすでに4世紀末頃に朝鮮半島から北部九州に伝播し、九州を中心に展開していたが、列島各地への浸透に至るまでには、6世紀初頭前後における畿内型石室の成立を待たなければならなかったと言える。

　さて、本節で対象とする上野（上毛野）地域・下野（下毛野）地域は、関東地方のなかでも古東山道が東西を横断し、東北地方へと至る拠点となる地域である。そのため、畿内との密接な関係が窺えると同時に、人とともに新来の物資・技術が到来する窓口としての役割を併せもつ地域であったことが知られる。本節では、こうした上野・下野の様相を踏まえる一方で、横穴式石室の導入とその系譜から窺うことができる地域的特性を探ってみることにする。

2　上野における横穴式石室の導入

　上野地域における横穴式石室の導入は6世紀初頭頃であり、上毛野のなかでも中・西毛地域の有力な首長墓を中心に両袖、中小古墳を中心に無袖の石室が採用されるが、導入期より石室構造に階層差が反映している点が注目できる[1]。

　このうち、両袖石室としては安中市簗瀬二子塚古墳・富岡市一ノ宮4号墳・前橋市王山古墳・同正円寺古墳・同前二子古墳などが知られるが、狭長な羨道を有する点、玄室平面形が矩形を呈する点、天井部が玄室から羨道にかけて段をもたない点、石室壁面における赤色塗彩などの共通する要素を認めることができる（第15図1～5）。

　さらに墳丘と石室の関係に着目すると、墳丘築造と連動する形で旧表土ないし墳丘盛土内に石室を構築しており、旧表土下に墓坑を設ける石室構築は行なってはいない。その一方で、簗瀬二子塚古墳のように羨道床面に段構造をもつものや前二子古墳の玄門部に見られる側壁から突出した立柱石の造作など、各石室において異なる構造的特徴も窺え、石室系譜の相違や導入時の変容

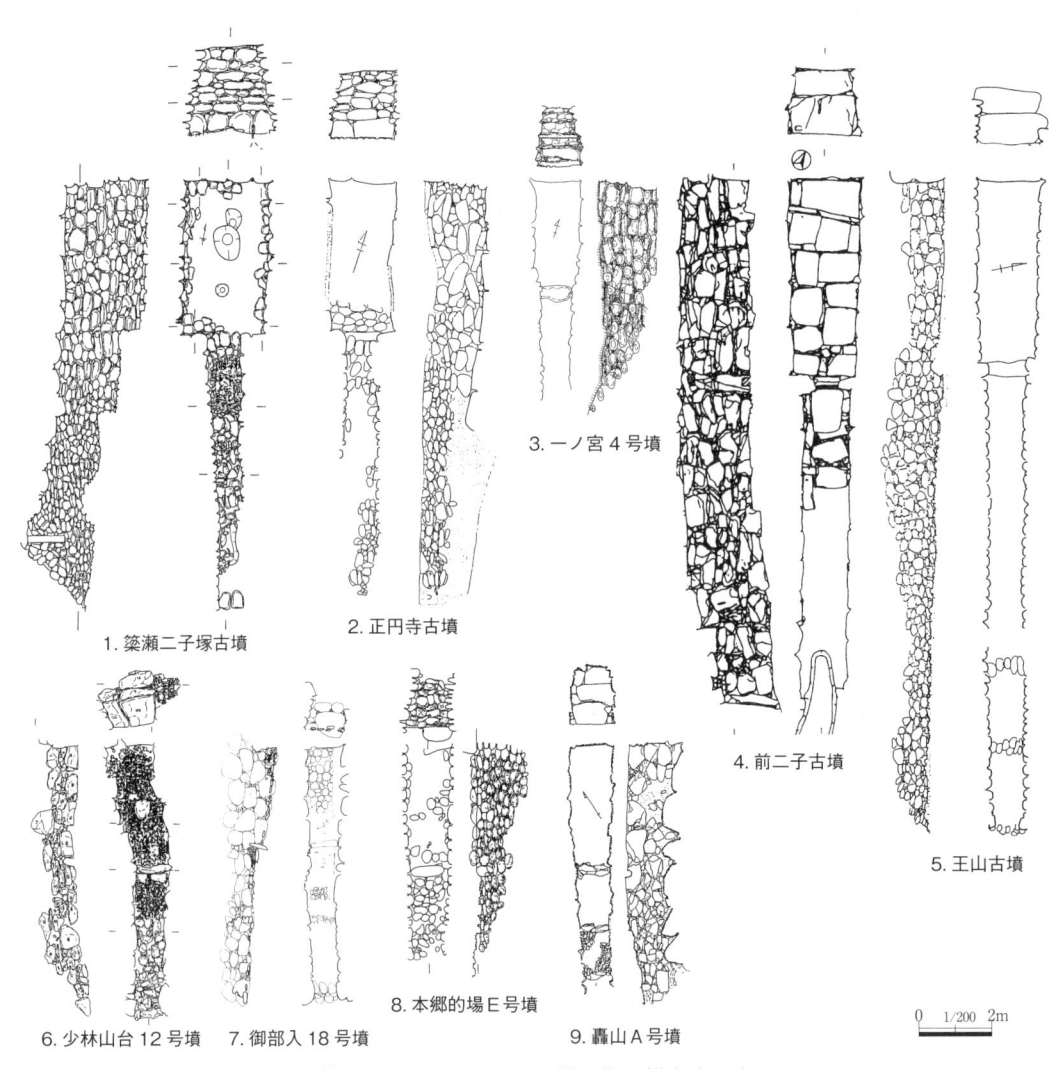

第1章　横穴式石室の導入とその特質

1. 簗瀬二子塚古墳
2. 正円寺古墳
3. 一ノ宮4号墳
4. 前二子古墳
5. 王山古墳
6. 少林山台12号墳
7. 御部入18号墳
8. 本郷的場E号墳
9. 轟山A号墳

第15図　上野における導入期の横穴式石室

に起因すると捉えることもできる。

　次に、無袖石室としては高崎市少林山台12号墳・同本郷的場E号墳・同御部入18号墳・伊勢崎市轟山A号墳など、主に細長い矩形の平面形を呈する構造であり、床面に梱石を配することによって玄室と羨道を区別するものの、石室入口部には段構造のような造作はなく、平坦な構造のものが主体となる（第15図6～9）。なお、このような特徴をもつ無袖石室は、隣接する北武蔵北西部でも導入期に存在しており、両地域を合わせた関東北西部の動向として捉えることが可能である。

　一方、渋川市津久田甲子塚古墳のような旧表土を掘り込んだ墓坑内に石室構築面を有し、入口部に向かって段ないし傾斜をもつ石室[2]（第16図1）や、伊勢崎市峯岸山8号墳などのような従来の竪穴式小石槨から横穴式石室への移行期の様相を示すとされる石室[3]（第16図2）など、従

第2節　上野・下野の横穴式石室―導入と地域色―

来の竪穴系埋葬施設の構築技術上で受容された横穴式石室の存在にも留意が必要である。このことは、安中市後閑3号墳や伊勢崎市権現山2号墳などの石室平面形がT字形やL字形を呈する石室とも同様の出現背景が想定でき、これらは墳丘中央部に設けられた竪穴系埋葬施設の伝統の

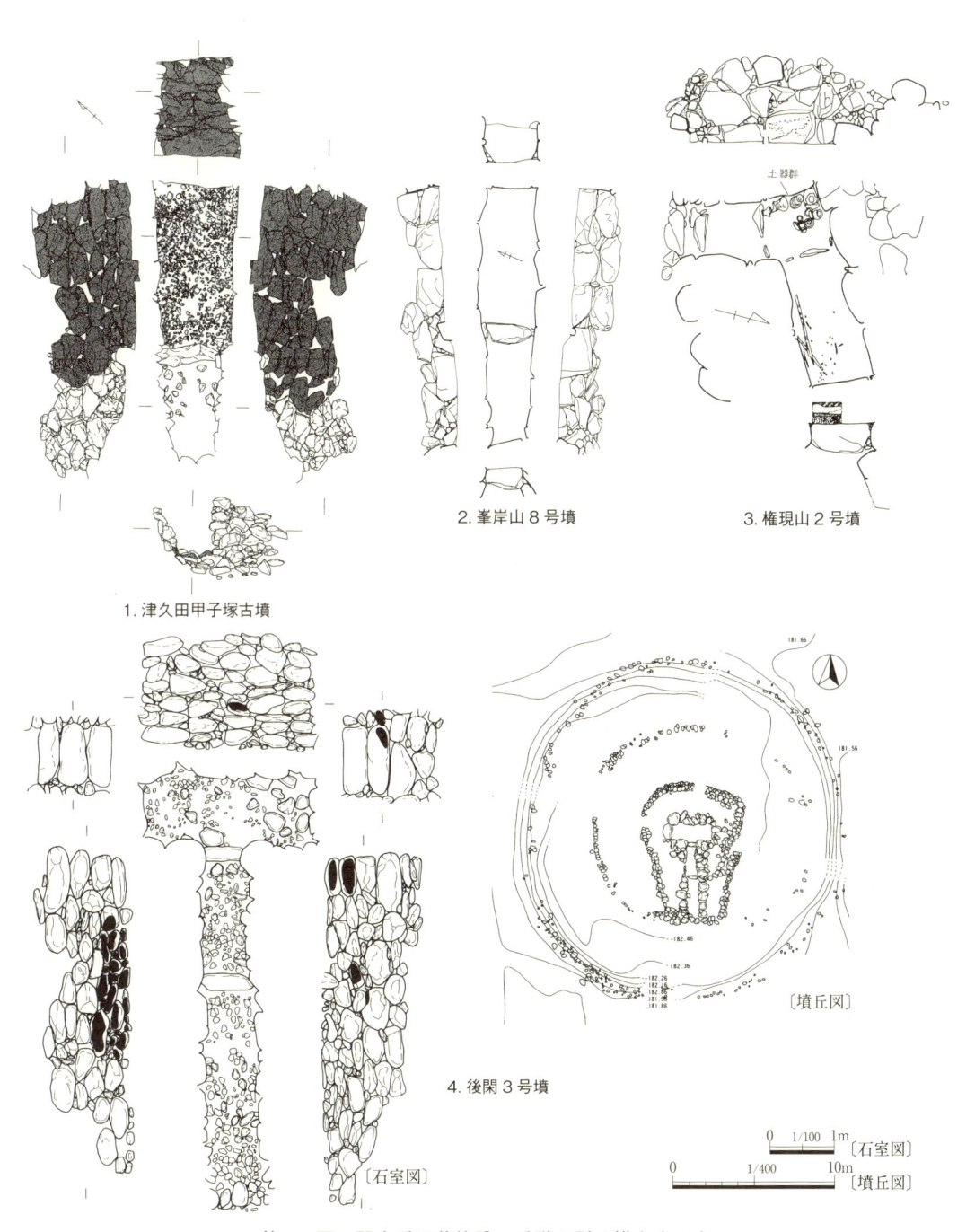

1. 津久田甲子塚古墳
2. 峯岸山8号墳
3. 権現山2号墳
4. 後閑3号墳

〔石室図〕
〔墳丘図〕

0　1/100　1m　〔石室図〕
0　1/400　10m　〔墳丘図〕

第16図　竪穴系埋葬施設の系譜を引く横穴式石室

43

第1章 横穴式石室の導入とその特質

なかで、墳丘裾部へと至る狭長な羨道を取り付けた構造と理解できる[4]（第16図3・4）。

さて、上野における横穴式石室の導入経路や系譜関係に着目してみると、信濃・南信地域との関係性および上野への影響が指摘されており、古東山道経路を介した信濃から上野西部への伝播経路が想定される[5]。

まず、両袖石室では上野と同様に、狭長な羨道をもつ信濃・南信地域の長野県飯田市飯沼天神塚（雲彩寺）古墳と共通することが知られる。ただし、上野と同様に6世紀初頭の築造であるものの、こうした狭長な羨道を有する両袖石室が信濃では1例のみである点、さらにその石室構造

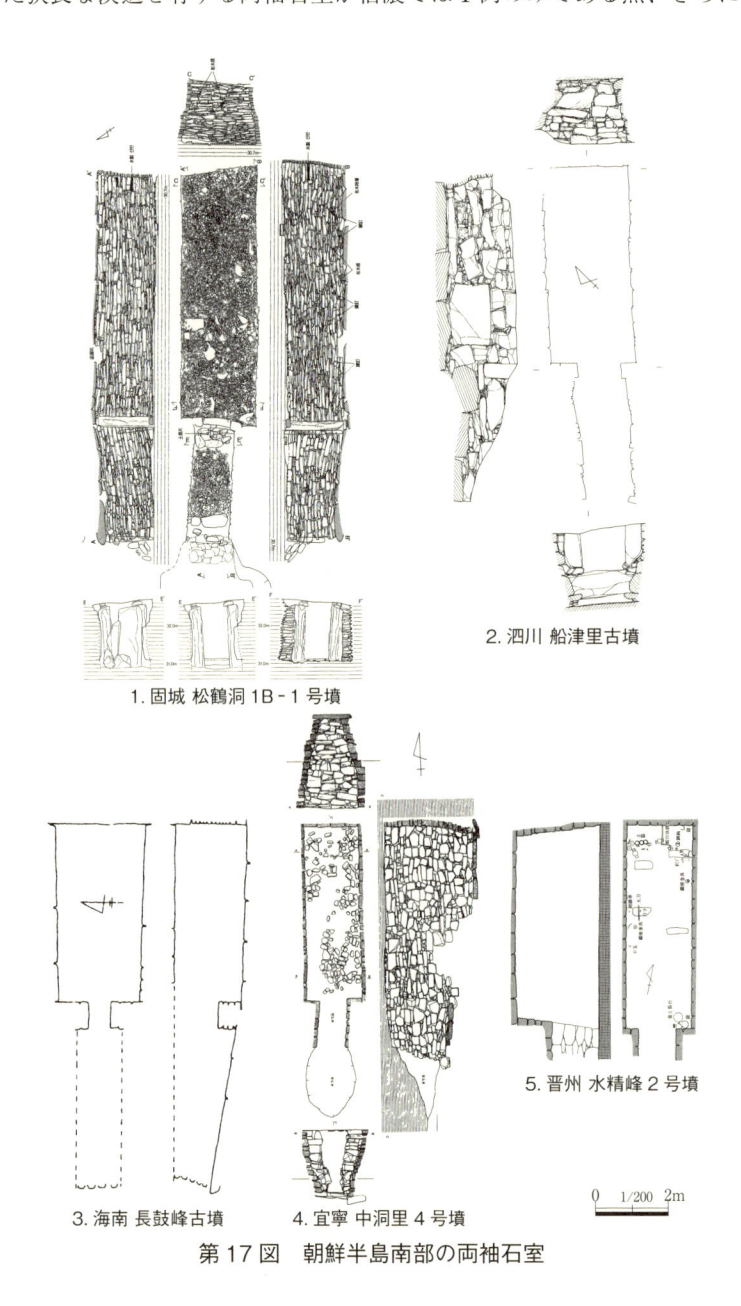

1. 固城 松鶴洞1B-1号墳
2. 泗川 船津里古墳
3. 海南 長鼓峰古墳
4. 宜寧 中洞里4号墳
5. 晋州 水精峰2号墳

第17図 朝鮮半島南部の両袖石室

が畿内型石室の特徴とは異なる点など、古東山道経路を介した伝播であるとしても、その系譜の淵源が畿内には至らないと言える。

　また無袖石室に着目してみると、信濃・南信地域では6世紀初頭の飯田市北本城古墳などが存在する。しかし、石室入口部に段構造を有する点、側壁に大型の板状石材を縦位に配し、その上部に石材を平積みする壁面構成をもつ点など、上野をはじめとする関東北西部で展開する無袖石室の特徴とは異なっており、無袖で矩形の平面形であるという特徴を除くと、直接的な系譜の特定には至らないと言える。ところで、このような特徴をもつ石室の源流としては、韓国慶尚北道の大邱飛山洞古墳群や金泉帽岩洞1号墳など朝鮮半島の洛東江中流域における古墳との関係が考えられ[6]、当地における横穴式石室の導入にあたり、半島の動向にも留意した評価が必要となる[7]。

　なお、上野（西毛地域）では5世紀後半以降、積石塚の造営が認められるが、6世紀に入ると、こうした積石塚の埋葬施設として無袖石室が採用される点も注目できる。積石塚と渡来人の関連性にも着目した上で、無袖石室の出現背景を考究する視点も必要であろう。

　さて、上野における導入期の両袖石室の1つである前二子古墳の特徴に注目すると、狭長な羨道を有する一方で、側壁から突出する玄門立柱石の造作が認められる点が特異である。こうした特徴をめぐっては、韓国全羅南道の海南長鼓峰（長鼓峯）古墳、慶尚南道の固城松鶴洞1B-1号石室、泗川船津里古墳など朝鮮半島南部に所在する「長鼓峯類型石室（朝鮮半島南部に所在する倭系石室の一類型とされる）」との関係が指摘されている[8]（第17図1～3）。ただし、上野では前二子古墳と併行する形で簗瀬二子塚古墳・正円寺古墳・王山古墳などの玄門立柱石の造作をもたない両袖石室も出現することから、朝鮮半島との関係性を考慮する一方で、こうした石室の出現背景も踏まえた評価が必要である。

　なお、先述の松鶴洞1B-1号石室や船津里古墳が所在する固城・泗川をはじめ、晋州・咸安・宜寧といった半島南部の南江下流域から洛東江下流の西岸および南海岸では6世紀に入ると、宜寧中洞里4号墳・固城内山里34号墳・晋州水精峰2号墳などのような細長い矩形プランの玄室を呈するものの、側壁から突出した玄門の造作を有さない両袖石室の展開が認められる（第17図4・5）[9]。当時の小加耶・阿羅加耶地域を中心とした動向であるが、「長鼓峯類型石室」の存在とともに留意が必要と言える[10]。

　もっとも、系譜の特定には至らないのが現状であるが、石室構造の遡源をめぐり、畿内に直接的な系譜関係が遡求できない以上、ここでは、こうした朝鮮半島の諸動向も含めた多様な導入背景を視野に入れた評価の必要性を強調しておきたい。

3　下野における横穴式石室の導入

　下野地域では、6世紀前半頃に横穴式石室が導入されるが、無袖石室とともに片袖石室が導入期から存在する点が注目できる。

　まず、無袖石室としては小山市飯塚29号墳や足利市永宝寺古墳が知られる（第18図1・2）。飯塚29号墳は羨道を有さず、旧表土を掘り込んだ地下に石室を構築する点、石室に直結する墓道を設け、石室入口部に段をもつ構造とする点などが特徴的である。また、永宝寺古墳は床面に

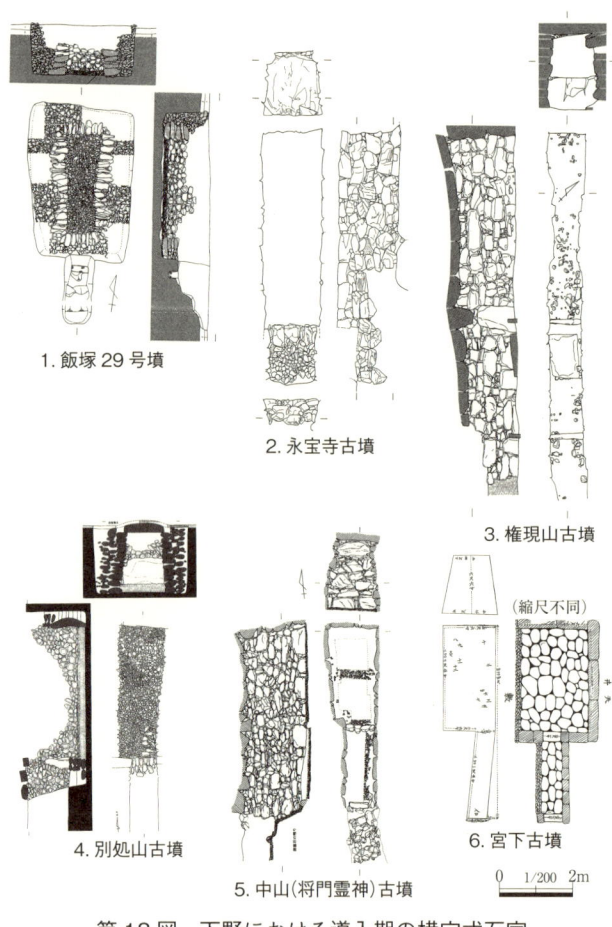

1. 飯塚29号墳
2. 永宝寺古墳
3. 権現山古墳
4. 別処山古墳
5. 中山(将門霊神)古墳
6. 宮下古墳

第18図　下野における導入期の横穴式石室

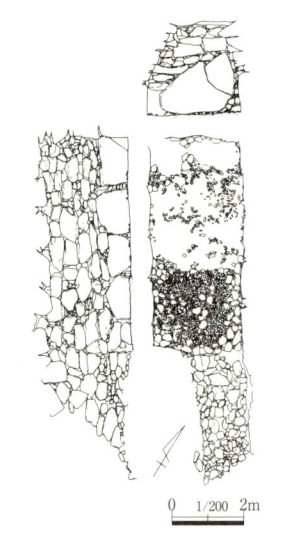

第19図　興覚寺後古墳の石室

設けられた段により、玄室と羨道の区別が認められる框構造を呈する無袖石室である。

次に片袖石室としては、栃木市（旧下都賀郡大平町）中山（将門霊神）古墳、下野市別処山古墳、宇都宮市宮下古墳が挙げられる（第18図4～6）。いずれも石室奥壁から入口部を見て右側に袖部をもつ右片袖である。そのうち、中山古墳は旧表土を掘り込んだ墓坑内に石室構築面をもつ半地下式であるが、側壁基底石としてやや大振りの横長石材を配する特徴が認められる。また別処山古墳は、墳丘構築時に旧表土下まで掘り込まれた墓坑内に石室を構築するが、天井石が旧表土と同じ高さとなる地下式の構造と捉えられる点、玄門部には両側壁に立柱状の石材を配するものの、羨道側壁からは突出しない点が窺える。宮下古墳は不明な点が多いが、別処山古墳同様、袖部に立柱状の石材を配するようである。

さて、以上のような6世紀前半代に導入された横穴式石室であるが、まず段を有する無袖石室の遡源としては、在地における変容過程に留意する一方で、東海における横穴式石室との関係が注目できる[11]。西三河を中心に展開する竪穴系横口式石室を祖型とする横穴式石室の直接ないし間接的な伝播を想定する必要があろう。また、片袖石室の系譜としても、同様に静岡県浜松市興覚寺後古墳など東海との関係を考えることができる[12]（第19図）。片袖という特徴のみでなく、側壁構築石材のなかでも基底に大振りの石材を配する壁面構成（腰石的配置）も東海で認められること、旧表土を掘り込んだ墓坑を石室構築面とする地下式・半地下式の特徴を有する竪穴系横口式石室の構築技法と関連すること、さらに袖部に立柱状の石材を配する事例の存

在など、東海を中心に展開する横穴式石室の諸要素が混在して窺える点が重要である。ただし、宇都宮市権現山古墳のような前二子古墳の構造と類似する石室（第18図3）も存在するため、隣接する上野との関係性にも留意した上で、積極的に東海からの影響やその意義を論じる必要があろう。

4 おわりに

　古墳時代後期以降、畿内を中心として伝播する畿内系石室の動向からは、各地域における古墳秩序再編の促進、在地首長層に対する政治的繋がりの強化といった動きが看取できる。しかし、上野・下野では横穴式石室の導入に際し、畿内とは異なる特徴をもつ石室構造を採用している点が重要である。6世紀に入り、横穴式石室という新来墓制が広範に展開するようになるが、上野・下野では横穴式石室導入にあたり、畿内が石室系譜の遡源地とはならないこと、そこでは朝鮮半島や東海地方をはじめとする多様な系譜関係の遡求、出現背景の検討が望まれる点には留意すべきである。

　なお、この後期前半の時期は、朝鮮半島では百済・新羅・加耶の各中央勢力が横穴式石室の積極的な受容を契機として、中央から地方へと横穴式石室の普及が進行する大きな画期となる時期であり、日本列島における畿内型石室が各地に展開する動向とも合わせた議論の必要性が喚起されている[13]。本節で扱った上野・下野における横穴式石室の導入状況をはじめ、このような半島・列島における横穴式石室の諸動向や諸地域間の交流網を検討・把握し、地域社会の実態を明確化することは、古墳時代後期の実像を理解する上で、重要な視点となるであろう。

註
(1)　右島和夫 1994『東国古墳時代の研究』学生社
(2)　小林　修 2008「榛名山噴火軽石埋没・津久田甲子塚古墳の基礎検討―上野地域における横穴式石室導入期の様相―」『日本考古学』第25号　日本考古学協会　67-84頁
(3)　右島和夫 2004「群集墳の築造背景―竪穴式石槨墳から横穴式石室への移行過程―」『福岡大学考古学論集―小田富士雄先生退職記念―』小田富士雄先生退職記念事業会　363-377頁
(4)　増田逸朗 2002『古代王権と武蔵国の考古学』慶友社
(5)　a. 白石太一郎 1988「伊那谷の横穴式石室(1)・(2)」『信濃』第40巻第7・8号　信濃史学会　第7号：1-19頁、第8号：45-55頁
　　 b. 右島和夫 2002「古墳時代上野地域における東と西」『群馬県立歴史博物館紀要』第23号　1-20頁
(6)　a. 楠元哲夫 1996「信濃伊那谷座光寺地区の三石室」『研究紀要』第3集　(財)由良大和古代文化研究協会　13-31頁
　　 b. 土生田純之 2006『古墳時代の政治と社会』吉川弘文館　295-324頁（初出：土生田純之 2002『専修考古学』第9号　専修大学考古学会）
(7)　長野県飯田市北本城古墳および韓国大邱飛山洞古墳群・金泉帽岩洞1号墳などの洛東江中流域の

石室図面については、本書第 4 章第 2 節（後掲：第 99 図）参照。
(8)　a. 柳沢一男 2002「日本における横穴式石室受容の一側面—長鼓峯類型石室をめぐって—」『清溪史学』16・17 合輯　韓國精神文化研究院・清溪史学会　409-440 頁
　　b. 柳沢一男 2006「5 〜 6 世紀の韓半島西南部と九州—九州系埋葬施設を中心に—」『加耶、洛東江에서 栄山江으로』第 12 回加耶史国際学術会議　金海市　19-46 頁
(9)　a. 洪潽植 2003『新羅後期古墳文化研究』春秋閣
　　b. 山本孝文 2001「伽倻地域 横穴式石室의 出現背景—墓制 変化의 諸側面에대한 予備考察—」『百済研究』第 34 輯　忠南大学校百済研究所　39-73 頁
　　c. 曹永鉉（吉井秀夫訳）2000「新羅・加耶の横口・横穴式石室墳」『月刊考古学ジャーナル』№. 461　ニュー・サイエンス社　23-29 頁
　　など
(10)　こうした朝鮮半島の「長鼓峯類型石室」と関東の導入期横穴式石室をめぐる評価については、本書第 4 章第 2 節で詳述している。
(11)　栃木県古墳勉強会 2005「中山（将門霊神）調査報告 2」『栃木県考古学会誌』第 25 集　栃木県考古学会　97-115 頁
(12)　a. 前掲註(11)文献
　　b. 市橋一郎 2010「下野」土生田純之編『東日本の無袖横穴式石室』雄山閣　135-151 頁
(13)　吉井秀夫 2002「朝鮮の墳墓と日本の古墳文化」『倭国と東アジア』日本の時代史 2　吉川弘文館　168-195 頁

第 2 章

横穴式石室の展開と地域社会の諸相

第1節　常陸南部における横穴式石室の系譜と地域性

1　はじめに

　後・終末期古墳の埋葬施設である横穴式石室を中心とした新来墓制の受容・定着の動態を分析することは、各地域における階層秩序の復元や地域圏の追究などを行なうにあたって有力な手掛かりとなる。しかし、研究の方向性としては使用石材の差異や制約に起因する著しい細分化および特殊性の強調といった傾向が強い点が挙げられるが、地域を越えた共通性や系譜関係を積極的に検討すべきである。なかでも他地域からの横穴式石室の伝播は一度のみではなく、複数回、多系統に亘ると考えられ、その定着過程や在地内での変容は複雑である。

　さて、本節で扱う常陸南部地域とは下総北部と合わせて常総地域と呼ばれており、霞ヶ浦沿岸[1]を中心とした1つの地域圏として認識され、論じられている[2]。また、常陸南部および常陸北部を含んだ後の律令制下における常陸国の範囲は、上総・下総・安房地域とともに小国造の割拠する地域でもある。つまり、地域的特性や地域間の関係を踏まえた上で、後の常陸国の基盤となる地域圏形成の過程を考古学的に追究していくべきである。本節ではその前提的な作業として、常陸南部における横穴式石室の動向から見た地域性の抽出を試み、周辺地域の動きとの関連性および地域間交流の諸相とその評価について考察を試みたい。

2　横穴式石室研究の視点

（1）研究抄史

　当該地域における横穴式石室については、まず霞ヶ浦を中心とした在地首長層の動態を包括的に論じた田中広明の研究を挙げることができる[3]。田中はその中で石室使用石材である片岩の産出地および供給ルートに着目し、箱式石棺および横穴式石室の使用石材の違いによる分類や時期的変遷を論じている。

　さらに資料の集成が進められると、石川功、稲村繁、阿久津久、片平雅俊による常陸南部・北部における横穴式石室の特徴の差異と展開の検討や、塩谷修による終末期古墳の埋葬施設である箱式石棺・石棺系石室の分類、検討が行なわれ、当該地域における横穴式石室の変遷の輪郭が示された[4]。なかでも稲村は装飾古墳の出現を重視し、常陸南部・霞ヶ浦周辺における彩色画が常陸北部にも伝播したと指摘し、両地域間の密接な交流を想定している。

　その後、常総地域における箱式石棺・横穴式石室といった片岩使用埋葬施設を体系的に扱った石橋充は、従来、乱石積みから板石使用への変化を重視して1系統のみで把握されていた横穴式石室の変遷観を、乱石積みと板石使用の石室構造はそれぞれ別系統であると捉え、併行する時期の存在を提示した。そして、首長を含む上位階層が横穴式石室を構築するのに対し、中間層は箱

式石棺や石棺系石室を構築するといった階層秩序の存在を指摘している[5]。さらにその分布域についても、前者が霞ヶ浦北東岸から鬼怒川中流域にかけての「狭い分布圏」をもつのに対し、後者は6世紀末以降、急速に「広い分布圏」を形成するとされる。

また、このような変遷観は日高慎による横穴式石室構造の詳細な分析によってさらに進められた。日高は門構造・楣石構造・室構造・平面形といった横穴式石室を構成する各要素を抽出し、それぞれの変化の方向性から収斂した当該地域における片岩使用横穴式石室の型式学的編年を明示した[6]。

(2) 問題の所在

以上のような研究を経て、横穴式石室の詳細な変遷観とともに霞ヶ浦を中心とした地域像が示されたと言える。しかし、横穴式石室の変遷観として型式学的な変化の方向性が提示されたものの、これらの石室構造はどこから伝播したのか、どの地域との交流によって受容されたのか、といった系譜的研究は依然として曖昧である。横穴式石室の複数回・多系統に亘ると考えられる伝播を段階ごとに把握するとともに、その系譜についても論究する必要があろう。

また変遷観そのものについても、再検討の余地がある。7世紀代を中心とする時期の横穴式石室を有する古墳は出土遺物が僅少であり、時期判別を横穴式石室の型式学的編年に頼らざるを得ない。だが、横穴式石室を受容する側の地域的特性の把握や他地域との技術的交流に関する検討が欠けている点が問題である。すなわち、地域性とそれに伴う地域圏を念頭に置いた変遷観を提示することが望まれる。そこには後述するように型式学的な変遷としてのみではなく、常陸南部地域内における地域圏の差異が横穴式石室の受容とその変遷に反映している可能性が浮かび上がるのである。

本節ではまず、当該地域に複数回に亘って伝播する横穴式石室の諸形態とその性格・系譜を取り上げたい。さらに受容する地域の特質と地域圏の存在に着目していくことにする。その際、地域圏の発露に現出される交流圏の違いが横穴式石室に反映していることを確認すると同時に、型式学的編年に基づく変遷観の再検討を試みたい。そして、関東地方における多様な地域間交流の実態を解明するための一視角としていきたい。

なお、当該地域内の地域性に重点を置いた論を展開することになるが、後述するように霞ヶ浦北東部沿岸を中心とする地域と筑波山周辺麓を中心とする地域の2つが大きな地域圏として捉えることができる。従来から常陸南部では有力な前方後円墳が多数築造される霞ヶ浦北東部沿岸地域の動向を中心とした地域像が描かれてきたが、一方で筑波山周辺麓地域を中心とした周辺地域についても着目する必要があろう。以下では、この2つの地域の動向を比較しながら論じていくことにする。

3 横穴式石室構造の伝播とその諸形態

まず、6世紀代を中心とする横穴式石室の伝播については、6世紀初頭ないし前半から中葉における横穴式石室の導入、6世紀後半から7世紀初頭における片袖石室・両袖石室の採用といっ

た2つの形態を挙げることができる。なかでも6世紀後半から7世紀初頭に認められる片袖・両袖の差異は採用地域のあり方や定着性に違いが認められるため、異なる系譜や性格を有すると考えられる。

（1）横穴式石室の導入

　常陸南部における横穴式石室の導入は、6世紀前半から中葉における土浦市高崎山2号墳[7]（第20図1）と、行方市大日塚古墳[8]（第20図2）の2つの古墳が挙げられる。前者は前方後円墳、後者は帆立貝形古墳である。

　まず、高崎山2号墳の石室は両袖構造で玄門部に角柱状の立柱石および梱石を配しており、上

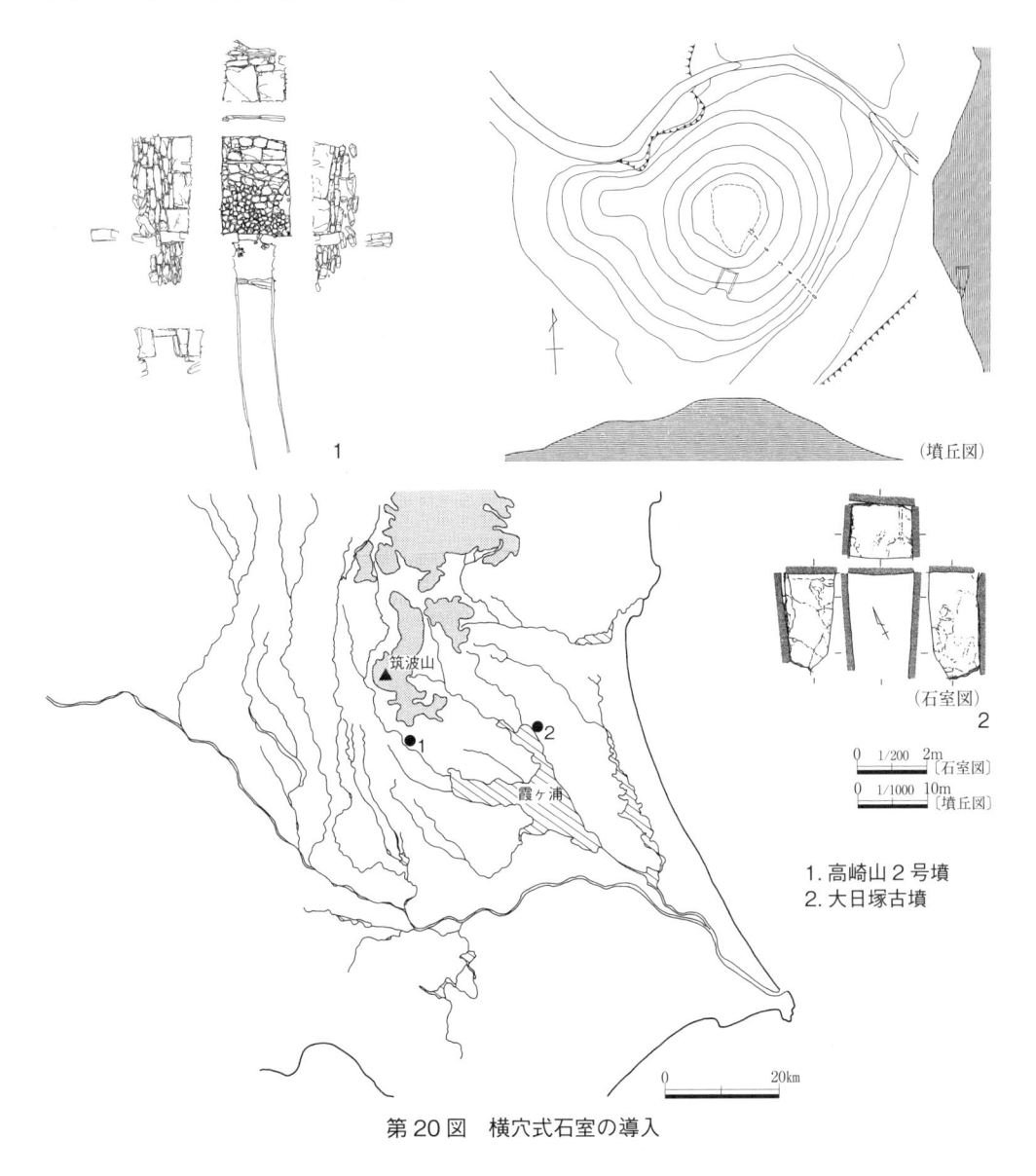

第20図　横穴式石室の導入

1．高崎山2号墳
2．大日塚古墳

部には楣石が架構されていたと推定できる。側壁には腰石を配し、玄門立柱石を側壁から突出させており、奥壁沿いに屍床仕切石や敷石を配した棺床を形成している点は特徴的である。さらに壁面に赤色塗彩を施し、また須恵器などの土器類は石室内に納められている。

　一方、大日塚古墳の石室は奥壁・側壁・天井石ともに1枚石を使用する片岩板石組石室であり、玄室は平面形が長方形プラン、玄門部は不明であるが単室構造であったと推定される。

　高崎山2号墳の系譜は断定しがたいが、腰石の使用や立柱石の突出、奥壁に沿った石棺状の施設などの存在を重視すると、本書第1章第1節で指摘したように九州系の特徴が認められるMT15型式からTK10型式期、6世紀前半から中葉の古墳である点が注目できる。

　また大日塚古墳については、周辺に二重構造の箱式石棺を埋葬施設とする前方後円墳の小美玉市舟塚古墳[9]がほぼ同時期に併存していることから、横穴式石室導入以前から存在する片岩を用いた在地の箱式石棺の構造に横穴式石室が採用され成立したと言える[10]。検出された猿形埴輪の年代や舟塚古墳との関係などから、6世紀中葉頃の時期が考えられる。なお、高崎山2号墳が、霞ヶ浦の西方・筑波山の南方を流れる桜川流域、大日塚古墳が霞ヶ浦北東部沿岸地域にそれぞれ所在している点には留意が必要である。前者が土浦入り、後者が高浜入りといった水運の拠点と密接に関連する地域に存在しており、両地域にそれぞれ系譜を異とする別系統の横穴式石室が導入されている点が注目できる。

(2) 片袖石室・両袖石室の採用

　次に6世紀後半から7世紀初頭にかけて、片袖石室・両袖石室がそれぞれ採用される。前述したように横穴式石室の伝播に際して、受容形態や性格の違いが認められる点から片袖石室と両袖石室それぞれを別々に取り上げることにする。なお、両袖石室は後述する複室構造を呈する両袖石室と区別するため、単室両袖石室と呼称しておく。

　片袖石室の採用　6世紀後半から7世紀初頭にかけて、側壁の片側を内側に屈曲させ袖部を形成することで玄室と羨道を区別する片袖石室が採用される。しかし、その伝播については後述するように常陸南部のみの事象ではなく常陸北部でも認められるため、両地域を合わせた一連の動向として捉えることが可能であり、ここでは北部の事例も含めて取り上げることにする（第21図）。

　片袖石室は側壁構築の特徴から、側壁に比較的小振りの石材を使用したもの〔a類〕、奥壁寄りの側壁基底に大石を使用したもの〔b類〕に大きく分類できる。

　まずa類としては、南部の石岡市丸山4号墳[11]・つくば市山口2号墳[12]、北部の那珂郡東海村舟塚1号墳[13]、b類としては南部のかすみがうら市粟田石倉古墳[14]、北部の北茨城市神岡上3号墳[15]、那珂市十林寺古墳[16]・笠間市高寺2号墳[17]が挙げられる。埴輪は山口2号墳が不明であり、神岡上3号墳はもたなかった可能性が強いが、その他からは埴輪が検出されている。また、出土須恵器はa類では丸山4号墳の墳丘からTK43型式、舟塚1号墳の石室内からMT85～TK43型式、b類では粟田石倉古墳の墓道および周溝からTK209型式以降、高寺2号墳の墓道からTK209型式の須恵器がそれぞれ検出されている。

　埴輪の有無および出土須恵器の時期などからは、a類はb類よりも古相を示すと考えられ、a

第1節　常陸南部における横穴式石室の系譜と地域性

1. 舟塚1号墳
2. 十林寺古墳
3. 高寺2号墳
4. 神岡上3号墳
5. 丸山4号墳
6. 山口2号墳
7. 粟田石倉古墳

第21図　片袖石室の採用

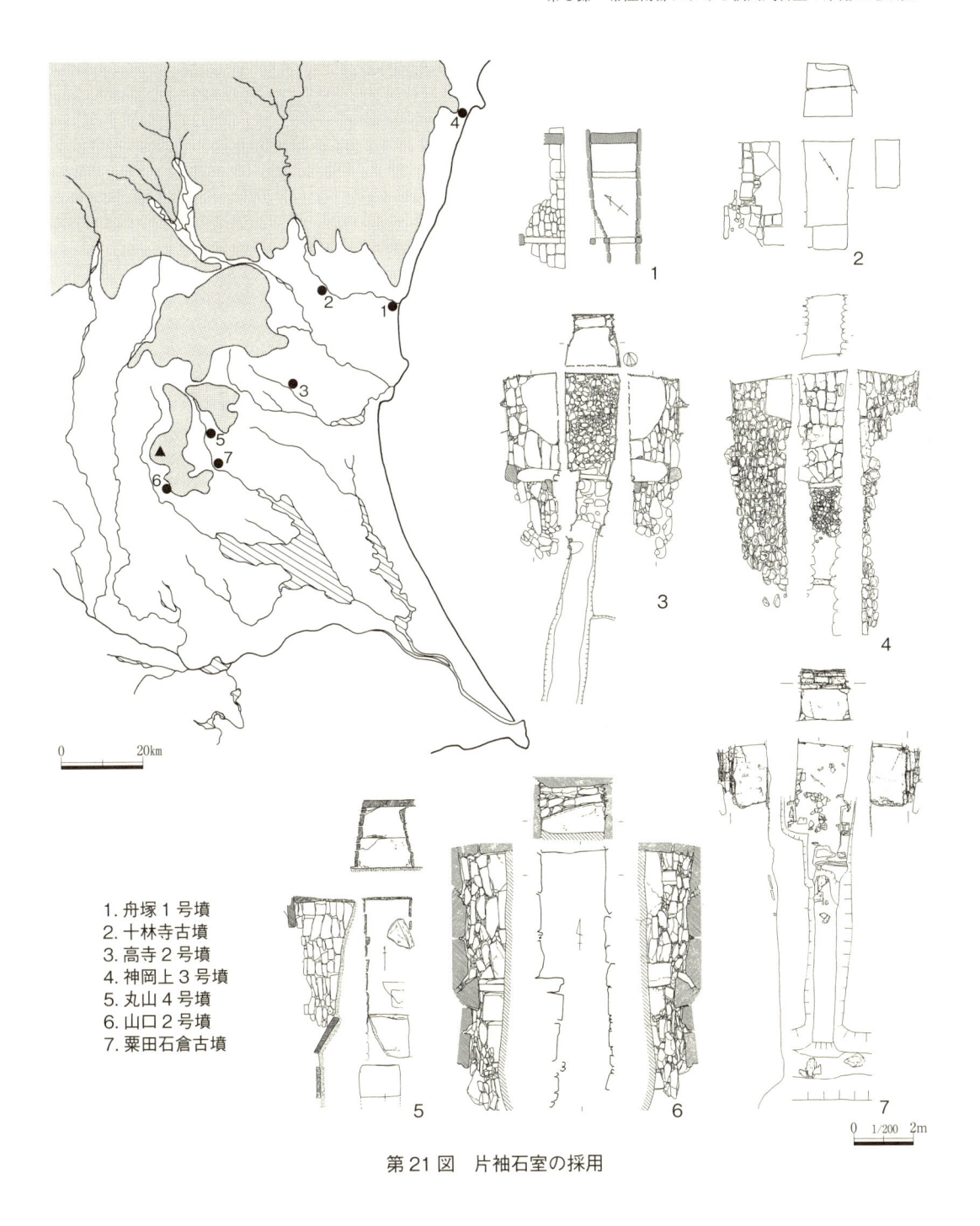

類がおおむね6世紀後半、b類が6世紀末から7世紀初頭の時期が与えられる。南部・北部ともに散在し、いずれも各地域の前方後円墳を中心とした有力古墳への採用であるが、単発的なあり方を示している点には注意が必要である。このように使用石材の違いはあるものの、地域を越えた片袖構造の共通性が窺える。

さらに、片袖石室の導入は常陸のみではなく、北武蔵や下総・下野などでも顕著に認められる一連の動きとして捉えることができる。系譜については本節では詳述しないが、関東地方では6世紀後半を前後する時期に片袖石室が各地に散在して伝播している点は注目できる。立柱石の存在や構築技法などに見られる地域色が濃厚であり、各地域の在地首長層による片袖構造の志向や選択的採用と考えられる。そして、筑波山周辺麓地域の山口2号墳や丸山4号墳などを含む常陸南部とともに北部地域にも散在して有力古墳に採用されているのであるが、霞ヶ浦北東部沿岸地域には認められない点は留意すべきである。霞ヶ浦北東部沿岸地域の地域的特性が浮上するとともに、他地域に対する独自性の保持として位置づけられる。

単室両袖石室の採用　片袖石室の採用と併行する6世紀後半から7世紀初頭の時期には、もう1つの動きとして単室両袖石室の採用が挙げられる（第22図）。玄室・羨道の区画方法の差異からは厳密な分類は困難なものの、側壁連続形〔a類〕、側壁屈曲形〔b類〕の2つに大別でき、それぞれ別系統としての位置づけを考えたい。

a類の側壁連続形は玄室・羨道の側壁が一連の矩形プランであり、立柱石を側壁から突出させることにより玄室と羨道を区別しており、立柱石は側壁間に挟み込んでいる。側壁・奥壁は片岩板石を立てて配することを志向する。霞ヶ浦北東部沿岸地域に所在する、かすみがうら市太師唐櫃古墳[18]を代表例として挙げることができる（第22図2）。太師唐櫃古墳は墳形および埴輪の有無については不明であるが、前方後円墳の可能性がある。玄室奥壁に1枚石、左右側壁にそれぞれ大石2石を使用し、上部にわずかに割石を積んでいるものの、その構造からは先述の奥壁・側壁に1枚石を使用した大日塚古墳の影響が強いと言える。一方で側壁に配した大石の上部に乱石積みを施す点からは、先述した片袖石室b類の特徴、玄室内奥壁沿いに石棺施設を配している点からは、舟塚古墳の二重構造の箱式石棺や高崎山2号墳の棺床の特徴も一部認められる。しかし、太師唐櫃古墳の所在地が霞ヶ浦北東部沿岸地域であり、後述する7世紀代に当地域を中心に展開する片岩板石組の複室両袖石室の直接的な技術系譜を当古墳に求めることができる点からも、a類の側壁連続形は霞ヶ浦北東部沿岸地域を中心に成立し、展開した石室構造として位置づけられる。

次に、b類の側壁屈曲形は側壁の並びが一連ではなく、側壁を屈曲させて玄室幅に比べて幅の狭い羨道を接続することにより両袖とし、玄室と羨道を区別している。側壁の構築技法は主に乱石積みである。筑波山周辺麓地域に所在するつくば市山口1号墳[19]を代表例として挙げることができる（第22図1）。山口1号墳は円墳であり、比較的大振りの花崗岩を乱石積みしている。袖部には加工された大型の石材を左右ともに1石ずつ用いており、また前壁を有している。同一古墳群中に所在する前段階の先述した片袖石室a類である山口2号墳の構築技法を継承し、さらに両袖化した構造として位置づけられる。6世紀末から7世紀初頭を中心に隣接する下野地域や北武蔵地域でも前段階の無袖石室の構築技法を継承し、両袖化の傾向を認めることができる。また、上野地域では導入期からすでに、群馬県安中市簗瀬二子塚古墳や前橋市前二子古墳などのように狭長な羨道を有する両袖石室が存在しているが、首長墓への採用が中心であり、群集墳において無袖石室から両袖石室へと変化する時期が6世紀末から7世紀初頭頃に相当する。屈曲形とした両袖構造の特徴や周辺地域における両袖化の動きからも、b類石室はa類の太師唐櫃古墳の

第1節　常陸南部における横穴式石室の系譜と地域性

単室両袖石室など霞ヶ浦沿岸地域を中心とした石室構造の影響よりもむしろ、関東西部における両袖化の動きと連動する形で伝播し、採用された石室として位置づけるべきである。

以上のように、a類〔側壁連続形〕は霞ヶ浦北東部沿岸地域を中心に出現し、b類〔側壁屈曲

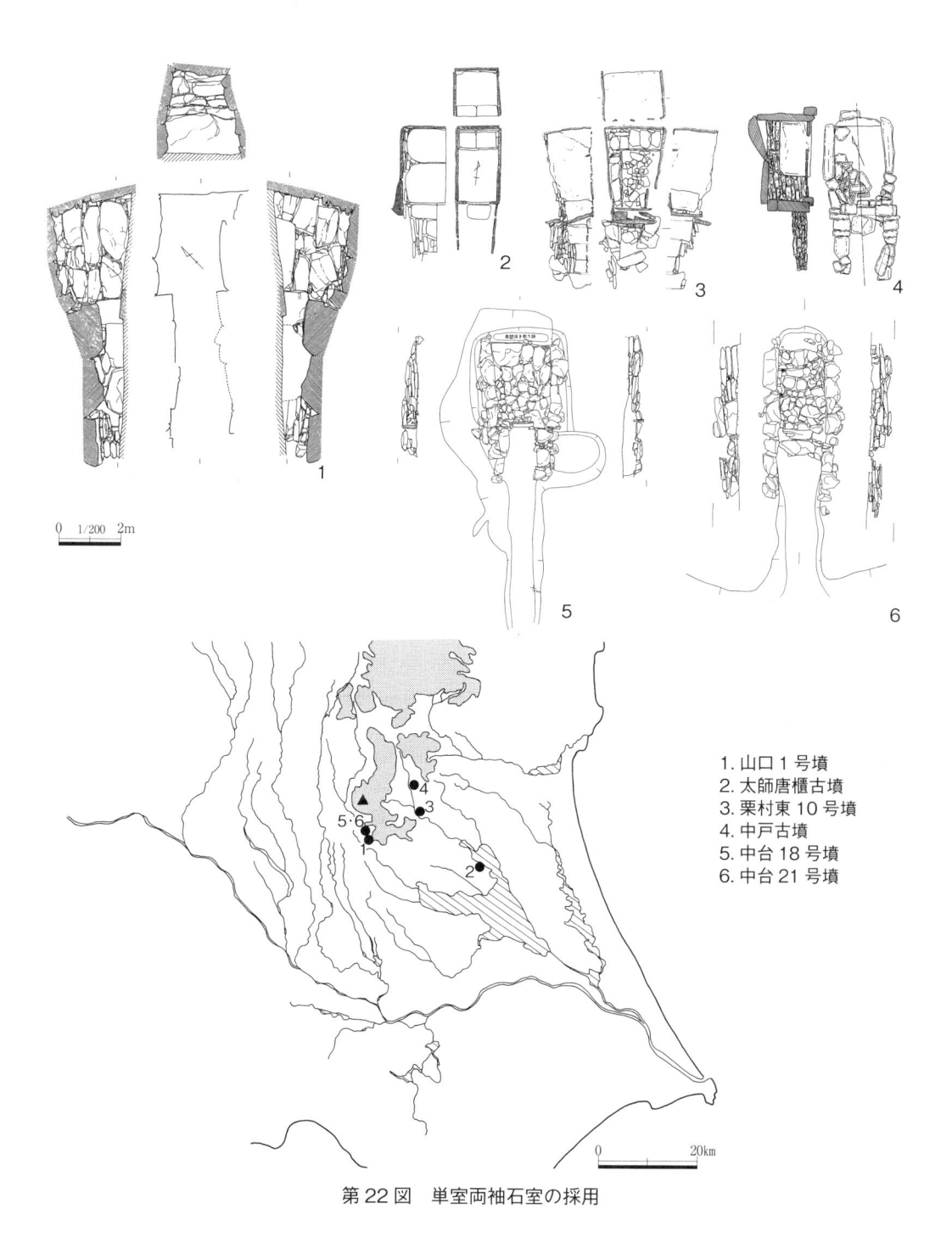

1. 山口1号墳
2. 太師唐櫃古墳
3. 栗村東10号墳
4. 中戸古墳
5. 中台18号墳
6. 中台21号墳

第22図　単室両袖石室の採用

形〕は関東西部における両袖化の影響を受けて、筑波山周辺麓地域（主に筑波山西南麓）を中心に採用されたと考えられる。そして両地域を中心に2系統の単室両袖石室が展開していると言える。しかし、a類・b類についてはその厳密な分類が困難なものが多いと言える。たとえば、かすみがうら市栗村東10号墳[20]の側壁構造からは両袖石室a類や片袖石室b類の特徴を有し、玄室・羨道側壁が一連の長台形プランであるが、板状立柱石は側壁に挟み込まれていない点で太師唐櫃古墳とは若干異なる。桜川市富谷2号墳[21]も玄室側壁構造や立柱石の存在からは両袖石室a類の要素をもつものであるが、玄室幅に比べて幅の狭い羨道が接続する点からはむしろ両袖石室b類の影響が窺える。石岡市中戸古墳[22]も両石室の特徴の区別は困難である。

　むしろ、a類・b類の両石室が相互に影響し合って融合した石室が存在する点が重要である。従来の構築技法に両袖といった新しい要素が伝播したのであるが、それぞれ受容時における地域性の差異が反映している。なお、前述した栗村東10号墳の所在する八郷盆地の古墳は霞ヶ浦北東部沿岸地域とも隣接しており、両地域の影響が融合して認められる地域でもある。微視的に見るならば独立した地域圏でもあるが、本節では片岩の石材産出地であるという点[23]からも筑波山周辺麓地域に含めておきたい。

　一方、筑波山周辺麓地域に所在するつくば市中台古墳群[24]では両袖石室b類（18号墳）の他に、側壁が玄室・羨道ともに乱石積みではあるが、両袖石室a類（6・19・21・34号墳）が多く認められる。玄室・羨道の側壁が一連の矩形プランを志向しており、立柱石は抜き取られているものの側壁より突出させていたと推測できる。つまり、6世紀末以降から霞ヶ浦北東部沿岸地域を中心としたa類の影響が、徐々に強まり始めていると評価できる。このような動きは、次に述べる7世紀代における霞ヶ浦北東部沿岸地域を中心とした片岩板石組の複室両袖石室の展開にも継承されていると考えられ、この時期に両地域間の交流、霞ヶ浦北東部沿岸地域の介入の萌芽が認められると言える。

4　横穴式石室構造の展開と地域性
(1)　横穴式石室の型式変化とその問題点
　6世紀を中心とした横穴式石室の様相に比べて、7世紀代の例は遺物の出土がさらに僅少であり、埴輪も消滅している点から古墳の時期判別が非常に困難である。このような要因から横穴式石室の構造に視座を置いた型式学的編年研究が、7世紀代の古墳を検討するにあたって重要視されるのである[25]。なかでも日高は片岩板石使用横穴式石室の構造を、門構造・楣石架構・室構造・平面形の要素ごとにそれぞれ変化の方向性を提示した上で変遷観を論じている。

　詳細に触れると、まず門構造については楣石を有さない構造から有する構造へと変化するとし、L字形ないしコの字形に加工された石材の門への使用は型式学的に新しい要素として位置づけている。そして、天井石の前後に挟まれた形態から天井石下におさまるようになる。次に室構造については単室構造から複室構造へ、後室・前室の平面形は長方形から正方形へと変化するとしている。石室内における石棺の配置位置については奥壁沿いへの配置やコの字形に配置する形態に対して、後室中央に主軸と直交して配置する形態を新相として捉えている。

第1節　常陸南部における横穴式石室の系譜と地域性

　しかし、これまで検討してきた前段階である6世紀前半ないし中葉から7世紀初頭にかけての横穴式石室の動向からは、霞ヶ浦北東部沿岸地域と筑波山周辺麓地域とでは、横穴式石室の系譜やその展開に別々の地域性を保持している点を指摘した。このような系譜の違いに起因する地域性の存在は、7世紀代に至っても依然として根強く反映している可能性は十分に考えられる。一方でL字形やコの字形といった加工を施した玄門の分布を見ると、後述するようにこれらの門構造をもつ石室は筑波山西南麓を中心に分布しており、霞ヶ浦北東部沿岸地域には認められないと言える（後掲：第28図）。すなわち、従来から型式学的に新しい要素とされた加工玄門は、すべてを時期差とするのではなく、地域性を重視した位置づけを行なう必要があろう。分布に偏在性が認められる点からも地域的な特徴であると推測でき、別系統の可能性が想起される。以下ではこのような視点に着目し、7世紀以降も残存する地域性の存在を評価し、横穴式石室の展開過程と地域間交流の様相について論じてみたい。

(2) 複室両袖石室の導入および展開

　6世紀後半から7世紀初頭にかけては、先述した片袖石室が散在的に導入され、さらに単室両袖石室もa類が霞ヶ浦北東部沿岸を中心に、b類が関東西部の動向と連動して筑波山周辺麓を中心に展開するのであるが、この時期に併行してさらにもう1つの動きとして複室構造の採用が挙げられる。この複室構造を呈した複室両袖石室が出現すると、霞ヶ浦北東部沿岸地域を中心に有力古墳の埋葬施設として採用され、展開するのであるが、その際、一方で根強く残る地域性の評価、L字形・コの字形といった加工を施した門構造をもつ横穴式石室の地域的特性や共通性についても取り上げてみたい。

　複室両袖石室の出現　複室両袖石室の導入期の様相を示す古墳としては、つくば市中台2号墳[26]、かすみがうら市風返稲荷山古墳[27]が挙げられる（第23図）。中台2号墳が筑波山西南麓に所在する中台古墳群中の大型に属する円墳、風返稲荷山古墳が霞ヶ浦北東部沿岸地域の出島半島に所在する最有力の前方後円墳である。中台2号墳は埴輪を有しており石室は長方形を呈しているものの、床面中央に間仕切り石を配することで玄室を二分し複室構造としている。これに対し、風返稲荷山古墳は埴輪を有しておらず、石室は前室と羨道を梱石によって区分している。両石室ともに複室構造化する点や上位古墳に採用されている点は共通するものの、後室・前室・羨道の区画方法は異なっていると言える。後室・前室の構造は中台2号墳が正方形、風返稲荷山古墳が長方形プランを基調としており、両者の形態的差異が注目できる。

　系譜としてまず、風返稲荷山古墳は単室両袖石室a類〔側壁連続形〕の系譜を引く形態であり、中台2号墳についても基底に横長の板石を立てて据えているが側壁上部が破壊されており不明であるものの、立柱石の突出や側壁の並びが連続である点などから霞ヶ浦北東部沿岸地域の影響が窺える。中台2号墳が6世紀後半から末葉頃、風返稲荷山古墳が6世紀末から7世紀初頭頃の時期が考えられ、前述した単室両袖石室の動向と同じく、霞ヶ浦北東部沿岸地域の影響が筑波山周辺麓にも認められる時期に相当する。しかし、複室構造の形態は相違しており、受容形態に違いが窺える。

第 2 章　横穴式石室の展開と地域社会の諸相

1. 中台 2 号墳
2. 風返稲荷山古墳
3. 折越十日塚古墳

第 23 図　複室両袖石室の出現

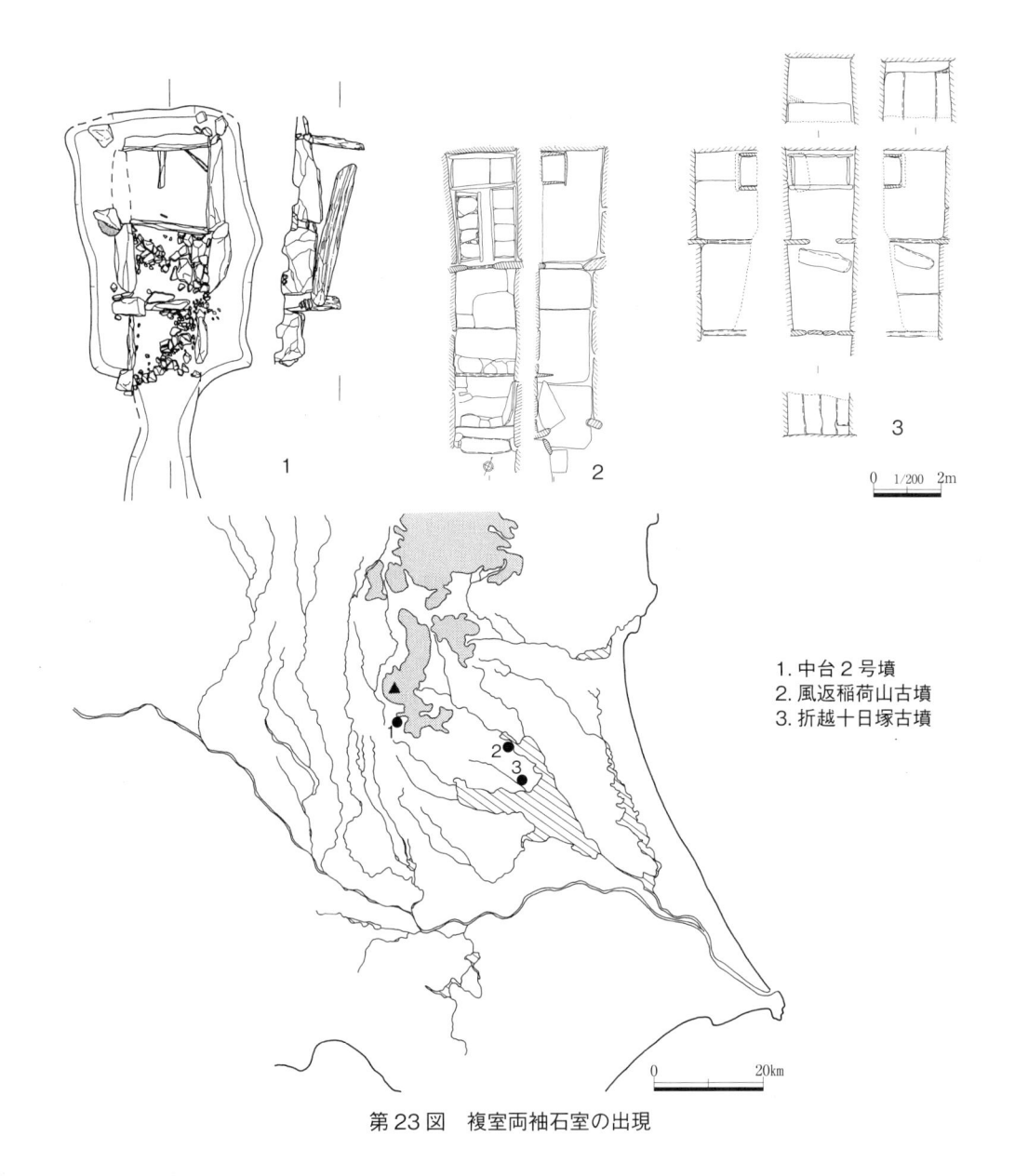

　さらに、霞ヶ浦北東部沿岸地域における風返稲荷山古墳に後続する時期の前方後円墳とされるかすみがうら市折越十日塚古墳[(28)]は、風返稲荷山古墳の系譜を引く構造の複室両袖石室を採用している。後室・前室ともに長方形プランを呈し、板状立柱石によって後室・前室・羨道を区画しており、定型化した複室両袖石室として位置づけられる。風返稲荷山古墳に後続する構造や埴輪を有さない最終末の前方後円墳である点などから、7 世紀初頭を中心とする時期が考えられる。石室内に箱式石棺を設置している点からも、後述する 7 世紀前半以降の奥壁沿いに板石のみを立てて埋葬空間とする形骸化した構造に比べて古い様相であると言える。
　複室両袖石室の波及と地域性　霞ヶ浦北東部沿岸地域において定型化した複室両袖石室が成立

第1節　常陸南部における横穴式石室の系譜と地域性

すると、これらを祖型として7世紀初頭から前半にかけて前方後円墳消滅後の各地の大型円墳・方墳を中心にこうした複室を呈する石室構造が波及、展開すると考えられる（第24図）。霞ヶ浦北東部沿岸地域では、大型円墳である小美玉市岡岩屋古墳[29]・小美玉市栗又四箇岩屋古墳[30]、筑波山周辺麓地域では大型円墳と推定されるつくば市中台1号墳[31]、筑波山麓の西方に所在する大型方墳の筑西市船玉古墳[32]、律令制下における下総の範囲であるが筑波山より南西方向に所

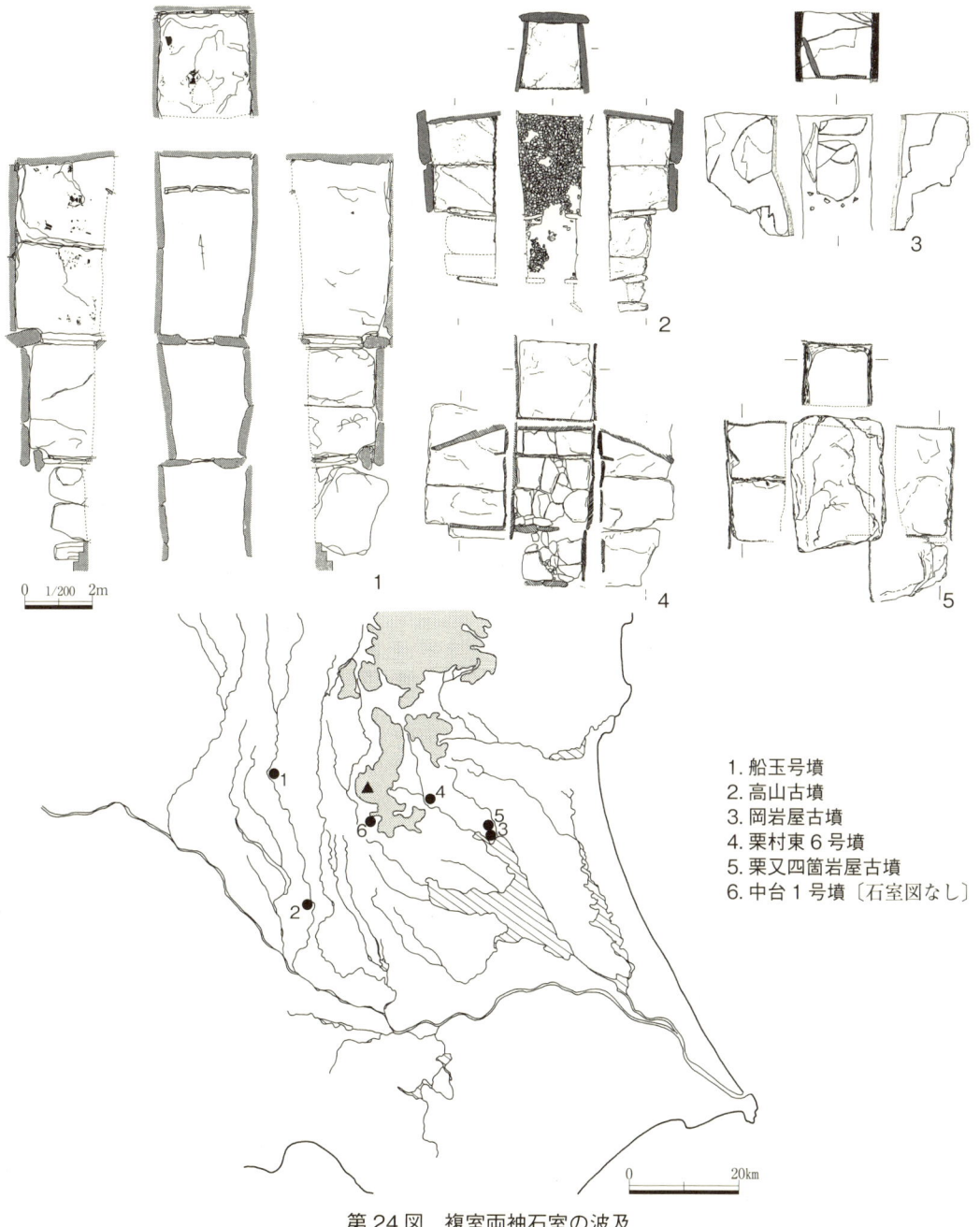

1. 船玉号墳
2. 高山古墳
3. 岡岩屋古墳
4. 栗村東6号墳
5. 栗又四箇岩屋古墳
6. 中台1号墳〔石室図なし〕

第24図　複室両袖石室の波及

61

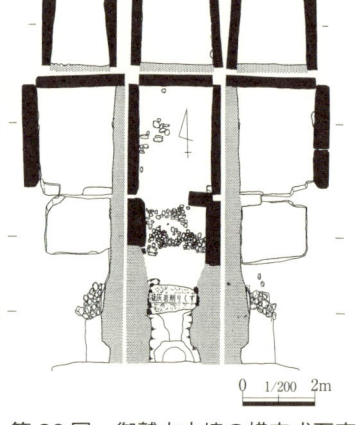

第25図　中台1号墳のL字形切り込み　　　第26図　御鷲山古墳の横穴式石室

在する墳形不明の岩井市高山古墳[33]、筑波山周辺麓東側の円墳であるかすみがうら市栗村東6号墳[34]などが挙げられる。

　石室は船玉古墳や高山古墳で顕著なように後室が長方形、前室は後室に比べて小型であるが長方形を呈している。側壁には大型の石材1〜2石を立てて配しており、後室・前室ともに板状立柱石を突出させて区画する構造である。前室や羨道が破壊されているが、岡岩屋古墳・栗又四箇岩屋古墳・中台1号墳・栗村東6号墳なども同様の構造であったと考えられる。しかし、側壁構造をやや詳細に観察してみると、筑波山周辺麓を中心に所在する船玉古墳・高山古墳・中台1号墳・栗村東6号墳は後室側壁後門側の上部にL字形の切り込みを施しており、楣石を嵌め込んで架構する構造が認められる（第24図1・2・4、第25図）。この特徴は霞ヶ浦北東部沿岸地域の石室には認められない傾向がある。そこで隣接する下野地域に着目してみると、栃木県下野市（旧河内群南河内町）御鷲山古墳[35]を類例として挙げることができる（第26図）。埴輪や馬具などの副葬品から6世紀後半頃の前方後円墳であると位置づけられるが、石室の両側壁に楣石を嵌め込んで架構するL字形の切り込みが施されている。

　このように、7世紀初頭から前半には霞ヶ浦北東部沿岸地域を中心として複室両袖石室が波及するのであるが、筑波山周辺麓地域の石室のあり方からは霞ヶ浦北東部沿岸地域の影響を受けつつも、北西に隣接する下野地域との関係も示唆されるのである。このL字形切り込みの存在のみで下野との関係を認めるのはやや困難ではあるが、前段階から認められている筑波山周辺麓地域の横穴式石室の構造や系譜に見る霞ヶ浦北東部沿岸地域との差異は重視できる。また、常陸南部は片岩板石、下野は凝灰岩切石と使用石材は異なるものの、両地域とも奥壁・側壁に1枚石を立てるといった構築技法の共通性が認められる点からも、下野との技術的な共通点が想定できる。下野に隣接するといった地理的環境からも、依然として筑波山周辺麓を中心とした独自の交流、地域圏の存続が想定できる。

　加工玄門使用石室から見た地域間の繋がり　次に、L字形やコの字形に加工して組み合わせた

門構造を取り上げてみたい。L字形の門構造はつくば市平沢1号墳・2号墳・4号墳[36]、山口3号墳[37]が挙げられる（第27図）。また、コの字形の門構造は類例が少ないが石岡市岩屋乙古墳[38]、下総北部地域の千葉県香取市又見古墳[39]に認められる。これらは、又見古墳を除くと先述したように筑波山周辺麓のなかでも筑波山西南麓を中心に分布しており、霞ヶ浦北東部沿岸地域には認められないと言える（第28図）。

第27図　平沢1号墳の門構造

　ここで、隣接する北武蔵地域に所在する最終末の前方後円墳である埼玉県行田市小見真観寺古墳[40]について注目してみたい（第29図1）。当古墳後円部に構築されている複室構造の横穴式石室は、秩父産出の緑泥片岩を用いているものの、その構造は常陸南部の横穴式石室と共通している[41]。一方では、後門が板石の中央部を方形に割り抜いた玄門を採用している点から、6世紀後半以降、下野の横穴式石室において出現・展開する栃木県下都賀郡壬生町吾妻古墳（吾妻岩屋古墳）[42]・河内郡上三川町兜塚古墳[43]・下都賀郡国分寺町甲塚古墳[44]・下都賀郡国分寺町丸塚古墳[45]などの割り抜き玄門使用の凝灰岩切石造石室[46]との類似が挙げられる（第30図）。だが、緑泥片岩板石と常陸南部の雲母片岩板石といった使用石材の共通性を重視し、後室・前室の平面形が正方形化している点、石室内における石棺の配置位置が後室中央に主軸と直交する形で配置している点などから、型式学的に新しい7世紀でも中葉頃の時期に位置づける編年案が示されている[47]。

　しかし、先述した6世紀代における筑波山周辺麓地域の霞ヶ浦北東部沿岸地域に対する独自性、さらに7世紀代に至っても保持される地域圏の存在を重視すると、筑波山周辺麓地域と下野地域との交流を積極的に評価すべきであり、霞ヶ浦北東部沿岸地域とは別の変遷として捉える必要がある。北武蔵小見真観寺古墳の割り抜き玄門についても、このような下野と筑波山周辺麓地域との交流が影響した可能性があり、必ずしも新相を示す要素とは言えないのである。霞ヶ浦北東部沿岸地域とは別の変遷として捉えるならば、後室・前室の正方形化や石棺の後室中央への配置についても同様である。つまり、6世紀後半ないし末以降に展開する下野の割り抜き玄門と、常陸南部の中でも筑波山周辺麓地域を中心とした地域に導入される複室両袖石室の両地域の影響下に出現した石室として位置づけられ、時期としては7世紀初頭を中心とする時期が妥当であろう。

　なお、下総北部地域の印旛沼周辺に所在する最終末の前方後円墳である千葉県印旛郡栄町浅間山古墳[48]（第29図2）についても後室・前室の平面形が正方形であり、後室中央に主軸と直交して石棺を配置する形態である点は小見真観寺古墳と共通する。さらに、後室の玄門は板状の立柱石の上に楣石を架構しているのであるが、楣石を縦位に据えている点からは、割り抜き玄門と類似する構造と言えよう。厳密には割り抜き加工を施した玄門ではないものの、多くの共通点を指摘でき、小見真観寺古墳と併行する時期とするのが妥当である[49]。また、類似する構造をもつ

第2章 横穴式石室の展開と地域社会の諸相

1. 平沢1号墳
2. 平沢4号墳
3. 平沢2号墳
4. 山口3号墳
5. 又見古墳
6. 岩屋乙古墳

第28図　L字形・コの字形加工の門構造をもつ横穴式石室

64

第29図　小見真観寺古墳・浅間山古墳の横穴式石室

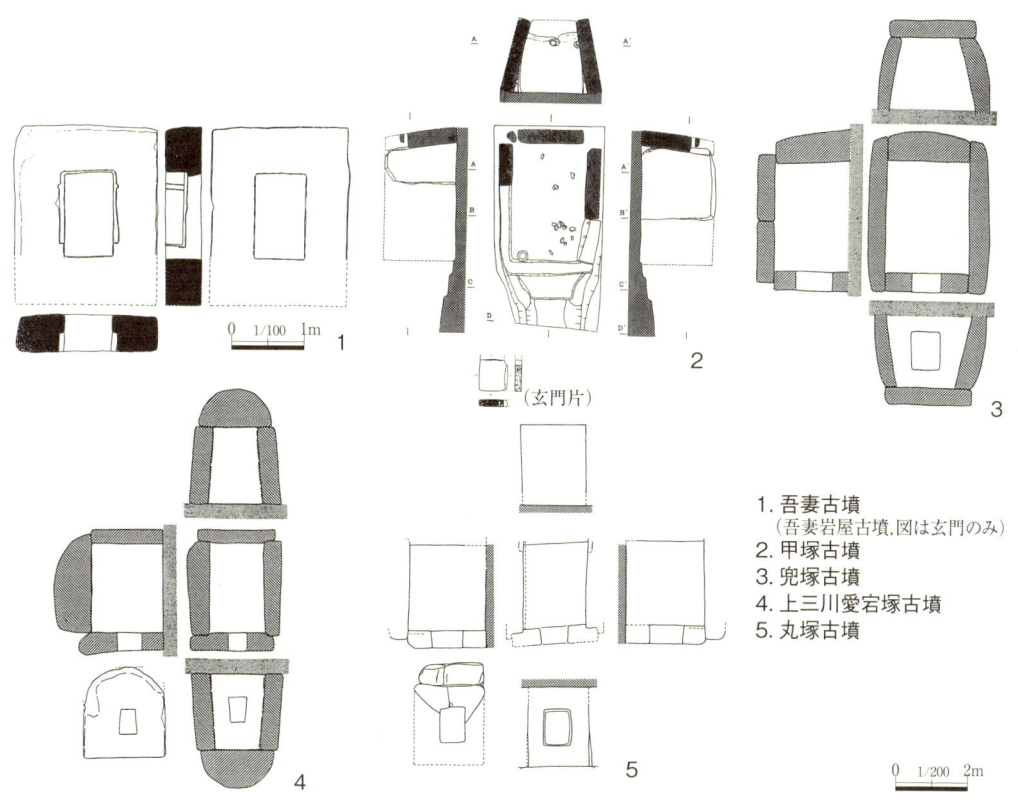

1. 吾妻古墳
  （吾妻岩屋古墳,図は玄門のみ）
2. 甲塚古墳
3. 兜塚古墳
4. 上三川愛宕塚古墳
5. 丸塚古墳

第30図　下野における刳り抜き玄門使用石室

石岡市兜塚古墳[50]も八郷盆地ではあるが筑波山周辺麓に所在している。

つまり、筑波山周辺麓地域および下野・北武蔵・下総北部地域における交流の存在とともに、筑波山西南麓地域に集中するL字形などの加工を施し、組み合わせた門構造についても、この

ような地域間交流を介した下野との技術的な結びつきの結果として位置づけられる[51]。下野地域に所在する、1石の凝灰岩の中央を方形に割り抜いて玄門とする割り抜き玄門や、筑波山周辺麓を中心とするL字形やコの字形に加工された玄門を総称して加工玄門使用石室として捉えると、6世紀末以降このような加工玄門が筑波山周辺麓・下野に認められ、その影響が北武蔵や下総北部にも及ぶのであり、ここに1つの大きな交流圏が窺えるのである。

5 結　語

　以上、常陸南部における横穴式石室の動向について、複数回に亘って伝播する横穴式石室構造の諸形態とその系譜や性格の詳細な検討を試みた。その結果、霞ヶ浦北東部沿岸地域と筑波山周辺麓地域では横穴式石室の受容・展開過程に違いを認めることができ、2つの大きな地域圏が存在する点を指摘した。

　まとめると、当該地域の横穴式石室の導入期である6世紀前半から中葉には、霞ヶ浦北東部沿岸地域と筑波山周辺麓地域のそれぞれに別系統の横穴式石室が採用される。このような地域性はその後、6世紀後半から7世紀初頭にかけて伝播する片袖石室や単室両袖石室、さらには複室構造石室の受容に際しても影響を及ぼしている。そして7世紀に至っても霞ヶ浦北東部沿岸地域を中心に成立した複室両袖石室が波及し、筑波山周辺麓地域にも波及するのであるが、地域性は解消されるのではなく、依然として保持されていたと言える。

　つまり、霞ヶ浦北東部沿岸地域は一貫して従来の箱式石棺を母体とした横穴式石室を展開しており、片袖石室が採用されない点、箱式石棺の構造を両袖化した両袖石室が成立する点からも周辺地域とは異なる地域圏を形成していたと言える。これに対し、筑波山西南麓を中心とする筑波山周辺麓地域は、下野や北武蔵と隣接するといった地理的条件も加わり、関東西部の影響を受けた横穴式石室を採用している。このような動向から、霞ヶ浦北東部沿岸地域とは別の地域圏として捉えられるのである。さらに7世紀以降、霞ヶ浦北東岸地域の影響が強まるなかでも、依然として下野地域などの影響を認めることができる。そこにはL字形切り込みをもつ複室構造石室、加工玄門の使用など常陸南部の筑波山周辺麓地域と下野地域との密接な繋がりが保持されている点が指摘できる。また北武蔵の小見真観寺古墳や下総北部・印旛沼周辺の浅間山古墳、なかでも後者は筑波山産出の片岩板石を使用しており、筑波山周辺麓地域との関係をもつ石室が採用されていることからも、下野とともに北武蔵・下総北部とも関係をもつ筑波山周辺麓地域の地域間交流の実態が窺える。

　以上のような地域間交流の実態は、逆に常陸南部・筑波山周辺麓地域の周縁に採用された他地域からの直接的な伝播と考えられる横穴式石室の存在からも顕著となり、双方向の交流が指摘できる。下総北部でも筑波山周辺麓の西端にあり、北武蔵・下野に接している現在の茨城県猿島郡五霞町穴薬師古墳[52]や猿島郡境町八龍神塚古墳[53]では、前者が角閃石安山岩使用の胴張りを呈する複室構造の石室、後者が砂岩切石使用の胴張りを呈する石室であり、北武蔵の直接的な影響が窺える。さらに同じく下総北部であり、筑波山周辺麓の南西に所在する千葉県野田市岩名古墳[54]の石室は、八龍神塚古墳同様、北武蔵の特徴と類似する。また筑西市（旧真壁郡協和町）小

第1節　常陸南部における横穴式石室の系譜と地域性

栗耕地内遺跡群の古墳群の石室[55]や桜川市（旧西茨城郡岩瀬町）の松田2号墳[56]など筑波山周辺麓の北側に所在する古墳には、下野の特徴をもつ横穴式石室が構築されるのである。このような筑波山周辺麓地域周縁の状況からは、当該地域の横穴式石室の採用や展開にその都度、北武蔵や下野など関東西部地域の動きが密接に関連していると言え、霞ヶ浦北東部沿岸地域とは異なる独自の地域圏の存在、地域間交流に基づく異なった変遷観を示す必要性が生じるのである。

そこで、2つの地域圏の存在を指摘するとともに、常陸南部の横穴式石室の変遷観についても再検討を試みた。その結果、L字形などの加工玄門使用石室は下野との交流をもつ筑波山周辺麓地域の地域的特性として位置づけられ、加工技術のみをもって新相とするのではなく霞ヶ浦北東部沿岸地域の変遷とは別系統で捉えられる可能性を指摘した。なお、本節では詳述しないが、このような地域性の存在が横穴式石室構造に反映するのは、7世紀中葉ないし後半から8世紀初頭にかけて採用される石棺系石室[57]についても同様であると推測できる。石棺系石室は地下式の箱式石棺に羨道や前室を付けた構造の埋葬施設であり、7世紀中葉以降、常総地域全体に亘る「広い分布圏」を形成するとされる[58]。このような地域圏拡大の動きや階層秩序の存在を評価する一方で、石棺系石室を採用する側の視点、さらに石棺系石室の意義を検討すべきである。今後、石棺系石室の展開についても1系列で捉えるのみではなく、箱式石棺使用地域における横穴系埋葬施設の受容といった観点から、さらなる地域的特性の抽出と採用層の検討を試み、地域性を視座に据えた石棺系石室の変遷観や時期についても詳細に論じる必要があろう。

関東における使用石材の交流については、北武蔵における緑泥片岩の流通[59]、上総の房州石と北武蔵の緑泥片岩の交流から見た両地域首長間の繋がり[60]などが論じられている。また一方で埴輪の流通についても、6世紀後半以降の広域供給の事実が提示されている[61]。さらに石材交流や埴輪の広域供給からは、北武蔵と上総の結びつきとともに東京湾岸や現江戸川流域など海上交通・河川交通を通した地域圏の存在、在地首長同士の地域間交流の実態が指摘されている[62]。

本節で扱った常陸南部における横穴式石室の検討からも、常陸南部の筑波山周辺麓地域の霞ヶ浦北東部沿岸地域に対する地域性の存続とともに、下野を中心に北武蔵、下総北部とも結びつきをもつ筑波山周辺麓地域の地域間交流の実態が窺えた。このような検討からは房州石や緑泥片岩による石材流通や埴輪の広域供給などとともに、関東における多様な地域間交流の一側面が提示できたと考えている。6、7世紀を中心とした時期は律令国家形成の段階でもあり、関東地方をはじめとした東国においては畿内王権による当地域への政治的介入や在地首長層の伝統的権力の奪取といった見解が多くの指示を得ている。しかし、その一方で東国各地域内の独自性や地域間の多様な交流についても積極的な評価を与えていくべきであろう。

補記

常陸南部における導入期横穴式石室の事例として取り上げた霞ヶ浦北東岸に所在する行方市大日塚古墳は、本節・拙稿初出時には墳丘図のみを図示するに留めたが、近年、明治大学が墳丘・石室測量調査を実施し、測量図および採集埴輪片の実測図が公開されるに至り[63]、本節ではその石室図を追加して掲載した（前掲：第20図）。なお、本古墳ではかつて猿形埴輪の出土が有名であり、その他にか

第2章　横穴式石室の展開と地域社会の諸相

って採集された埴輪の特徴から6世紀中葉頃の築造と考えられており[64]、本節でもその時期を6世紀中葉としたが、測量報告の所見では6世紀後半に下げる見解が提示されている[65]。そこでは大日塚古墳を6世紀後半とする根拠として、大きくは以下の2点が挙げられているものの、その是非をめぐっては問題点も存在すると言える。

まず、①採集された円筒埴輪は突帯や口縁部の形態がさまざまであるため、埴輪からの編年的位置づけが困難であると指摘するが、一方でこうしたバラエティに富んだ埴輪の様相を根拠に、これが小美玉市閑居台古墳の埴輪の特徴と通じるとし、大日塚古墳の埴輪も同様に6世紀後半であるとする。また、②大日塚古墳の玄室平面プランが奥壁に向かって「ハの字」に開く点を重視し、こうした特徴が当地では7世紀代に展開する複室構造の石室に多いことが事実であるから、大日塚古墳もこの次世代の石室に近い時期としている。しかし、そもそも7世紀代における複室構造の石室の特徴として「ハの字」の平面形態が多いと言い切れるかが疑問であり、加えて複室構造が出現する直前段階の時期に相当する、かすみがうら市太師唐櫃古墳はハの字の平面形態ではないということも問題として残ると言えよう。

なお、大日塚古墳からの出土が伝えられる馬具・衝角付冑・挂甲・鉄鏃・鹿角装刀子の存在[66]に着目すると、これらは本古墳の近隣に所在する6世紀中葉頃の時期である小美玉市舟塚古墳（玉里舟塚古墳）出土と伝えられる資料と同巧のものと把握され、両者の築造年代の近さが指摘されており[67]、こうした副葬品の評価も含めた位置づけが必要である。さらに、大日塚古墳出土資料群の写真を見る限り、馬具のうち、十字文楕円形鏡板付轡のような6世紀のなかでも前半代を中心とする時期の馬具の存在も確認できる。

また、埋葬施設に着目すると、前述の舟塚古墳は二重構造の箱形石棺を主体部としており、箱形石棺の周りに板石を据え廻らした外周施設をもつという特異な構造であることが知られる。これは箱形石棺を主体部とする埋葬から横穴式石室の中に箱形石棺を納める埋葬へと変化するようになる移行期の構造と捉えられ、この棺外に設けられた外周施設内に馬具・武具類が埋納されるという、横穴式石室導入の直前ないしほぼ同時期の古墳と評価されている[68]。この舟塚古墳とほぼ同時期の古墳として、大日塚古墳のような伝統的な片岩を用いた箱形石棺という埋葬施設の構造を母胎として、新たに横穴系埋葬施設の情報が受容され、こうした片岩板石組みの横穴式石室が出現したと理解することができる。

本古墳の時期をめぐっては6世紀後半に下る可能性も残るが[69]、伝出土資料に古相を示すものが存在する点、舟塚古墳の副葬品との類似点等から、霞ヶ浦北東岸における横穴式石室の初現として、ここでは本節で扱ったように、6世紀中葉を中心とする時期と考えておきたい。

次に、本節の結語において、筑波山西南麓地域の周縁における地域間交流の実態を論じる中で、その西側に北武蔵との関係が窺える胴張り加工を施した石材を用いた下総北西部の茨城県五霞町穴薬師古墳、境町八龍神古墳、千葉県野田市岩名古墳を取り上げたが、このうち、本節・拙稿初出後に岩名古墳の調査報告書が刊行されるに至った[70]。加えて、筑波山西南麓地域の北側には筑西市小栗地内遺跡群の石室、桜川市松田2号墳の石室が下野の特徴をもつ横穴式石室であると位置づけたが、拙稿執筆時に㈶茨城県教育財団による調査が実施されていた桜川市（旧西茨城郡岩瀬町）山ノ入古墳群の報告もその後に刊行された[71]。

本古墳群では、前方後円墳である2号墳（周溝外縁を含む全長42.7m、墳丘長25.3m）を含む計23

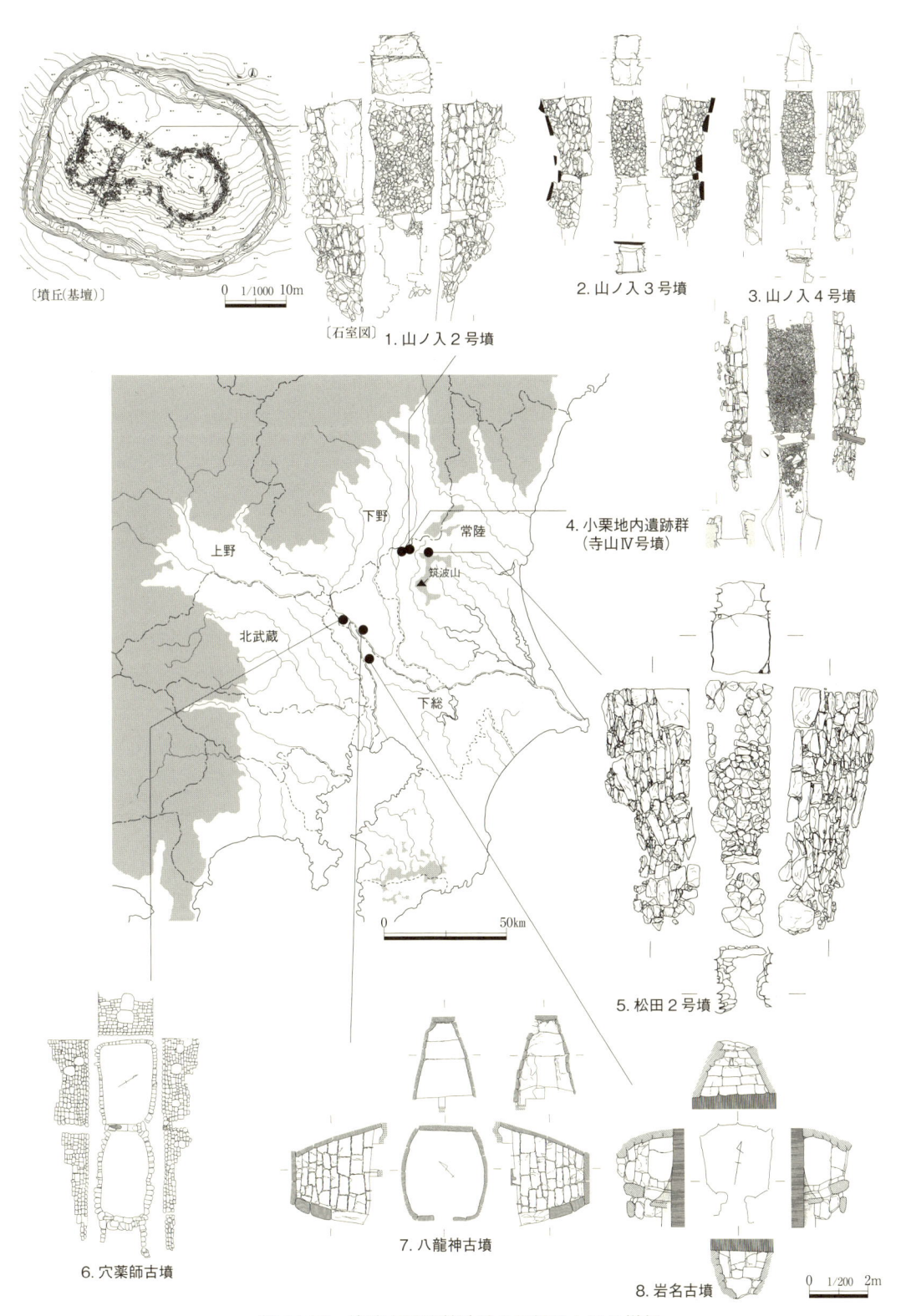

第1節 常陸南部における横穴式石室の系譜と地域性

〔墳丘(基壇)〕
〔石室図〕
1. 山ノ入2号墳
2. 山ノ入3号墳
3. 山ノ入4号墳
4. 小栗地内遺跡群（寺山Ⅳ号墳）
5. 松田2号墳
6. 穴薬師古墳
7. 八龍神古墳
8. 岩名古墳

第31図　筑波山周辺麓地域の周縁における様相

69

基が調査され、主墳となる前方後円墳が周溝と墳丘の間に「基壇」と呼称される幅広い平坦面を有し、後円部ではなく前方部のみに横穴式石室をもつ、いわゆる「下野型古墳」であると考えられる点が注目できる。構築された横穴式石室の構造は、玄室が長方形プランを基調とする単室構造であり、羨道側壁の並びから立柱石を突出させている。石室構造および出土遺物の特徴からはおおむね TK209 型式に併行する時期と考えられる。また周囲に築造された円墳群の横穴式石室は、地山を掘り込んだ墓坑内に構築されているが、玄門部に配された梱石の両端上部に直接、玄門立柱石を据えるといった「組み立て玄門」[72]ないし「藤井型」[73]と呼ばれる構造であると位置づけられる。これは栃木県下都賀郡壬生町に所在する藤井古墳群をはじめ、下野で7世紀代に展開する特有の構造とされる石室構造である。

　以上のような近年の調査例も含め、こうした横穴式石室の構造的特徴とその分布は、筑波山西南麓地域がもつ北武蔵や下野といった周辺地域との繋がりの一端を示していると言えるであろう（第31図）。7世紀代にも継続する地域間交流の実態として評価しておきたい。

註
(1)　当時の霞ヶ浦の復元については吉田東伍や小出博などの研究を参考にしている。
　　　a. 吉田東伍 1974『利根治水論考』崙書房（初版：吉田東伍 1910『利根治水論考』三省堂書店）
　　　b. 小出　博 1975『利根川と淀川』中公新書384　中央公論社
(2)　白井久美子 2002『古墳から見た列島東縁世界の形成―総武・常総の内海をめぐる古墳文化の相剋―』千葉大学考古学研究叢書2　平電子印刷所
(3)　田中広明 1988「霞ヶ浦の首長―茨城県出島半島をめぐる古墳時代の研究―」『婆良岐考古』第10号　婆良岐考古同人会　11-50頁
(4)　a. 石川　功 1989「茨城県における横穴式石室の様相」『東日本における横穴式石室の受容』第2分冊　第10回三県シンポジウム　千曲川水系古代文化研究所・北武蔵古代文化研究会・群馬県考古学研究所　834-919頁
　　　b. 稲村　繁 1991「茨城県における横穴式石室の変遷―装飾古墳の背景―(1)」『博古研究』創刊号　博古研究会　21-29頁
　　　c. 阿久津久・片平雅俊 1992「常陸の後期古墳の様相」『国立歴史民俗博物館研究報告』第44集　国立歴史民俗博物館　423-466頁
(5)　石橋　充 1995「常総地域における片岩使用の埋葬施設について」『筑波大学 先史学・考古学研究』第6号　筑波大学歴史・人類学系　31-56頁
(6)　日高　慎 2000「雲母片岩使用の横穴式石室と箱形石棺」『風返稲荷山古墳』霞ヶ浦町教育委員会　95-107頁
(7)　平岡和夫・高野浩之ほか 2001『高崎山古墳群西支群第2号墳・第3号墳』山武考古学研究所・新治村教育委員会
　　　なお、高崎山2号墳の時期をめぐっては上記の報告書および前掲註(6)文献などの評価を受け、本節初出時には6世紀中葉としていたが、本書第1章第1節で論じたとおり、6世紀前半から中葉の時期と改めるに至った。
(8)　大塚初重 1974「大日塚古墳」『茨城県史料』考古資料編　古墳時代　茨城県　120・121・278・392頁

(9) a. 大塚初重・小林三郎 1968「茨城県・舟塚古墳Ⅰ」『考古学集刊』第4巻第1号　東京考古学会　93-114頁
　　b. 大塚初重・小林三郎 1968「茨城県・舟塚古墳Ⅱ」『考古学集刊』第4巻第4号　東京考古学会　57-103頁
(10)　前掲註(6)文献
(11)　後藤守一・大塚初重 1957『常陸丸山古墳』山岡書店
(12)　寺内のり子 1982『平沢・山口古墳群調査報告』筑波大学考古学研究会
(13)　大森信英 1974「舟塚古墳群」『茨城県史料』考古資料編 古墳時代　茨城県　101-103・387頁
(14)　稲村　繁・塩谷　修 1983『粟田石倉古墳―附 粟田A・B地点―』千代田村文化財報告書　千代田村教育委員会
(15)　折原洋一 1995『神岡上古墳群』北茨城市文化財調査報告Ⅳ　北茨城市教育委員会
(16)　大森信英・宇野悦郎 1986「原始・古代の瓜連地方」『瓜連町史』瓜連町　176-181頁
(17)　瓦吹　堅 1976『高寺2号墳』友部町教育委員会
(18)　斉藤　忠 1974「太師の唐櫃古墳」『茨城県史料』考古資料編　古墳時代　茨城県　139-141頁
(19)　前掲註(12)文献
(20)　伊東重敏 1997『栗村東古墳群・栗村西古墳群・丸峯古墳群調査報告書』千代田町教育委員会・高倉・粟田地区埋蔵文化財発掘調査会
(21)　相田美喜男 1998「岩瀬町富谷2号墳（岩屋塚）の横穴式石室」『常総台地』14　常総台地研究会　75-81頁
(22)　西宮一男 1992『中戸古墳』八郷町教育委員会
(23)　石橋　充 2001「筑波山南東麓における6・7世紀の古墳埋葬施設について」『筑波大学 先史学・考古学研究』第12号　筑波大学歴史・人類学系　57-72頁
(24)　吉川明宏・新井　聡・黒澤秀雄 1995『中台遺跡』茨城県教育財団文化財調査報告第102集　(財)茨城県教育財団
(25)　前掲註(5)・(6)文献
(26)　前掲註(24)文献
(27)　千葉隆司ほか 2000『風返稲荷山古墳』霞ヶ浦町教育委員会
(28)　前掲註(6)文献
(29)　箕輪健一 1998「高浜入の最後の首長墓―岡岩屋古墳の横穴式石室について―」『玉里村立史料館報』第3号　玉里村立史料館　81-92頁
(30)　小玉秀成・本田信之 2000「岩屋古墳発掘調査」『玉里村立史料館報』第5号　玉里村立史料館　50-121頁
(31)　筑波町史編纂委員会 1989『筑波町史』上巻　つくば市
(32)　生田目和利 1988「船玉装飾古墳」『関城町史 別冊史料編―関城町の遺跡―』関城町　128-148頁
(33)　三木ますみ 1992「高山古墳」『岩井市の遺跡』岩井市史遺跡調査報告第1集　岩井市史編さん委員会　72-94頁
(34)　前掲註(20)文献

第 2 章　横穴式石室の展開と地域社会の諸相

(35)　山ノ井清人・水沼良浩 1992「御鷲山古墳」『壬生町史』資料編 1　考古　南河内町　461-493 頁
(36)　前掲註(12)文献
(37)　前掲註(12)文献
(38)　相田美喜男 1993「茨城県における後・終末期古墳実測調査(1)」『婆良岐考古』第 15 集　婆良岐考古同人会　77-92 頁
(39)　安藤鴻基・杉崎茂樹・山口典子 1983「千葉県佐原市又見古墳の箱形横穴式石室」『古代房総史研究』第 2 号　古代房総史研究会　15-26 頁
(40)　田中広明・大谷　徹 1989「東国における後・終末期古墳の基礎的研究(1)」『研究紀要』第 5 号　㈶埼玉県埋蔵文化財調査事業団　71-138 頁
(41)　田中広明 1989「終末期古墳出現への動態Ⅰ―変容する在地首長層と造墓の展開―」『研究紀要』第 5 号　㈶埼玉県埋蔵文化財調査事業団　139-178 頁
(42)　山ノ井清人 1987『壬生町史』資料編　原始・古代・中世　壬生町　267-274 頁
(43)　秋元陽光・大橋泰夫 1988「栃木県南部の古墳時代後期の首長墓の動向―思川・田川水系を中心として―」『栃木県考古学会誌』第 9 集　栃木県考古学会　7-40 頁
(44)　秋元陽光・大橋泰夫・水沼良浩 1989「国分寺町甲塚古墳調査報告」『栃木県考古学会誌』第 11 集　栃木県考古学会　181-198 頁
(45)　国分寺町 2000「古墳時代―地方豪族の墓―」『図説　国分寺町の歴史』62-67 頁
(46)　a. 前掲註(43)文献
　　　b. 大橋泰夫 1990「下野における古墳時代後期の動向―横穴式石室の分析を通して―」『古代』第 89 号　早稲田大学考古学会　151-186 頁
(47)　前掲註(6)文献
(48)　a. 白井久美子 2002「浅間山古墳の概要」『シンポジウム　竜角寺古墳群からみた古代の東国―栄町浅間山古墳の調査成果をもとに―』千葉県史講座Ⅰ　㈶千葉県史料研究財団　9-22 頁
　　　b. 白井久美子 2002「竜角寺浅間山古墳」『「東国の終末期古墳」予稿集』平成 14 年度企画展記念公開シンポジウム　千葉県立房総風土記の丘　9-19 頁
　　　c. 岡本東三・白石太一郎・白井久美子・山口典子ほか 2002『印旛郡栄町浅間山古墳発掘調査報告書』千葉県史編さん資料　千葉県
(49)　小見真観寺古墳や浅間山古墳については、副葬品の組成や前方後円墳の消滅時期およびその意義を含めた詳細な検討が必要であろう。本節の常陸南部を中心とした横穴式石室構造の検討からは、これらの石室構造は時期的に新相を示すのではなく、常陸南部における地域圏の差異に起因する現象として捉えることにする。常陸南部でも霞ヶ浦北東部沿岸地域ではなく、筑波山周辺麓地域との密接な交流によって成立した可能性を考えたい。
(50)　坪井正五郎・野中完一 1898「常陸国新治郡瓦會村の古墳」『東京人類学雑誌』第 40 巻第 153 号　東京人類学会　98-111 頁
(51)　なお、下野地域において 6 世紀後半以降に展開するとされる刳り抜き玄門を有する横穴式石室の系譜に関しては、本書第 2 章第 2 節で詳述する。
(52)　茨城県教育委員会 1970「猿島郡五霞村川妻穴薬師古墳」『茨城県埋蔵文化財調査報告書Ⅲ』4-39 頁

(53) a. 前掲註(40)文献
　　　b. 時信武史 2001「金岡八龍神塚石室調査報告」『町史研究 下総さかい』第7号　境町　22-41頁
(54) 星野保則・大熊佐智子 2004『岩名古墳』野田市埋蔵文化財調査報告書第26冊　野田市教育委員会
(55) 協和町小栗地内遺跡調査会 1986『小栗地内遺跡群発掘調査報告書』協和町
(56) 横倉要次 2004『松田古墳群』茨城県教育財団文化財調査報告第226集　(財)茨城県教育財団
(57) a. 塩谷　修 1992「終末期古墳の地域相―茨城県桜川河口域の事例から―」『土浦市立博物館紀要』第4号　土浦市立博物館　23-32頁
　　　b. 前掲註(5)文献
(58) 前掲註(5)文献
(59) 田中広明 1989「緑泥片岩を運んだ道―変容する在地首長層と労働差発権―」『土曜考古』第14号　土曜考古学研究会　83-112頁
(60) 若松良一 1993「からくにへ渡った東国の武人たち」『法政考古学』第20集　法政考古学会　199-214頁
(61) a. 高橋克壽 1994「埴輪生産の展開」『考古学研究』第41巻第2号　考古学研究会　27-48頁
　　　b. 日高　慎 1995「人物埴輪の共通表現とその背景」『筑波大学 先史学・考古学研究』1-28頁
(62) 松尾昌彦 2002『古墳時代東国政治史論』雄山閣
(63) 佐々木憲一・倉林眞砂斗・曾根俊雄・中村新之介 2008「茨城県行方市大日塚古墳測量調査」『考古学集刊』第4号　明治大学文学部考古学研究室　53-79頁
(64) a. 前掲註(5)文献
　　　b. 前掲註(6)文献
(65) 前掲註(63)文献
(66) 伝大日塚古墳出土資料に関しては、長谷川武や海老沢幸雄による論文中の写真による紹介があり、副葬品の内容を知る上で重要である(下記文献a・b)。なお、これらの資料は近年、平成19年度に東京国立博物館によって一括購入されており、鹿角装刀子・衝角付冑の写真が公表されている。今後、これらの資料の詳細な検討が行なわれることが望まれる(下記文献c)。
　　　a. 長谷川武 1976「伝大日塚古墳出土の衝角形兜」『郷土文化』第17号　茨城県郷土文化研究会　7-12頁
　　　b. 海老沢幸雄 1994「沖洲大日塚古墳の副葬品について―衝角付兜を中心に―」『玉造史叢』第35集　玉造郷土文化研究会　73-78頁
　　　c. 日高　慎 2008「伝茨城県行方市沖洲大日塚古墳出土品」『東京国立博物館ニュース』第689号　東京国立博物館　3頁
(67) 前掲註(6)文献
(68) 前掲註(6)文献
(69) 内山敏行は大日塚古墳出土の小札甲・衝角付冑について、6世紀後半頃の時期としている。
　　　内山敏行 2003「後期古墳の諸段階と馬具・甲冑」『シンポジウム 後期古墳の諸段階』第8回東北・関東前方後円墳研究会大会発表要旨資料　東北・関東前方後円墳研究会　43-58頁
(70) 前掲註(54)文献

第 2 章　横穴式石室の展開と地域社会の諸相

(71)　小澤重雄 2006『山ノ入古墳群　大日下遺跡』茨城県教育財団文化財調査報告第 255 集　㈶茨城県教育財団
(72)　中村享史 1996「鬼怒川東岸域の横穴式石室」『研究紀要』第 4 号　㈶栃木県文化振興事業団・埋蔵文化財センター　21-48 頁
(73)　大橋泰夫 1990「下野における古墳時代後期の動向―横穴式石室の分析を通して―」『古代』第 89 号　早稲田大学考古学会　151-186 頁

第2節　下野の刳り抜き玄門をもつ横穴式石室

1　はじめに

　古墳時代における東国、特に関東地方の後期・終末期古墳の評価については、後の畿内地方を中心とした古代国家形成の動きのなかで評価されることが多い。しかしこうした観点のみを強調するあまり、東国自身がもつ史的性格や意義は依然として解明されていないと言える。そのため東国に主眼を置いた資料の徹底的な検討を試みるなかで、畿内・東国相互の動向を明確化するとともに列島的視野から総合的な評価を与える必要があろう。

　こうした問題意識のもと、関東地方における横穴式石室の分析を通して史的動向を追究していきたいと考えているが、特に関東では石室構造の系譜的研究や伝播経路に関する視点が他地域に比べて著しく遅れており、検討の余地がある。そこで本節では関東のなかでも下野の首長墓の埋葬施設として採用された刳り抜き玄門を有する横穴式石室の動向に着目してみることにする。こうした玄門は関東のなかでも特殊なあり方を示しており、その系譜をめぐっては近年、山陰のなかでも出雲の石棺式石室に求める見解が提示されている。こうした動向を踏まえたうえで、関東地方の下野に採用される刳り抜き玄門の系譜関係の追究とその評価を検討するとともに、当時の石室構造の伝播から現出される交流の実態解明を目指していきたい。

2　下野の刳り抜き玄門への着目

(1) 研究動向および視点の整理

横穴式石室研究と刳り抜き玄門　刳り抜き玄門とは、1枚石の中央を方形ないし長方形状に刳り抜き、これを横穴式石室の玄門として使用したものである。下野では主に、凝灰岩の1枚石を組み合わせた切石石室の玄門構造として用いられている。

　下野の刳り抜き玄門に関しては当地域における横穴式石室、特に凝灰岩切石を使用した石室の分類・検討を実施するなかで、注目すべき要素として早くから着目されてきた[1]。しかし、この段階では石室構造と出土遺物の年代対比が可能な資料も少なく、石室構築石材の巨石化、加工技術の発達過程を重視した変遷観を基軸としたため、切石使用の石室を1系統の型式変化のみで理解していた。このことは畿内や上野の研究成果に大きく左右された結果であり、切石の成立時期も両地域の年代観を援用して7世紀代と位置づけた点に問題が残った。こうした見解によって、玄門を刳り抜くといった技法を用いたこの種の石室構造を当地域の切石技術の最も発達した段階であると捉え、7世紀後半以降の時期が与えられた。

　その後、横穴式石室の資料・報告例が増加し、各地域の様相が徐々に明らかになるにしたがって、各研究者が多角的視点から横穴式石室の分類や変遷観を提示し、それぞれの着眼点に基づく

歴史的動向に言及するようになった[2]。

こうした研究動向のなか、古墳時代後期における下野の中枢地域である思川・田川水系の首長墓の動向を扱った秋元陽光、大橋泰夫は切石石室の類型化を行なう一方で、6世紀後半以降、各地域の首長墓が墳丘に基壇（墳丘第1段目に形成された幅広の平坦面）を有し、前方後円墳においては主体部を前方部のみにもつといった共通する特徴を認めることができる点に着目し、これらを「下野型古墳」と呼称した[3]。そして、このような独自性の強い古墳様式を共有した下野型古墳の動態から、そこに首長層の政治的な強い結びつきを見出し、連合体制の存在を想定するに至った。

そのなかで、このような首長墓を中心に採用された切石石室が従来のように1系統の型式変化として把握できるのではなく、複数系統が存在すると指摘している。そして埴輪を有する古墳が存在する点などから、その年代も6世紀後半まで遡るといった新しい見解を提示した。注目すべきはこうした石室の初現として、刳り抜き玄門をもつ吾妻岩屋古墳が挙げられる点である。さらにこの古墳は、いわゆる下野型古墳であることにも注意が必要である。

このように刳り抜き玄門は、従来考えられたような加工技術の最も発達した段階のものではなく、6世紀後半における切石石室の出現期から認められる構造的要素であると言え、下野型古墳の動向とも密接に関係した石室構造であることが窺える。

刳り抜き玄門の系譜について　秋元・大橋は、こうした刳り抜き玄門をもつ石室構造の系譜についても言及している。そこでは玄室が「大型1枚石を組合わせて構築すること、天井上面が丸みをもって仕上げられているものがあること、玄門が刳り抜き玄門であること」[4]といった要素の存在から、山陰地方の石棺式石室との形態的な類似性を指摘し、系譜を求めている。

さらに、上野恵司はこうした下野の事例に限らず、関東には出雲型石室[5]と類似する構造のものが散見できると指摘し、出雲と関東との関係を積極的に認めている[6]。そして「現段階では出雲型石室以外に類似する構造は窺えず、（…中略…）文献や墳形の問題、系譜関係から考えると直接的影響のもとにこれらが受け入れられ、一部地域的に変容した結果として出現したもの」[7]と考えている。

このように下野の刳り抜き玄門を有する横穴式石室の系譜は、山陰、なかでも出雲の石棺式石室に求める見解が提示されている。このことは後述するように出雲、特にその東部を中心に展開・盛行する石棺式石室の諸特徴やその動向を踏まえたうえでの見解であり、下野のみにとどまった横穴式石室の分類や型式学的検討に終始することなく、出雲といった他地域に系譜関係を求め、比較検討を試みている点が評価できる。

しかし、その後こうした出雲に系譜を求める見解が首肯できるかどうか、その賛否をめぐる議論がほとんど行なわれなかった点が問題である。なお、小森哲也は「地理的にみた場合、直接彼我（出雲と下野：筆者補）を結び付けるのは難しい」[8]と考え、刳り抜き玄門は石棺に穴を穿つといった発想から生じた技法であり、当地域で創出された可能性を指摘し、「下野型石棺式石室」を提唱している。確かに下野で独自に創出された可能性もあろうが、地理的な距離間のみをもって出雲との関係を否定することや、刳り抜き玄門の祖形となり得る資料が下野には確認でき

ず、現時点では当地域の横穴式石室の型式変化の流れに当て嵌めるのは困難であろう。したがって、6世紀後半以降の下野内における型式的・技術的飛躍の存在を重視し、他地域に視野を広め、系譜関係の検討を試みるのが妥当と思われる。そこで先行研究を踏まえたうえで、出雲から下野への系譜関係が認められるかどうかを検証していくことにする。

(2) 下野の刳り抜き玄門を有する横穴式石室の特徴

刳り抜き玄門の諸例 下野の刳り抜き玄門を有する横穴式石室としては、下都賀郡壬生町吾妻古墳（吾妻岩屋古墳の呼称もあり、以下、吾妻古墳）[9]、下野市甲塚古墳[10]・同丸塚古墳[11]・同山王塚古墳[12]、河内郡上三川町兜塚古墳[13]・同上三川愛宕塚古墳[14]の6例を挙げることができる（第32図）。

墳形は吾妻古墳・山王塚古墳が前方後円墳、甲塚古墳が帆立貝形古墳、丸塚古墳は円墳であり、これらはいずれも墳丘第1段目に基壇を有し、前方後円墳・帆立貝形古墳においては前方部に横穴式石室を設けた、いわゆる下野型古墳である。また、兜塚古墳・上三川愛宕塚古墳の墳丘は削平されていたが、兜塚古墳は地籍図から基壇をもつ円墳であったと推定されている[15]。

このうち埴輪を有する古墳は吾妻古墳・兜塚古墳・甲塚古墳であり、山王塚古墳・丸塚古墳・

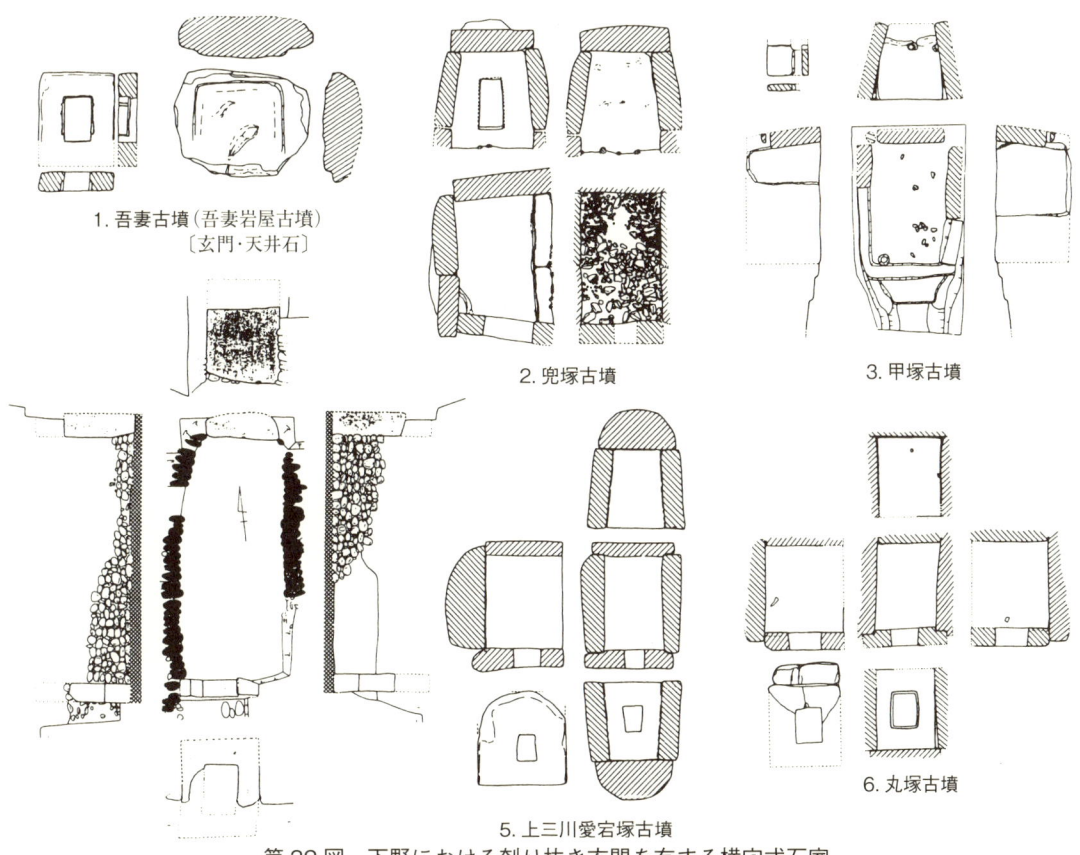

1. 吾妻古墳（吾妻岩屋古墳）〔玄門・天井石〕

2. 兜塚古墳

3. 甲塚古墳

5. 上三川愛宕塚古墳

6. 丸塚古墳

第32図　下野における刳り抜き玄門を有する横穴式石室

上三川愛宕塚古墳には埴輪の存在が認められない。また埴輪以外の出土遺物として兜塚古墳では須恵器甕、甲塚古墳では前方部西側の形象埴輪列前面から、須恵器蓋坏・高坏をはじめとした大量の土器群が検出されている。いずれも TK43 型式の特徴を有しており、両古墳とも埴輪が存在する点からも刳り抜き玄門の時期検討の基準となる資料である。

刳り抜き玄門の特徴とその変化　さて石室構造に着目してみると、山王塚古墳が側壁に河原石を使用した胴張りを呈する横穴式石室であるほかは、いずれも凝灰岩1枚石を組み合わせた側壁を志向し、これに刳り抜き玄門を設置している。こうした刳り抜き玄門をもつ石室の構造的特徴および変遷観は、大橋泰夫によると以下のように整理できる[16]。

①玄門の形態は刳り抜き部が大型の長方形のもの（吾妻古墳・兜塚古墳・甲塚古墳）から、小型でやや方形化したもの（丸塚古墳・上三川愛宕塚古墳）に変化する。なかでも吾妻岩屋古墳の刳り抜き玄門は、閉塞のための刳り込みを有したものであり、最も古く位置づけられる。

②側壁の傾きは内傾するもの（吾妻古墳・兜塚古墳・甲塚古墳）から、直立するもの（丸塚古墳・上三川愛宕塚古墳）に変化する。

③石室の構成は玄室の前に天井をもつ羨道を付設するもの（吾妻古墳・兜塚古墳）から、玄室の前に天井をもたず、短い羨道をつけた簡単なつくりのもの（甲塚古墳・丸塚古墳）になる。

④玄室の天井石は2枚用いるもの（吾妻古墳・兜塚古墳）から、1枚石のもの（丸塚古墳・上三川愛宕塚古墳）に変化する[17]。

このような玄門の形態や側壁の傾き、天井石の構成といった構造的要素に基づいた変遷観および埴輪の有無、出土遺物の年代観を考慮すると、おおむね古相を示すもの（吾妻古墳・兜塚古墳・甲塚古墳：6世紀後半から末頃中心）と新相を示すもの（丸塚古墳・上三川愛宕塚古墳：7世紀初頭から前半頃中心）として把握できる。また山王塚古墳は河原石積み石室であり、玄門のみ刳り抜き玄門を採用している。当古墳は前方後円墳といった墳形であり、埴輪が認められない点に着目すると、古相から新相への移行期として把握できる。

ところで、大橋が取り上げた構造的要素の他にも、注目すべき特徴や共通点を窺うことができるため、以下に提示しておきたい。

玄室平面形について　まず、玄室平面形に着目してみると玄室幅に比べて玄室長が長い、縦長の長方形を呈している点が挙げられる。特にこうした特徴は、吾妻古墳・兜塚古墳・甲塚古墳のような古相を示す古墳に顕著に窺うことができる。また新相を示す丸塚古墳・上三川愛宕塚古墳についても玄室長と幅の差は小さくなるものの、長方形を基調とした構造であると言える。

床面構造について　床面構造としては兜塚古墳が河原石敷きであり、甲塚古墳も「堅いローム直上に数個の河原石」[18]が検出されている点から同様の可能性が窺える。丸塚古墳についても当時は河原石が敷かれていたと考えられる[19]。なお、上三川愛宕塚古墳の床面は現在、敷石などの造作を認めることができないが、玄室が移築保存されたこともあり、当時の状況は不明である。吾妻古墳の床面構造も不明となっている。こうした様相からは兜塚古墳・甲塚古墳・丸塚古墳な

ど床面構造が把握できるものはいずれも河原石敷きを主体としており、上三川愛宕塚のようにあるいは敷石の造作を施さなかったものも存在した可能性は残るが、いずれにしても、切石を用いて床石を形成するものが認められない点には注意を払う必要があろう。

　以上のような玄室平面形および床面構造の特徴も、大橋の提示した玄門の形態や側壁の傾き、天井石の構成といった属性とともに、下野の刳り抜き玄門を有する横穴式石室の特徴を示す重要な要素となると考えられる。

3　山陰の石棺式石室とその系譜について

（1）山陰の石棺式石室の動向

　先述したように、下野の刳り抜き玄門を有する横穴式石室の系譜に関しては山陰地方、なかでも出雲の石棺式石室に求める見解が出されている。そこで次に、山陰の石棺式石室の構造的特徴とその動向を概観してみることにする。

　出雲の石棺式石室の特徴　山陰の石棺式石室は、山陰のなかでも「出雲、特にその東半部に圧倒的に集中しており、またその整ったものもこの地域に多い」[20]とされ、出雲東部を中心に石棺式石室が分布、展開する様相が窺えるのであるが、当地域の最も顕著な構造的特徴として玄室の平入り構造が挙げられている。こうした出雲東部の特徴は後述するように、九州に認められる妻入り構造の横口式家形石棺が石室化するといった動きとは相違する点である。まず、出雲東部に認められる典型的な石棺式石室の特徴を見てみると、以下のような定義および変遷観が提示されている[21]。

　①刳り抜き玄門をもち、その前面周囲には閉塞石を受ける刳り込みを有する。
　②切石を使用する。
　③四壁、天井、床石は1枚石を志向する。
　④前壁・奥壁で側壁を挟む石材の組み合わせである。

　そして、こうした定義に当て嵌まるもの（第33図3〜7）が典型的な石棺式石室であると位置づけられ、これに対してこの定義から外れるものを時期的に先行するもの、後出するものとした変遷観が提示されている。第33図では古天神古墳・伊賀見古墳（第33図1・2）が定型化以前の先行するもの〔1期〕、廻原1号墳（第33図8）などが畿内の横口式石槨の影響下に成立した終末期古墳に相当する後出のもの〔4期〕として位置づけられている。さらに定義に当て嵌まる石室についても、玄室が横長の平面形を呈し、各壁がかなり内傾して立てられ、これに狭い羨道がつくもの（第33図3・4）、玄室が正方形に近い平面形を呈し、各壁は垂直に立てられ、比較的広い羨道がつくもの（第33図5〜7）に大別され、前者を〔2期〕、後者を〔3期〕として捉えられている。

　このように出雲の石棺式石室の変遷観は、最もその盛行が認められる出雲東部の事例を中心に構築され、1期（6世紀中葉〜後半）、2期（6世紀後半〜末）、3期（7世紀前後〜前半）、4期（7世紀中葉以降）の編年および年代観で理解されている。

　石棺式石室の系譜について　こうした石棺式石室の系譜について、山本清は石棺式石室が「家

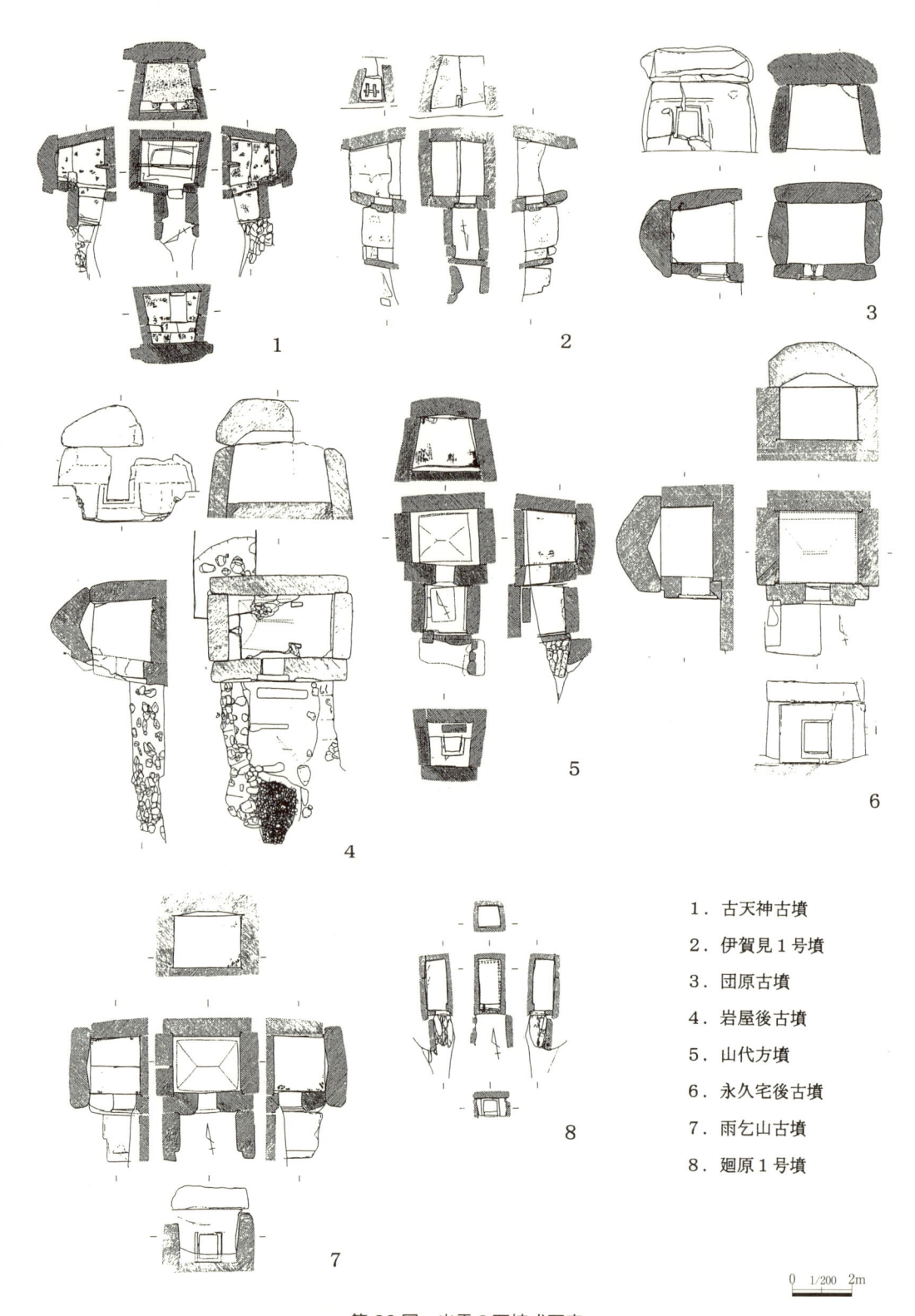

第 2 章 横穴式石室の展開と地域社会の諸相

1. 古天神古墳
2. 伊賀見 1 号墳
3. 団原古墳
4. 岩屋後古墳
5. 山代方墳
6. 永久宅後古墳
7. 雨乞山古墳
8. 廻原 1 号墳

0 1/200 2m

第 33 図　出雲の石棺式石室

形石棺を拡大した形のものに戸口を刳り抜き羨道を付加した」[22]構造と捉えられることから、九州に存在する横口式家形石棺にその起源を求めた。そこでは形態は異なるものの、陽刻を有する閉塞石が出雲と九州に存在することからも、両地域の関連性を想定している。しかし、出雲の石棺式石室が平入り構造であるのに対し、九州の横口式家形石棺は妻入り構造が主体となるといった相違点の存在や両者には時期的な隔たりが認められる点から、「九州の古い石棺から直接山陰の石棺式石室に連なるとは限らぬであろう」[23]と慎重に論じている。ただし直接的な伝播ではないにしても「この出雲の東部と九州方面との密接な交渉を通じて、この種石室（石棺式石室：筆者補）が盛行し、その影響下に如上の諸地域（出雲西部・伯耆西部など：筆者補）にそれぞれやや色調を異にする同系統の石室の出現をみたもの」[24]であると、両地域の関係および山陰の動向を評価している。

(2) 九州の横口式家形石棺の動向と刳り抜き玄門

このような出雲の石棺式石室の系譜を九州に求めるといった指摘はその後、角田徳幸の研究によって明確化したと評価できる[25]。角田は山本が指摘した九州の横口式家形石棺、陽刻を有する閉塞石について、その後増加した資料とともに詳細な分析を行ない、さらに九州に存在する刳り抜き玄門を有する横穴式石室の存在とその動向にも着目し、出雲東部の石棺式石室の系譜が九州の横口式家形石棺に辿り得ることを明示した。以下、角田の研究をもとに九州の動向について触れておきたい。

横口式家形石棺の特徴とその動向 角田によると九州の横口式家形石棺は、「妻入りの構造をとるものがまず5世紀前半代に築造され始め、平入りの構造をとるものが6世紀初頭には出現」していることが確認でき、さらに肥後（特に北部の菊池川流域と中部の宇土半島基部を中心とする地域）では、6世紀代を通じてこうした横口式家形石棺の存在が継続して認められる点から、「横口式家形石棺と石棺式石室の間に時間的な断絶はみられない」[26]ことを明らかにしている。また、平入り構造の横口式家形石棺が横穴式石室内に設置され、石屋形化する動きが窺えるのに対して、妻入り構造のものは羨道が付設されるなど石室化する流れで捉えられるとしている（第34図1・2）。

宇賀岳古墳の評価について また石棺式石室の系譜を考えるうえで、肥後の宇賀岳古墳の存在にも留意している（第34図3）。当古墳の石室は、天井石に家形に加工した大型石材を妻入りに架構し、石室内には奥壁に平行して家形に加工した石材を石棚状に平入りに架構する構造である。こうした構造は、九州において横口式家形石棺から石棺式石室に発展した例として注目されており[27]、この宇賀岳古墳が妻入り構造の横口式家形石棺の系譜を引いて出現する一方で、出雲の石棺式石室の初現である古天神古墳は、出雲への受容時に平入り構造の横口式家形石棺の考え方が加えられ、羨道が設けられたものと考えられている[28]。

刳り抜き玄門を有する横穴式石室 また角田は、横口式家形石棺の横口部から発展したと考えられる刳り抜き玄門をもつ横穴式石室が、6世紀中葉ないし後半から7世紀中葉頃にかけて九州のなかでも肥後、特に宇土半島基部を中心に認められる点に注目している。

石室構造としては玄室が「割石・自然石を積んで穹窿天井を構成するが、玄門には刳り抜き玄

第2章 横穴式石室の展開と地域社会の諸相

門を用いているもの」と「玄室の各壁1枚の切石で構成し、刳り抜き玄門を用いるもの」[(29)]の2つに大別できると言う。第35図に示した資料では1～4および7・8が前者、5・6が後者に相当

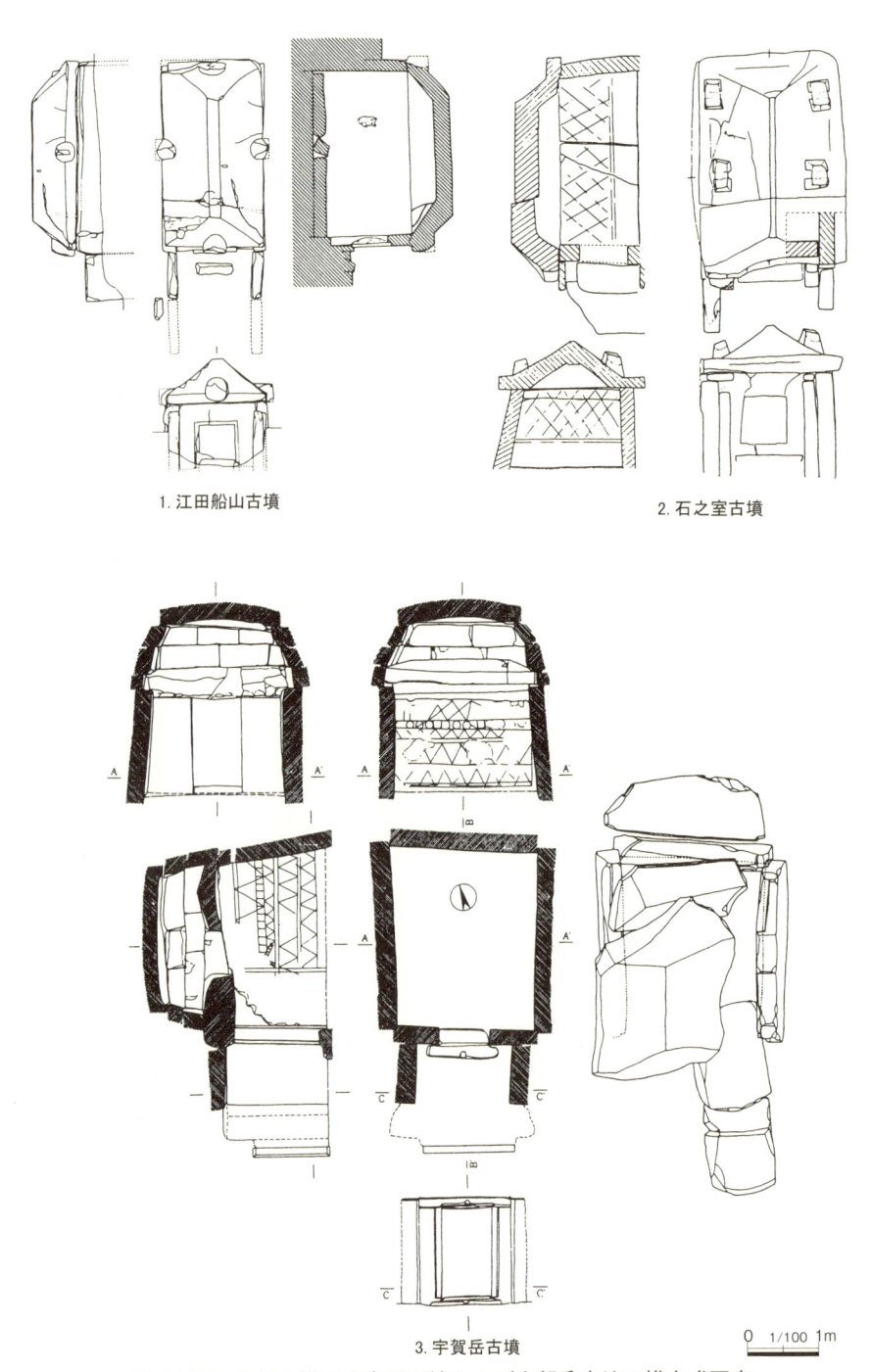

1. 江田船山古墳　　　　　　　　　　2. 石之室古墳

3. 宇賀岳古墳

0　1/100　1m

第34図　九州の横口式家形石棺および宇賀岳古墳の横穴式石室

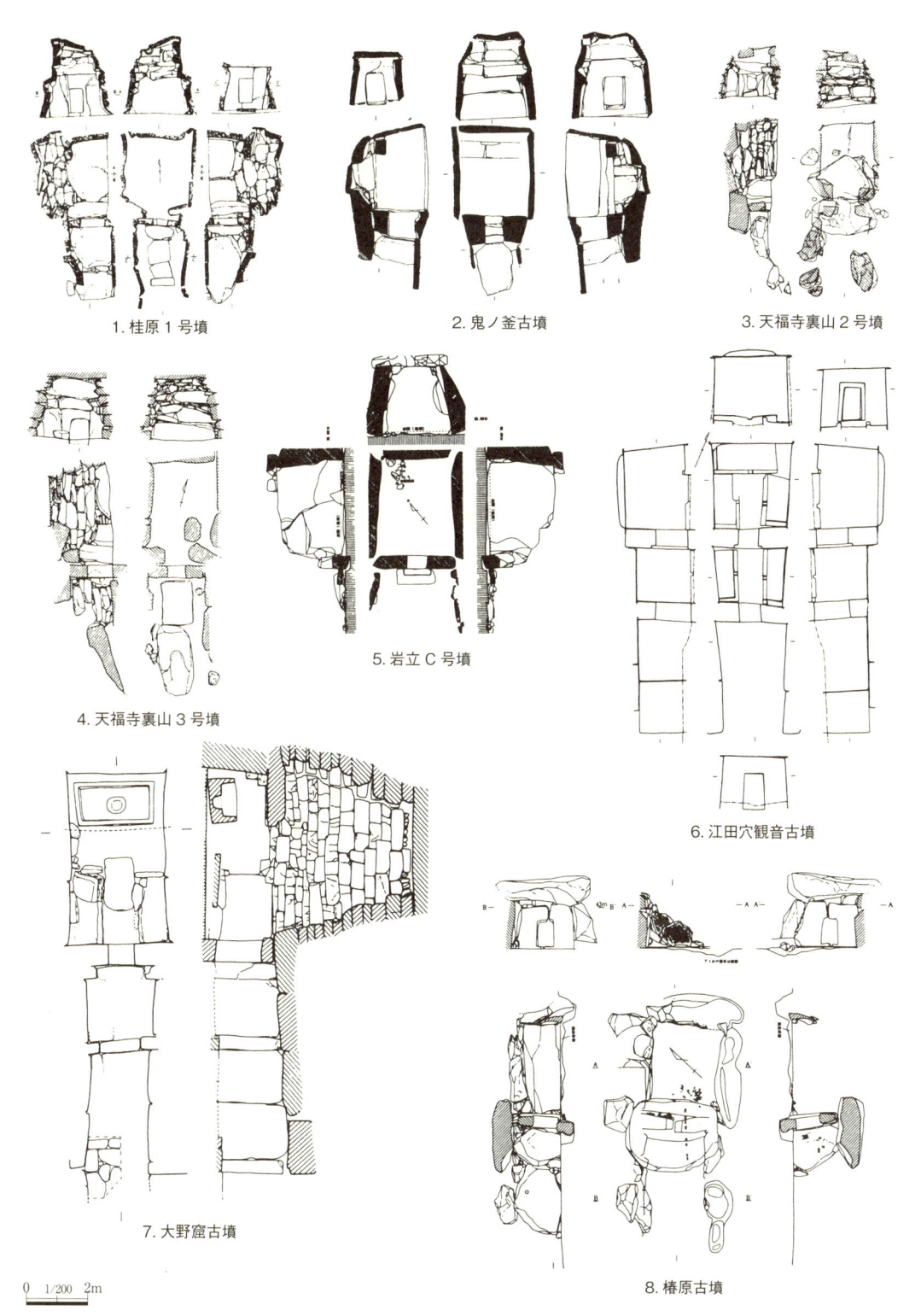

第2節　下野の刳り抜き玄門をもつ横穴式石室

1. 桂原1号墳
2. 鬼ノ釜古墳
3. 天福寺裏山2号墳
4. 天福寺裏山3号墳
5. 岩立C号墳
6. 江田穴観音古墳
7. 大野窟古墳
8. 椿原古墳

0　1/200　2m

第35図　九州における刳り抜き玄門を有する横穴式石室

するであろう[30]。特に後者に見られる1枚石を使用した構造は「石棺式石室によく類似しているが、玄室の平面形が縦長長方形であることや、石材の組み合わせが両側壁で前壁・奥壁を挟むという点などに基本的に相違」[31]があるものの、「横口式家形石棺から、さらに容積が拡大された「石棺式石室」系の石室への変化」[32]が肥後にも窺える事例として評価している。

出雲と肥後の関係　このような横口式家形石棺、刳り抜き玄門を有する横穴式石室の動向および分布状況から、出雲東部の石棺式石室の系譜を肥後、なかでも宇土半島基部を中心とした地域に求める見解が提示されるに至った。このことから出雲の石棺式石室の系譜が明確化したと言えるが、その一方で肥後から出雲東部への受容時にその構造が妻入りから平入りへと変容しており、こうした妻入り・平入りの差異が両地域の構造的差異として明瞭に看取できる点、さらに肥後において妻入り構造の横口式家形石棺から発達、石室化を遂げる動きが窺える点には注意を払うべきである。こうした出雲・肥後相互の動態および特徴を念頭に置いたうえで、改めて下野の刳り抜き玄門を有する横穴式石室の系譜を再検討してみたい。

4　下野における刳り抜き玄門の特質とその評価

(1) 下野と出雲の比較検討

さて、これまで下野の刳り抜き玄門を有する横穴式石室の系譜を検討するにあたって、その系譜が指摘されている出雲の石棺式石室の動向、さらにこうした出雲の石棺式石室の淵源とされる九州、特に肥後における横口式家形石棺および刳り抜き玄門の動向を中心に概観してきた。そこで系譜関係にあるとされる出雲・下野両地域の特徴を比較してみることにする。

玄室平面形の比較　まず両地域の共通する特徴として、大型1枚石を組み合わせて構築した玄室を志向し、これに1枚石を刳り抜いた玄門を設置する点が挙げられる。しかし玄室の平面形に着目してみると、出雲では石棺式石室の出現期に相当する6世紀中葉から玄室が横長の平面形を呈し、これに羨道がつく平入り構造であるのに対し、下野では既述のように玄室の平面形が縦長の長方形を呈するという違いを認めることができる[33]。出雲でも縦長の長方形を呈するものが存在するが、これらは7世紀中葉以降の畿内の横口式石槨の影響下に成立したものであり、時期的にも下野よりは後出である。その一方で下野のものは先に見たように、当地域における刳り抜き玄門の初現である6世紀後半からすでに、こうした平面形態を認めることができる。なかでも、吾妻古墳・兜塚古墳・甲塚古墳など古相を示す古墳にこうした特徴が顕著に窺える点には注意しなければならない。さらに、新相を示す丸塚古墳・上三川愛宕塚古墳についても縦長を基調とした形態である。こうした玄室平面形の相違は、先述した出雲と肥後の両地域における顕著な構造的差異でもあり、出雲と下野を比較する際にも重要な要素と言えよう。

床面・天井構造の比較　次に、出雲の石棺式石室の特徴として玄室の四壁とともに床石、天井も1枚石を志向する点が挙げられるが、この点についてはどうであろうか。まず下野の床面構造は、先に見たように兜塚古墳、丸塚古墳などのように敷石として河原石を使用したものが確認できるものの、1枚石を用いた床石のものは認められないと指摘できる。

また天井構造については、出雲の石棺式石室の天井が1枚石構造であるのに対し、下野では兜

塚古墳で窺えるように2枚石を用いる例が存在する。なお、天井構造の変遷観に関しては2枚石を用いるものから1枚石への変化が指摘されていたが、最近の吾妻古墳の発掘調査からは、当古墳の玄室天井石は1枚石であったと考えられる[34]。

相違点の存在 このように出雲と下野では、以下の3つが大きな相違点として挙げられよう。

①玄室平面形は、出雲が横長の平面形を呈する平入り構造であるのに対し、下野では縦長の長方形を呈する、いわゆる妻入り構造を基調としている。

②床面構造は、出雲が1枚石の床石を設けるのに対し、下野では河原石敷きが主体となる。

③天井構造は、出雲が1枚石を主とするのに対し、下野では1枚石・2枚石の両方が存在する。

以上のような相違点の存在が、下野における刳り抜き玄門の初現からすでに明確に認められるといった動向を看過することはできないであろう。なかでも兜塚古墳のような天井石に2枚石を用いる構造は、①の縦長の長方形を志向する玄室平面形とも密接に関連した構造である。したがって、従来から指摘されている下野の刳り抜き玄門の系譜を、直接出雲に求める見解については再検討を要するのである。

(2) 下野周辺における刳り抜き玄門の動向

このように下野と出雲の石室構造を比較した結果、両地域における系譜関係の再考が必要となったが、一方で下野の周辺地域にはこうした刳り抜き玄門の系譜を辿ることができる資料があるか、検討を加えておきたい（第36図）。

下野周辺における刳り抜き玄門の様相 下野を除く関東では、刳り抜き玄門を有する古墳として、埼玉県行田市小見真観寺古墳[35]、茨城県石岡市岩屋乙古墳[36]、千葉県香取市（旧佐原市）又見古墳[37]の3例を挙げることができるが、下野のように分布が集中しておらず、北武蔵・常陸南部・下総北部にそれぞれ散在している状況が窺える（第36図11・13・14）。小見真観寺古墳が北武蔵における最終末の前方後円墳であるほかは墳形の判別が困難であるものの、埴輪などが検出されない点から7世紀代の時期が考えられる。石室構造は小見真観寺古墳が緑泥片岩、岩屋乙古墳が雲母片岩の板石をそれぞれ用いた複室構造を呈し、又見古墳は雲母片岩板石を使用した玄室が残存するものの、羨道部などの詳細は不明である。このうち、小見真観寺古墳は後門、岩屋乙古墳は前門、又見古墳は玄門にそれぞれ刳り抜き玄門の設置が認められる。なお、小見真観寺古墳は後門上部が一部欠損しているが、緑泥片岩1枚石の中央を方形に刳り抜いたものである。これに対して、岩屋乙古墳や又見古墳の刳り抜き玄門は2枚の板石をコの字形に加工し、組み合わせて構築している。

刳り抜き玄門と関連する資料について ところで、茨城県つくば市平沢1号墳・2号墳・4号墳[38]、山口3号墳[39]の門構造にも注意が必要である（第36図7～10）。墳形は平沢1号墳が長方形墳であるほかは円墳であり、山口3号墳のみ墳形は不明である。これらは筑波山の南側にのびる支脈の南西麓に所在するが、逆L字形に加工した2枚の雲母片岩板石を組み合わせ、方形状の入口部を形成した門構造を窺うことができる。こうした玄門構造は袖部と楣石を一体化した表現であり、刳り抜き玄門との類似性が窺えるものの、梱石に相当する部分を欠いている点が相違

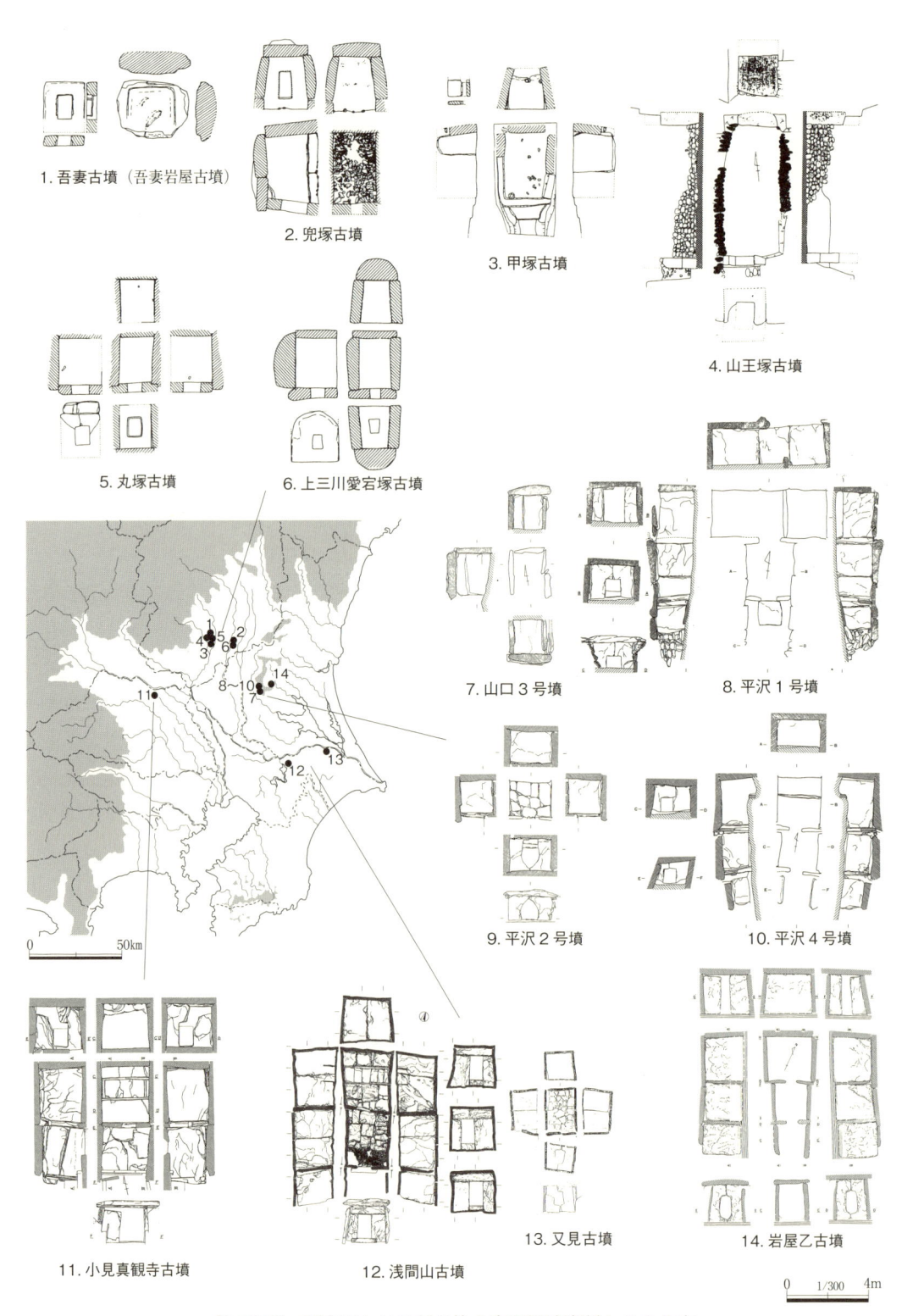

第2章 横穴式石室の展開と地域社会の諸相

1. 吾妻古墳（吾妻岩屋古墳）
2. 兜塚古墳
3. 甲塚古墳
4. 山王塚古墳
5. 丸塚古墳
6. 上三川愛宕塚古墳
7. 山口3号墳
8. 平沢1号墳
9. 平沢2号墳
10. 平沢4号墳
11. 小見真観寺古墳
12. 浅間山古墳
13. 又見古墳
14. 岩屋乙古墳

第36図　関東における刳り抜き玄門関連資料とその分布

している。平沢1号墳は前門、平沢3号墳は前門・後門の両方に、平沢2号墳と山口3号墳は玄室のみが残存するのであるが、門構造としてこの種の玄門の設置を認めることができる[40]。これらは出土遺物がないものの、埴輪を有さない点および石室構造から7世紀代の時期が考えられる。

　また、千葉県印旛郡栄町浅間山古墳[41]の石室構造についても一瞥しておきたい（第36図12）。当古墳は下総の最終末の前方後円墳であるが、石室の平面形や後室中央に主軸と直交して石棺施設を配置する点など、前述の小見真観寺古墳と類似した石室構造をもつ点が特徴である。そのなかで後門の構造に着目してみると、板状の袖石の上部に楣石を架構しているが、下部に板状の石材を縦位に据えて梱石としており、長方形状の入口部を形成している。小見真観寺古墳との石室構造状の共通性が窺える点からは、こうした後門の構造も割り抜き玄門を意識している可能性がある[42]。厳密には割り抜き玄門として把握するかは判断し難いものの、類似する構造として留意しておきたい。

　さて、下野の割り抜き玄門の系譜を、かつて田中広明は前述した北武蔵の小見真観寺古墳や常陸南部・筑波山麓の平沢古墳群などに求めており[43]、上野恵司も下野における割り抜き玄門の成立には、常総地方の板石使用工人集団との密接な関係が窺えるとした[44]。しかし秋元・大橋が指摘するように、下野の割り抜き玄門は6世紀後半に出現すると考えられるため、北武蔵や常陸南部の事例よりも先行する[45]。このことから、下野の割り抜き玄門の系譜を以上のような地域に求めるのは困難であると言える。

　割り抜き玄門からみた関東の地域間交流　以上のように、下野の周辺地域においても割り抜き玄門および関連する資料を認めることができるが、これらはいずれも下野のものに比べて時期的に後出するものであり、周辺地域に系譜を求めることはできない。しかし、先述した平沢古墳群のような特異な玄門形態は筑波山周辺麓のみに認められる構造であり、常陸南部のなかでも西寄りの下野とは比較的近距離の位置にある。こうした地理的な位置関係や時期的な先後関係から、雲母片岩を用いて袖石の上部に横長の石材を架構した門構造に、下野の割り抜き玄門の技法ないし形態の影響を受けて、袖石と楣石を一体化させた構造が成立したと考えられる。また、北武蔵の小見真観寺古墳や下総北部の浅間山古墳の石室構造は片岩板石を用いて構築しており、常陸南部に系譜を求められるが、その一方で既述のように前者は割り抜き玄門を有しており、後者についても直接的ではないが割り抜き玄門の影響を受けた可能性がある。このような割り抜き玄門の要素が各地域を錯綜する状況からは、下野（割り抜き玄門を有する横穴式石室）・常陸南部（筑波山周辺麓を中心とした西側；平沢古墳群など）・北武蔵（小見真観寺古墳）・下総北部（又見古墳・浅間山古墳）における地域間交流の状況を窺うことができる[46]。

　こうした下野周辺の事例は、他地域からの直接的な伝播の可能性も残るが、時期的な先後関係や交流の実態を重視すると、下野の割り抜き玄門の技法の影響を受けて成立した可能性が窺える。いずれにしても、下野の割り抜き玄門の系譜をこうした下野を除く関東の諸地域に求めることはできないと言える。

第2章　横穴式石室の展開と地域社会の諸相

5　刳り抜き玄門からみた伝播経路および交流の視座

(1) 下野の刳り抜き玄門の系譜をめぐって

　以上、下野の刳り抜き玄門を有する横穴式石室の系譜をめぐって、出雲の石棺式石室との比較を行なった結果、相違点の存在が明確となり、出雲の石棺式石室に直接的な系譜を求めるのは難しいと考えられた。その一方で下野を除く関東地方の動向からは、常陸南部（筑波山周辺麓を中心とした西側）・北武蔵・下総北部に刳り抜き玄門および関連資料を認めることができたが、これらについても時期的には下野のものより後出であり、むしろ下野の影響を受けて出現した可能性が強いと言えよう。こうした状況から現段階において系譜の特定には至っていないが、最後に本節で抽出した下野の特徴との類似性が窺える地域を提示しておきたい。

　伯耆西部の特徴　伯耆西部の石棺式石室の特徴を見てみると、玄室の平面形は「ほとんど全てが幅よりも奥行きの長い」ものであり、「出雲東部のものに比較した場合、顕著な対照をなすもの」[47]とされる（第37図）。また床面構造としては、「出雲における石棺式石室とは異なり、床面には敷石を敷かない」[48]傾向があると言う。下野では河原石敷である点は異なるものの、出雲東部のように１枚石の床石を設けない点や、平面形が縦長の長方形を基調とする点が注目できる。こうした特徴からは、下野の構造が山陰のなかでも出雲というよりはむしろ伯耆西部のものに類似している。この点からも、下野の刳り抜き玄門の系譜として出雲を想定するのは困難である。ただし、こうした特徴のみをもって直ちに下野と伯耆西部の直接的な系譜関係が窺えるとは言え

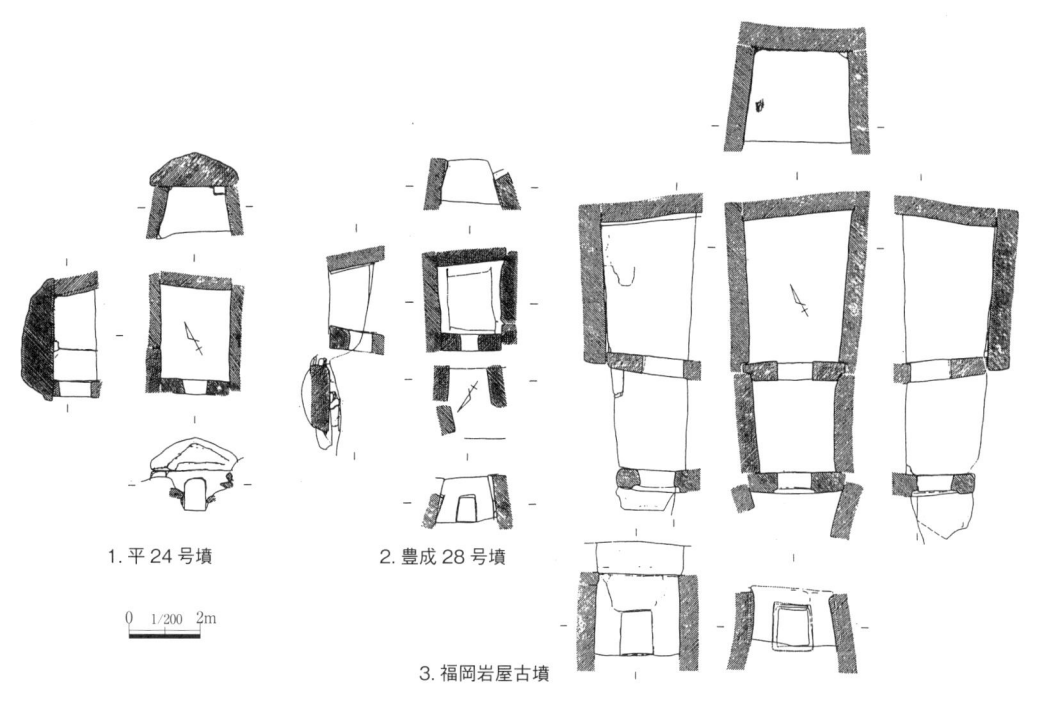

1. 平24号墳　　2. 豊成28号墳

0　1/200　2m

3. 福岡岩屋古墳

第37図　伯耆西部の石棺式石室

肥後の特徴　また一方で九州の状況、特に出雲の石棺式石室の系譜が求められている肥後の動向についてはすでに触れたが、妻入り構造を呈する横口式家形石棺が発達し、石室化を遂げるといった動きが窺える点、刳り抜き玄門を有する石室には、先述したように各壁に1枚石を使用した構造のものもあり、さらに全体的に玄室の平面形が縦長の長方形を呈する特徴を認めることができる。またこうした石室構造は妻入り構造の横口式家形石棺の系譜を引くが、横穴式石室と融合した構造や刳り抜き玄門のみが採用される状況から、基本的には床石をもたないと言える。こうした特徴は出雲との顕著な構造的差異と認識できるが、その一方で、下野と比較してみると、縦長の長方形を呈する平面形や1枚石の床石を有さない点などの共通点を窺うことができる。

(2) 刳り抜き玄門の系譜と交流に関する視座

　以上のように、下野の刳り抜き玄門を有する横穴式石室の特徴からは、出雲よりも伯耆西部や九州の肥後との類似性を窺うことができた。出雲の石棺式石室の系譜が九州の肥後に求められる点はすでに明らかになっているが、前述のように下野の構造はその肥後の特徴と類似するのであり、こうした点から、肥後と下野の間に系譜的な繋がりを想定できる可能性も視座に据えるべきであろう。

　関東地方における横穴式石室の動向に着目してみると、第1章第1節でも取り上げたように、常陸南部に所在する高崎山2号墳[49]は6世紀前半から中葉にかけての築造であり、関東の横穴式石室の導入期に相当するのであるが、九州系の特徴が認められる横穴式石室を有しており、特筆できる[50]。また6世紀後半以降、関東各地に展開する複室構造を呈する横穴式石室の存在にも留意が必要である。こうした複室構造の盛行が窺える点についても直接的か他地域を介した伝播か、あるいはその程度の強弱などの問題は残るが、九州との関係性を想定できる。

　このような関東における横穴式石室の動向を考慮に入れた上で、下野の刳り抜き玄門の採用についても理解する必要があろう。もっとも刳り抜き玄門の要素のみをもって、安易に工人の移動などを想定するべきではなく、人・モノ・情報の交流と合わせた総合的な評価を行なわなければならないであろう。現状においては下野の刳り抜き玄門の系譜が特定できたとは言えないが、少なくとも刳り抜き玄門が示唆する交流関係は、畿内の横穴式石室の動向とは異なるものである。こうした畿内とは様相を異とする構造の横穴式石室を受容、展開する趨勢をどのように位置づけるべきか、太平洋沿岸ルートを介した地域間交流の実態解明を目指すとともに、その史的意義の論究が必要となろう。

　補記

　本節・拙稿初出後、平成19年度から平成22年度にかけて、本節で取り上げた下野における刳り抜き玄門をもつ横穴式石室の初現である吾妻古墳の墳丘・周溝および埋葬施設の本格的な発掘調査が実施され、調査報告書が刊行されるに至った[51]（第38図）。

　以下、報告書に記された内容を参考にその特徴を列挙すると、まず、墳丘長（周溝内縁・墳丘第1

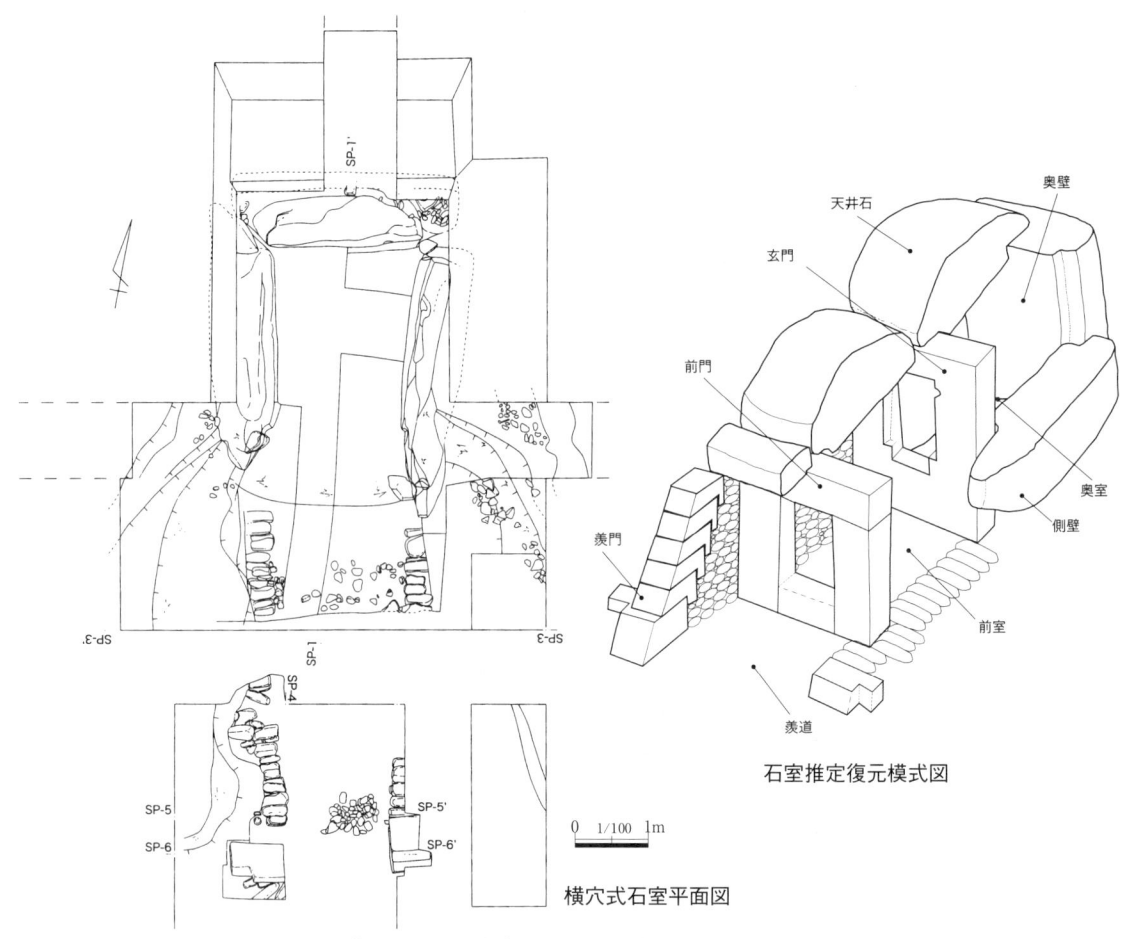

第38図　吾妻古墳石室の調査と推定復元図

　段下端）127.85mの規模を測るとともに、後円部には石室の存在は確認できず、前方部前面から横穴式石室が検出された点からも、「基壇」の存在とともにいわゆる「下野型古墳」であることが明らかとなった。検出された横穴式石室は南に開口する複室構造の石室であると考えられ、奥壁から羨門までの全長は8.4mを測り、後室では奥壁・側壁に1枚石を用いている点、さらにその石材が凝灰岩ではなく、閃緑岩といった硬質石材を加工して用いていた点が特筆される。また、従来から吾妻古墳の石室構築部材であると認識されていた壬生城址公園内に保管されている刳り抜き玄門（凝灰岩、前掲第32図1左）、天井石（硬質石材、閃緑岩、前掲第32図1右）が、奥壁・側壁の規模や構造とも当て嵌まることが確認された点が重要である。なお、前室から羨道部分の側壁は河原石積みであることがわかったが、藤井小学校が所蔵する伝吾妻古墳出土の天井石はその規模や刳り込みの特徴から、前門と羨道部分に横架していた可能性が高いと言う。
　本節・拙稿初出時には、註(17)にも述べたように、従来の先行研究を取り上げる中で、刳り抜き玄門をもつ切石室の天井石が2枚石から1枚石の構造に変化する点を下野の特徴として扱ったが、その初現となる吾妻古墳の横穴式石室が複室構造である可能性が指摘された点、そして後室の天井石が

第2節　下野の刳り抜き玄門をもつ横穴式石室

1枚石であったことが明らかになった事実を受け、天井石2枚のものが古く位置づけられるという変遷観は改稿の上、見直すことになった。

　次に、本節・拙稿初出後、稲田健一による常陸所在の虎塚4号墳、徳化原古墳に関する論考が発表された[52]。これらは、本節で扱った刳り抜き玄門をもつ横穴式石室の系譜関係やその展開を考える上でも、重要な研究として評価できる。

　まず、稲田が焦点を当てた茨城県ひたちなか市虎塚古墳群は、装飾古墳として1号墳（虎塚古墳・前方後円墳）が有名であるが、4号墳は方墳である。現在は畑地の中に位置し、墳丘を失った状態で石室のみが露出しているものの、天井石が羨道部側に向かって崩落しており、内部構造を観察することはできない。1987年に調査が行なわれ、周溝外周が31mであることが確認されたが、一方で調査された石室の実測図や写真の掲載はなく、その詳細は不明であった[53]。こうした中で、稲田論文では、ひたちなか市教育委員会が保管する当時の調査写真の存在に注目し、掲載許可を得て石室内の写真を提示したが、そこでは本石室の構造的特徴として、「半地下式の単室構造で、奥壁・左右側壁・天井石・床石がすべて一枚石で箱形に構築されて」おり、「玄室平面形は長方形を呈し、奥壁は正方形、側壁はほぼ垂直に立ち、奥壁との接点では奥壁の両端がL字状に切り込まれている」点を挙げ、加えて「玄門部は、一枚石の板石の中央が「幅50cm、長さ1m」に刳り抜かれている」点にも言及している[54]。掲載された調査写真には、各壁が凝灰岩を加工した一枚石で構築されるという石室構造や、羨道部側に向かって倒れた刳り抜き玄門の状況などを確認することができ、本石室の構造的特徴やその詳細を知る上でも貴重な資料と言える。

　稲田の分析によると、本石室が床石にも一枚石を用いる点に着目し、これが、東茨城郡城里町徳化原古墳の石室構造と類似すると指摘している。この徳化原古墳の横穴式石室は、いわゆる刳り抜き玄門ではないものの、半地下式の単室構造であり、奥壁・左右側壁・天井石・床石が一枚石で箱形に構築されるといった特徴をもっており、下野の切石石室に類例が求められるとする[55]。この箱形を呈する石室構造が、前掲した虎塚4号墳とも共通するということ、さらに徳化原古墳が那珂川中流域、虎塚4号墳はその下流域に所在するという河川を介した位置関係、そして両古墳が後の古代における都賀郡域に所在することからも、両古墳の共通点を指摘しており、両古墳の関係性が注目できる[56]。ただし、稲田自身も虎塚4号墳の石室構造をめぐり、下野との関係性に言及しつつも、床面にも一枚石を用いる点が下野の刳り抜き玄門をもつ石室とは大きく異なる構造である点に留意しており、当古墳と他地域との関連性については、今後さらなる検討が必要であると結んでいる。

　他に本節・拙稿初出後の研究として、小森哲也は出雲東部・伯耆西部・肥後・下野の「石棺式石室」をめぐり、「従来の研究がそれぞれの地域の石棺式石室を統一した基準で比較・検討する姿勢が貫徹されず『似ている』、『似ていない』の段階に留まらざるを得ない点に」問題があったと指摘している[57]。そして、肥後・出雲東部・伯耆西部、そして下野の石棺式石室について、同一基準で諸要素を相互比較する方法論を提示するとともに、地域の特徴および共通性・独自性の実証的検討を試みた。その分析結果として、「出雲と伯耆・肥後・下野の石棺式石室間に大きな距離が現出し」、さらに「比較的距離の短い伯耆・肥後・下野のそれぞれの間にも、現段階では直接的に影響しあう姿を見出すこと」はできず、「石棺式石室の設計や施工を担う個人あるいは集団の移動を伴う相互の直接交流はなかった」と論じる[58]。ただし、これらが「全く無関係にそれぞれが成立したのではなく、各地の実情に合わせ

て選択的に相互の情報を取り入れた」と考え、「石棺式石室にみる広域地域間の情報交流を律令国家成立期に向けて、人、モノ、情報の動きが活発した時期の一様相として位置づけておきたい」と結論づけている[59]。このような小森の分析結果とその歴史的評価は、筆者が本節で論じてきた内容とも共通する点が多く、賛同すべき見解と言える。

なお、小森は別稿において、栃木県真岡市所在の磯山古墳群で検出された「地下式横穴」と推定される事例を取り上げる中で、「畿内を介さない九州との直接あるいは間接的な交流」として位置づけた点が評価できる。その背景として九州南部との交流関係を視座に据えつつも、広域交流の可能性を指摘するに留めるといった慎重な評価を与えている[60]。

本節で扱った割り抜き玄門をもつ横穴式石室の動向を明らかにする一方で、このような東国諸地域で見られる長距離間交流の諸相を把握する巨視的な視点とともに、微視的には横穴式石室に限らず、さまざまな物的交流がそれぞれ示唆する歴史的性格を別個に追究する中で、東国社会の実相に迫ることが望まれるであろう。

註

(1) a. 大和久震平 1971「栃木県における横穴式石室と馬具の変遷（Ⅰ）・（Ⅱ）」『栃木県史研究』第1・2号　栃木県史編さん専門委員会　第1号：2-24頁，第2号：37-50頁
　　b. 山ノ井清人 1981「栃木県における切石使用横穴式石室の編年」『栃木県考古学会誌』第6集　栃木県考古学会　63-76頁
(2) a. 池上 悟 1988「野州石室考」『立正大学文学部論叢』第88号　立正大学文学部　1-58頁
　　b. 上野恵司 1992「下野・切石石室考」『立正考古』第31号　立正大学考古学研究会　39-64頁
　　c. 中村享史 1996「鬼怒川東岸域の横穴式石室」『研究紀要』第4号　㈶栃木県文化振興事業団・埋蔵文化財センター　21-48頁
(3) 秋元陽光・大橋泰夫 1988「栃木県南部の古墳時代後期の首長墓の動向―思川・田川水系を中心として―」『栃木県考古学会誌』第9集　栃木県考古学会　7-40頁
(4) 前掲註(3)文献：27頁
(5) なお、上野は出雲の石棺式石室について池上による出雲型石室の名称を用いている。
　　池上 悟 1982「出雲における切石使用横穴式石室の一類型について―所謂"石棺式石室"の再検討―」『考古学研究室彙報』第22号　立正大学文学部考古学研究室　5-25頁
(6) 上野恵司 1996「東国古墳の石室にみる出雲の影響」『考古学の諸相』坂詰秀一先生還暦記念会　719-738頁
(7) 前掲註(6)文献：734頁
(8) 小森哲也 1990「下野における凝灰岩切石使用の横穴式石室」『古墳文化の終焉』第4回企画展解説　栃木県立しもつけ風土記の丘資料館　50-55頁、抜粋箇所：55頁
(9) 山ノ井清人 1987「吾妻古墳」『壬生町史』資料編　原始・古代・中世　壬生町　267-274頁
(10) a. 秋元陽光・大橋泰夫・水沼良浩 1989「国分寺甲塚古墳調査報告」『栃木県考古学会誌』第11集　栃木県考古学会　181-198頁
　　b. 国分寺町教育委員会 2005『栃木県国分寺町甲塚古墳―平成16年度規模確認調査―』

(11) a. 小森紀男・松岡貴直 1991「国分寺町丸塚古墳第一次調査報告」『栃木県しもつけ風土記の丘資料館年報』第5号（平成2年度版）栃木県教育委員会　67-84頁

b. 小森紀男・松岡貴直 1992「国分寺町丸塚古墳第二次調査報告」『栃木県しもつけ風土記の丘資料館年報』第6号（平成3年度版）栃木県教育委員会　71-84頁

c. 小森紀男・松岡貴直・齋藤恒夫 1993「国分寺町丸塚古墳第三次調査報告」『栃木県しもつけ風土記の丘資料館年報』第7号（平成4年度版）栃木県教育委員会　69-83頁

(12) 小森紀男・齋藤恒夫 1992「大形前方後円墳の築造企画(1)―栃木県国分寺町山王塚古墳の復元をめぐって―」『研究紀要』第1号　㈶栃木県文化振興事業団・埋蔵文化財センター　85-106頁

(13) 前掲註(3)文献

(14) 前掲註(3)文献

(15) 前掲註(3)文献

(16) 大橋泰夫 1990「下野における古墳時代後期の動向―横穴式石室の分析を通して―」『古代』第89号　早稲田大学考古学会　151-186頁

(17) ④に挙げた天井石が2枚石から1枚石へと変化するという大橋の分析は、近年、平成19年度から平成22年度にかけて実施された吾妻古墳の重要遺跡範囲確認調査により、主体部の発掘調査が行なわれた結果、再考する必要が生じている。ただし、調査される以前の段階において詳細な属性分析により、こうした変遷観を明示した点が高く評価できることを強調しておきたい。その中で、『壬生領史略』に記された天井石の規模が九尺（約3m）である点から、現存する天井石の規模とは差が存在し、天井石は本来、2石架構されていたと考えられていたが、調査の結果、本石室が複室構造の横穴式石室であり、後室部分に相当する側壁・奥壁の規模と現存する天井石の規模が一致する点から、後室の天井石は1枚石であったと判断されるに至った（本節・補節参照）。

(18) 前掲註(10)a文献：192頁

(19) a. 田代善吉 1938『栃木縣史』下野史談会　第12巻　考古編　227頁

b. 前掲註(11)a文献

(20) 山本　清 1964「古墳の地域的特色とその交渉―山陰の石棺式石室を中心として―」『山陰文化研究紀要』第5号　島根大学　43-73頁．抜粋箇所：48頁

(21) 出雲考古学研究会 1987『石棺式石室の研究―出雲地方を中心とする切石造り横穴式石室の検討―』古代の出雲を考える6

(22) 前掲註(20)文献：68頁

(23) 前掲註(20)文献：68頁

(24) 前掲註(20)文献：70頁

(25) 角田徳幸 1993「石棺式石室の系譜」『島根考古学会誌』第10集　10周年記念特集号　島根考古学会　69-103頁

(26) 前掲註(25)文献：88頁

(27) a. 小田富士雄 1980「横穴式石室の導入とその源流」『東アジア世界における日本古代史講座』第4巻　朝鮮三国と倭　学生社　242-295頁

b. 小田富士雄 1986「島根県の九州系初期横穴式石室再考」『山陰考古学の諸問題』山本清先生喜

　　　　　寿記念論文集刊行会　301-319頁
(28)　前掲註(25)文献
(29)　前掲註(25)文献：84頁
(30)　なお、これらの刳り抜き玄門の中には1枚石を刳り抜いたもののみでなく、2枚の板石をL字形やコの字形に加工して組み合わせたものも存在している。
(31)　前掲註(25)文献：84頁
(32)　前掲註(25)文献：89頁
(33)　なお、中村享史は東国の横穴式石室に関する研究史を整理したなかで、下野の刳り抜き玄門を有する石室に比べて出雲の石室は平入りのものが多いといった相違点の存在について触れている。
　　　中村享史 2000「東国における横穴式石室の開始と展開」『大塚初重先生頌寿記念考古学論集』頌寿記念会　197-218頁
(34)　前掲註(17)参照
(35)　田中広明・大谷　徹 1989「東国における後・終末期古墳の基礎的研究(1)」『研究紀要』第5号　(財)埼玉県埋蔵文化財調査事業団　71-138頁
(36)　相田美喜男 1993「茨城県における後・終末期古墳実測調査(1)」『婆良岐考古』第15号　婆良岐考古同人会　77-92頁
(37)　安藤鴻基・杉崎茂樹・山口典子 1983「千葉県佐原市又見古墳の箱形横穴式石室」『古代房総史研究』第2号　古代房総史研究会　15-26頁
(38)　寺内のり子 1982『平沢・山口古墳群調査報告』筑波大学考古学研究会
(39)　前掲註(38)文献
(40)　平沢2号墳の玄門は、後世に合掌形に改変された可能性がある。また、山口3号墳は玄門が欠損していたが、付近からL字形に加工した石材が1枚のみ確認されている（前掲註(38)文献）。
(41)　a.白井久美子 2003「竜角寺古墳群」『千葉県の歴史』資料編　考古2（弥生・古墳時代）　千葉県　959-974頁
　　　b.岡本東三・白石太一郎・白井久美子・山口典子ほか 2002『印旛郡栄町浅間山古墳発掘調査報告書』千葉県史編さん資料　千葉県
(42)　本書第2章第1節参照
(43)　田中広明 1987「終末期古墳の地域性―関東地方の加工石材使用石室の系譜―」『土曜考古』第12号　土曜考古学研究会　53-101頁
(44)　前掲註(2)b文献
　　　ただし、上野はその後、出雲からの直接的な影響を想定し、見解を改めている（前掲註(6)文献）。
(45)　前掲註(3)文献
(46)　本書第2章第1節参照
(47)　前掲註(20)文献，抜粋箇所：67頁
(48)　土生田純之 1980「伯耆における横穴式石室の受容」『古文化談叢』第7集　九州古文化研究会（後に土生田純之 1991『日本横穴式石室の系譜』学生社に所収：144-178頁，抜粋箇所：171頁）
(49)　平岡和夫・高野浩之ほか 2001『高崎山古墳群西支群第2号墳・第3号墳』山武考古学研究所・

　　　　新治村教育委員会
(50)　本書第1章第1節参照
(51)　a. 中村享史・宮田宜浩 2008『吾妻古墳 重要遺跡範囲確認調査概報』Ⅰ　栃木県埋蔵文化財調査報告第314集　栃木県教育委員会・㈶とちぎ生涯学習文化財団
　　　b. 中村享史・中山　晋 2009『吾妻古墳 重要遺跡範囲確認調査概報』Ⅱ　栃木県埋蔵文化財調査報告第325集　栃木県教育委員会・㈶とちぎ生涯学習文化財団
　　　c. 中村享史・齋藤恒夫 2011『吾妻古墳 重要遺跡範囲確認調査』栃木県埋蔵文化財調査報告第333集　栃木県教育委員会・㈶とちぎ生涯学習文化財団
　　　d. 伊藤正人 2012『吾妻古墳と藤井古墳群』第26回秋季特別展　栃木県しもつけ風土記の丘資料館（展示図録）
(52)　a. 稲田健一 2007「東茨城郡城里町徳化原古墳について―切石石室を有する古墳の一例」『考古学の深層』瓦吹堅先生還暦記念論文集　瓦吹堅先生還暦記念論文集刊行会　219-226頁
　　　b. 稲田健一 2008「茨城県ひたちなか市虎塚古墳群第四号墳の石室―刳り抜き玄門を有する古墳の一例―」『多知波奈の考古学―上野恵司先生追悼論集―』橘考古学会　71-82頁
(53)　虎塚4号墳発掘調査団編 1988『虎塚古墳群4号墳』勝田市教育委員会
(54)　前掲註(52)b文献，抜粋箇所：73頁
(55)　前掲註(52)a文献
(56)　前掲註(52)b文献
(57)　小森哲也 2012「地域間交流としての石棺式石室―中九州・山陰そして東国の動向―」『日本考古学』第34号　日本考古学協会　25-44頁，抜粋箇所：26頁
(58)　前掲註(57)文献，抜粋箇所：40頁
(59)　前掲註(57)文献，抜粋箇所：41頁
(60)　小森哲也 2009「古墳時代後期における広域地域間交流の可能性―栃木県真岡市磯山古墳群の地下式横穴墓をめぐって―」『野州考古学論攷―中村紀男先生追悼論集―』中村紀男先生追悼論集刊行会　291-300頁

第3節　北武蔵における横穴式石室の動向とその系譜

1　はじめに

　現在の行政区画における埼玉県に相当する北武蔵は、埼玉稲荷山古墳の辛亥銘鉄剣（471年）をはじめとして、『日本書紀』安閑天皇元年（534年）の武蔵国造の争乱と笠原直使主に関する記事、屯倉の献上・設置の記事からも、畿内との関係性やその政治的介入の動きを窺うことができる地域として、日本の古代史研究、東国史研究の対象として早くから注目されてきた。

　その一方で地理的な環境に着目してみると、西側に秩父山地とそれに連なる比企丘陵などの山地・丘陵が存在するものの、東側の大半は広大な平野であり、上野や常陸、下総など隣接地域との山地による境界が希薄であるという特徴がある。またその平野部には荒川などをはじめとした豊富な河川、上野との境界となる利根川が存在しているが、こうした平野および氾濫原からは、隣接地域との可視的な位置関係にあり、さらに河川を利用した多様な地域間の繋がりを推定できる地域でもある。

　このように、北武蔵地域は歴史的な背景として畿内との関係性が多く指摘される一方で、地理的には周辺地域の動向との比較、交流関係にも視座を据えた評価が求められる地域と言える。そのため、本節ではこうした北武蔵のもつ歴史・地理的な環境を念頭に置いたうえで、横穴式石室の受容と展開状況の検討を試みたい。

2　北武蔵の横穴式石室への着目

　北武蔵における横穴式石室の先駆的研究　当地域の横穴式石室を扱った研究としてはまず、金井塚良一と増田逸朗の両者による研究を挙げることができる。

　金井塚は、北武蔵のなかでも主に比企地域（現在の東松山市周辺）を中心に分布する凝灰岩切石を用い、側壁に胴張りをもつ横穴式石室に着目し、構築時期およびその変遷観を提示した[1]。そのなかでも、こうした胴張りを有する横穴式石室が6世紀末ないし7世紀初頭頃、東松山市周辺を中心に出現・展開する背景として、横渟屯倉（東松山地方の横見郡に比定）の設置とともに難波からこの地方に派遣され、移住した渡来系氏族である壬生吉志（吉士）氏の入植に関わるものであると推定した[2]。しかし、この見解に対しては壬生吉志移住の事象を7世紀初頭前後とする点、さらに壬生吉志の本貫地である難波、さらに畿内地方には胴張りを有する石室が確認できない点など問題点がある[3]。このように、北武蔵の胴張りを有する横穴式石室の出現と壬生吉志の入植を結びつける点は再検討が必要となるが、その一方で6世紀末ないし7世紀初頭に凝灰岩切石使用の胴張りをもつ横穴式石室が唐突に出現した点に早くから着目し、外来系文化の影響を積極的に認めようとした点、受容後の横穴式石室の展開過程を型式学的に把握した点は以後の研

第2章　横穴式石室の展開と地域社会の諸相

究に大きな影響を与えたと評価できる。

　次に増田逸朗の研究であるが、金井塚が比企地域における横穴式石室の変遷観を提示したのに対し、増田は北武蔵のなかでも北西部、児玉・大里地域の動向に着目し、横穴式石室の受容と展開過程を明らかにした[4]。そこでは、出土遺物の検討によって得られた時期的な評価と短冊形の袖無型石室（本書でいう無袖石室）が狭長なものから徐々に側壁の胴張り化、さらには両袖化するという石室構造の変化との整合性を明確にしたうえで、石室の編年観を提示した。そのなかでも児玉・大里地域における横穴式石室の受容が6世紀初頭頃まで遡り、比企および北埼玉地域よりも先行した導入であることを明確にした点、導入期に一部見られるL字形を呈する横穴式石室にも着目して、墳丘中央部・東西方向の埋葬という伝統的在地墓制との融合が認められる石室構造であると指摘した点など、多くの重要な見解を提示している。

　このように両者の研究が対象とした地域や石室構造の違い、すなわち比企地域を中心とした凝灰岩切石使用の胴張りをもつ横穴式石室の動向および児玉・大里地域を中心とする横穴式石室のあり方は、北武蔵における横穴式石室の系統や系譜の差異を反映していると把握でき、当地域の横穴式石室を理解するうえで基盤となる研究であると評価できる。

　その一方で池上悟は、北武蔵とともに南武蔵にも焦点を当てた横穴式石室の動向や変遷観の提示を行なっている。平面規格や尺度論を重視した見解には問題が残るものの、各地における多様な資料を素材として網羅的な資料分析を実施した点、また武蔵の複室胴張り構造の石室について武蔵のみの検討に留まらず、尾張・三河に系譜が求められる可能性を提示するなど、関東以外の他地域との関係性を積極的に検討した点は重要である[5]。

　横穴式石室研究の現状と視点の整理　近年になると発掘調査事例の増加に伴い、北武蔵各地における横穴式石室の状況把握とその位置づけが行なわれるとともに、研究の方向性としては、①各地域ないし河川流域における横穴式石室の地域的様相の把握[6]や、②石室使用石材から見た構築技術の変化や分布圏・流通圏の検討[7]など、地域的な様相の把握や石材加工技術に視点を置いた分析が進められ、また③北武蔵における横穴式石室の受容と展開状況について、各地の時期的併行関係を捉えた変遷観の整理およびその提示も行なわれている[8]。

　なお、②の石材の流通に関する視点は北武蔵内の動向のみに留まらず、埼玉県行田市将軍山古墳の石室に使用された房州石と千葉県木更津市金鈴塚古墳石室内の緑泥片岩を用いた石棺の事例等に着目し、北武蔵・上総間の石材流通から窺うことができる両首長間の繋がりが指摘されている[9]。その一方で、④南武蔵への石材（緑泥片岩）供給の事例や凝灰岩切石使用の石室構造とその技術の伝播についても多く指摘されており[10]、北武蔵における横穴式石室の展開状況を検討する際、こうした南武蔵との関係性やその意義についても留意が必要な状況が窺える。

　以上のような先行研究および①から④に見られるような多様な視角からの研究動向を踏まえた上で、北武蔵における横穴式石室の動向を把握したいと考えているが、なかでも横穴式石室の系統整理や系譜に関する研究が依然として少ないと指摘できるため、こうした問題点を考慮して以下の(1)から(3)の視点に留意し、検討を実施することにする。

　(1) 北武蔵における横穴式石室の系統の整理および系統間の相関性を検討する一方で、史的

性格を考慮した伝播経路や系譜の検討、把握を試みる。
　(2) 各系統の意義および変遷観について、関東各地の諸動向との比較、関係性や影響の有無を視座に据えた検討を行なう。
　(3) 列島各地における横穴式石室の動向との比較、総合化を目指すとともに、北武蔵の横穴式石室がもつ特質の明確化を図る。
　(1)から(3)の視点を念頭に置き、北武蔵の横穴式石室の動向とその特質について論究を行なうなかで、関東における横穴式石室の地域的特性やその意義を理解する手掛かりにしていきたいと考えている。

3　画期の設定と横穴式石室の諸系統

　画期の設定　まず、北武蔵における横穴式石室の動向を論じるにあたり、大きくは第1期から第3期までの3つの画期を設定し、検討していくことにする。その時期区分は田辺編年による須恵器の型式名を当て嵌めると、第1期がMT15型式からTK10型式期、第2期はTK43型式からTK209型式期、第3期はTK217型式期以降に相当すると考えており、おおむね第1期が6世紀初頭ないし前半から中葉頃、第2期は6世紀後半から6世紀末ないし7世紀初頭頃、第3期は7世紀前半以降として把握することにする。

　横穴式石室の動向に見る石室の諸系統　次に北武蔵の横穴式石室の構造的特徴やその地域的動向を整理、把握するにあたり大きくは、
　①北武蔵北西部の動向
　②片袖石室の採用と展開
　③胴張りをもつ複室両袖石室の導入と展開
の3つの動向として捉えることにする。それはこの3つの動向がそれぞれ石室の系統差を反映していると考えられ、こうした各系統内における石室構造の変遷観を提示するとともに、さらに各系統相互における関係性や構造的な影響、展開過程の検討を通して、各石室の系統から見た史的性格を探っていくことにする。

4　北武蔵北西部の動向

　北武蔵北西部の横穴式石室の変遷について　まず、北武蔵における横穴式石室の導入はMT15型式期の6世紀初頭ないし前半頃であるが、北武蔵のなかでも北西部の児玉地域や大里地域に集中する形で導入される。この導入から展開に至る変遷観についてはすでに先駆的研究として取り上げた増田逸朗の研究があり、袖による玄室と羨道の区別を有さない無袖石室で狭長な長方形（短冊形）を呈するものから、側壁がしだいに胴張りを呈するようになり、7世紀代に入ると両袖の構造に変化し、さらに胴張り化が顕著になるという変遷観が提示されている[11]。ここではこの変遷観を基軸とし、さらに玄室平面形態の変化および両袖石室の玄門部構造に着目し、整理しておきたい。

　北武蔵北西部を中心とする横穴式石室の導入〔第1期〕　まず、第1期前半（MT15型式期）と

第2章　横穴式石室の展開と地域社会の諸相

後半（TK10型式期）に分けると、第1期前半には北武蔵北西部に導入される横穴式石室として、北塚原2号墳や北塚原7号墳、広木大町15号墳、黒田7号墳などが挙げられる（第39図①上段掲載石室）。無袖石室であり、玄室平面形は狭長な長方形を呈する特徴を有しており、いずれも円墳に採用されている。

これに対して、第1期後半になると、秋山諏訪山古墳や長沖13号墳、十二ヶ谷戸10号墳などで顕著なように石室最大幅が奥壁部にあり、開口部に向かって幅を狭める長台形を呈するようになる（第39図①下段左側掲載石室）。この時期になると円墳のみではなく、秋山諏訪山古墳や広木大町9号墳など前方後円墳にも採用されるようになり、注目できる。また第1期後半でも新相のものは側壁が胴張り気味となる傾向が認められる。

一方で分布域に着目してみると、依然として児玉・大里地域に集中しているのであるが、後述

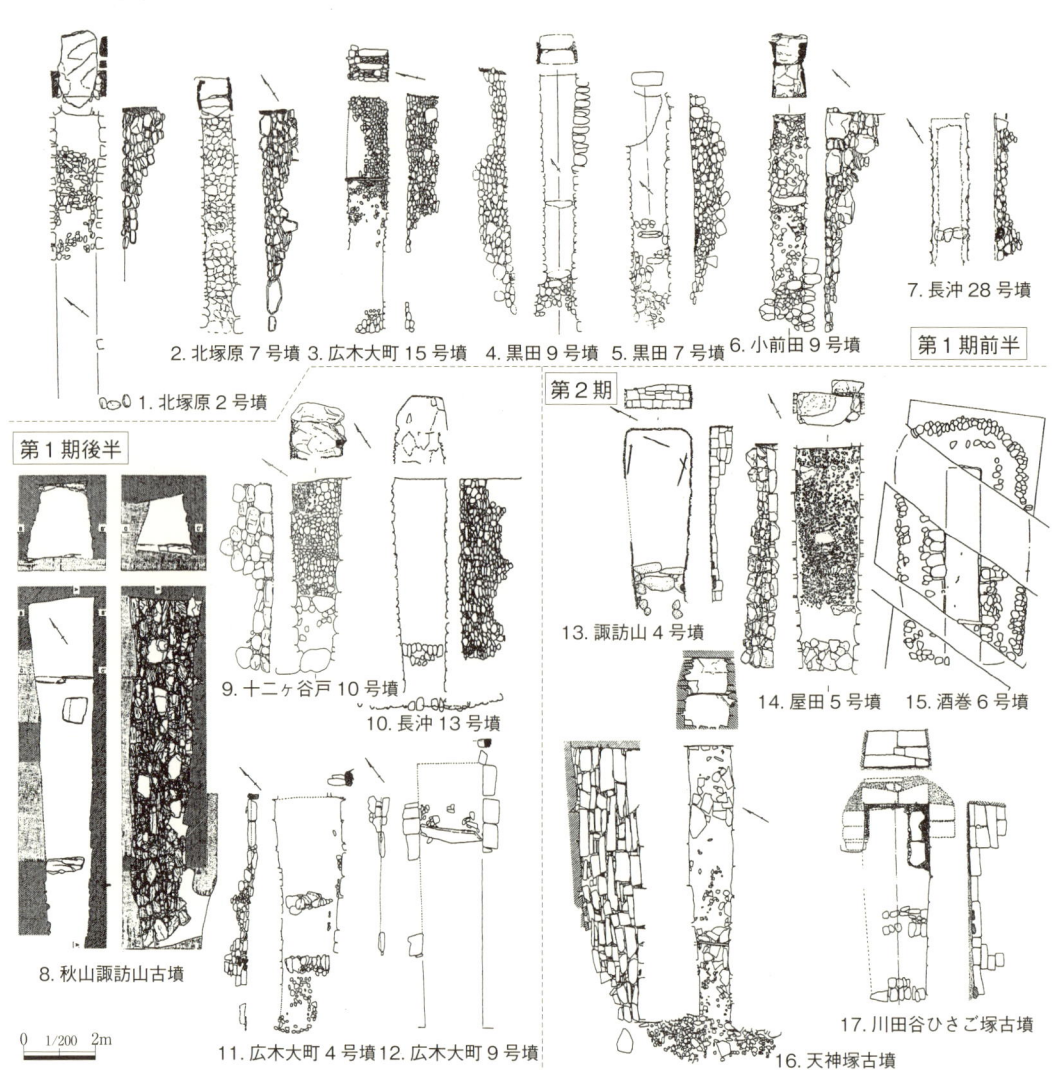

第1期前半
1. 北塚原2号墳　2. 北塚原7号墳　3. 広木大町15号墳　4. 黒田9号墳　5. 黒田7号墳　6. 小前田9号墳　7. 長沖28号墳

第1期後半
8. 秋山諏訪山古墳　9. 十二ヶ谷戸10号墳　10. 長沖13号墳　11. 広木大町4号墳　12. 広木大町9号墳

第2期
13. 諏訪山4号墳　14. 屋田5号墳　15. 酒巻6号墳　16. 天神塚古墳　17. 川田谷ひさご塚古墳

0　1/200　2m

第39図①　無袖石室の導入と展開

する第2期になると一部、屋田5号墳や諏訪山4号墳、あるいは天神塚古墳などのように比企地域や秩父地域にも無袖石室が広がる状況が窺える（第39図①下段右側掲載石室）。そのほかに北埼玉地域には1例のみではあるが、酒巻6号墳が存在しており、また北足立地域にも川田谷ひさご塚古墳（TK43ないしTK209型式併行）の無袖石室が遅れて認められるようになるが、分布の中心はあくまでも児玉・大里地域である点には留意が必要であろう。なお、比企や北足立地域では無袖石室の採用時から、凝灰岩切石を使用しており、地域によって石材は異なるが同一の平面形態を志向する点が注目できる。

無袖石室の両袖化と単室両袖石室の展開〔第2期・第3期〕 第1期後半は無袖石室で石室最大幅が奥壁部にあり、開口部に向かって幅を狭める長台形を呈していたが、次の第2期になると側壁の両側を内側に屈曲させて、袖部を形成することで玄室と羨道を区別する単室構造の両袖石室となる[12]。南塚原7号墳、三ヶ尻林4号墳、新ヶ谷戸1号墳、塚本山17号墳などが挙げられ、第1期同様、児玉・大里地域が分布の中心となる（第40図上段掲載石室）。また、その玄室平面形に着目すると、第1期後半の形態的特徴である石室最大幅を奥壁部にもつ長台形の構造を継承しており、玄室最大幅が奥壁部ないし奥壁寄りに位置し、奥壁部から開口部に向かって側壁が胴張りを呈して幅を減じながら、袖部に至る形態である。また袖部の構造は壁面と同大の石材を積み上げ、縦方向の目地を通すことによって玄室と羨道の区別が明瞭となる構造で、側壁からは突出していないものが多い。なお、このような石室構造を有する古墳は、第1期がすべて埴輪を有していたのに対し、埴輪を有する古墳と有さない古墳が混在している状況が窺える。

第3期になると、玄室最大幅が奥壁部や奥壁寄りではなく、玄室中央に位置し、側壁が弧状の胴張りを呈する横穴式石室へと変化する。塚本山5号墳や大堺3号墳、猪俣北2号墳、鹿島24

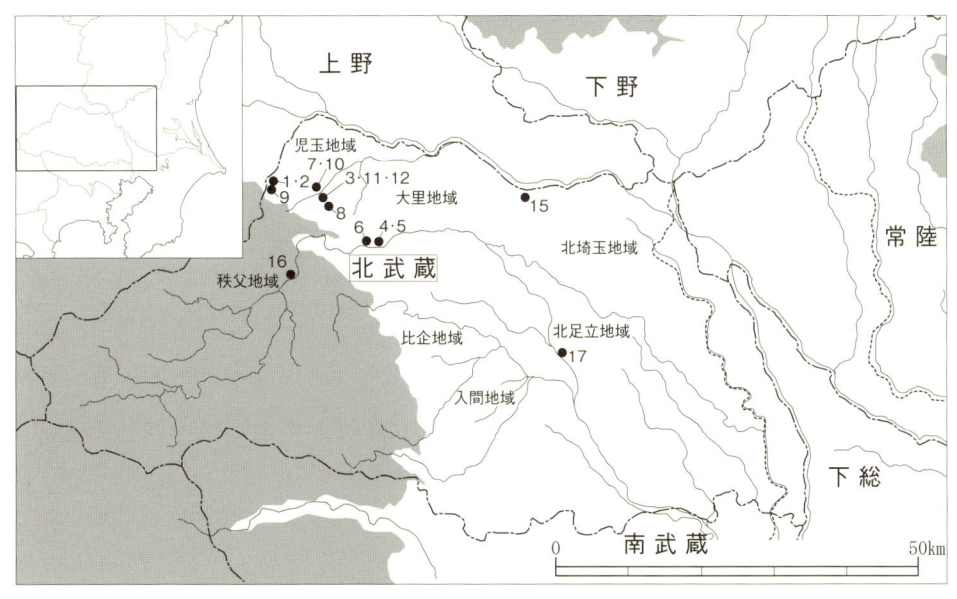

第39図②　無袖石室の導入と展開

号墳などが挙げられるが（第40図下段掲載石室）、第2期と同様に児玉・大里を中心とする分布を示している。玄門部の構造は緑泥片岩を立てた板状の玄門を用いる例が大部分であり、側壁から突出させるものが認められるようになる。この板状の玄門は後世の抜き取りによって消失しているものが多いが、その痕跡として両側壁に間隙が残っている例が多く認められる。また、こうした石室構造をもつ古墳は埴輪を有しておらず、出土遺物も7世紀以降の様相を示している。さらに、第3期の石室構造のなかでも新相のものは玄室長が短くなり、側壁の胴張りがさらに顕著となる傾向が窺える。

幅広形で胴張りをもつ単室両袖石室の出現　ところで北武蔵北西部では、第2期にもう1つ注目すべき構造の石室として、幅広形で胴張りをもつ単室両袖石室が出現するという動向を指摘することができる。これはこれまで述べてきた北武蔵北西部の石室変化とは少し異なり、玄室平面形が幅広であるという特徴があり、最大幅を奥壁部ないし奥壁寄りに有する構造である。秋山庚申塚古墳や塚本山1号墳、一本松古墳、塩古墳群第Ⅲ支群西原18号墳などをはじめとして、片岩系の河原石と凝灰岩角礫を用いた模様積みや凝灰岩切石積みのものなど、使用石材や壁面構成に大きな差異があるものの、共通する平面形態を志向している点には留意が必要である（第41図掲載石室）。また、これらの石室をもつ古墳に着目すると児玉地域を中心として、大里地域や比企地域、秩父地域にも類例が認められる点、このうち秋山庚申塚古墳や塚本山1号墳、一本松古墳、塩古墳群第Ⅲ支群西原18号墳など大部分が埴輪を有している点が注目でき、出土土器などからもその時期は第2期、つまり、TK43型式ないしTK209型式期、6世紀後半から7世紀初頭頃に中心を置くものと考えられる。さらに、これらは群集墳中の主墳と考えられる有力古墳を中心に採用されていること、また第2期の段階ですでに、玄門として片岩や凝灰岩の立柱石を用いている点など、その唐突な採用は、前述した北武蔵北西部における横穴式石室の変化には当て嵌まらないと言え、こうした石室構造の出現背景にも注意を払う必要があろう。

北武蔵北西部における横穴式石室の系譜とその評価　以上のように北武蔵北西部における横穴式石室は、①第1期では無袖・狭長な長方形→無袖・狭長な長台形→側壁の胴張り化、第2期になると両袖となる一方で第1期の長台形の形態を継承し、単室両袖・胴張り（最大幅は玄室奥壁部、石材の積み上げによる袖部）、第3期には単室両袖・胴張り（最大幅は玄室中央部、板状の玄門）という変化の方向性を認めることができる。

このような細長い石室の平面形態を基調とした石室構造の推移が窺える一方で、当地域では、②第2期になって有力古墳を中心として、幅広形で胴張りをもつ単室両袖石室が出現するという事象についても指摘することができる。

①北武蔵北西部における横穴式石室の系譜

まず①の横穴式石室の受容と展開の背景には、北側に隣接する上野地域（中・西部地域）の動向との関係性を考慮する必要がある。上野では6世紀初頭頃に横穴式石室が導入されるが、狭長な羨道を有する両袖石室と細長い長方形を呈する無袖石室の2つの石室構造が存在しており、前者は有力な前方後円墳、後者は主に中小古墳の埋葬施設として採用されるという状況が確認できる[13]。このような上野の導入期横穴式石室の系譜としては従来から指摘されているように、古

第3節　北武蔵における横穴式石室の動向とその系譜

第2期

1. 南塚原7号墳
2. 三ヶ尻林4号墳
3. 新ヶ谷戸1号墳
4. 黒田17号墳
5. 塚本山17号墳
6. 長沖9号墳

第3期

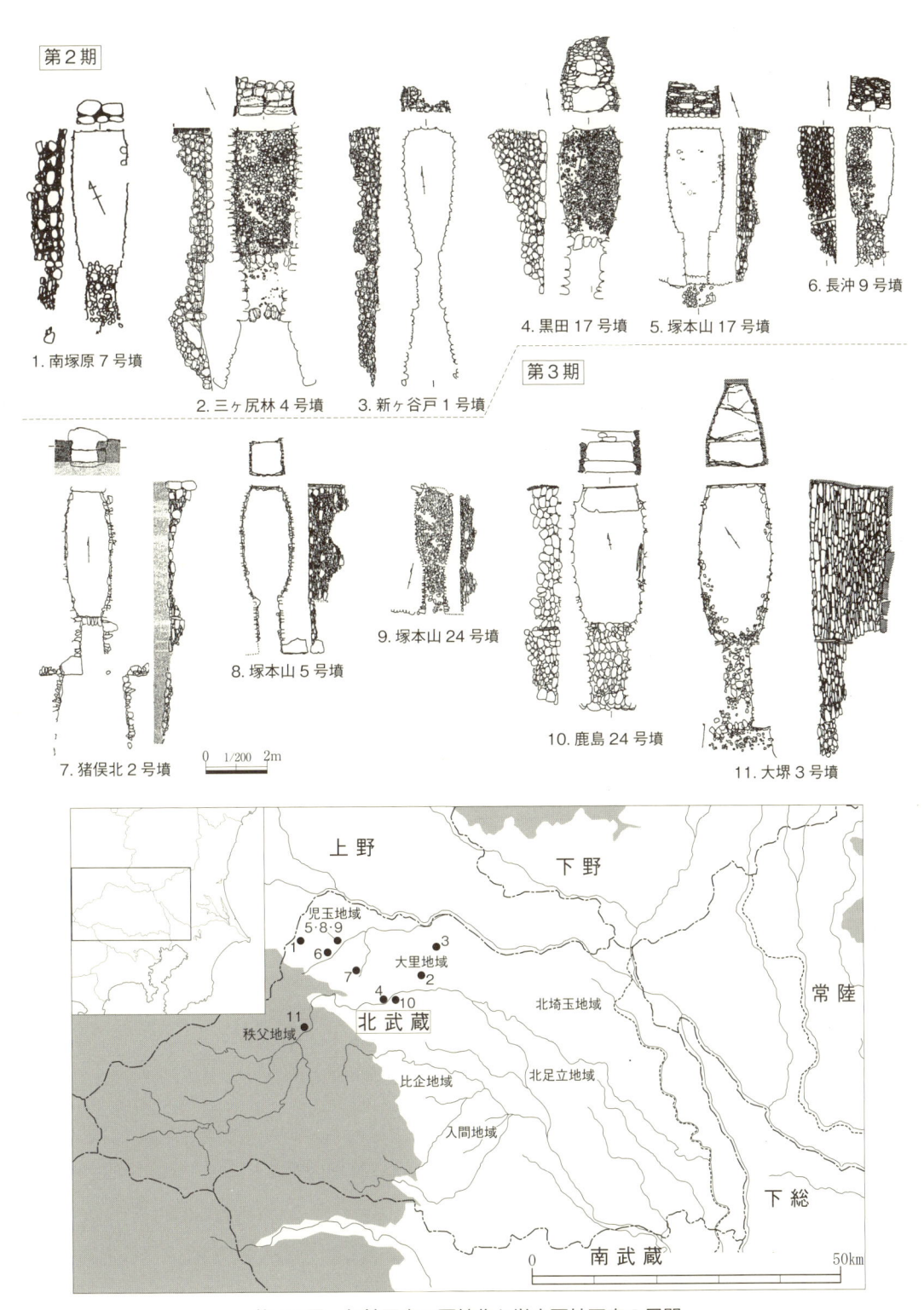

7. 猪俣北2号墳
8. 塚本山5号墳
9. 塚本山24号墳
10. 鹿島24号墳
11. 大堺3号墳

第40図　無袖石室の両袖化と単室両袖石室の展開

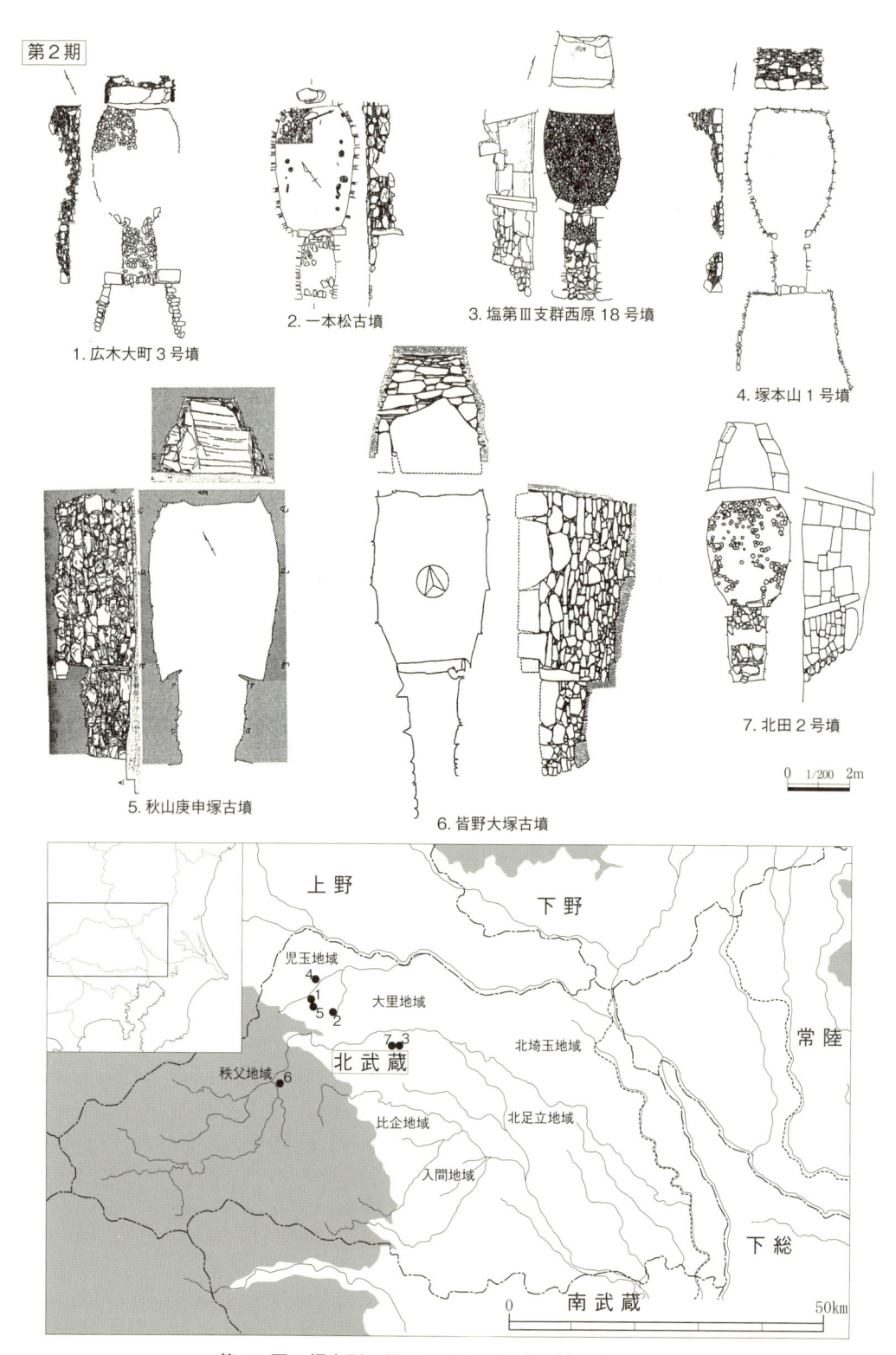

第２章　横穴式石室の展開と地域社会の諸相

第２期

1. 広木大町３号墳
2. 一本松古墳
3. 塩第Ⅲ支群西原18号墳
4. 塚本山１号墳
5. 秋山庚申塚古墳
6. 皆野大塚古墳
7. 北田２号墳

0　1/200　2m

第41図　幅広形で胴張りをもつ単室両袖石室の出現

第3節　北武蔵における横穴式石室の動向とその系譜

東山道ルートを介した信濃から上野西部への文化流入の動向に伴う横穴式石室の受容背景が考えられる[14]。その一方で、こうした導入期における横穴式石室の特徴に着目すると、古東山道ルートが横穴式石室の伝播経路であるとしても、畿内の横穴式石室との共通性や関係性を窺うことができない点には注意を払う必要がある。ここでは少なくとも、信濃と上野間における交流関係を基礎とした横穴式石室の導入という状況が窺える点を重視し、上野中・西部に隣接する北武蔵北西部（児玉・大里地域）についても、同様の系譜関係による導入の背景を推定するのが妥当であろう。ただし、5世紀中葉から後半頃に北武蔵北西部では、住居における初期カマドの導入が顕著に認められるという状況が確認されており[15]、横穴式石室が受容される前段階からの新来文化・技術の導入状況、あるいは渡来人の動向など多様な背景も、こうした北武蔵北西部における横穴式石室の導入に関わっていた点には留意しておきたい。

　このような上野との関係性は第1期の導入期のみではなく、第2期以降も継続する。この第2期や第3期に北武蔵北西部を中心として認められる前掲第40図で示したような両袖で胴張りをもつ石室は、早くから北武蔵の横穴式石室を「武蔵型」と「毛野型」に分類した金井塚良一によって毛野型の範疇で捉えられており、上野地域との関係のなかで理解しなければならない歴史的性格をもつと評価されている。

②幅広形で胴張りをもつ単室両袖石室の評価

　その一方で、②の第2期に認められる幅広形で胴張りをもつ単室両袖石室の出現には、どのような意義があるかが問題である。前掲の第41図からも確認できるように、これらの石室はこれまでの狭長な形態とは異なり、幅広形の胴張りを志向する点、側壁から突出する玄門立柱石を志向する点など多くの新しい要素が採り入れられており、注目できる。このような石室構造については後述するように、第2期以降、比企地域や北埼玉地域といった北武蔵の中心地域で導入され、各地に展開する胴張りをもつ複室両袖石室との関係を指摘することができる（後掲：第43図参照）。これらは複室構造であるという点が異なるものの、幅広形の胴張りを有する玄室の平面形態である点、側壁から突出する玄門立柱石を配する点など多くの共通点を窺うことができる。だが、奥壁部や奥壁寄りに最大幅をもつ点などは、第1期後半の無袖石室における長台形や第2期の両袖石室で奥壁部に最大幅をもつ石室構造との関係性を窺うことができ、さらに使用石材や壁面構成の差異を越えて共通する平面形態を志向する点などを考慮すると、北武蔵北西部においてこうした比企丘陵や北埼玉地域の胴張りをもつ複室両袖石室の影響を受けた石室構造が出現したと推定できる。

　なお、このような石室構造が北武蔵北西部各地の有力古墳を中心に採用されている点を、北武蔵の中心勢力である北埼玉地域や比企地域による北武蔵北西部への介入や地域圏拡大の動きと把握することもできる。特に複室構造ではなく、単室構造であるという点からは周縁であるという地域性を示すと同時に、北埼玉や比企丘陵の複室構造をもつ古墳と比較してやや下位の階層を推定しておく必要があろう。ただし、北武蔵北西部の石室構造には、第2期である6世紀後半頃から、石室の入口部に台形を呈する前庭部を付設する事例が多く認められ、こうした台形前庭は上野中・西部を中心に盛行する石室構造である点にも留意しなければならない。このように、北武

蔵北西部は第 1 期における横穴式石室の導入以降、継続して上野中・西部の横穴式石室の影響を強く受ける地域であるが、第 2 期になると有力古墳では北武蔵の中心的勢力である北埼玉地域や比企地域との関係性が強まる点が注目できること、第 3 期以降は墳丘や石室規模などの等質化の傾向が認められるという動向を把握することができる。

5　片袖石室の採用と展開

片袖石室への着目　北武蔵では第 2 期、つまり 6 世紀後半から 6 世紀末ないし 7 世紀初頭（TK43 型式から TK209 型式期）に、側壁の片側を内側に屈曲させて玄室と羨道を区別する片袖石室の採用が認められる。この片袖石室の存在は従来から認められていたが、なかでも埼玉古墳群中の前方後円墳である将軍山古墳の埋葬施設が片袖石室であることが判明すると、副葬品の内容とともに一層、注目を浴びるようになったと言える。ここでは北武蔵における片袖石室の構造や変遷観を検討し、動向の把握を試みることにする。

片袖石室の採用と展開〔第 2 期〕　北武蔵に片袖石室が採用され、展開する時期は第 2 期、つまり 6 世紀後半から末ないし 7 世紀初頭頃であるが、いずれも有力な前方後円墳に採用されている点が特に注目できる。第 2 期のなかでも前半（TK43 型式期中心）のものは玄室平面形が長方形であり、右片袖の構造を呈する。北埼玉地域の将軍山古墳や比企地域の長塚古墳、大里地域の伊勢山古墳が挙げられる（第 42 図 1～3）。

第 2 期後半（TK43 型式から TK209 型式期中心）になると平面形が長方形ではなく、玄室最大幅が奥壁部にあり、開口部に向かって幅を狭める長台形を基調とする右片袖の構造となる。比企地域の秋葉塚古墳や大里地域の野原古墳後円部石室のほかに、児玉地域でも生野山 16 号墳のような右片袖が認められるようになる点には注意が必要である（第 42 図 4～6）。

さらに第 2 期後半でも新相ないし第 3 期に入る可能性をもつ石室として、野原古墳後円部の次に構築されたと考えられる野原古墳前方部石室がある（第 42 図 7）。平面形が胴張りを呈し、玄室最大幅を中央にもつ点、左片袖である点が注目できる。また北武蔵のなかでも南部に位置する入間地域の牛塚古墳は、発掘調査によって追葬時における石室の改修が指摘されており、第 1 次埋葬施設が両袖で胴張りをもつ石室、第 2 次埋葬施設は片袖で長方形を呈すると報告されている。改修の点については詳述しないが、このうち第 1 次埋葬施設の構造に着目すると奥壁から入口部に向かって左側壁が胴張りを呈するのに対し、右側壁は側壁ラインが開口部に向かって狭まってはおらず、左片袖を呈する可能性も考えられる（第 42 図 8）。いずれにせよ改修された第 2 次埋葬施設では左片袖となる点には留意すべきである。

以上のように、北武蔵における片袖石室は第 2 期に採用・展開するが、大きくは右片袖・玄室長方形→右片袖・長台形（玄室最大幅は奥壁部、開口部に向かって狭まる形態）→左片袖・玄室の胴張り化、という変化の方向性を窺うことができる。なお第 2 期後半に見られる長台形を基調とする片袖石室は、先述した北武蔵北西部における無袖石室や両袖石室で認められる奥壁に最大幅をもつ長台形プランの石室と同様の構造であり、両系統において技術的な共有が窺える点には注意が必要である。

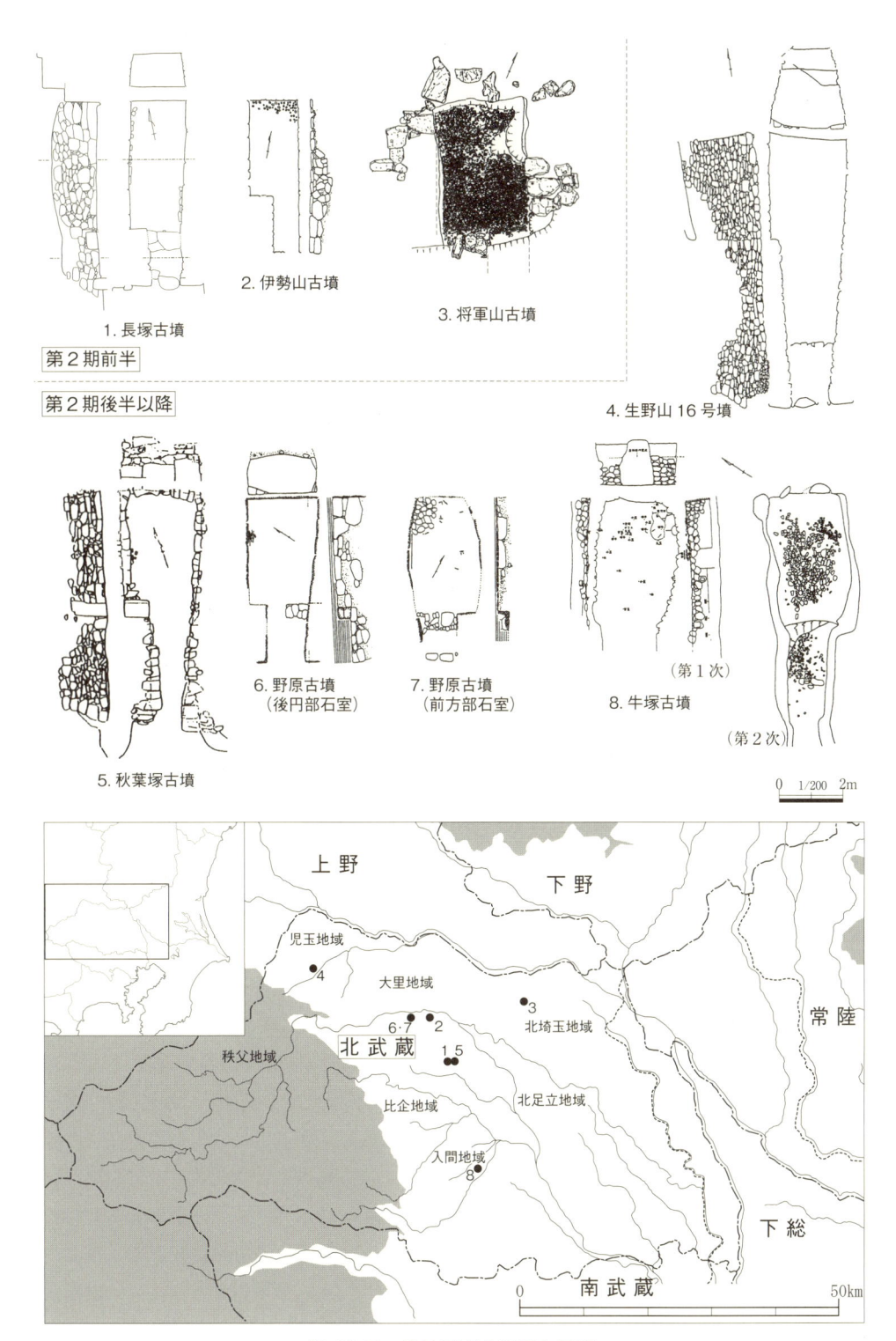

第3節　北武蔵における横穴式石室の動向とその系譜

1. 長塚古墳
2. 伊勢山古墳
3. 将軍山古墳
4. 生野山16号墳

第2期前半

第2期後半以降

5. 秋葉塚古墳
6. 野原古墳（後円部石室）
7. 野原古墳（前方部石室）
8. 牛塚古墳（第1次）（第2次）

0　1/200　2m

上野　下野　常陸　下総　南武蔵
児玉地域　大里地域　北埼玉地域　秩父地域　北武蔵　比企地域　北足立地域　入間地域

0　50km

第42図　片袖石室の採用と展開

片袖石室の評価とその系譜をめぐって　このように北武蔵では第2期になると、北埼玉地域や比企地域、大里地域の有力な前方後円墳に片袖石室が採用されるが、第2期後半以降には児玉地域や入間地域といった周辺地域にもその影響が及んでいる点を確認することができる。なお、増田逸朗は、比企には野本将軍塚古墳や雷電山古墳のような首長墓が存在することから、稲荷山古墳出現（5世紀後半）以前に、北武蔵の首長墓の変遷と系譜が比企地域に求められる可能性を論じるとともに、6世紀後半以降においても将軍山古墳、長塚古墳、秋葉塚古墳のような後円部に片袖石室、前方部に竪穴式石室ないし木棺直葬をもつという比企地域と北埼玉地域おける墓制の共通性が看取できる点を重視し、6世紀後半以降も継続する両地域の深い関係性を指摘している[16]。

　ところで、こうした片袖石室の採用や展開は北武蔵のみに限定される動向ではなく、関東各地に認められることも注意が必要である。関東では6世紀後半から7世紀初頭に、前方後円墳を中心とした有力古墳の埋葬施設として片袖石室が採用される動向が認められ、各地に散在的ないし拠点的に分布する傾向が見られるが、一方で壁体構造や使用石材などの差異が顕著であり、片袖であるという要素や情報のみを共有するという特徴が窺える[17]。片袖の構造からは、畿内型ないし畿内系石室との関係で理解することもできるが、畿内型石室との構築技術や壁面構成の差異は大きいと言える。また岡本健一が指摘するように石室形態が畿内と類似する一方で、6世紀後半代には畿内の横穴式石室は両袖石室へと変化する傾向にあるという問題点もある[18]。ただし、列島各地の動向に視点を向けると、6世紀後半以降に片袖石室の存在を認めることもでき、列島各地における片袖石室の特徴や時期・性格の把握、採用古墳の階層に関する問題など多角的な視野から分析するなかで、関東各地に採用される片袖石室の評価を試みる必要があろう。ここでは第2期である6世紀後半から末ないし7世紀初頭に、北武蔵の中心となる北埼玉地域・比企地域の有力な前方後円墳に片袖石室が採用され、展開する点、こうした事象は関東各地における片袖石室の動向とも関係性や連動性が窺えるという点を確認するに留めておきたい。

6　胴張りをもつ複室両袖石室の導入と展開

　胴張りをもつ複室両袖石室の導入〔第2期〕　先述した片袖石室の採用時期と併行して、第2期に北武蔵地域や比企地域では胴張りをもつ複室両袖石室が導入される。北埼玉地域では酒巻21号墳、酒巻1号墳、小針鎧塚古墳など、比企地域では若宮八幡古墳、冑塚古墳、附川7号墳、かぶと塚古墳などが挙げられる（第43図）。初現は第2期前半、6世紀後半の酒巻21号墳であり、河原石を使用した胴張りを呈する複室構造である。以降、比企地域では凝灰岩切石使用の若宮八幡古墳や冑塚古墳、かぶと塚古墳、附川7号墳など、北埼玉地域では角閃石安山岩を加工して使用した酒巻1号墳や小針鎧塚古墳などが構築される。入手可能な使用石材の差異を越えて共通する構造をもつ様相が窺える。このうち、酒巻21号墳・酒巻1号墳・小針鎧塚古墳・若宮八幡古墳は埴輪の存在が確認されており、古相を示すのに対し、冑塚古墳やかぶと塚古墳は埴輪が認められず、石室からはTK209型式併行期の須恵器などが出土することから、第2期でも後半頃に位置づけられる。

第3節　北武蔵における横穴式石室の動向とその系譜

第2期

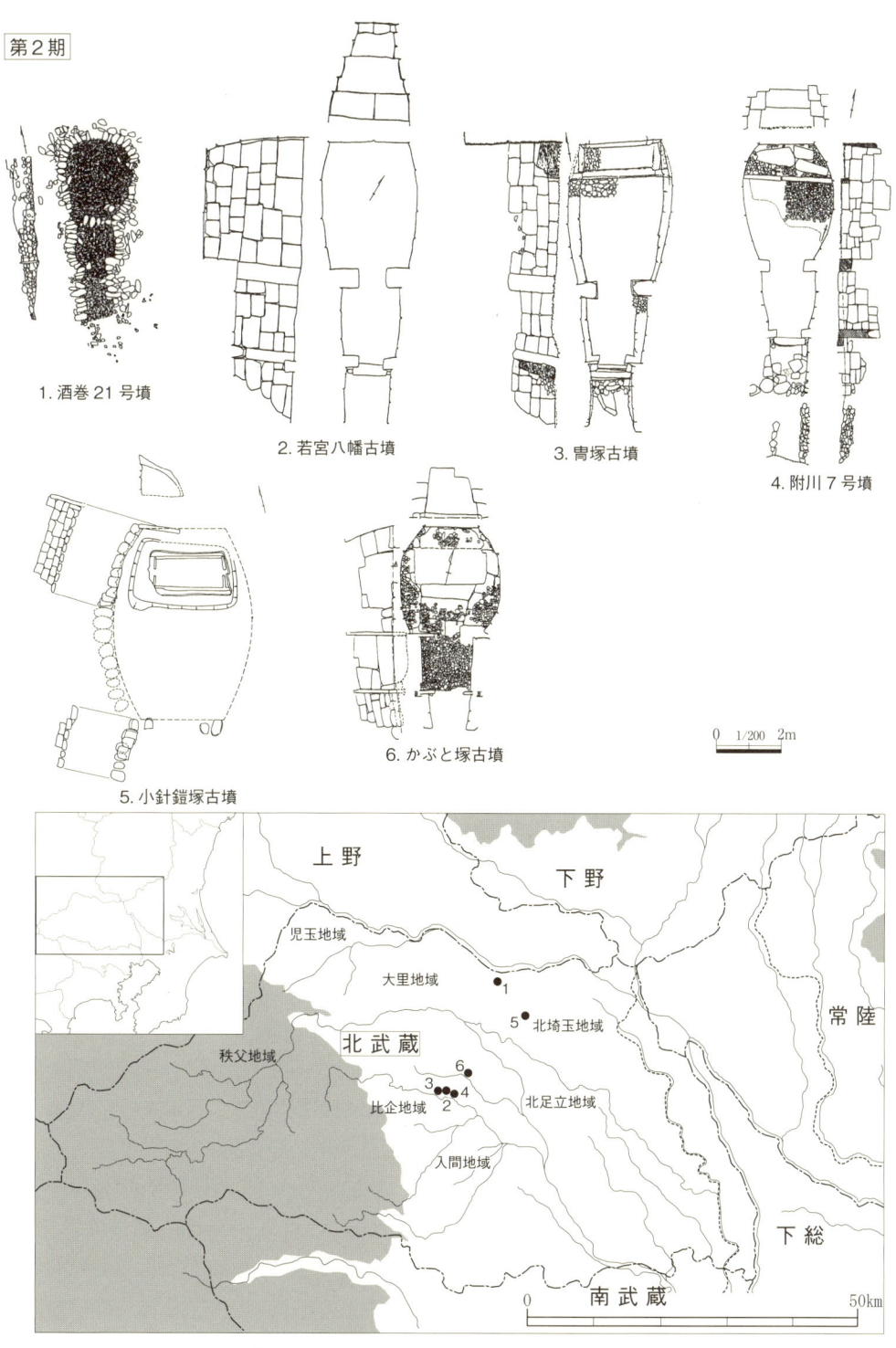

1. 酒巻21号墳
2. 若宮八幡古墳
3. 冑塚古墳
4. 附川7号墳
5. 小針鎧塚古墳
6. かぶと塚古墳

0　1/200　2m

第43図　胴張りをもつ複室両袖石室の導入

109

また石室の構造的特徴を見ると、酒巻21号墳は後室が奥壁も含めて河原石使用のため、縦長の円形に近い平面形を呈し、後室に比べて規模の小さい前室を有している。また若宮八幡古墳・酒巻1号墳・小針鎧塚古墳などは奥壁の並びは直線的であるが、後室・前室ともに最大幅を中央にもつ胴張りプラン、冑塚古墳・附川7号墳も類似する構造ではあるが、後室の最大幅は中央ではなくやや奥壁寄りに位置している。冑塚古墳や附川7号墳では奥壁沿いに主軸と直交する形で造り付けの石棺や遺体安置用の施設、小針鎧塚古墳でも同様の位置に箱式石棺が存在している。

なお、このような北武蔵の中心地域で採用された胴張りをもつ複室両袖石室は、先述したように第2期の北武蔵北西部にも拡散し、有力古墳を中心に幅広形で胴張りをもつ単室両袖石室が出現する動向にも影響を及ぼしたと指摘することができる。一方で第2期後半には南武蔵にもその影響や拡散の状況を認めることができる。第六天古墳は南武蔵における凝灰岩切石使用の胴張りをもつ複室両袖石室の導入期に相当し、後室内には緑泥片岩を用いた箱式石棺を安置している点が注目できる。

複室両袖石室の展開について〔第3期〕　第3期になると北武蔵の各地域に、このような胴張りをもつ複室両袖石室が展開するようになる。その動態としては、石室構造の時期的な変化が存在するとともに、地域的な特徴や多様性が発露する様相を窺うことができる（第44図）。

比企地域などではこうした変化を示す動きの1つとして、附川8号墳や稲荷塚古墳などのように前室の規模が大型化するなど石室内の空間確保を意図する傾向が窺え、さらに北埼玉地域における前方後円墳消滅後の大型円墳である八幡山古墳では、前・中・後室の三室構造をもつ横穴式石室が出現している。また北足立地域の西台7号墳（西台遺跡2号古墳として発掘調査）などのように後室の平面形が矩形を呈し、前室が小型で主軸に対して横長の長方形の構造や、入間地域の西戸2号墳や大河原2号墳などのように後室・前室が矩形を基調とする構造など各地に展開する過程で地域的特徴が認められるようになる。また第3期後半以降には、比企地域の舞台1号墳や鶴ヶ丘稲荷神社古墳などのような長台形を基調とした複室構造の石室も確認でき、後者は掘り込み墓坑内に版築を施す構築技術を用いている。

このような第3期における横穴式石室の動向は、横穴式石室が各地に拡散・展開する状況に伴い、石室構造も複雑で多様化するため、さらに綿密な類型化や系統の整理、詳細な変遷観の提示が必要かもしれない。しかし、ここでは過度に細分化を試みるのではなく、各地における構築石材の入手状況やその制約、地理的な環境、さらには被葬者の階層差や地域間・被葬者間の関係性などが複雑に反映されるなかで、地域性や多様性をもつ石室構造が展開した点を強調しておきたい。

胴張りをもつ複室両袖石室の系譜について　こうした複室構造で胴張りをもつ横穴式石室の系譜としては、尾張・三河などの東海地方、あるいは北部九州との関係性が考えられている[19]。複室構造をもつ点や胴張りを呈する点は東海地方と北部九州の両方に見られる特徴であるが、その平面形態からは特に北部九州との類似性が窺える。類例としては鬼塚1号墳、鈴ヶ山1号墳、植松1号墳・同3号墳・同4号墳、極楽寺1号墳、大塚1号墳（1・2号石室）など福岡県南部の筑後川流域を中心に分布する石室例を挙げることができる（第45図）。北武蔵の構造と比較すると、石室使用石材や壁面構成、さらにはそれに起因する側壁の傾斜度（持ち送り）などにも顕著

第3節 北武蔵における横穴式石室の動向とその系譜

第3期

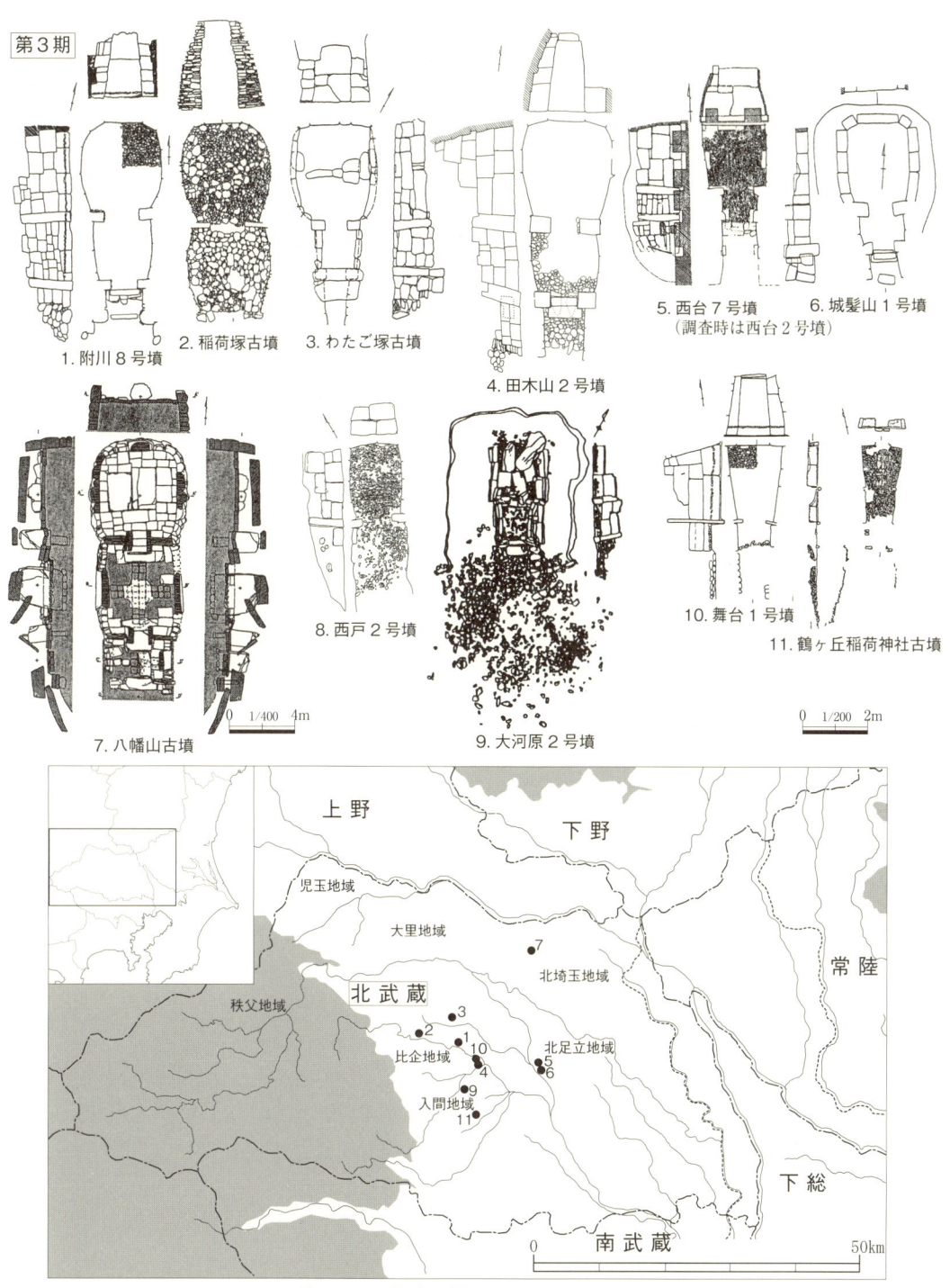

1. 附川8号墳
2. 稲荷塚古墳
3. わたご塚古墳
4. 田木山2号墳
5. 西台7号墳（調査時は西台2号墳）
6. 城髪山1号墳
7. 八幡山古墳
8. 西戸2号墳
9. 大河原2号墳
10. 舞台1号墳
11. 鶴ヶ丘稲荷神社古墳

第44図 複室両袖石室の展開と地域性

第2章 横穴式石室の展開と地域社会の諸相

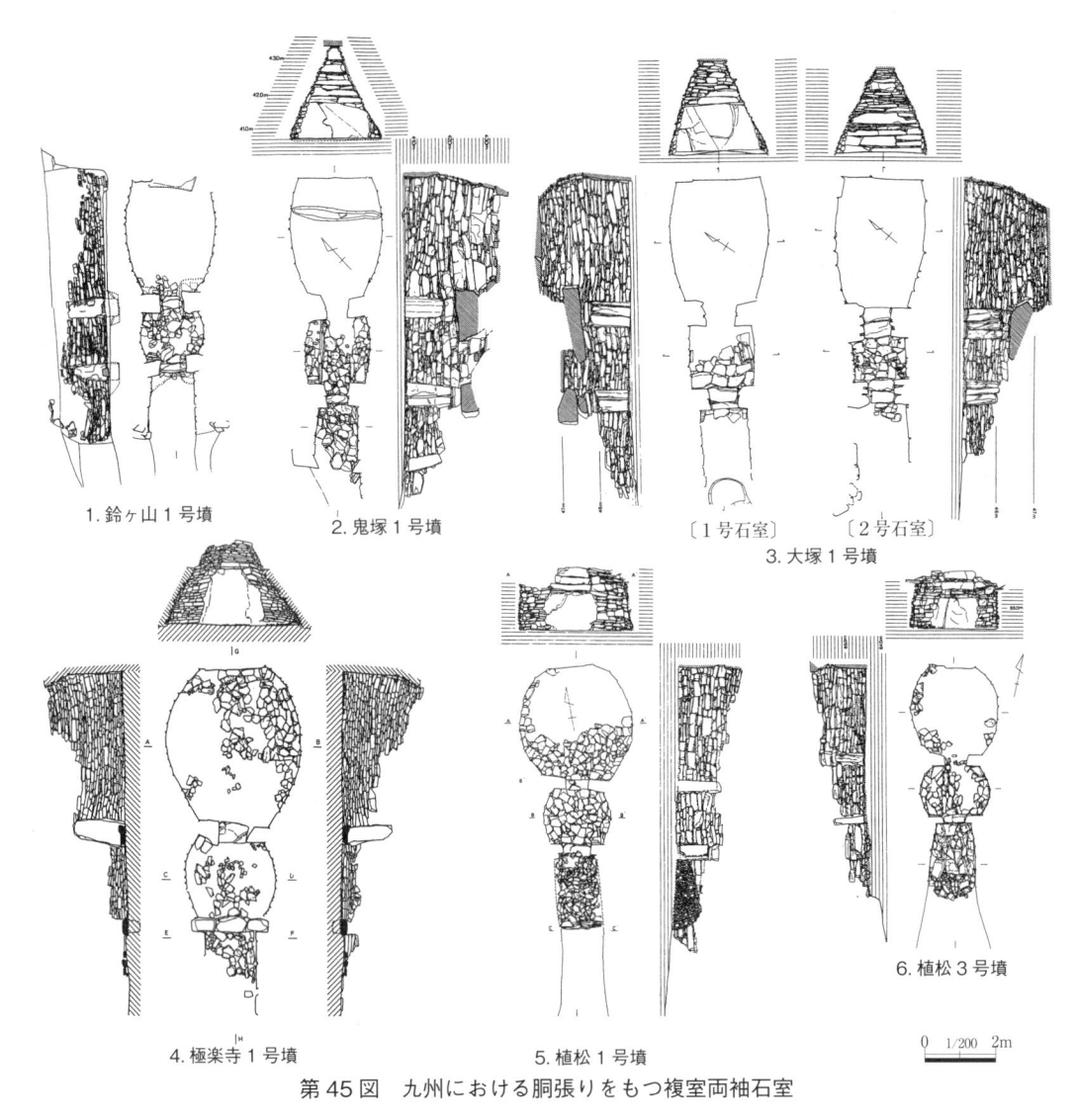

1. 鈴ヶ山1号墳
2. 鬼塚1号墳
〔1号石室〕 〔2号石室〕
3. 大塚1号墳
4. 極楽寺1号墳
5. 植松1号墳
6. 植松3号墳

第45図 九州における胴張りをもつ複室両袖石室

な差異が認められるものの、胴張りプランの平面形態や複室構造における後室と前室のあり方などは非常に類似していると言える。

　ところで、第2期前半である6世紀後半頃の関東地方では、片袖石室の採用が各地に認められる一方で、下野や常陸南部、上総北東部などの諸地域では複室構造を志向するといった動向が窺える。またその前段階である第1期、6世紀前半から中葉頃には常陸南部で九州系の特徴をもつ横穴式石室である高崎山2号墳（高崎山古墳群西支群第2号墳として発掘調査）の存在が認められる。直接・間接的伝播の判別など系譜の特定には多くの検討の余地が残るが、こうした動向からは少なくとも系譜の淵源として九州との関係性が想定できる点、畿内における横穴式石室の動向とは対照を成す系譜関係を窺うことができる点には注意を払う必要がある[20]。このような石室構造の伝播状況や地域間の関係性を背景とするなかで、北武蔵の胴張りをもつ複室両袖石室が導入さ

1. 上塩冶築山古墳〔出雲〕

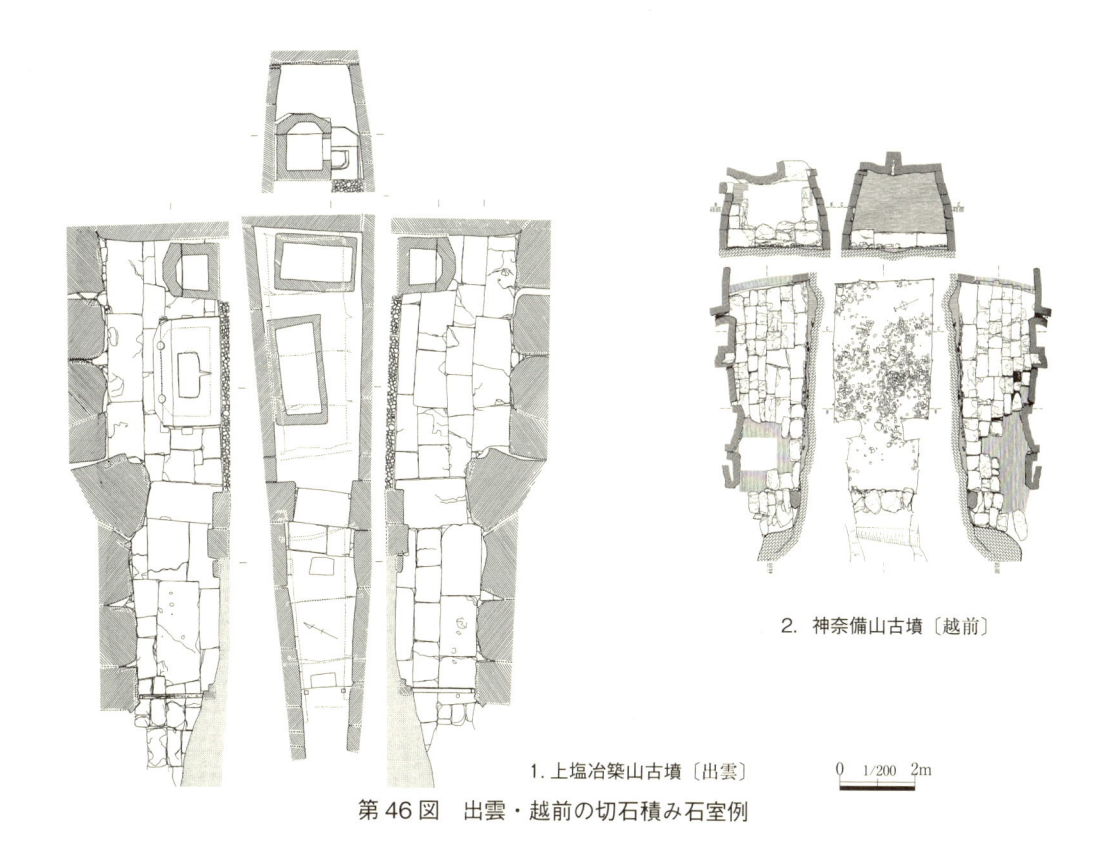

2. 神奈備山古墳〔越前〕

第46図　出雲・越前の切石積み石室例

れた可能性を窺うことができる。

　ただし、一方でこうした胴張りプランや複室構造の導入とともに、比企地域では凝灰岩切石の加工技術および切組積みの技法が顕著に見られるようになるが、こうした技術をめぐっては在地における創出や同時期の上野における角閃石安山岩削石の技法の影響、あるいは他地域からの技術伝播などあらゆる面から導入背景やその意義を考えることが必要である。なお、北武蔵とほぼ同時期に凝灰岩など軟質石材の切石加工や切組積みの技法が認められる地域としては、ほかに出雲および越前の事例が挙げられる。なかでも越前の神奈備山古墳は当地で1例のみであるが、北武蔵や出雲にやや先行する6世紀中葉頃の時期に位置づけられており、注目できる。こうした石材の加工技術の導入や伝播については今後、さらなる検討による実態解明が望まれよう（第46図）。

7　結　語

　以上、本稿では北武蔵における横穴式石室の動向を大きくは、①北武蔵北西部の動向、②片袖石室の採用と展開、③胴張りをもつ複室両袖石室の導入と展開の3つの動向として把握し、それぞれ系統差と位置づけるとともに、その時期的な変遷過程および地域的な展開状況を論じた。

　また一方で、こうした諸系統の石室が北武蔵に採用される背景や系譜関係についても着目し、検討を試みた。①の北武蔵北西部の動向では導入期以降、上野中・西部地域との関係が窺え、ま

た②の片袖石室の採用や展開および③の胴張りをもつ複室両袖石室の導入と展開の諸動向についても、北武蔵に限定される動向ではなく、関東各地で同様の実態を認めることができ、注目できる。このような各地域相互の連動性や共通性を的確に捉えることは、石室構造に内包される歴史的な性格を読み解くうえで重要な研究視点であると言える。なお、②の片袖石室の系譜については畿内との関係性が推定できる一方で、列島各地における片袖石室の実態把握や史的意義を追究する必要性が窺えるものの、明確な評価は今後の課題である。また③の胴張りをもつ複室両袖石室の系譜をめぐっては、複室構造や胴張りプランを志向する点などその類例として九州の筑後川流域の石室例を挙げることができるが、直接・間接的な伝播の判別、凝灰岩切石加工技術の系譜問題などさらなる検討が必要である。

　このように、横穴式石室の系譜問題をめぐっては課題点が多く残っているのが現状であるが、北武蔵における横穴式石室の動向としては、第1期の導入期から畿内とは構造的特徴の異なる横穴式石室が導入されている点、第2期になって前方後円墳における片袖石室の採用が認められるものの継続性が窺えない点、その一方で同時期に胴張りをもつ複室両袖石室が導入され、7世紀以降も盛行するのであるが、その構造は九州の筑後川流域における石室構造との類似性が認められるという点が大きな特徴として挙げられる。本節では北武蔵を取り上げ、横穴式石室の系譜関係をはじめとした各地域相互の関係性や地域間における交流関係に留意し、動向把握を試みたが、次節では南関東の中でも東京湾沿岸を中心とした地域の動向を考えてみることにする。

補記

　北武蔵の第3期における複室両袖石室の展開を論じる中で、各地で石室構造の地域性や多様性が発露する動態を論じたが、本節・拙稿初出時には入間地域の動向の中で、埼玉県坂戸市域を中心として、新山9号墳をはじめとする単室構造で玄室が円形プランを呈し、これに羨道が付くというやや特異な構造をもつ石室が展開するようになると論じた。これは『坂戸市史』に掲載された1963（昭和38）年における新山9号墳発掘調査の記録と図面を参考にしたのであるが[21]、その後、2012（平成24）年に新山9号墳の発掘調査が行なわれ、従来は弧状を描く平面形を呈した羨道と把握されていたものの、調査の結果、弧状を描く羨道部と判断されていたのは、羨道側壁が崩落したものであり、本来は胴張りを呈する前室であったことが明らかになった。前室も後室と同様に、凝灰質砂岩を加工した石材を用いた胴張りを呈する複室構造の横穴式石室であることが確認されるに至った[22]。そのため、本節では新山9号墳に関する旧石室図を削除するとともに、他にも従来から当地の石室構造の特徴として把握されていた単室構造で玄室が円形を呈する特徴に関しても、再考する必要があると考えられる。今後、調査が進展する中で、それらの構造が明らかになることが望まれる。

註
(1)　a. 金井塚良一　1968「第Ⅶ章　考察」『柏崎古墳群―東松山市柏崎古墳群発掘調査報告―』考古学資料刊行　49-78頁
　　　b. 金井塚良一　1972「北武蔵の古墳群と渡来系氏族―吉士氏の動向」『歴史読本』昭和48年8月

　　　　号　新人物往来社

　　　これらは後に、金井塚良一 1980『古代東国史の研究―稲荷山古墳出現とその前後』埼玉新聞社に収録。

(2)　なお、こうした見解の背景には原島礼二の研究がある。

　　　原島礼二 1961「大和政権と地方豪族―関東地方の屯倉を例として―」『日本史研究』54　日本史研究会　30-54頁

(3)　森田　悌 1984「古代北武蔵の動向―壬生吉志を中心として―」『信濃』第36巻第5号　信濃史学会　343-357頁

　　　なお、森田は北武蔵の胴張りある石室と壬生吉志の入植を結びつけるのは困難であるとする一方で、こうした胴張りの形状は他地域から持ち込まれたというよりも、東国において工夫案出された構築法であると位置づけている。

(4)　a. 増田逸朗 1977「北武蔵における横穴式石室の変遷」『信濃』第29巻第7号　信濃史学会　64-81頁

　　　b. 増田逸朗 1989「埼玉県における横穴式石室の受容」『東日本における横穴式石室の受容』第2分冊　第10回三県シンポジウム　千曲川水系古代文化研究所・北武蔵古代文化研究会・群馬県考古学研究所　712-804頁

　　　c. 増田逸朗 1995「北武蔵における初期横穴式石室導入期の様相」『調査研究報告』第8号　埼玉県立さきたま資料館　1-12頁

　　　d. 増田逸朗 1996「模様積石室小考」『調査研究報告』第9号　埼玉県立さきたま資料館　1-13頁

　　　これらは後に、増田逸朗 2002『古代王権と武蔵国の考古学』慶友社に収録。

(5)　a. 池上　悟 1980「北武蔵に於ける胴張り石室に関する若干の考察〜石室企画を中心として〜」『中央考古』創刊号　中央考古学会　36-52頁

　　　b. 池上　悟 1980「東国における胴張り石室の様相」『立正史学』第47号　立正大学史学会　63-90頁

　　　c. 池上　悟 1982「南武蔵・多摩川流域における横穴式石室の導入と展開」『物質文化』39　物質文化研究会　20-36頁

(6)　a. 塩野　博 1991「荒川中流域沿岸の古墳について―横穴式石室の変遷―」『埼玉考古学論集―設立10周年記念論文集』㈶埼玉県埋蔵文化財調査事業団　861-878頁

　　　b. 佐藤春生 1998「毛呂山町における終末期古墳の様相」『研究紀要』第4号　毛呂山町歴史民俗資料館　3-18頁

　　　など

(7)　a. 山本　禎 1990「東国における後期古墳―凝灰岩を石室構築材とした横穴式石室について―」『研究紀要』第7号　㈶埼玉県埋蔵文化財調査事業団　67-92頁

　　　b. 田中広明 1989「緑泥片岩を運んだ道―変容する在地首長層と労働差発権―」『土曜考古』第14号　土曜考古学研究会　83-112頁

　　　c. 田中広明 1994「「国造」の経済圏と流通―「武蔵」の「クニ」を形作るもの―」関　和彦編著『古代東国の民衆と社会』古代王権と交流2　名著出版　69-98頁

第2章 横穴式石室の展開と地域社会の諸相

　　　d. 若松良一 1982「菖蒲天王山塚古墳の造営時期と被葬者の性格について」『土曜考古』第6号　土曜考古学研究会　89-120頁

　　　など

(8)　山崎　武・金子彰男 1997「北武蔵の横穴式石室と前方後円墳」『《シンポジウム》横穴式石室と前方後円墳』第2回東北・関東前方後円墳研究会大会発表要旨資料　東北・関東前方後円墳研究会　27-40頁

(9)　a. 若松良一 1993「からくにへ渡った東国の武人たち」『法政考古学』第20集　法政考古学会　199-214頁

　　　b. 松尾昌彦 2002『古墳時代東国政治史論』雄山閣

　　　など

(10)　a. 加藤　修 1991「武蔵の胴張り複室墳について」『研究論集』Ⅹ　創立10執念記念論文集　東京都埋蔵文化財センター　275-299頁

　　　b. 大森信宏 1999「南武蔵における複室構造横穴式石室の成因について」『國學院大學考古学資料館紀要』第15輯　開館70周年記念　國學院大學考古学資料館　63-79頁

　　　c. 草野潤平 2006「複室構造胴張り形切石石室の動態」『東京考古』第24号　東京考古談話会　55-73頁

(11)　前掲註(4)a文献

(12)　なお、当地域では両袖を呈する石室構造のなかでも、後述するように複室構造を呈するものも導入・展開するため、ここでは便宜上、それぞれ単室両袖石室、複室両袖石室と区別した名称を用いることにする。

(13)　a. 右島和夫 1983「群馬県における初期横穴式石室」『古文化談叢』第12集　発刊10周年記念論集　九州古文化研究会　293-330頁

　　　b. 右島和夫 1994『東国古墳時代の研究』学生社

　　　c. 右島和夫 2002「古墳時代上野地域の東と西」『群馬県立歴史博物館紀要』第23集　群馬県立歴史博物館　1-20頁

(14)　前掲註(13)c文献

(15)　a. 笹森紀己子 1982「かまどの出現の背景」『古代』第72号　早稲田大学考古学会　38-48頁

　　　b. 中村倉司 1989「関東地方における竈・大形甕・須恵器出現時期の地域差」『研究紀要』第6号　㈶埼玉県埋蔵文化財調査事業団　95-124頁

　　　など

(16)　前掲註(4)c文献

(17)　本書第2章第1節および第4章第1節参照

(18)　岡本健一 1994「埼玉将軍山古墳の横穴式石室について」『調査研究報告』第7号　埼玉県立さきたま資料館　47-54頁

(19)　尾張・三河との関係性については池上悟、北部九州との関係については甘粕健・久保哲三、上野恵司や田村悟の指摘がある。

　　　a. 池上　悟　前掲註(5)b文献

b. 甘粕　健・久保哲三 1966「関東」近藤義郎・藤沢長治編『日本の考古学』Ⅳ　古墳時代 上　河出書房　428-498頁
　　　c. 上野恵司 2000「複室横穴式石室の研究―関東地方を中心に―」『埼玉考古』第35号　埼玉考古学会　79-96頁
　　　d. 田村　悟 2001「北部九州の後期古墳概観」『東海の後期古墳を考える』第8回東海考古学フォーラム三河大会　29-73頁
（20）　本書第1章第1節および第4章第1節参照
（21）　a. 埼玉県 1982「坂戸68号墳」『新編 埼玉県史』資料編2　埼玉県　557頁
　　　b. 橋口尚武ほか 1992「第3章　坂戸市の古墳分布とその概観」『坂戸市史』古代史料編　坂戸市　119-266頁
（22）　藤野一之 2013「6. 坂戸市新山古墳群(3区)の調査」『第46回遺跡発掘調査報告会発表要旨』埼玉県考古学会　26-29頁

第4節　南関東の横穴式石室
―東京湾沿岸諸地域の様相から―

1　はじめに

　これまで第1章および第2章の各節に亘って、関東各地のなかでも北関東における横穴式石室の動向を中心に扱ってきた。そのうち横穴式石室の導入状況に着目すると、①6世紀初頭の関東北西部（上野中・西部および北武蔵北西部の地域）における古山道ルートを介した横穴式石室の先駆的導入、②6世紀前半から中葉頃の常陸南部に所在する高崎山2号墳における北部九州系の特徴をもつ横穴式石室の存在など、北関東を中心とする横穴式石室の導入状況を把握することができた。しかし、こうした北関東を中心とする横穴式石室の動態が明確化する一方で、南関東の動向に関しても着目しておく必要があろう。

　さて、本節では南関東における横穴式石室の動向を取り上げたいと考えているが、その際、特に東京湾沿岸諸地域に焦点を当て、導入過程やその特徴を概観するとともに、系譜関係や伝播経路の検討を試みることにする。

　古墳時代の南関東、東京湾沿岸地域はいわゆる「ヤマトタケルの東征」の記述にも象徴されるように、畿内中枢から伊勢湾沿岸（渥美半島）―駿河湾沿岸―相模湾沿岸、そして三浦半島（走水）を経て東京湾を渡海し、房総半島（上総）へと至る経路が推定されており、当地は古東海道ルートによる人・モノ・情報、技術・文化の到来する玄関口、交通の要衝として捉えることができる。なかでも古墳時代前期には、S字状口縁台付甕などの東海系土器や叩き調整甕などの近畿系土器といった外来系土器が流入する窓口となり、さらに到来した文物はこの東京湾を基点として各河川を遡り、関東各地へと波及する実態が多く指摘されている。そのため、こうした東京湾のもつ地理的環境や歴史性を踏まえたうえで、新来の埋葬施設である横穴式石室の動向把握を行ないたいと考えている。

　本節では、こうした東京湾の動向を扱うにあたり、対象とする地域としては後の律令制下における上総・下総のうち、東京湾沿岸に位置する①上総・東京湾東岸地域、②下総・現江戸川下流域（東京湾北岸地域）の2つの地域を取り上げることにする。その際、こうした東京湾沿岸諸地域に伝播する横穴式石室の系譜関係を追究するうえで、東海地方と東京湾を東西に結ぶ古東海道経路（海路を含む）とその中間に位置する相模・南武蔵の様相についても概観し、伝播経路やその実態についても併せて検討を試みたい。

2 上総・東京湾東岸地域における横穴式石室の導入

横穴式石室の導入とその特徴　上総において最も早く横穴式石室が導入されるのは、東京湾東岸、現在の富津市を中心とする小糸川流域である。当地域には古墳時代中期から後期以降、5世紀から7世紀に亘る首長墓の継続的な造墓が認められる内裏塚古墳群が所在するが、本古墳群における首長墓の変遷や横穴式石室の様相を詳細に扱った小沢洋の一連の研究によると、この内裏塚古墳群中の前方後円墳のうち、6世紀中葉頃に築造された九条塚古墳[1]（前方後円墳、墳丘長103m・周溝全長150m）の後円部に構築された横穴式石室が当地域の初現であるとされる[2]。そこでは、古墳群形成の中核となった5世紀代の内裏塚古墳（前方後円墳、墳丘長144m・周溝全長185m）や弁天山古墳（前方後円墳、墳丘長87.5m・周溝全長140m）の埋葬施設の主軸が、墳丘主軸と併行する竪穴系の埋葬施設であるのに対し、九条塚古墳では主軸が墳丘に直交するとされる過去の調査記録の存在や現在、墳丘後円部表面で確認できる露出した石材の配置などを重視すると、後円部東側に向かって開口する石室長9.4mを測る狭長な無袖構造の横穴式石室であるとされる（第47図）。なお、本古墳は2009（平成21）年に後円部墳丘中央における石室遺存状態の確認調査が実施されており、遺存状態は掘り下げ時にも側壁構築石材と見られる磯石（房州石）が出土し、他に床面に敷かれた5〜10cm大の礫も多数、検出されるに至っている（第48図）。

狭長な平面形をもつ横穴式石室の展開　小沢の研究を参考にすると、こうした6世紀中葉頃に構築された九条塚古墳の横穴式石室に継続して、狭長な長方形プランを呈する磯石（房州石）による自然石乱石積みで無袖の石室構造は6世紀後半以降、富津市西原古墳[3]（前方後円墳、墳丘長60m・周溝全長推定70〜75m）、新割古墳[4]（円墳、墳丘径35m・周溝外径50m以上）、丸塚古墳[5]（円墳、墳丘径30m・周溝外径44m）、三条塚古墳[6]（前方後円墳、墳丘長122m・周溝全長193m）[7]など、内裏塚古墳群中の主要な埋葬施設として展開する状況が確認できる（第49図）。また一方で、無袖構造のほかに6世紀末から7世紀初頭になると、片袖を呈する蕨塚古墳[8]（前方後円墳、墳丘長48m・周溝全長約63m）・姫塚古墳[9]（前方後円墳、墳丘長61m・周溝全長約82m）、L字形を呈する向原古墳[10]（円墳、墳丘径24m・周溝外径38m）・下谷古墳[11]（円墳、墳丘径18m・周溝外径25.5m）、両袖を呈する八丁塚古墳[12]（円墳、墳丘径24m・周溝外径35m）など無袖のみではなく、多様な石室形態が展開するようになるが、いずれも狭長な平面形態を呈する点、磯石（房州石）による自然石乱石積みの手法を用いる点などの共通点が認められ、九条塚古墳以降の狭長な無袖石室から派生した形態として把

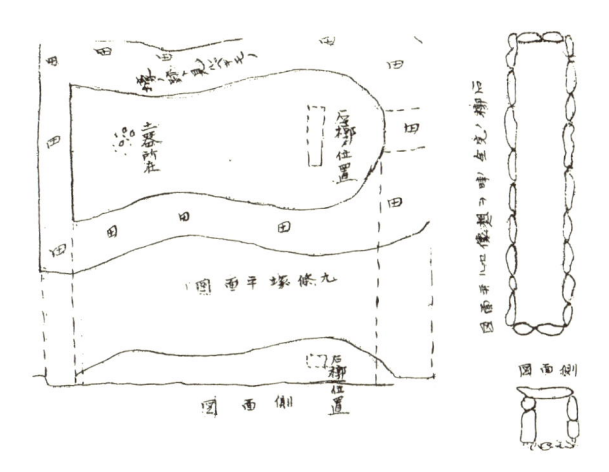

第47図　九条塚古墳の墳丘・石室調査略図
（明治43年当時）

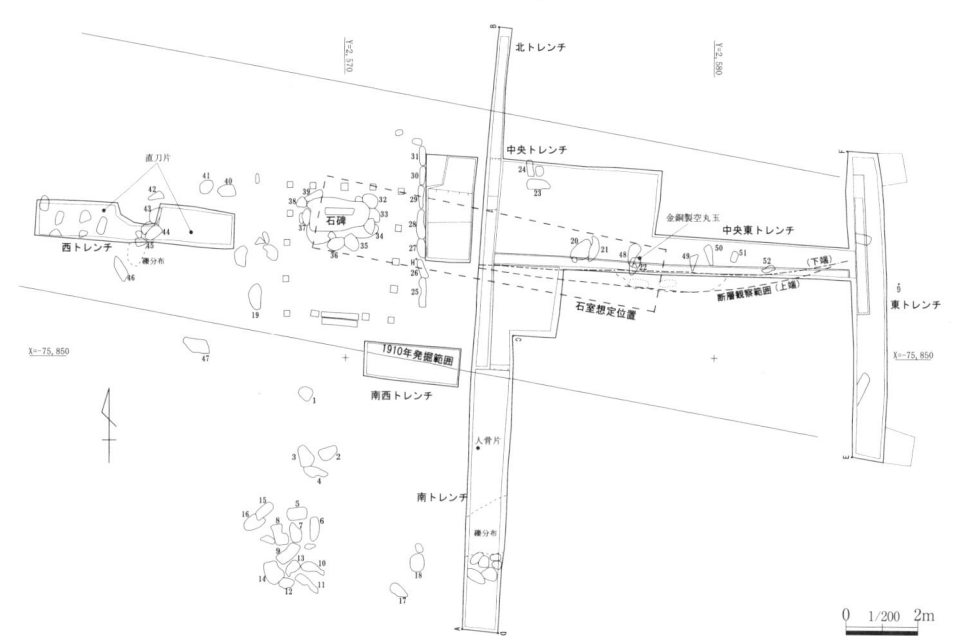

第2章 横穴式石室の展開と地域社会の諸相

第48図 九条塚古墳の石室遺存状況調査

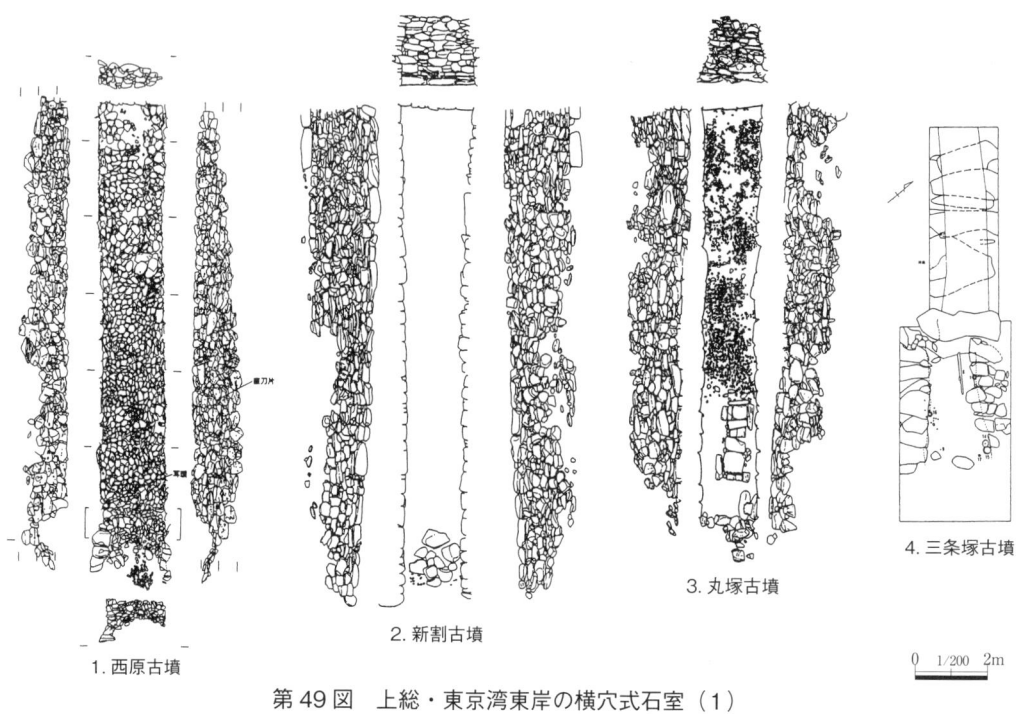

1. 西原古墳
2. 新割古墳
3. 丸塚古墳
4. 三条塚古墳

第49図 上総・東京湾東岸の横穴式石室（1）

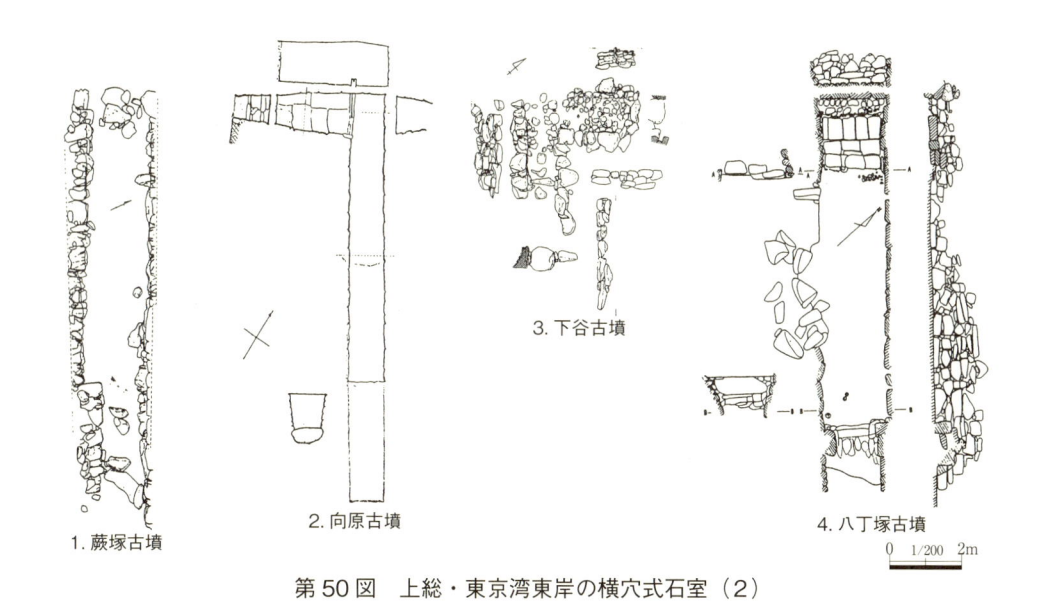

1. 蕨塚古墳
2. 向原古墳
3. 下谷古墳
4. 八丁塚古墳

第50図　上総・東京湾東岸の横穴式石室（2）

握することができる（第50図）。

系譜関係と評価をめぐる視点　こうした東京湾東岸で展開する狭長な平面形態で無袖を呈する横穴式石室の系譜を検討するうえで、関東各地の動向を考慮すると、狭長な両袖・無袖の石室構造が6世紀初頭から先駆的に導入される関東北西部（上野・北武蔵地域）の事例が注目できる。椙山林継はこうした上野（上毛野）の横穴式石室が上総に伝播した可能性を提示する一方で、上総の小糸川流域でも上野と同じ時期に、竪穴式石室の一方を小口として横穴式石室へと変化したという動向についても言及している。そこでは、上野における横穴式石室の受容と同様の現象が上総でも生じ、その背景に畿内による横穴式石室製作石工集団の系統を引く石工の影響を重視した系譜関係の存在を想定している[13]。

また、こうした当地域における狭長なプランを有する構造的特徴をもつ横穴式石室が出現する要因として、中村恵次は房総半島では石室構築石材として適切な石材が産出しない点や、「多人数追葬の必然性は、石室の玄室化・長大化を促進し、この種Ⅲ形態石室（狭長な石室を有するもの：筆者補）の定着化をもたらした」と指摘している[14]。こうした点を重視すると、使用石材の制約や追葬による埋葬空間の確保などを意図した結果、生じた地域色を伴う石室構造として捉えることもできる。さらに、横穴式石室において諸形態の発生に見る多様性とその要因について検討を試みた土生田純之は、石材の相違に基づく石室構造の事例として当地域の狭長な石室構造を取り上げ、当地では強度のある石材が産出せず、天井石に使用する大型石材の入手が困難な点、脆弱な房州石（礒石）が主要な石材となる点などから、玄室幅に著しい制約が生じ、このような幅の制約を長さで補う、狭長な石室が展開したと言及している[15]。

なお、小沢洋は系譜関係に関する実証的かつ多角的な検討を行ない、上野における横穴式石室の導入動向を扱った右島和夫による見解[16]を取り上げるとともに、上野と同様に上総において

第2章 横穴式石室の展開と地域社会の諸相

も、こうした地元の石材に適合した独自の形態が生み出された点や、産出石材による制限など地域的要因にも留意した評価を行なっているが、その一方で「静岡県の諸例が当地域の石室と最も近似した形態を示していることは、6世紀末葉における須恵器の搬入ルートとも関連して注目される」[17]と指摘しており、東海地方についても系譜関係の検討を実施する必要性を喚起している点が注目できる。

東海地方における動向との関係性 近年、東海地方では『東海の後期古墳を考える』[18]や、『東国に伝う横穴式石室―駿河東部の無袖式石室を中心に―』[19]の開催、『静岡県の横穴式石室』[20]の刊行など、シンポジウムや研究会などが活発に実施されるとともに、東海地方各地における動向が明確化してきたが、そのなかでも特に駿河東部の様相は注目することができる。駿河東部における横穴式石室の動向を扱った井鍋誉之は、各地域別の動向把握や石室の詳細な型式分類を実施するなかで、狭長な長方形を呈する石室形態をもつ無袖石室に関する検討を試みている[21]。その事例としては、富士市船津寺ノ上1号墳や静岡市横山3号墳などを挙げ、さらに関東地方の相模に所在する厚木市金井2号や伊勢原市三ノ宮3号墳とともに、前述した上総・東京湾東岸地域所在の富津市西原古墳および新割古墳などの資料を提示し、これらは「各地域において在地色の強い石室構築技法を用い、袖部の造作よりも石室の長大化に強い指向性」が窺えると指摘している[22]（第51図）。こうした狭長なプランをもつ無袖石室であるという共通性の提示は、上総・東京湾東岸へと伝播する横穴式石室の系譜関係やその史的性格を考究するうえで、重要な視点であ

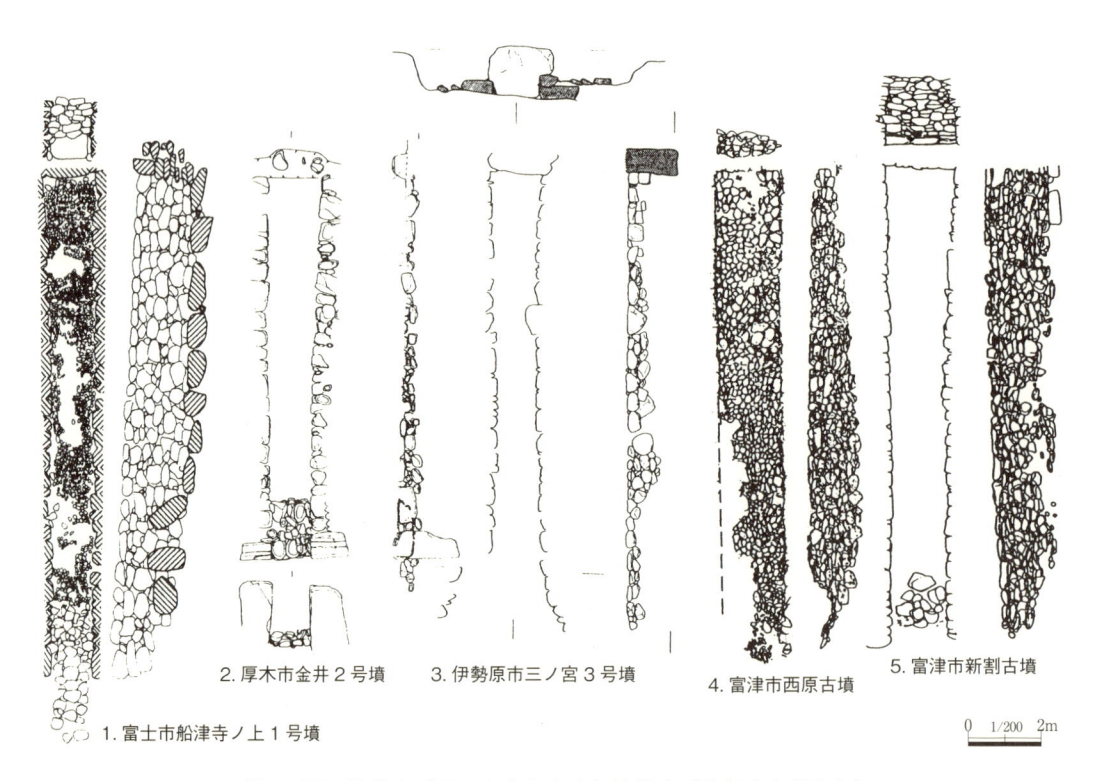

第51図 狭長なプランを志向する無袖石室（註(21)文献より）

1. 富士市船津寺ノ上1号墳
2. 厚木市金井2号墳
3. 伊勢原市三ノ宮3号墳
4. 富津市西原古墳
5. 富津市新割古墳

ると考えられる。

　ただし、これらは狭長な石室形態という構造上の共通点は窺えるものの、提示された駿河東部の船津寺ノ上1号墳や横山3号墳はTK209型式期である6世紀末から7世紀初頭頃、相模の金井2号墳や三ノ宮3号墳も7世紀代の時期が推定され、6世紀中葉を初現とし、6世紀後半以降に展開する上総・東京湾東岸地域の事例が時期的に先行する点には注意を払う必要があり、こうした狭長な石室形態という共通点のみで系譜関係を評価するには、より慎重な検討が必要である。そこで、東海地方の駿河東部と上総東京湾東岸地域の中間に位置する、相模や南武蔵における横穴式石室の導入状況についても着目してみたい。

相模・南武蔵における横穴式石室の導入状況　まず、相模では伊勢原市三ノ宮・下谷戸7号墳[23]（円墳、墳丘径12m・周溝外径15.2m）が初現と考えられるが、その石室構造は奥壁幅がやや広い無袖の石室であり、玄室側壁の基底には他に比べて大振りの石材を意図的に配置している（第52図）。また、玄室入口部の両側壁に大振りの石材1石を配置している点など、玄室入口部の造作が特徴的である。さらに、入口部手前の羨道床面掘り方が開口部に向かって緩やかに上がっているが、羨道は短く、墓道に接続して周溝に至る構造である。本来、この部分には天井石を横架せず、前庭側壁であった可能性も窺える。当古墳の時期として、宍戸信悟は石室内からMT15型式とする須恵器𤭯が検出された点を重視し、6世紀第1四半期から第2四半期にかけての築造と指摘している[24]。しかし、当石室の玄門部に立柱状の石材をもつ特徴などは東海地方では6世紀中葉ないし後半頃に出現する特徴であり、出土した須恵器𤭯は伝世品と捉えることもできる。相模の無袖石室の動向を検討した植山英史は、当古墳を相模における横穴式石室のなかでも、他の横穴式石室出土の遺物よりも古相を示す点を考慮し、少なくともTK43型式併行より新しいものではないと捉え、おおむねTK10型式からTK43型式段階の相模における横穴式石室の導入例として評価している[25]。なお、この出土した須恵器𤭯であるが、報告者はMT15型式とするものの、わずかに長頸化が認められるのみであり、MT15型式としてもTK47型式に近い範疇で捉える必要があり、やはり伝世品と考えるのが妥当と言えよう。古墳の時期をめぐっては今後も資料の増加とそれに伴う詳細な検討が望まれるが、少なくとも三ノ宮・下谷戸7号墳の横穴式石室が相模のなかでも先駆的な横穴式石室の導入例である点は共通の理解である。

　なお、当古墳の石室構造の類例としては、遠江に所在する磐田市馬坂上16号墳[26]の横穴式石室が挙

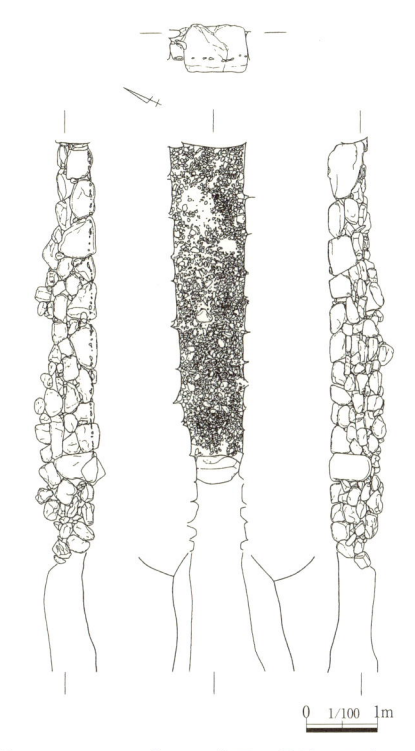

第52図　三ノ宮・下谷戸7号墳の石室

げられる（第53図）。玄門部両側壁に縦位の石材をもつ狭長な無袖構造であり、側壁基底に大振りの石材を用いる点、短い羨道ないし前庭側壁（天井石を架構しない）が存在する点など、石室の各要素が三ノ宮・下谷戸7号墳と類似していると言える。当古墳は遠江におけるTK43型式期、6世紀後半頃の古墳であり、いずれにしても相模における横穴式石室の導入に関して、遠江をはじめとした東海地方の影響や系譜関係を視座に据える必要があろう。

また、秦野市に所在する桜土手古墳群中の桜土手38号墳[27]（円墳、墳丘径21m）の横穴式石室も、相模における横穴式石室の導入を考える上で重要である[28]（第54図）。無袖であるが、羨道部床面に大振りの石材を敷きつめ、玄室床面よりも一段高く構築した框構造となり、床面の造作により玄室と羨道を区別している点、羨門部から狭長な溝状の墓道が構築され、その両

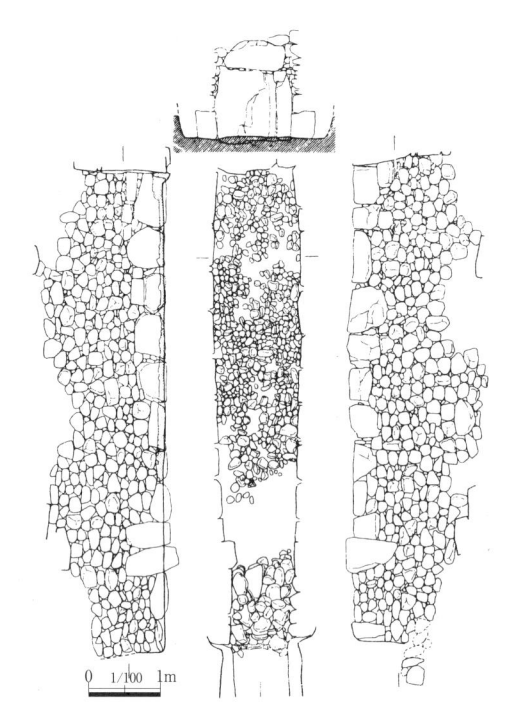

第53図　馬坂上16号墳の石室

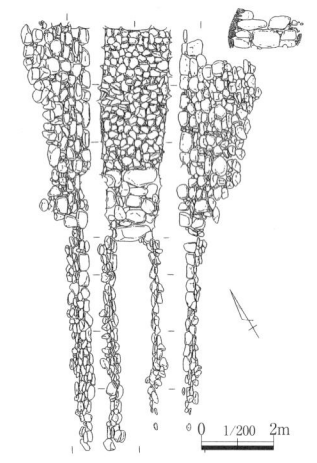

第54図　桜土手38号墳の石室

側には石積みによる側壁（前庭側壁）が築かれている点などが特徴的である。こうした玄室と羨道を区画する框構造の造作をもつ無袖石室は竪穴系横口式石室の系譜を引いており、東海地方の西三河を中心として周辺地域にも拡散する動向が認められる。桜土手38号墳もこのような東海地方における横穴式石室の展開状況のなかで、6世紀末を前後する時期に受容された石室構造であると考えられる。

一方、南武蔵においても日野市に所在する平山2号墳[29]（円墳、墳丘径12m）は無袖の構造であり、羨道床面に厚い礫床を構築することで、玄室床面よりも1段高い框構造となっている（第55図1）。当古墳は6世紀後半頃の築造と考えられるが、草野潤平によると、こうした平山2号墳に見られる「羨道床面を嵩上げする特徴は、6世紀中葉の愛知県秋葉1号墳などに認められ、東海地方において竪穴系横口式石室の流れを汲む事例が遡源候補として想定される」と指摘されている[30]（第55図2）。ただし、その際「東海地方からの直接的な伝播の他に、相模などの中間地域を経て間接的に受容された可能性」[31]についても留意しており、東海地方からの直接的伝播や中継地を介した二次的伝播により、南武蔵に受容されたと考えられる。

上総・東京湾東岸地域における横穴式石室の系譜関係　以上のように、まず上総・東京湾東岸

第4節 南関東の横穴式石室―東京湾沿岸諸地域の様相から―

1. 平山2号墳〔南武蔵〕
2. 秋葉1号墳〔西三河〕

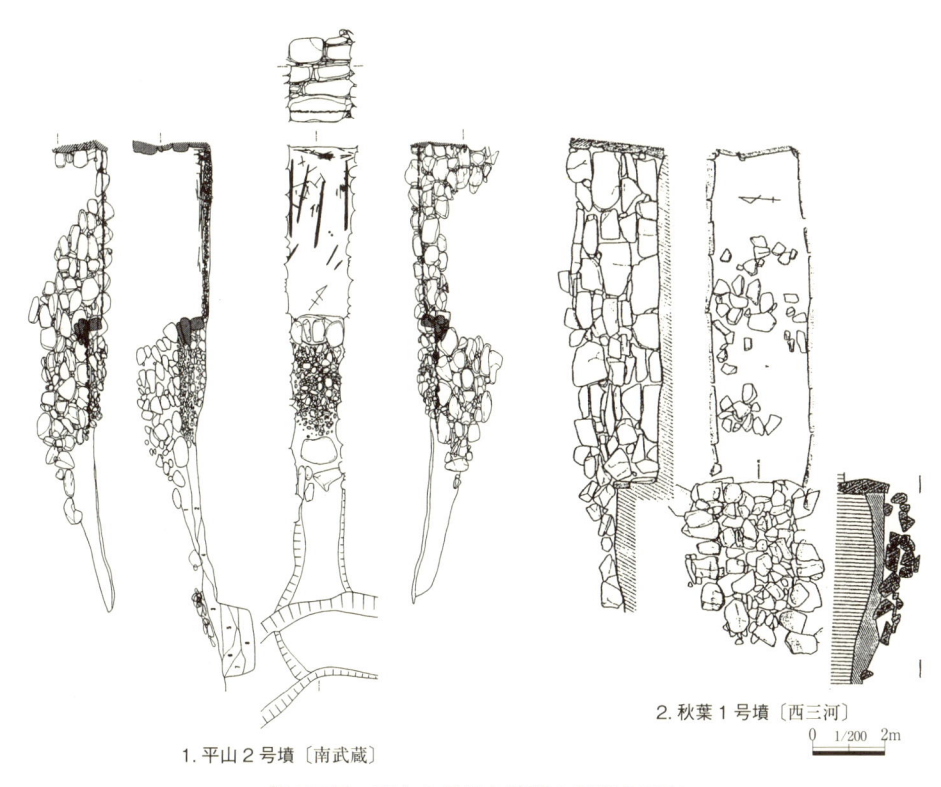

第55図 平山2号墳と秋葉1号墳の石室

地域における狭長な平面形を志向する無袖石室の特徴からは、駿河東部と上総・東京湾東岸における関係性が想起される。しかし、このことは両地域間を結ぶ伝播経路の存在という理解に留まらず、むしろ、大きくは東海地方から太平洋沿岸、すなわち古東海道ルートを介した情報・物流の交流網のなかで、横穴式石室も伝播したと理解するのが妥当かと思われる。その際、東海地方と上総・東京湾東岸地域を結ぶ古東海道ルート上に位置する相模や隣接する南武蔵でも同様に、無袖構造の横穴式石室が導入される点は重要である。先述した相模の三ノ宮・下谷戸7号墳や桜土手38号墳、南武蔵の平山2号墳などは東海地方諸地域から古東海道ルートによる伝播が推定できるが、無袖を志向するという点を除くと、構造上の差異点も多いと言える。しかし、三ノ宮・下谷戸7号墳に見られる玄門構造や側壁基底の用石法、平山2号墳の横穴式石室が有する玄門部框構造の存在など、少なくとも系譜の淵源には東海地方諸地域の影響を読み取ることができ、また桜土手38号墳などに見られる石室入口部から周溝に向かって掘削された溝状の墓道とその両側に配された石積みなどは、上野における横穴式石室の導入時にも窺える構築技術の未熟さに起因する対処の結果[32]として把握することもできる。すなわち、上野では墳丘と石室の位置関係について、羨道部を狭長な構造とすることで対処したのに対し、相模・桜土手38号墳では石室に接続する狭長な前庭側壁（墓道側壁）を構築することで石室入口部と通路を確保したと推測できる。一方、上総・東京湾東岸地域における内裏塚古墳群の諸例に関しても、相模や南武蔵における導入時の状況と同様に、東海地方で展開する無袖系統の横穴式石室が古東海道ルート

125

経由で受容されたと考えられる。その際、従来からも指摘されているように、当地は脆弱な石材しか入手ができないという要因があり、その結果、上総・東京湾東岸では無袖でも特に狭長な平面形を志向する石室構造が顕著に展開するに至ったと位置づけられるであろう[33]。

3 下総・現江戸川下流域における横穴式石室の導入

法皇塚古墳の横穴式石室 次に、東京湾沿岸のなかでもその北岸、下総・現江戸川下流域における横穴式石室の導入状況を取り上げるが、当地域では6世紀後半頃に築造された市川市法皇塚古墳[34]（前方後円墳、墳丘長54.5m）の横穴式石室が初現である（第56図）。墳丘後円部に構築された横穴式石室は、奥壁から玄室に向かって左側を屈曲させた片袖石室であり、構築石材として磯石（房州石）を使用している点などが注目できる。前述した上総・東京湾東岸地域において、狭長な無袖を呈する石室構造が受容・展開するという動向とは対照的であり、同じ東京湾沿岸でも、石室構造の系譜関係や伝播に伴う史的性格の違いが反映されている可能性がある。なお、当石室からは、金銅装武器・馬具および挂甲・衝角付冑などの武具をはじめ豊富な副葬品が検出されており、前方後円墳という墳形や後の律令制下になると当地域に下総国府が置かれるといった点を考慮すると、政治的観点からも重要な首長墓であると考えることができる。さらに、当古墳出土の埴輪は北武蔵・生出塚埴輪窯産の埴輪が主体を成すが、一方で石室に上総産出の磯石（房州石）が使用されるなど、現江戸川（旧利根川）を介した河川交通の拠点的な様相が窺える重要な古墳でもあり、留意が必要である。

城山1号墳の横穴式石室との類似性 ところで、この法皇塚古墳と同様に片袖石室を受容する古墳として、香取市城山1号墳[35]（前方後円墳、墳丘長68m）がある（第57図）。当古墳は、下総でもその東側、現在の利根川下流域の南岸に位置するが、金銅装武器（環頭大刀など）・馬具、武具（挂甲・衝角付冑）などが副葬されており、その埋葬施設が片袖を呈する点など法皇塚古墳と共通する点が多く認められる古墳である。ただし、法皇塚古墳が左片袖であるのに対し、城山1号墳は右片袖である点、城山1号墳で検出された埴輪は下総型埴輪である点などが相違する。しかし、6世紀後半の同時期に、下総のなかでも現江戸川下流域と現利根川下流域といった離れた両地域の首長墓の埋葬施設として、片袖の横穴式石室が受容されている点には注意すべきである。

下総における片袖石室の導入とその評価 こうした片袖石室の評価をめぐり、鈴木一有は東海地方における片袖石室を畿内地域に源流をもつ石室構造、すなわち畿内系片袖石室として捉えている。そして、こうした畿内系片袖石室が6世紀前半以降、古東海道を経由した情報伝播によって、前方後円墳を中心とする有力古墳の埋葬施設として拠点的に採用されていると指摘している[36]。このような片袖石室のもつ強い政治性やヤマト王権との繋がりという史的性格を重視すると、下総に受容された片袖石室についても同様に、畿内との関係性が窺える石室構造として理解することができる。なお、下総の法皇塚古墳と城山1号墳はいずれも6世紀後半の時期であり、畿内における片袖石室の盛行時期に比べてやや遅れるものの、東海地方では6世紀前半以降、6世紀末ないし7世紀初頭にも築造が確認できることから、東海における動向と同様に、古東海道

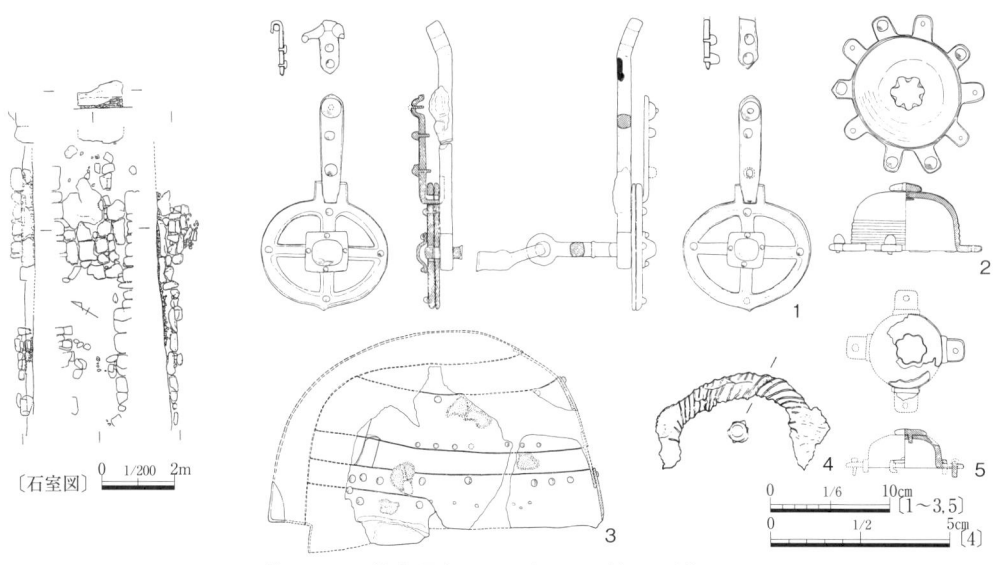

第56図　法皇塚古墳の石室および主な副葬品

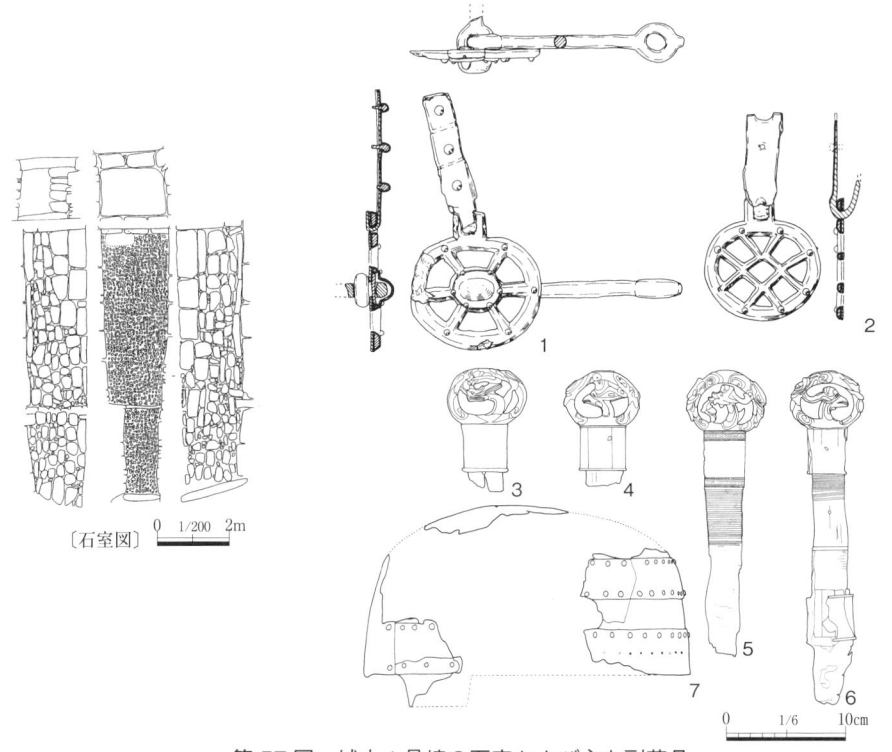

第57図　城山1号墳の石室および主な副葬品

を経由して拠点的に伝播したと考えられる。

　相模・南武蔵における畿内系石室の動向　ここで、無袖石室の伝播経路と同様に、東海地方と東京湾沿岸の中間地点となる、相模および隣接する南武蔵における片袖石室の資料を挙げると、

1. 万蔵院台2号墳〔南武蔵〕

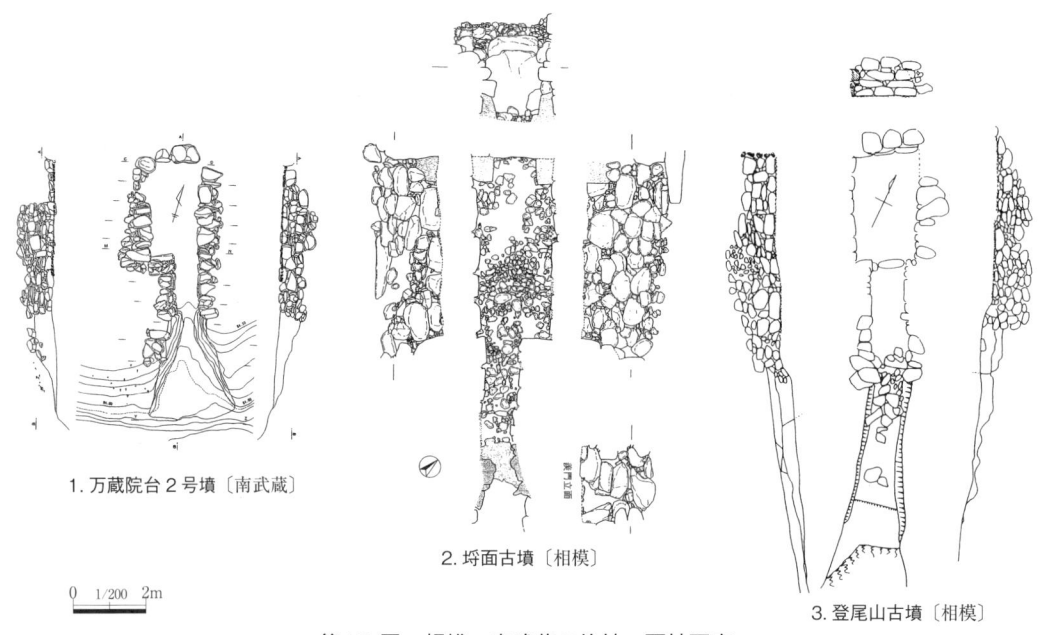

2. 埒面古墳〔相模〕

3. 登尾山古墳〔相模〕

第58図　相模・南武蔵の片袖・両袖石室

　南武蔵では日野市万蔵院台2号墳[37]（円墳、墳丘径約10m）、相模では伊勢原市埒面古墳[38]（円墳、墳丘径38m）が存在する（第58図1・2）。このうち南武蔵の万蔵院台2号墳に関しては墳丘が小規模であり、受容背景も含め今後も詳細な検討が必要であるが、これに対し、相模の埒面古墳は金銅装の馬具や銀装の装飾大刀などが出土しており、墳丘規模も周溝を含めると直径が50m近くとなることから有力古墳として注目できる。また埒面古墳の南側には伊勢原市登尾山古墳[39]（円墳、径15～20mか）が所在するが、やはり、金銅装馬具や銅鋺をはじめ相模屈指の副葬品が検出されている点、さらにその埋葬施設が両袖石室である点が重要である（第58図3）。隣接する埒面古墳と登尾山古墳の時期や先後関係については、今後も詳細な検討を要するが、いずれも6世紀末を前後する時期にその中心があったと推定できる。そして、その石室構造がそれぞれ、片袖石室と両袖石室といった畿内系石室の特徴と共通する点、さらに地理的環境などを重視すると、やはり古東海道経路で拠点的に当地に伝播した可能性が窺える。

　なお、両袖石室に着目すると、相模に隣接する駿河では静岡市賤機山古墳（円墳、墳丘径32m）が存在する。家形石棺を内部にもつ畿内系両袖石室であり、金銅製冠帽金具や金銅装の馬具、装飾大刀、挂甲など豊富な副葬品が出土した駿河を代表する有力首長墓である。こうした点からも、畿内から東海地方を経由して、相模・南武蔵そして房総半島へと畿内を系譜の淵源とする片袖石室が拠点的に伝播したと考えられる。

4　結　語―東京湾沿岸諸地域における横穴式石室の導入とその評価―

　以上、本節では上総・下総のうち、東京湾沿岸に位置する上総・東京湾東岸地域および下総・現江戸川下流域における横穴式石室の導入状況を探るうえで、東海地方と東京湾を東西に結ぶ古

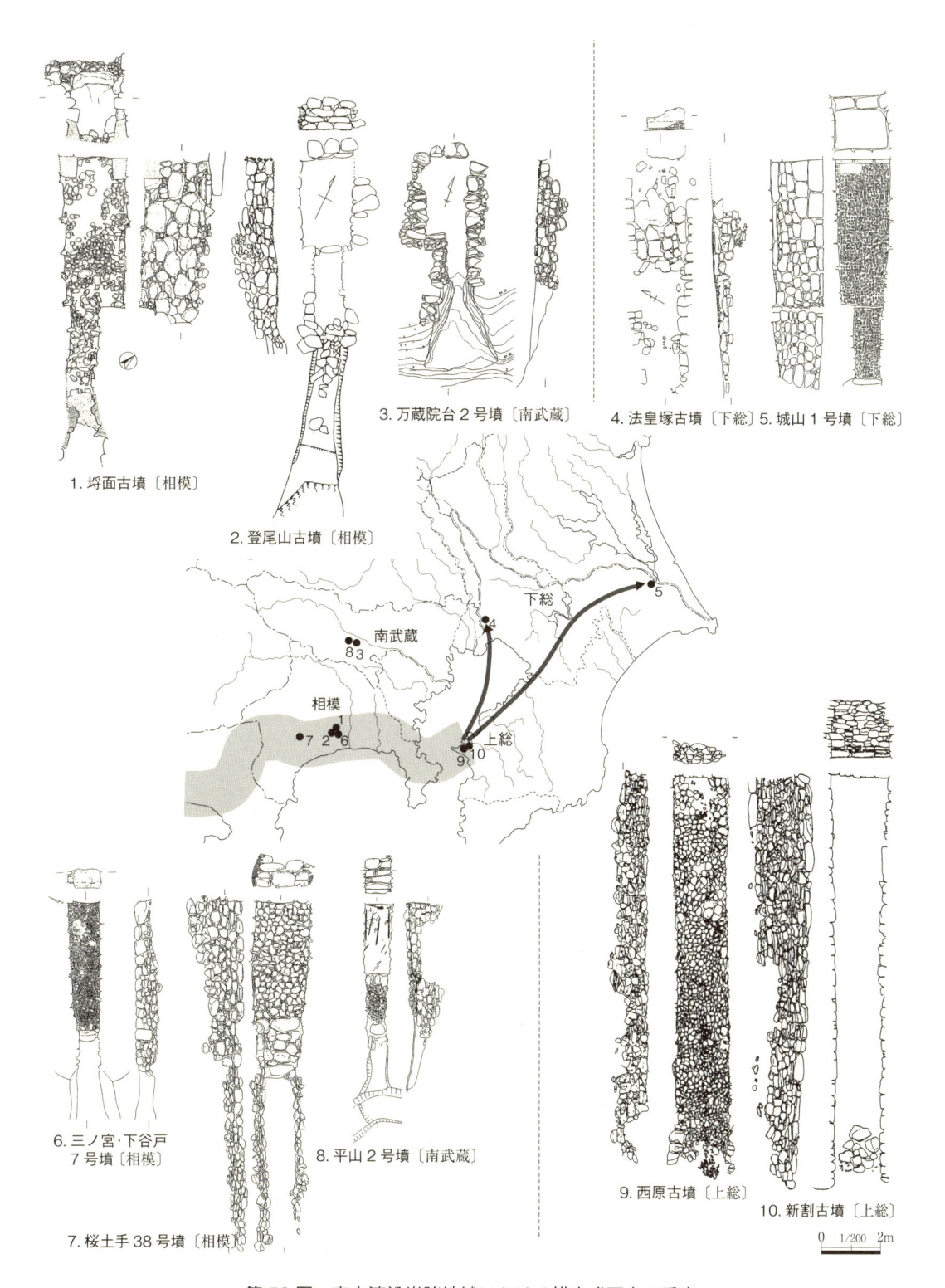

第4節　南関東の横穴式石室―東京湾沿岸諸地域の様相から―

1. 埒面古墳〔相模〕
2. 登尾山古墳〔相模〕
3. 万蔵院台2号墳〔南武蔵〕
4. 法皇塚古墳〔下総〕
5. 城山1号墳〔下総〕
6. 三ノ宮・下谷戸7号墳〔相模〕
7. 桜土手38号墳〔相模〕
8. 平山2号墳〔南武蔵〕
9. 西原古墳〔上総〕
10. 新割古墳〔上総〕

0　1/200　2m

第59図　東京湾沿岸諸地域における横穴式石室の受容

東海道経路（海路を含む）とその中間に位置する相模・南武蔵の様相についても取り上げ、系譜関係の検討を試みた。その系譜関係および伝播経路を概観したのが第59図である。

　東京湾沿岸諸地域の動向をまとめると、①上総・東京湾東岸地域おける狭長な平面形を志向する無袖石室の受容と展開、②下総・現江戸川下流域（法皇塚古墳）における片袖石室の採用といった大きくは二相を把握することができる。そのうち、①は東海地方と東京湾沿岸を東西に結ぶ伝統的な物流の交流網を基盤として、東海地方から古東海道の東端に位置する房総半島の玄関口に横穴式石室が伝播したと考えられる。これに対し、②も①と同様の伝播経路を辿ったと推定できるものの、相模の埒面古墳や登尾山古墳の存在および片袖を呈する構造的特徴を踏まえると、その背後には畿内との繋がりを窺うことができ、下総・現江戸川下流域における法皇塚古墳の石室構造や副葬品からも、その拠点的な導入状況を読み取ることができる。また、現利根川下流域に所在する城山1号墳も同様に、法皇塚古墳と類似する様相が窺えることも重要である。

　ところで城山1号墳の位置する現利根川下流域は、当時の「香取海（現在の利根川河口・霞ヶ浦・北浦・印旛沼・手賀沼を含む内海）」の南岸に所在しており、注目できる。一方の法皇塚古墳は「旧利根川下流域（現江戸川下流域）」に位置している点も併せて考えると、両古墳はそれぞれ「香取海」と「旧利根川下流域」といった交通の要衝に位置し、これらの古墳にそれぞれ畿内を系譜の淵源とする片袖石室が採用された点には留意が必要であろう。

　なお、松尾昌彦は千葉県における馬具副葬古墳の分布を検討するなかで、6世紀中葉以降に東京湾岸と香取海沿岸という離れた地域を繋ぐ形で帯状に展開するものに変化する点、さらにその分布域が7世紀後半代に遡る計画道路（東海道本路）沿いに展開する点を指摘するとともに、その意義として「この古墳時代後期にヤマト王権の軍事機構に組み込まれたより広範な地域の首長を中央に直結させたのが馬を使った交通・通信手段なのではないか」[40]と評価している。馬具副葬古墳の性格や軍事的な政策とその実態などに関する詳細な検討については、今後も他地域の動向と比較するなかで明らかにする必要があろう。しかし、本節では片袖石室がこうした後の東海道本路沿いである「香取海」南岸に位置する城山1号墳と、下総と北武蔵を結ぶ「旧利根川下流域」といった河川交通の拠点となる位置に所在する法皇塚古墳の両有力古墳に採用された点を強調しておきたい。その背景には、ヤマト王権が無袖石室の伝播に見られる東海地方―東京湾東岸における伝統的な交流網を取り込み、拠点的に介入する動向や交通網の掌握を目指す動向を読み取ることができる。ただし、こうした横穴式石室の動向に見る畿内による介入の実態は、あくまでも拠点的であり、古墳時代後期における関東諸地域では、依然として畿内系横穴式石室とは異なる構造を志向する地域もあった点は当時の実相を考えるうえで留意すべきであろう。

註
(1)　小沢　洋 2000「九条塚古墳」『平成11年度富津市内遺跡発掘調査報告書』富津市教育委員会 16-19頁
　　　なお、第47図掲載の墳丘・石室略図については、後掲の註(2)d文献掲載図より転載している（原図は『君津郡町村誌 下巻　飯野村』〔非公開・富津市中央公民館蔵、製作年不明〕）。

(2) a. 小沢　洋 1991「九条塚古墳の再検討―飯野小学校保管遺物を中心に―」『君津郡市文化財センター紀要』Ⅳ　㈶君津郡市文化財センター（後に小沢　洋 2008『房総古墳文化の研究』六一書房に所収：229 - 256頁）

　　　b. 小沢　洋 1996「小櫃・小糸・湊川水系圏の横穴式石室」『土筆』第4号　土筆社（後に小沢　洋 2008『房総古墳文化の研究』六一書房に所収：288 - 328頁）

　　　c. 小沢　洋 1997「上総の横穴式石室と前方後円墳」『《シンポジウム》横穴式石室と前方後円墳発表要旨集』第2回東北・関東前方後円墳研究会大会（後に小沢　洋 2008『房総古墳文化の研究』六一書房に所収：329 - 350頁）

　　　d. 小沢　洋 2008『千葉県富津市 内裏塚古墳群総覧』富津市教育委員会

　　　e. 小沢　洋・伊藤伸久 2010『平成21年度―千葉県―富津市内遺跡発掘調査報告書　植ノ台遺跡6 九条塚古墳』富津市教育委員会

(3)　小沢　洋 1992『西原古墳』富津市教育委員会

(4)　椙山林継 1986「内裏塚古墳群の年代」『千葉県富津市内裏塚古墳群測量調査報告書』千葉県教育委員会　57 - 64頁

(5)　前掲註(4)文献

(6)　小沢　洋 1990『三条塚古墳』富津市教育委員会

(7)　三条塚古墳は石室が部分調査であるものの、検出状況などからは無袖の可能性が強い（前掲註(2)文献 b・c・d 参照）。

(8)　小沢　洋 1985『千葉県富津市二間塚遺跡群確認調査報告書Ⅱ』㈶君津郡市文化財センター

(9)　千葉県教育委員会 1986『千葉県富津市内裏塚古墳群測量調査報告書』

(10)　高橋　勇 1937「上総国君津郡飯野村二間塚字向原古墳」『古墳発掘調査報告』帝室博物館学報9　東京帝室博物館

(11)　野口行雄 1990『下谷古墳・下谷遺跡』君津郡市文化財センター

(12)　中村恵次・市毛　勲 1967「富津古墳群八丁塚古墳調査報告」『古代』第49・50合併号　早稲田大学考古学会　152 - 164頁

(13)　椙山林継 1991「横穴式石室の地方受容と変革―内裏塚古墳群の場合―」『君津郡市文化財センター研究紀要』Ⅴ―設立10周年記念論集―　㈶君津郡市文化財センター　137 - 152頁

(14) a. 中村恵次 1974「房総半島における横穴式石室―とくに複室構造の石室について―」『史館』第2号　史館同人会（後に中村恵次 1978『房総古墳論攷』中村恵次氏著作集刊行会・真陽社に所収：79 - 96頁）

　　　b. 中村恵次 1974「房総半島における変形石室―L字形・T字形石室とその周辺」『史館』第4号　史館同人会（後に中村恵次 1978『房総古墳論攷』中村恵次氏著作集刊行会・真陽社に所収：97 - 117頁、抜粋箇所：同文献 103頁）

(15)　土生田純之 1997「横穴式石室における諸形態とその要因」『専修大学人文論集』第60号　専修大学学会　81 - 104頁

(16)　右島は、上野における横穴式石室の導入期にみられる長大な羨道をもつ石室構造の出現背景として、墳丘構造がそれ以前の竪穴系の段階と同じため、墳丘と石室の位置的関係が合理的に処理でき

ず、その結果、長大な羨道を構築することで玄室へと至る通路としたと位置づけている。
　　　右島和夫 1994『東国古墳時代の研究』学生社
(17)　前掲註(2)b 文献：298 頁
(18)　東海考古学フォーラム三河大会実行委員会・三河古墳研究会 2001『東海の後期古墳を考える』第 8 回東海考古学フォーラム三河大会
(19)　静岡県考古学会 2008『東国に伝う横穴式石室―駿河東部の無袖式石室を中心に―』静岡県考古学会 2007 年度シンポジウム
　　　なお、本シンポジウムの成果を基礎として、新たに加除改筆および新稿が加えられ、土生田純之編 2010『東日本の無袖横穴式石室』雄山閣が刊行されている。
(20)　静岡県考古学会 2003『静岡県の横穴式石室』
(21)　井鍋誉之 2003「東駿河の横穴式石室」『静岡県の横穴式石室』静岡県考古学会　241 - 253 頁
(22)　前掲註(21)文献：249 頁
(23)　宍戸信悟編 2000『三ノ宮・下谷戸遺跡（No.14）Ⅱ』かながわ考古学財団調査報告 76　第一東海自動車道厚木・大井松田間拡幅工事に伴う調査報告 17―伊勢原市内―　㈶かながわ考古学財団
(24)　a.宍戸信悟 2000「第Ⅵ章　第 2 節 弥生時代から古代　(9)まとめ」『三ノ宮・下谷戸遺跡(No.14)Ⅱ』かながわ考古学財団調査報告 76　第一東海自動車道厚木・大井松田間拡幅工事に伴う調査報告 17―伊勢原市内―　㈶かながわ考古学財団　427 - 442 頁
　　　b.宍戸信悟 2001「横穴式石室から見た古墳時代の秦野盆地」『秦野市立桜土手古墳展示資料館研究紀要』第 2 号　秦野市立桜土手古墳展示館　25 - 44 頁
(25)　a.植山英史 2008「相模の無袖式石室」『東国に伝う横穴式石室―駿河東部の無袖式石室を中心に―』静岡県考古学会 2007 年度シンポジウム　静岡県考古学会　83 - 96 頁
　　　b.植山英史 2010「相模」土生田純之編『東日本の無袖横穴式石室』雄山閣　99 - 119 頁
(26)　竹内直文 1998『馬坂　馬坂遺跡・馬坂上古墳群発掘調査報告書』磐田市教育委員会
(27)　武井　勝ほか 2000『神奈川県秦野市桜土手古墳群の調査（第二次）』桜土手古墳群第二次発掘調査団
(28)　当古墳をめぐり、宍戸信悟は 6 世紀後半から 7 世紀初頭頃、植山英史は TK209 段階(6 世紀末から 7 世紀初頭頃：筆者補)としており、相模・桜土手古墳群における横穴式石室の初現として位置づけている（宍戸：前掲註(24)b 文献，植山：前掲註(25)a・b 文献）。
(29)　a.池上　悟・清野利明 1978「平山遺跡：第Ⅱ次調査」『日野市遺跡調査会年報Ⅰ（昭和 52 年度）』日野市遺跡調査会・日野市教育委員会　69 - 95 頁
　　　b.日野市史編さん委員会 1984「平山遺跡」『日野市史史料集 考古資料編』253 - 310 頁
(30)　a.草野潤平 2008「武蔵南部における無袖式石室の様相」『東国に伝う横穴式石室―駿河東部の無袖式石室を中心に―』静岡県考古学会 2007 年度シンポジウム　静岡県考古学会　97 - 108 頁，抜粋箇所：105 頁
　　　b.草野潤平 2010「武蔵」土生田純之編『東日本の無袖横穴式石室』雄山閣　120 - 134 頁
(31)　前掲註(30)a 文献：105 頁
(32)　前掲註(16)参照

(33) なお、L字形を呈する石室構造などは、北武蔵における横穴式石室の導入時に認められるL字形やT字形の出現要因を論じた増田逸朗の見解が参考となる。増田はこうした北武蔵で認められるL字形やT字形を呈する横穴式石室について、墳丘中央部・東西方向の埋葬という伝統的在地墓制との融合が認められ、その結果、従来の竪穴系埋葬施設に狭長な羨道部を接続するという構造が出現したと指摘している。

増田逸朗 1995「北武蔵における初期横穴式石室導入期の様相」『調査研究報告』第8号 埼玉県立さきたま資料館 1-12頁

(34) 小林三郎・熊野正也編 1976『法皇塚古墳』市立市川博物館研究調査報告第三冊 市立市川博物館
(35) 丸子 亘・渡辺智信ほか 1978『城山1号前方後円墳』小見川町教育委員会
(36) a. 鈴木一有 2000「遠江における横穴式石室の系譜」『浜松市博物館報』第13号 浜松市博物館 49-70頁

b. 鈴木一有 2001「東海地方における後期古墳の特質」『東海の後期古墳を考える』第8回東海考古学フォーラム三河大会 三河大会実行委員会・三河古墳研究会 383-406頁

c. 鈴木一有 2007「東海の横穴式石室における分布と伝播」『研究集会 近畿の横穴式石室』横穴式石室研究会 269-280頁

(37) 日野市史編さん委員会 1984「万蔵院台遺跡」『日野市史史料集 考古資料編』311-343頁
(38) 田尾誠俊 2008「登尾山古墳・埒面古墳」広瀬和雄・池上 悟編『武蔵と相模の古墳』季刊考古学・別冊15 雄山閣 156-161頁
(39) a. 立花 実・手島真美 1998「伊勢原市登尾山古墳再考―その再整理に向けて―」『東海史学』第33号 東海大学史学会 107-134頁〔(15)-(42)頁〕

b. 前掲註(38)文献

(40) 松尾昌彦 2002『古墳時代東国政治史論』雄山閣,抜粋箇所:270頁

第 3 章

横穴式石室に見る上野の歴史動向

第1節　上野における横穴式石室研究の視角

　第2章の各節では、東国各地における横穴式石室の諸動向や変遷観の検討を実施する中で、石室構造の特徴や系譜関係から読み取ることができる地域的特質や地域間交流の諸相を明確化できたと考えられる。このことは、畿内中枢から列島各地へと伝播する横穴式石室の構造や各種文物・情報の動きとは異なる当時の情勢、すなわち列島諸地域間を結ぶ錯綜する多様な交流網の存在や、隣接諸地域間や長距離間・遠隔地間における交流・交易活動の諸相を把握する手掛かりとなると言える。

　さて、このような東国の諸地域が有する地域間交流の実相を踏まえた上で、次に本章の各節では上野（上毛野、現在の行政区画における群馬県）の動向を取り上げてみることにしたい。上野は、1938（昭和13）年に刊行された『上毛古墳綜覧』にまとめられた古墳分布調査の成果[1]や尾崎喜佐雄の『横穴式古墳の研究』による横穴式石室の基礎的研究[2]などをはじめ、古墳時代の先駆的研究が多く行なわれた地域である。加えて、東国でも傑出した規模と内容を誇る数々の古墳が存在しており、そこから出土する各種副葬品や埴輪の豊富さからも、古墳時代の東国を代表する地域として、早くから注目されてきた。

　また、信濃から関東へと至る玄関であるということ、すなわち古東山道経路を介した新来技術・文化を受容する窓口として位置づけられるが、その一方で旧利根川（現在の江戸川を経て東京湾へと至る流路）を介して関東北西部と南関東（東京湾沿岸）を結ぶ河川交通・水上交通の要衝となる地域でもあり、こうした立地環境は畿内による東方進出に際しても大きな役割を果たしたと考えられており、このことは古墳築造の主体を成す横穴式石室の動向にも大きく影響していた可能性を視座に据える必要があろう。

　このような地理的・歴史的背景を踏まえたうえで、以下、当地域における横穴式石室の検討を試みることにするが、その際、①石室構造と葬送儀礼の変化に見る相関性、②群集墳と首長墓間における葬送儀礼の差異、③上野における古代への胎動と地域圏形成の動態の3つの視角に留意し、上野における6、7世紀の実態把握を目指したいと考えている。①・②では石室構造に内包された機能的側面、すなわちそこで執行された葬送儀礼の復元的検討から横穴式石室の変化・変容過程を検討するとともに、群集墳（中・小古墳）・首長墓に大別される階層構造と石室構造に内包される葬送儀礼の関係性についても論究を試みることにする。また③では、上野のなかでも6、7世紀の中心であり、後に律令制下における国府が設置される西（中・西毛地域）とは別に、東（東毛）の動向に焦点を当て、地域圏形成の過程とその実態を探ってみることにする。このことは律令国家成立直前の動向として、東毛地域の動向が示唆する地域社会の実像を提示することを目的としている。

　以上、①〜③で挙げた3つの視角から、以下、第2節では群集墳における石室構造と葬送儀礼

の変容過程とその実態、第3節では首長墓における石室構造の一要素である羨道部区画の出現とその意義をめぐる検討、第4節では太田市に所在する菅ノ沢古墳群と巖穴山古墳の検討から東毛地域における後・終末期古墳の動向把握とその評価を行なうことにする。

註
(1)　群馬県 1938『上毛古墳綜覧』群馬県史跡名勝天然記念物調査報告第五輯
(2)　尾崎喜左雄 1966『横穴式古墳の研究』吉川弘文館

第2節　横穴式石室の構造と葬送儀礼の変化

1　はじめに

　序章でも述べてきたように、横穴式石室は後・終末期古墳における中心的な埋葬施設であり、立体的構築物としての古墳を構成する中核となる要素である。そのため関東地方では早くから横穴式石室の型式学的研究が行なわれてきたが、形態の細分化や地域性を過度に強調する傾向があったと言える。しかしその一方で、石室構造は葬送儀礼の内容やその変化と不可分の関係にあると考えられ、積極的に古墳における諸儀礼の復元と合わせた検討を試みるべきである。

　本章で扱う上野（現在の行政区画における群馬県に相当）における横穴式石室の特徴としては、台形状を呈する前庭部の盛行が挙げられるものの、その出現背景や系譜に関しては依然として曖昧な点が多いと言える。こうした問題点を鑑み、本節では主に上野における群集墳の動向を中心として、前庭部の付設といった新しい墓制の展開とその内的変化に焦点を当ててみることにする。その際、石室構造の変化や前庭部の形状のみの検討に終始するのではなく、葬送儀礼の変化や変質、さらには階層性の反映に関する視点を考慮したうえで、上野における横穴式石室の構造と葬送儀礼の変容との関係性について検討してみることにする。

2　研究の視点

(1) 横穴式石室研究の概要

　当地域は、尾崎喜左雄[1]をはじめ、石川正之助[2]、松本浩一[3]などによって横穴式石室研究の大枠が作られた。横穴式石室を構築物として捉える先駆的研究が行なわれており、当地域における古墳研究の基礎として位置づけられる。しかし、こうした研究成果は以後も継承されるのであるが、一方で出土遺物との比較検討が不足していた点、石室構築の規格論や尺度論に偏重した点に問題が残った[4]。

　こうした中で、その後、右島和夫は上野における横穴式石室の変遷をⅠ期～Ⅴ期に区分し、前代の石室構造に畿内からの新しい技術が加わり、段階的に発達していると位置づけている[5]。右島の研究により、横穴式石室の変遷観および畿内の動向との密接な関係が明らかになったと評価できる。しかし、この変遷観は大型古墳と中小古墳に分けて論じられているものの、首長墓を中心として横穴式石室が変化し、中小古墳にも広がるといった構図が重視されているようである。首長墓からの一方向的な新来墓制および横穴式石室の諸要素の伝播に終始するのみではなく、群集墳における変容や発達といった視点にも考慮し、改めて首長墓との相関関係を論じる必要があろう。

(2) 前庭部の認識

 次に、当地域における横穴式石室の特徴として台形状の前庭施設を取り上げることができるが、この前庭についてはどのような認識がされているか。尾崎は墓前祭を行なう場であると位置づけるとともに、矩形と台形の2つの形態を指摘した。なお、その系譜としては自生の可能性を考慮する一方で、畿内を飛び越えて大陸から直接、関東に持ち込まれた可能性を想定している[6]。また松本は前庭の詳細な類型化を行なうなかで、築造規格や年代観の問題があるものの、前庭施設をもたない石室においても、石室前で祭祀を実施した可能性を指摘している[7]。さらに右島は、前庭が埴輪消滅以降の古墳において、普遍的に存在する点を指摘するとともに、縦長の長方形を呈する6世紀型、横長の長方形を呈する7世紀型の前庭として論じている[8]。一方で赤城山南麓を中心に展開する前庭状掘り込みの存在に着目した研究も行なわれており、こうした前庭状掘り込みの盛行する要因として、墓域の規制による古墳の密集や墳丘の縮小化、周堀の簡略化などが考えられている[9]。

 このように、前庭部の機能としては石積みなどの施設をもたないものも含めて、いわゆる墓前祭や追善供養に近い祭祀行為の場であり、何らかの儀礼的行為を実施していたと認識できる点には異論ないであろう。しかし、このような儀礼的行為を前庭部の形態や構造のみを取り上げて論じるのは危険である。まして、前庭といった横穴式石室を構成する一要素のみをもって、系譜を他地域、なかでも高句麗との関係を指摘する見解[10]や、さらには前庭の形状のみをもって汎列島的に同一の系譜的関係を扱うには、慎重にならなければならない。また、前庭状掘り込みについても、古墳の簡略化・形骸化の傾向が指摘されるものの、それに伴う葬送儀礼の変化過程やその実態は解明されていないのが現状である。

 以上のような問題点を踏まえ、以下、群集墳の動態に着目してみたいと考えている。そのなかでも群集墳における土器出土状況の分析を中心として、前庭部の形状のみを過度に重視するのではなく、葬送儀礼の復元といったソフト面に関する視角から、葬送儀礼の変化とその要因を明らかにし、さらには横穴式石室構造や階層構造との関連性を考察することにする。

 なお、分析の際、前庭部の呼称は、先行研究を参考にして、石室入口部に台形状の開けた空間を設けているものを広義の「台形前庭」として捉えることにする。また、前庭における石積み施設などがなくても土器類の出土などにより、石室入口部にて儀礼の実施が認められる事例に関しては、台形前庭の用語とは区別して「開口部前面」、さらに前庭施設の形骸化と位置づけられる石室入口部前の掘り込みを「前庭状掘り込み（掘り込み前庭）」として、論じることにしたい。

 一方、本節では詳述しないが、ほかに狭長な矩形を基調とする「矩形前庭」や「ハの字形」に開くものも見受けられる。このような矩形前庭は形状から矩形と呼称しているものの、石室へと至る墓道から発達した、いわゆる前庭側壁と同様の性格であると考えられる。ハの字形を呈する前庭についても、同様に墓道からの発達として捉えられる。したがって、当地域の前庭部はおおむね、墓道→矩形（前庭側壁）・ハの字形→台形といった変化の方向性で把握することができる。その際、台形前庭への変化にはどのような背景が窺えるのか、台形前庭の盛行に伴う強い浸透性にも着目したうえで、検討を試みることにする。

3　群集墳における土器出土状況とその変化

　さて、土器類の出土状況に関しては、後述するように、土器類の配置位置が玄室内から前庭部へと移動するといった指摘がすでにある[11]。ただし、その理由としては「別種の儀礼の創出・定着」[12]や「器種の交換」とそれに伴う「汎日本的な規制の存在」[13]などが考えられている。確かにこのような儀礼の転換が生じた可能性や規制といった外的要因を想定することはできるが、一方で内的動向にも留意した見解を示すことが必要であろう。

　ここでは、各群集墳における横穴式石室の時期的変化や、土器類の出土状況が良好な資料を中心に取り上げてみることにする。前庭部付設の時期や出土土器の位置とその変化、あるいはその器種などにも注目するとともに、葬送儀礼の変化との関連性を論究してみることにする[14]。

(1) 少林山台遺跡（第60図）

　少林山台遺跡[15]は、現在の高崎市の南西部、碓氷川右岸にある岩野谷丘陵の北西斜面上に所在している。5世紀中葉ないし後半から7世紀初頭にかけて造営された群集墳である。

　当遺跡における導入期の横穴式石室としては、無袖石室である12号墳が挙げられる。狭長な長方形プランを呈しており、石室内からMT15型式の特徴をもつ須恵器が出土している点からも、6世紀初頭から前半の年代が与えられる。天井構造や平天井であったと考えられ、梱石によって玄室と羨道を区別しているのであるが、羨道床面にはさらに3石を並べた梱石を配して羨道を二分し、前室的空間を形成している点が特徴である。12号墳に後続する古墳としては、2号墳、そして17号墳といった変遷が考えられ、いずれも埴輪を有している。

　2号墳は片袖とされるが、右側壁の突出はわずかであり、むしろ奥壁部に最大幅を有し、開口部に向かって狭まる長台形を呈する無袖石室に近いと言える。しかし、梱石を配している玄門部の両側壁には縦方向の目地が通っている。さらには玄室天井石に比べ、玄門部に現存する天井石が1段下がって架構され、前壁ないし擬似楣石を有していたと考えられる。このような点を考慮すると、この石室は無袖から両袖への過渡期的形態として位置づけられる。時期としては、石室構造および墳丘出土の須恵器がTK43型式の特徴を有する点から、6世紀後半頃と捉えたい。そして、石室入口部には前庭施設が付設されているが、規模は非常に小型で直線的であり、初現的な様相を示している。

　17号墳になると両袖化し、玄室平面形は奥壁寄りに最大幅を有する胴張りを呈するようになるのであるが、2号墳に引き続き小型の台形前庭が付設されている。時期としては、出土須恵器がTK209型式併行である点からも、6世紀末から7世紀初頭が与えられる。

　以上のように、まず無袖石室である12号墳が築造され、無袖から両袖への過渡期と考えられる形態の2号墳、そして両袖石室の17号墳へと変遷すると考えられる。2号墳では6世紀後半に初現的な前庭が確認でき、しかも玄室と羨道の天井に段差を有するようになる。このような構造は、6世紀末から7世紀初頭の17号墳にも引き継がれ、さらには両袖石室が採用されるのである。

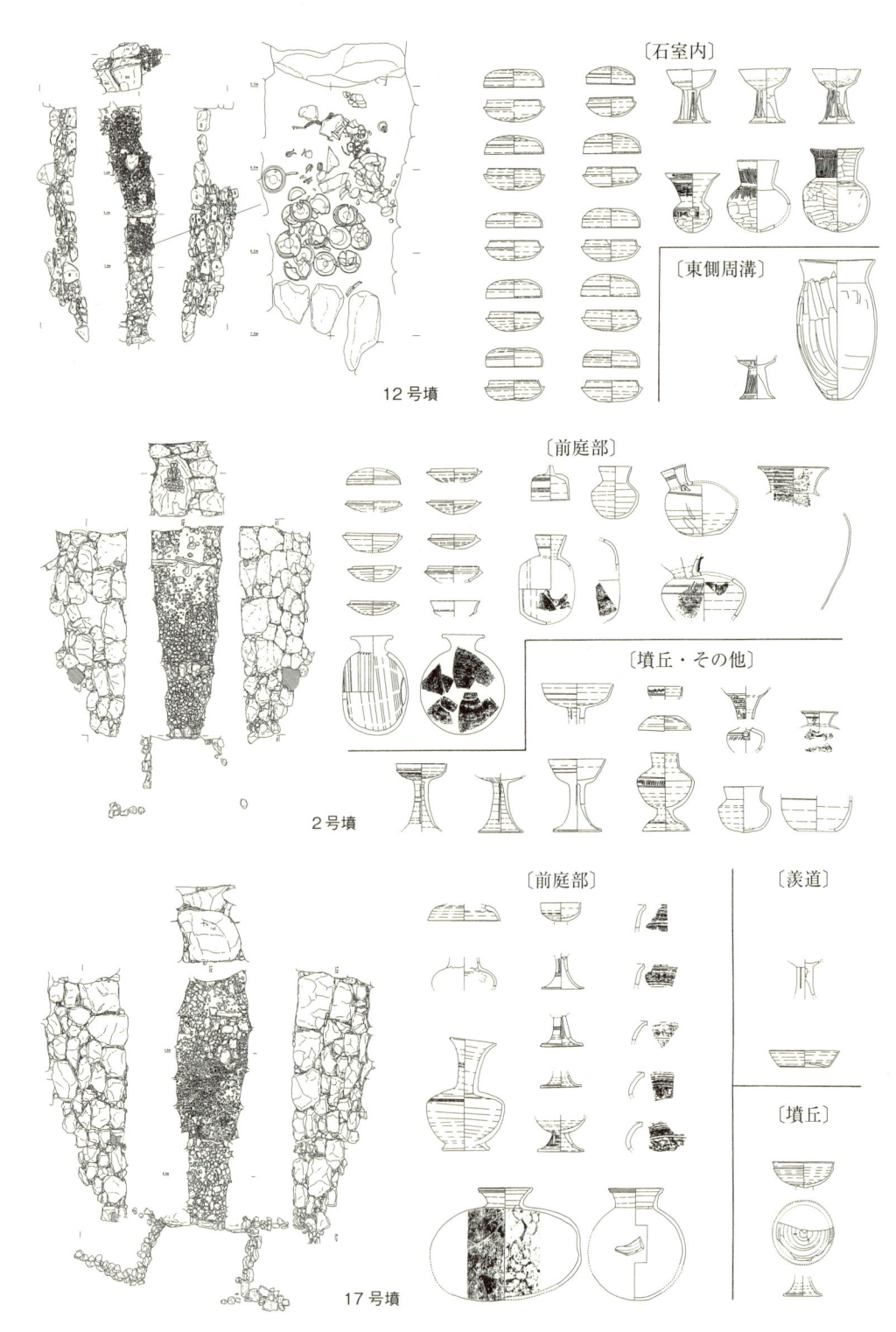

第3章 横穴式石室に見る上野の歴史動向

第60図 少林山台遺跡の石室および出土土器の様相

第2節　横穴式石室の構造と葬送儀礼の変化

　ここで土器類の出土状況に着目してみると、12号墳では先述した石室内の前室的空間に馬具とともに蓋身のセット関係にある須恵器蓋坏各10点や腿、土師器高坏などがまとめて配置されており、玄室内の埋葬空間とは区別された空間利用が窺える。次に2号墳になると、石室内からの土器類の出土は認められない。墳丘からTK43型式併行の須恵器が出土しているが、7世紀以降の土器類はいずれも前庭部から多数出土しており、注目できる。7世紀になって儀礼の場として前庭の付設が定着し、土器供献の場として利用された可能性が窺える。17号墳においても、墳丘や羨道からもわずかに土器類が出土しているが、土器類出土の中心は前庭部であり、TK209型式の特徴をもつ横瓶や坏蓋などが出土している[16]。

(2) 蟹沼東古墳群（第61図）
　蟹沼東古墳群[17]は赤城山の南麓、現在の伊勢崎市波志江町に所在する5世紀後半から7世紀末にかけて造営された群集墳である。前方後円墳や帆立貝式古墳などはなく、いずれも円墳より構成されている。
　6号墳は無袖石室であり、平面形は奥壁部に最大幅を有し、開口部に向かって狭まる長台形を呈している。土器類は玄室内東北隅床面より須恵器長頸壺1点が出土している。しかし、ほかはいずれも石室開口部前面に集中しており、須恵器平瓶・高坏、土師器坏の出土が認められる。土器の年代は、玄室内の長頸壺がTK209型式に併行する点から6世紀末頃を中心とする時期が考えられる。だが、これに対して開口部前面出土の平瓶や高坏などはTK217型式以降の特徴であり、7世紀代の年代が与えられ、玄室内のものに比べ新相を示すと言える。
　6号墳に後続する様相を示す古墳としては、両袖石室を採用した31号墳や17号墳が挙げられる。いずれも埴輪を有しており、古相を示すと考えられる。しかし、平面形は31号墳が胴張りプランを呈し、最大幅を奥壁寄りに有しているのに対し、17号墳は最大幅を中央にもつ胴張りプランであり、台形前庭を付設している点が異なる。そして、土器類の出土状況は31号墳が玄室右側壁袖部付近より須恵器提瓶1点のみが出土しているのに対し、17号墳は石室内からの土器類の出土は認められず、前庭部から須恵器片が出土しているとされる。6号墳よりは後出する石室構造であり、埴輪を有していることから6世紀末から7世紀初頭の時期が考えられる。また台形前庭の有無や土器の出土状況を考慮すると、31号墳では石室内に土器類を配置していたが、17号墳になると台形前庭が付設されるとともに、土器類はいずれも前庭部からの出土となり、石室内からの出土が見られなくなるといった変化が想定できる。
　また、6号墳の開口部前面から出土した須恵器はいずれも7世紀代のものであり、6世紀代には石室内に土器を置いていたが、7世紀以降は開口部前面を土器供献の場として利用していた状況が窺える。そして、7世紀代の構築である38号墳・63号墳においても、石室内からの土器類の出土はなく、いずれも台形前庭からの出土である。

(3) 西大室遺跡群・七ツ石古墳群（第62図）
　西大室遺跡群は赤城山南麓、現在の前橋市東部に所在しており、その遺跡群の中に七ツ石古墳

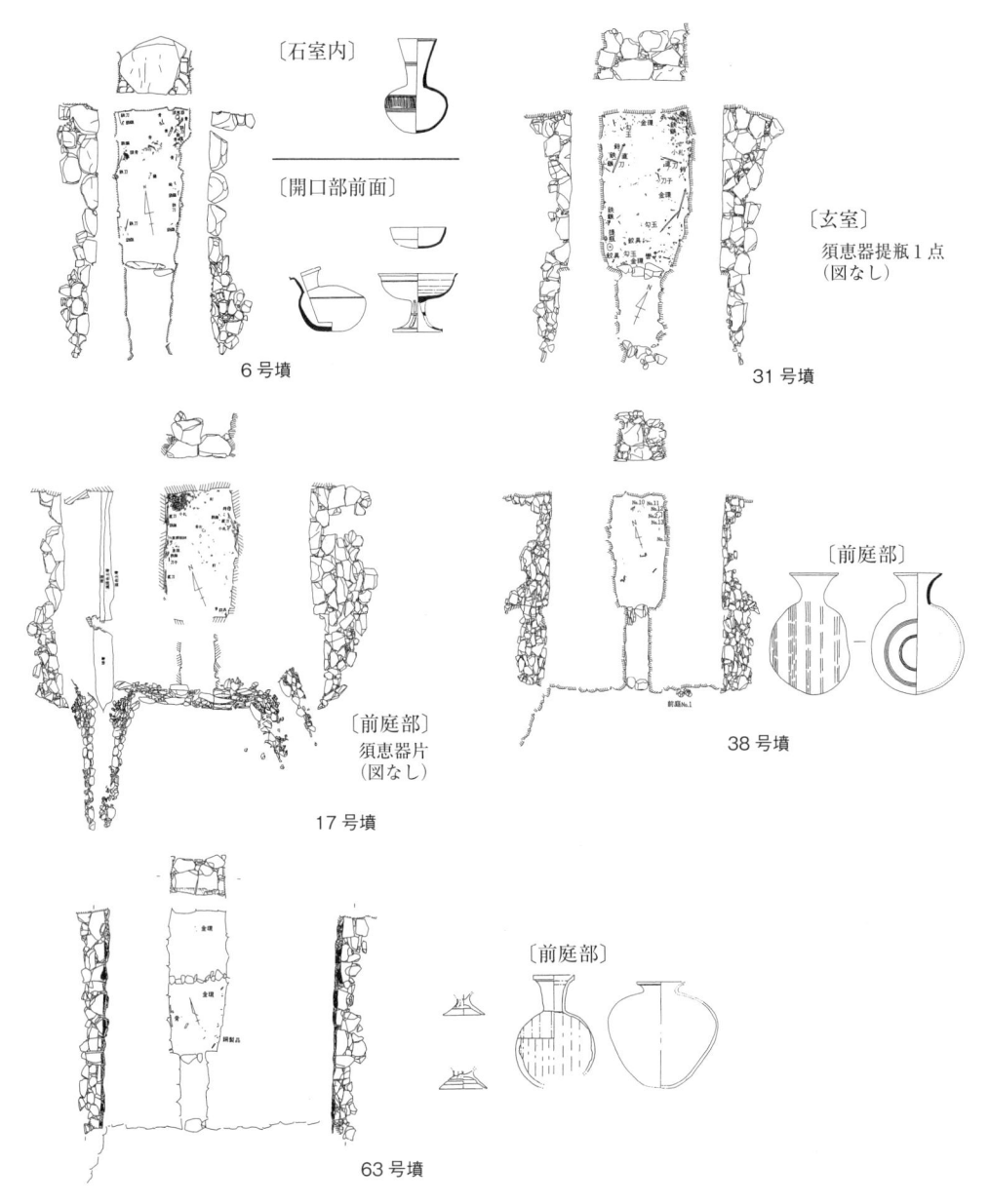

第 3 章　横穴式石室に見る上野の歴史動向

第 61 図　蟹沼東古墳群の石室および出土土器の様相

群[18]は属している。6世紀から7世紀にかけて造営された群集墳である。

　そのなかで七ツ石古墳群中の荒砥村72号墳は両袖石室であり、天井構造は玄門部に前壁を有している。玄室奥壁寄り左側壁付近からTK217の特徴をもつ須恵器提瓶1点のみが出土している。埴輪を有していない点や石室構造、出土土器からは7世紀初頭ないし前半の時期が与えられる。しかし、前庭部には台形前庭が付設されておらず、土器の出土も認められない。

　これに対し、新相を示す古墳として荒砥村70号墳が挙げられる。両袖石室であり、玄

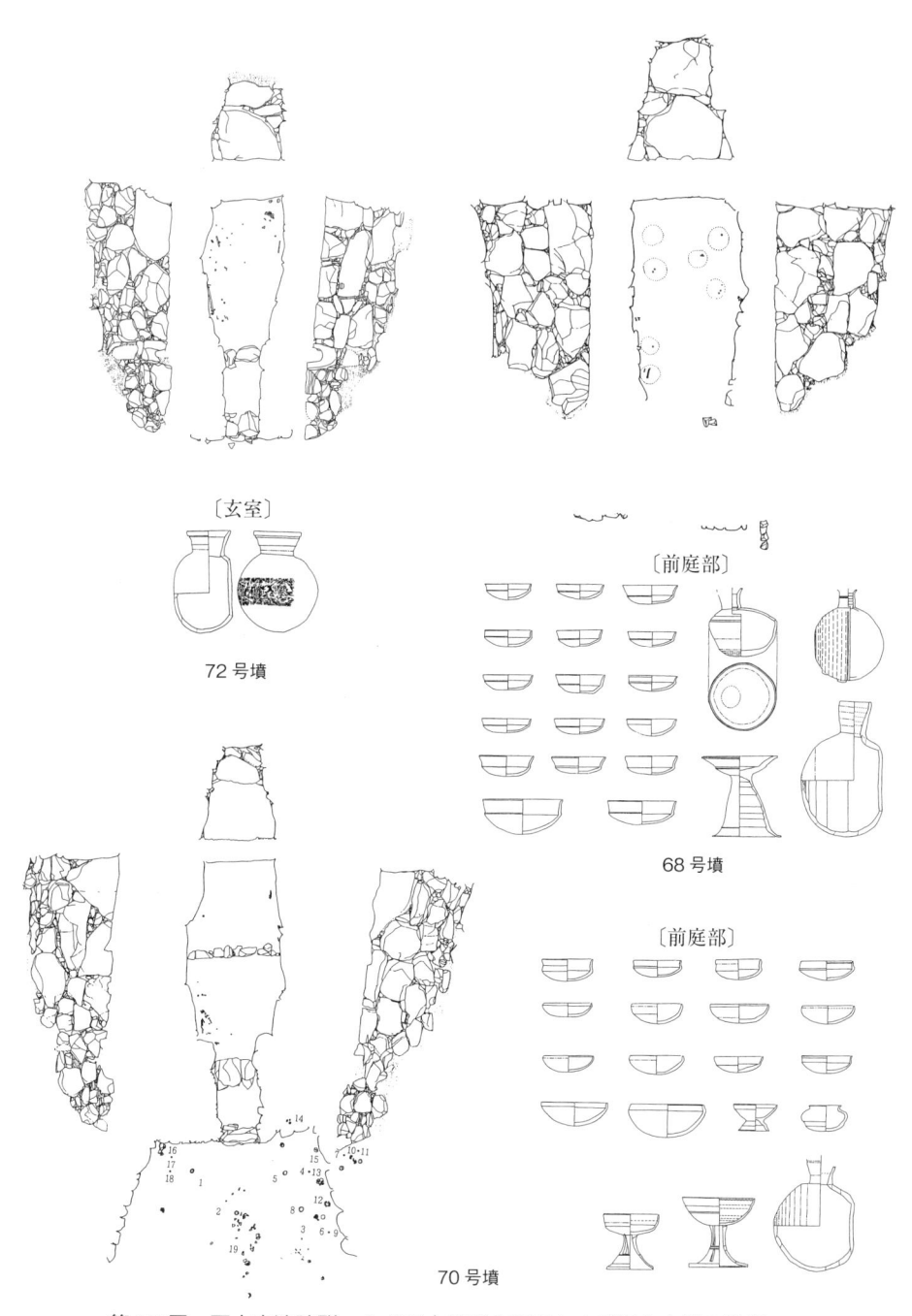

第2節　横穴式石室の構造と葬送儀礼の変化

第62図　西大室遺跡群・七ツ石古墳群の石室および出土土器の様相

室平面形は胴張りプランを呈するのであるが、羨道入口部には台形を呈する前庭部が付設されている。石室内からの土器類の出土は認められず、前庭部から須恵器のフラスコ形瓶を模倣した提瓶1点・高坏2点・短頸壺1点、土師器坏13点・高坏1点が出土してい

る。出土遺物はいずれも7世紀中葉を前後するものである。

また、ほかに前庭状掘り込みを有する荒砥村68号墳があり、前庭出土土器は7世紀前半が中心である。よって72号墳から68号墳、70号墳への変化が考えられ、土器類の出土状況も石室内から前庭部へと移行する状況が窺えるのである。

4 土器供献の変化とその諸段階

(1) 画期の設定

以上のように、各群集墳における横穴式石室の変化と出土状況を概観した結果、横穴式石室の時期的な変化に伴い、土器類の出土状況にも変化が認められた。すなわち、土器類の出土位置が石室内から前庭部へと移行するといった現象である。

こうした点は、前庭部におけるいわゆる墓前祭へと儀礼が転換するといった認識はなされているものの、移行期の実態と要因、あるいはその諸段階については依然として不明確な部分が多いと言える。しかし、前述した群集墳の事例から窺えるように、少林山台遺跡が6世紀前半から7世紀初頭、蟹沼東古墳群が6世紀後半から7世紀代にかけて時期的変遷が認められる点は重要である。そこでは徐々に土器の配置位置が石室内から前庭部へと変化する様相を把握することができ、台形前庭の付設と儀礼の転換のみで理解するのではなく、こうした過渡期の動向にも着目しておくことが必要であろう。その際、土器類の配置位置の移行と台形前庭の付設という両者の動きは、一度切り離して考えるべきである。このように考えると、土器類の配置位置の変化は、

　①石室内への土器供献を志向、実施する傾向にあるもの
　②土器供献の場が石室内から前庭部へといった移行期の様相を示すもの
　③石室内への土器供献を志向しない傾向にあり、前庭部（開口部前面・台形前庭など）を儀礼
　　の場として使用しているもの

といった大きくは3つの画期で捉えることができる。そして、前述した少林山台遺跡は①から②、蟹沼東古墳群は②から③への変化として位置づけることができるであろう。

しかし、一方で先述した西大室遺跡群・七ツ石古墳群の動向からは、土器類の配置位置が石室内から前庭部へと移行する時期が7世紀前半であるように、少林山台遺跡や蟹沼東古墳群に比べて遅れている点には留意すべきである。2から3への変化ではあるものの、このような時期差はそのほかの群集墳においても見受けられると言える。そこで、次に各群集墳の動向と土器出土位置を手掛かりとして画期を設定し、土器供献の様相とその変化の方向性を論じてみたい[19]。

なお、横穴式石室における土器の出土位置を検討する際、土器の廃棄や移動など「片付け」行為が実施された可能性を考慮しなければならない。だが、後述するように7世紀代における群集墳の大半が、石室内からの土器出土が認められない点は注目できる。また前庭部の出土状況からは、土器以外で石室内出土遺物よりも古相を示す遺物が認められない傾向があり、さらに土器についても石室内出土に比べて新相を示す例が多数を占める点は重要である。このように、当地域では「片付け」行為を示す例が顕著ではなく、むしろこのような動向が特徴的な台形前庭の出現・展開とも密接に関わっているものと考えられる。

第2節　横穴式石室の構造と葬送儀礼の変化

他方、石室内出土土器の性格に関しては副葬品として位置づけられるのであるが、そのなかには供献的な意味を有するものも多数あったと推定できる。先述した少林山台遺跡12号墳では、蓋坏が各10点ともすべて蓋を受台として身をのせた状態で検出されており、注目できる。食物などをのせて供献した可能性なども考えなければならないであろう。また前庭部出土土器は、やはり副葬品ではなく、供献用の土器としての位置づけが妥当である。このように、石室内出土土器の厳密な区分は難しく、副葬品としての性格を有していたものもあったと考えられるが、本節では一括して広義の供献土器として論じることにしたい。今後、出土土器の性格をより明確に位置づけ、儀礼の実態に迫ることが望まれよう。

第1期

6世紀初頭ないし前半を中心とする時期である。当地域における横穴式石室の導入期であり、石室内を埋葬空間とともに、土器を供献する場として利用している。先述した少林山台遺跡12号墳のほかに、高崎市倉賀野古墳群大道南13号墳・16号墳[20]、渋川市伊熊古墳[21]、伊勢崎市高山遺跡1号墳[22]などが挙げられる。石室構造の特徴としては、狭長な長方形プランを呈する無袖石室であり、天井構造は玄室・羨道ともに一連の平天井である。

また、伊勢崎市権現山2号墳[23]はL字形を呈する石室形態であるが、間仕切り石を設けることにより、前室的空間が形成されており、この空間から土器が多数出土している（第63図）。少林山台遺跡12号墳と同様に、前室的利用を認めることができ、導入期の段階においてすでに埋葬空間と供献空間を区別する傾向が窺える。

第2期

6世紀後半から7世紀初頭を中心とする時期である。土器類の出土状況については先述した蟹沼東6号墳、同31号墳、七ツ石古墳群荒砥村72号墳のように第1期に引き続いて石室内への供献が窺える例もあるが〔第2-a期〕、一方で少林山台遺跡2号墳、同17号墳、蟹沼東17号墳の

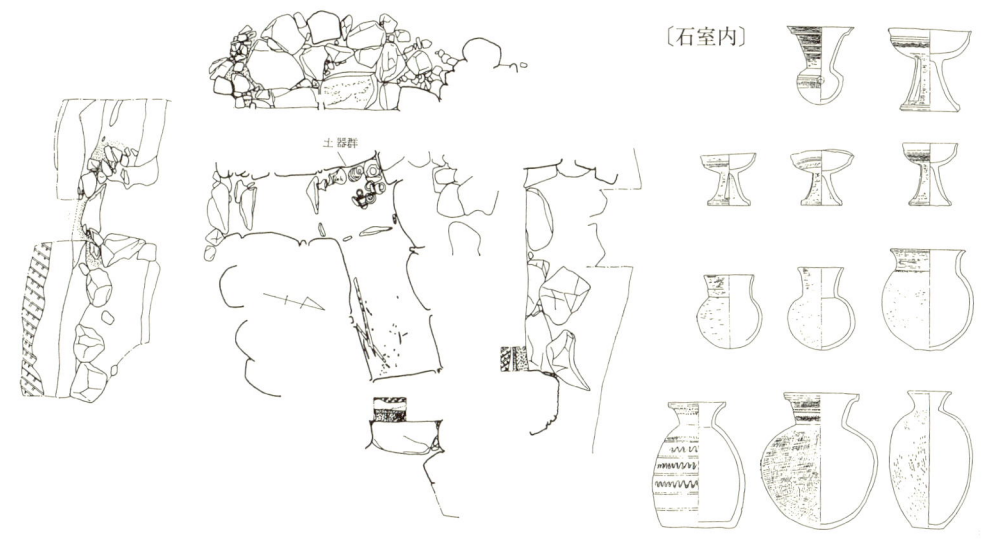

第63図　権現山2号墳の石室および出土土器の様相

ように石室内への土器供献を行なわず、台形前庭を付設したり、開口部前面を利用したりするものも出現し始める〔第2-b期〕。土器供献の場が石室内から前庭部へと変化する移行期に相当する。

第2-a期の例としては、ほかに北群馬郡吉岡町清里・長久保遺跡2号墳・5号墳・7号墳[24]が顕著である。さらに高崎市倉賀野古墳群大道南19b号墳・20号墳[25]、富岡市桐渕古墳群高瀬24号墳[26]、伊勢崎市清音1号墳[27]、佐波郡玉村町芝根15号墳[28]、同萩塚古墳[29]、伊勢崎市漏峯岸山12号墳[30]なども挙げられる。

一方、第2-b期の例としては、ほかに高崎市倉賀野古墳群大道南5号墳[31]、高崎市毘沙門2号墳[32]、富岡市芝宮71号墳[33]、同81号墳[34]などが挙げられる。

石室構造の特徴としては、まず第1期に引き続いて無袖石室が築かれるが、平面形が奥壁部に最大幅を有する長台形を呈するようになる。そしてこの段階の特徴を残しつつ、無袖から両袖への変化が進行し、さらに天井構造が平天井から玄室と羨道の区別として段を有する構造への変化が窺える。

このようにa期からb期の変化は、その厳密な区分が困難であり、併行期が存在するものと思われる。だが、むしろ群集墳において土器供献の場の移行や、台形前庭の付設に時期差や形状に差異が存在する点が重要であろう。各群集墳が主体となってそれぞれ独自に変化し、前庭施設を採用した状況が考えられる。台形前庭は、群集墳中の大型のものを中心に採用される傾向が窺え[35]、台形前庭を有さない中・小古墳でも開口部前面における儀礼の実施が認められるものも現れる。

なお、先述した蟹沼東6号墳では石室内から須恵器長頸壺が1点出土しているが、石室開口部前面出土の土器に比べ古い様相を示しており、a期からb期への移行期の様相を示していると考えられる。こうした点は渋川市中ノ峯古墳[36]においても同様である[37]。また移行期の様相としては、石室内へ供献する土器の量が導入期に比べて著しく減っている点が指摘でき、さらに石室内に供献される器種としては瓶類（提瓶・平瓶）や甌などが多い傾向が窺える[38]。

第3期

7世紀前半から末頃を中心とする時期である。土器類は大部分の古墳が、石室内への供献を行なわず、前庭部への集中的な配置が窺える。高崎市引間遺跡[39]、藤岡市東平井古墳群[40]、沼田市奈良古墳群[41]、前橋市荒砥二之堰遺跡[42]、同下境Ⅰ遺跡[43]、前橋市西原古墳群[44]など多くの例が認められている。

しかし、依然として石室内への土器供献が窺える古墳例もある高崎市奥原古墳群[45]、富岡市横瀬古墳群[46]、伊勢崎市漏峯岸山古墳群[47]、同地蔵山古墳群[48]などの古墳群に見られる。しかし、全体的な傾向としては石室内への供献を実施しないといった方向性が窺えるであろう。

石室構造の特徴としては、第2期に引き続いて両袖を呈するが、袖部に立柱状の石材などを配するものも多く認められる。天井構造も段を有する前壁構造が定着し、玄室と羨道の区別がさらに明瞭となる。

また一方で、台形前庭の付設も急速に浸透したと考えられる。台形前庭付設の有無に関しては、墳丘・規模・立地などから考えても、階層性が反映していると推測でき、前庭を付設している古

墳にその優位性が窺える。そして第2期に引き続き、台形前庭を付設していない古墳でも、開口部前面から土器が多量に出土しており、儀礼の執行が窺える。前庭の形状としては、台形状に側壁を積むもののほかに、列石のみや石敷で台形状の空間を形成したり、掘り方のみであったりと多様であると言える。さらに、赤城山南麓地域を中心に前庭状の掘り込みを有する古墳が出現し、終末まで盛行する[49]。

このような構造の差異には地域性や階層性などが反映していると考えられるのであるが、むしろ構造は違っていても、共通の儀礼が実施されていたと推定できる点を評価すべきである。

(2) 前庭部出土土器の年代観とその性格

ここで問題となるのは、前庭部出土土器の性格である。確かに前庭部出土土器には7世紀以降、なかでも8世紀代のものも多く認められる。このような点からも前庭部の機能としては、いわゆる墓前祭、追善供養的な儀礼の場としての性格が考えられるのであるが、一方で先述した第2期における土器供献の場の移行をさらに詳しく分析することにより、葬送儀礼の性格とその変化の意義を考えてみたい。

そこで、まず高崎市奥原53号墳[50]を取り上げてみたい（第64図）。奥原53号墳は榛名山南麓、烏川左岸の段丘上に所在する奥原古墳群中の主墳であると考えられるが、埴輪を有してはおらず、石室は両袖で平面形は胴張りプランを呈している。そして、石室入口部には台形前庭を付設している。

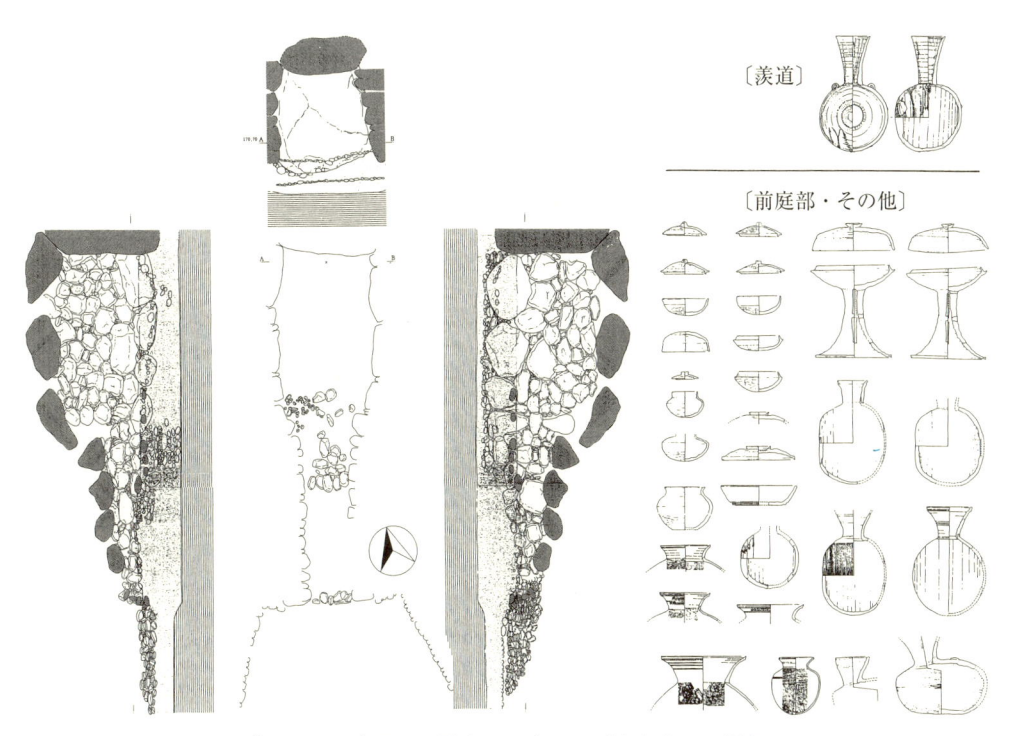

第64図　奥原53号墳の石室および出土土器の様相

第3章 横穴式石室に見る上野の歴史動向

　土器類は羨道部閉塞石付近から提瓶が出土しているが、玄室内からの土器の出土は認められない。提瓶は長頸であり、フラスコ形瓶に近い。そして前庭部からは多量の須恵器を中心とした土器類が出土している。このなかでも注目すべき遺物として、有蓋高坏2点と蓋受部および立ち上がりをもつ坏身2点、乳頭状つまみをもつ坏蓋4点の出土がある。有蓋高坏は2点とも、坏部の形態や長脚2段2方透かしである点などからTK209型式のなかでも新しい様相を示しており、7世紀初頭と位置づけられる。また坏身は底部に手持ちヘラケズリを施しているが、口径は小さく、7世紀前半頃と考えられる。一方、坏蓋4点は天井部に手持ちヘラケズリを施し、かえりが口縁端部よりも下位に突出している点からかえりをもつ蓋のなかでは古相を示していると言える。TK217型式併行と考えられるが、7世紀前半でも新しい時期が与えられよう。

　上野地域における埴輪の消滅を、高崎市観音塚古墳におけるTK209型式期である6世紀末から7世紀初頭であるとすると、奥原53号墳は埴輪消滅後に築造されたと考えられる。また、墳丘・規模・立地などからは奥原古墳群中の主墳であると考えられ、53号墳の築造を契機として7世紀代に亘って多数の古墳が築造されたと言える。さらに奥原53号墳前庭部出土の須恵器は7世紀初頭から前半を中心とした時期に1つの画期が見出せる点を踏まえると、つまり、7世紀初頭といった古い様相を示す須恵器は、初葬時の葬送儀礼に相当するのではないかと考えられる。

　同様に高崎市剣崎長瀞西遺跡35号墳[51]についても、石室内から土器類の出土は認められず、台形前庭は付設されないものの、石室開口部前面より須恵器を中心とした多量の土器類が出土している（第65図）。なかでも蓋受けおよび立ち上がりをもつ坏身7点、乳頭状つまみをもつ蓋と

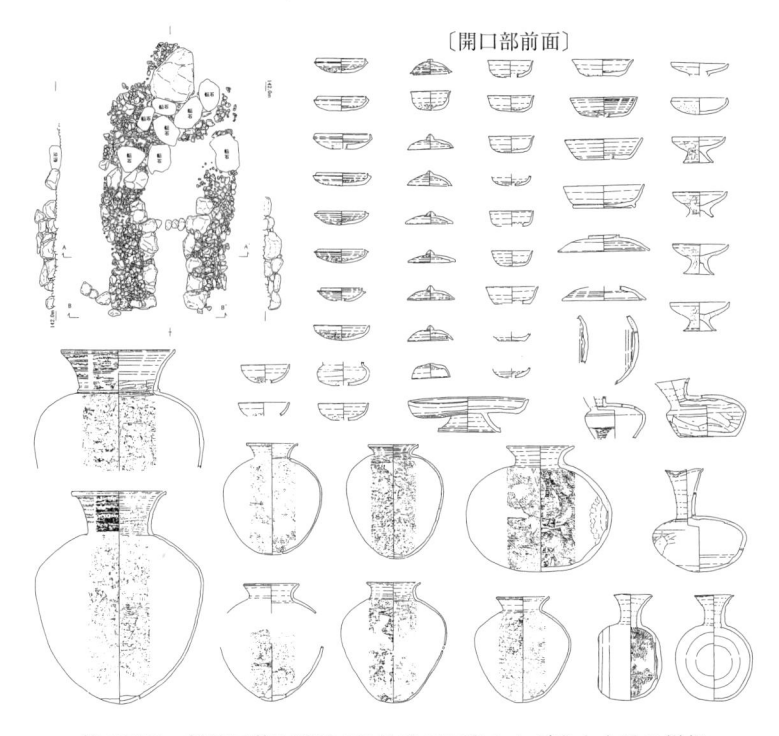

第65図　剣崎長瀞西遺跡35号墳の石室および出土土器の様相

坏身のセット関係となる蓋坏が各1点出土している。これらの特徴は、奥原53号墳出土の坏身や坏蓋に類似した特徴を有しており、形態・技法などからもTK217型式併行であり、7世紀前半頃の年代が与えられる。さらに開口部前面からは、入口部を囲むように須恵器甕7点が並んだ状態で出土している。埴輪を有していない点や出土須恵器の特徴、石室構造から7世紀前半頃の築造であると考えられ、奥原53号墳と同様に初葬時の葬送儀礼の時期に相当する土器類である可能性が強い[52]。

　以上のように、前庭部出土土器の中には、追葬あるいは追善供養的な儀礼に伴う新しい様相を示す土器も見られるのであるが、その一方で築造時期に限りなく近い、おそらくは初葬時の葬送儀礼の際に使用されたと考えられる古相を示す土器類が含まれている点が重要である。つまり、土器供献の場の移行は突如として生じたのではなく、各群集墳内において変化の過程が窺えると指摘できる。そこには儀礼の転換といった一側面だけではなく、規制などではない各群集墳における独自の変化、儀礼の変容といった動きが捉えられるのである。

5　葬送儀礼の変化に見る群集墳の特質

(1) 首長墓の動向

　上野地域における横穴式石室の導入に関しては、須恵器の主体部内埋納が横穴式石室の導入と同時に見られることから、すでに新来の葬送儀礼を内包した形での受容であったとされる[53]。しかし、上野地域ではその後、土器類が石室内から出土せず、それに替わって前庭部から多量に出土するようになる。このような変化は、第1期の少林山台遺跡12号墳や権現山2号墳などで窺えたように、6世紀初頭から前半の段階にすでに、玄室の羨道寄りに前室的空間が形成され、そこに土器類が配置されるといった状況が見られる点が注目できる。早い段階で群集墳内の一部の古墳では、埋葬空間と土器を供献する場が分けられており、石室内の計画的利用が窺える。また、その土器供献の場が石室内から前庭部へと変化する移行期として、第2期のように石室内および石室開口部前面の両方から土器類が出土する例もあり、群集墳内における葬送儀礼の変遷過程が認められる。

　さて、ここで第2期に相当する時期の首長墓に注目してみると、有力な前方後円墳である6世紀後半の高崎市綿貫観音山古墳[54]、6世紀末から7世紀初頭の高崎市観音塚古墳[55]などでは、依然として石室内における土器類の供献を継続して執行しており、注意が必要である（第66図）。さらに、第3期の時期に相当する大型方墳である7世紀前半の太田市巖穴山古墳[56]でも、やはり前室から須恵器坏身・提瓶、平瓶が出土している。

　綿貫観音山古墳や観音塚古墳では、石室内から鉤状・吊手金具が検出されている点から、垂帳・布帛の存在が指摘されている[57]。つまり、石室側壁にタペストリーのような装飾が架けられ、参列者への視角的効果があったと推測でき、石室内に多量の土器類を供献している点からも、依然として石室内における儀礼を実施していたと考えられる。しかし、同時に綿貫観音山古墳ではハの字に開いた前庭部から墳丘前方部にかけて人物・動物等の形象埴輪を列状に配置したり[58]、観音塚古墳では石室開口部前面に平坦部が存在したりする点から、石室正面での儀礼の実施も想

第3章　横穴式石室に見る上野の歴史動向

観音山古墳

観音塚古墳

巖穴山古墳

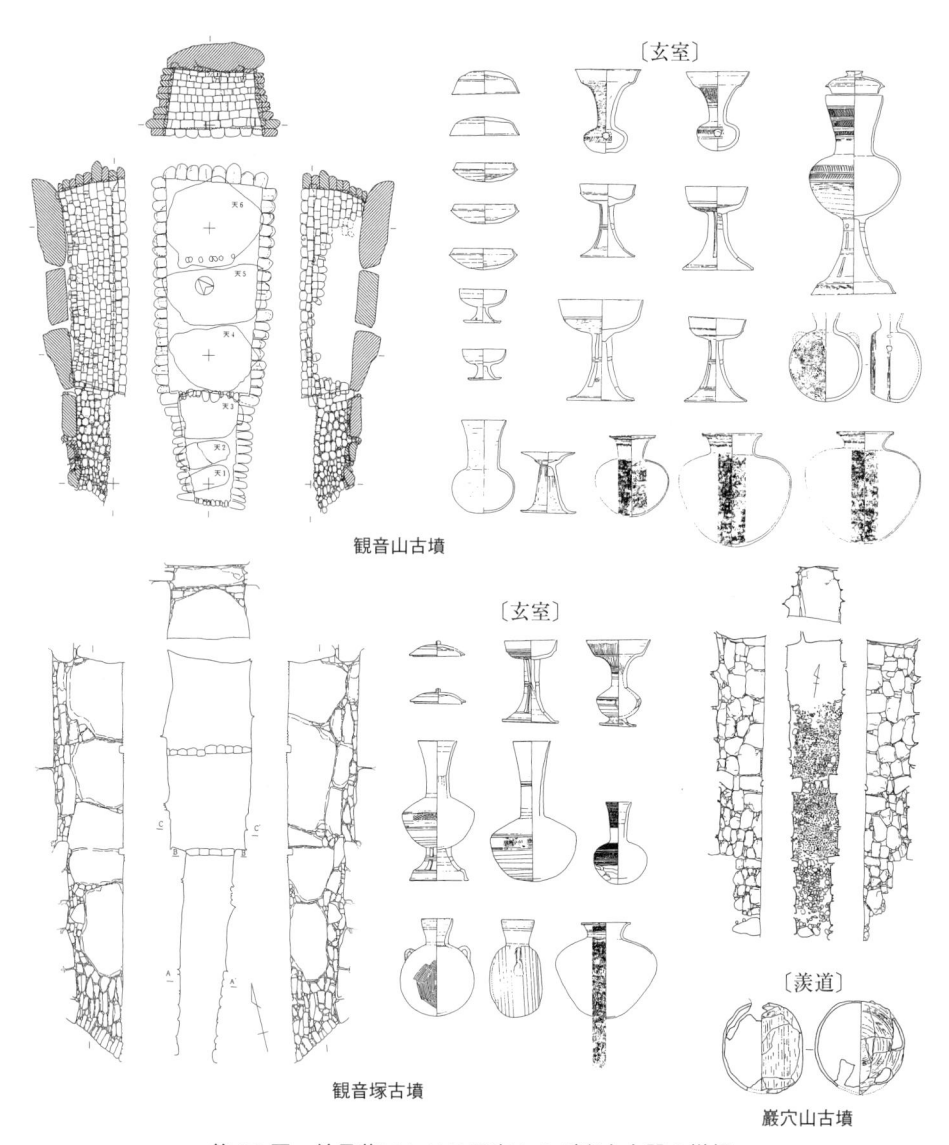

第66図　首長墓における石室および出土土器の様相

定できる。こうした有力な首長墓では石室開口部を重視しつつも、同時に石室内での儀礼の継続が窺えるのである。

　これに対して群集墳では、土器供献の場の移行に伴う葬送儀礼の変化が早い段階で生じており、また天井構造の変化も首長墓と時期差のほとんどない例が見受けられる[59]。つまり、横穴式石室の構造は首長墓からの影響を受ける一方で、他地域からの直接的影響や各群集墳における独自の変化も想定できると言える。このような点を踏まえると、必ずしも横穴式石室のすべての要素が上層から下層へ伝播するといった図式のみで理解するのではなく、各群集墳で独自に展開していた点が窺えること、さらには土器供献の場の移行についても同様に、群集墳において生じた可能性が考えられるのである。

(2) 葬送儀礼の変化とその要因

 それではなぜ、群集墳において土器供献の場が石室内から前庭部へと移行したのか。その要因の１つとして追葬の増加を考えてみたい。つまり、追葬の活発化に伴い、土器供献の場が埋葬空間である石室内から前庭部へと移動した可能性を想起することができ、このような追葬の増加への対処をいち早く実施したのが、石室内における埋葬空間の確保が困難となった群集墳であったと捉えることができる[60]。こうした点から、土器供献の場の移行が群集墳を中心に進行し、葬送儀礼の変化が生じたと考えられ、その一方で、石室規模の大きい首長墓は、群集墳に比べて遅くまで石室内での土器供献が実施されていたと推定できるであろう。

 ただし、追葬の増加に起因すると考えられるこのような変化が、単に石室内から前庭部へといった土器供献の場の移動といった図式のみで捉えられるかどうかが問題である。横穴式石室における葬送儀礼に関しては、すでに「ヨモツヘグイ」[61]や「コトドワタシ」[62]などの実態が指摘されている。なかでも「コトドワタシ」は閉塞に伴う儀礼であり、この閉塞儀礼と墓前祭祀とでは性格が異なる可能性があるという指摘もある[63]。つまり、石室内と前庭部では土器配置の性格が異なると考えられ、土器類の配置が石室内から前庭部へと移行する状況からは、横穴式石室閉塞後の儀礼が重視されるようになるといった背景を窺うことができる。なお、そこには前述したように、石室内の空間確保が困難になるといった機能的側面が存在する点にも注意を払う必要があろう。

 そこで想起されるのが、葬送儀礼を部分的に省略するといった視点である。古墳における儀礼の諸段階を扱った研究としては、なかでも古墳の構築過程とそれに伴う諸儀礼との関係性に着目した研究があるが[64]、ここで留意すべきは、当然のことながら群集墳の中にはこのような諸儀礼を厳密かつ周到に実施していないものが大部分を占めるのではないか、ということである。つまり、群集墳では、石室内における土器供献の場の空間確保が困難になるといった状況が加わり、石室内を埋葬空間とする一方で、土器類を配置する行為を省略する傾向にあったと考えられる。そして、石室内への土器供献を省略し、石室開口部前面における閉塞儀礼と融合させるといった、葬送儀礼の変質の実態が想定できる。先述した奥原53号墳の前庭部や剣崎長瀞西遺跡35号墳の石室開口部前面において確認できた初葬時に伴うと考えられる土器類は、おそらく閉塞後に執行された儀礼に使用されたものと理解することができる。そして、さらには前庭部での儀礼は埋葬を伴わない、いわゆる墓前祭と呼ばれる新たな儀礼とも融合、ないし変質していくと考えられる。

 このような群集墳における動向に対し、前方後円墳をはじめとした首長墓でも墓道や前庭部における儀礼、あるいは人物・動物埴輪群を基壇面上に列状に配置する点[65]などから、石室入口部の重視や閉塞儀礼、追善的儀礼の実施が認められる。しかしその一方で、依然として石室内に土器類を供献する状況が窺え、諸儀礼を省略せず、一貫して執行していたと考えることができる。

 以上の点をまとめると、上野における葬送儀礼の変化には大きく、２つの動態が考えられる。１つは首長墓における儀礼の一貫的執行のなかで、しだいに比重が置かれてきた前庭部での儀礼の展開である。台形前庭の出現については、今後さらなる検討が必要であるが、首長墓における諸儀礼の実施の中で、閉塞儀礼時の視覚的効果・空間確保などが重視された結果、墓道から発達

し出現したと考えられ、上野では形状として台形が志向されたようである。そして、首長墓を中心として各群集墳にも展開したものと考えられる。これに対し、もう1つの動きとして、各群集墳内において生じた埋葬空間の確保といった機能的理由に起因する石室内土器供献の省略と、閉塞儀礼との融合といった動態を挙げることができる。この儀礼の変化は、それぞれ時期差や多様性が窺える点からも、首長墓の影響や規制というよりも、各群集墳による独自の変化として位置づけられる。こうした首長墓、群集墳のそれぞれの動きが連動し、葬送儀礼の変化が生じたと理解することができるであろう。

6 おわりに

　本節では、上野の群集墳を対象とし、横穴式石室における葬送儀礼の変化に着目した。そこでは土器類の出土位置の変化を指摘するとともに、その意義や要因についても触れた。その際、群集墳における変化の動態として、首長墓からの影響を受ける動きが存在するのであるが、一方で単に一元的な影響としてのみ捉えるのではなく、各群集墳における独自の変化や採用、展開も考慮すべきであるとした。つまり、当地域における葬送儀礼の変化の背景としては、首長墓に対する群集墳の動きを看過することはできないと言え、そこには追葬の活発化に伴う埋葬空間の確保といった内的変化が想定でき、このような機能的理由も影響し、葬送儀礼の変化、変質が生じたと評価しておきたい。

　また、葬送儀礼の変化には各群集墳における時期差や多様性が存在する点から、群集墳における独自の動きを重視したが、一方で地域性に着目すると、おおむね西毛地域を中心とする地域が中毛地域や本節では詳述しなかった東毛地域に比べて早い段階で葬送儀礼の変化、台形前庭の付設が生じるといった傾向が窺える[66]。このような地域的動向は、前方後円墳の消滅や埴輪の消滅とそれに伴う地域の再編成の動き、社会構造の変化とも密接に関わっていると考えられる。そして、葬送儀礼の変化とその時期差のあり方からも、群集墳の独自性とともに西毛地域に優勢といった歴史的動向が背景として捉えられる。ここでは上野の群集墳の事例を取り上げたが、横穴式石室の形態や構造のみに終始するのではなく、このようなソフト面からの追究とその比較検討を試みることにより、地域間の関係、さらには階層構造と葬送儀礼との関係についても論究できる可能性があろう。

註

(1) 尾崎喜左雄 1966『横穴式古墳の研究』吉川弘文館
(2) a. 石川正之助 1967「野殿天王塚古墳の石室平面形について」『共愛学園論集』第1号　共愛学園　12-34頁
　　b. 石川正之助 1969「総社二子山古墳前方部石室の平面構成について」『考古学雑誌』第54巻第4号　日本考古学会　60-88頁
　　c. 石川正之助 1971「総社二子山古墳前方部石室の研究（上）・（中）」『共愛学園論集』第7・8号　第7号：4-22頁，第8号：8-24頁

(3)　a. 松本浩一　1963「末期古墳の特質たる玄門に関する一考察」『群大史学』第9号　群馬大学史学
　　　　会　18-26頁
　　　b. 松本浩一　1968「横穴式石室における胴張りに関する一考察」『古代学研究』第53号　古代学
　　　　研究会　11-21頁
　　　c. 松本浩一　1976「群馬県における横穴式石室の前庭について」『古代学研究』第80号　古代学
　　　　研究会　11-30頁
　　　d. 松本浩一　1977「群馬県における終末期古墳の様相」『群馬県史研究』第5号　群馬県史編さん
　　　　委員会　1-25頁

(4)　確かに横穴式石室構築に際して、規格や尺度は存在していたと考えられ、截石切組積石室などでは復元が試みられ、確認がなされている。しかし、自然石使用のものや現状において壁面が歪んでいたり、崩壊していたりするものなどはやはり、分析の精度やその正確性に欠けるであろう。出土遺物の検討を省略した研究や横穴式石室の築造規格論、尺度論といった研究には、多くの問題点が残っており、横穴式石室のみを扱った研究の限界性を認識しておかなければならないと言える。

(5)　右島和夫　1994『東国古墳時代の研究』学生社
　　　なお、第Ⅰ期は6世紀初頭から前半における横穴式石室の導入期、第Ⅱ期は6世紀前半から中葉における横穴式石室の定着期、第Ⅲ期は6世紀後半から末葉における加工石材の使用と石室の大型化、第Ⅳ期は6世紀末葉から7世紀前半における巨石巨室構造の横穴式石室の成立、第Ⅴ期は7世紀中葉から末葉における截石切組積石室の成立であるとしている。

(6)　尾崎喜左雄　1964「横穴式石室の基壇と所謂前庭」（未発表であるが、後に尾崎喜左雄著書刊行会編　1977『上野国の古墳と文化』に所収：111-123頁）

(7)　前掲註(3)c文献

(8)　右島和夫　1989「東国における埴輪樹立の展開とその消滅―上野地域の事例を中心として―」『古文化談叢』第20集発刊記念論集（下）　九州古文化研究会　129-150頁

(9)　a. 徳江秀夫　1986『荒砥二之堰遺跡』㈶群馬県埋蔵文化財調査事業団
　　　b. 鹿田雄三　1995「前庭をともなう古墳の編年―赤城山南麓における後期群集墳の動向―」『研
　　　　究紀要』12　㈶群馬県埋蔵文化財調査事業団　71-94頁

(10)　前掲註(3)c文献など

(11)　a. 田中広明　1989「終末期古墳出現への動態Ⅰ―変容する在地首長層と造墓の展開―」『研究紀
　　　　要』第5号　㈶埼玉県埋蔵文化財調査事業団　139-178頁
　　　b. 土生田純之　1996「葬送儀礼の伝来をめぐって―北関東における事例を中心に―」『古代文化』
　　　　第48巻第1号　古代学協会　1-17頁

(12)　前掲註(11)b文献：8頁

(13)　前掲註(11)a文献：146-147頁

(14)　なお、本来、群集墳を分析する際には、厳密な支群分析や単位を抽出するといった最小単位における変遷を重視することが望まれる。しかし、本稿では以上のような点を考慮しつつも、なかでも土器類の出土状況の良好な例や支群を異とするが同一群集墳内における石室構造の変化や時期差の明瞭な例を抽出して、変化の方向性を捉えるといった視点を重視することにする。

(15) 飯塚　誠・徳江秀夫 1993『少林山台遺跡』群馬県埋蔵文化財調査事業団調査報告第153集　(財)群馬県埋蔵文化財調査事業団

(16) 両袖石室における羨道部出土の土器類については、埋葬空間である玄室出土の土器類とは性格が異なる可能性がある。閉塞時に用いられた閉塞儀礼に伴うものと考えられ、むしろ前庭部出土土器の性格との関係で捉えるべきであろう。

(17) a. 中澤貞治 1978『蟹沼東古墳群・宮貝戸下遺跡』伊勢崎市教育委員会
　　b. 中澤貞治 1979『蟹沼東古墳群』伊勢崎市教育委員会
　　c. 中澤貞治 1981『蟹沼東古墳群』伊勢崎市教育委員会
　　d. 須長泰一 1988『蟹沼東古墳群』伊勢崎市教育委員会

(18) 福田紀雄ほか 1980「西大室遺跡群」『宮田遺跡群　西大室遺跡群　清里南部遺跡群』前橋市教育委員会　41-63頁

(19) 本稿では、西毛地域（現在の高崎・藤岡・富岡・安中市、群馬・多野・甘楽・碓氷郡、前橋市の西・南側等）および中毛地域（現在の前橋市東部、伊勢崎市北部、佐波・勢多郡の南部等）を中心に検討している。東毛地域（現在の太田・館林・桐生市、新田・山田・邑楽郡等）については、良好な資料が不足しているため、本節における分析の対象からははずしている。今後の資料の増加を待ち、検討したい。なお、西毛・中毛・東毛の地域区分に関しては、右島和夫の論考を参考にしている。

　　右島和夫 2002「古墳時代上野地域における東と西」『群馬県立歴史博物館紀要』第23号　群馬県立歴史博物館　1-20頁

(20) a. 塚越甲子郎・柳沢一男 2002「倉賀野東古墳群大道南群調査報告書（上）―遺構編―」『高崎市史研究』第15号　高崎市　29-164頁
　　b. 徳江秀夫・楢崎修一郎 2002「倉賀野東古墳群大道南群調査報告書（中）―遺物編その一―」『高崎市史研究』第16号　高崎市　87-145頁
　　c. 塚越甲子郎・柳沢一男・南雲芳昭・大野哲二 2003「倉賀野東古墳群大道南群調査報告書（下）―遺物編その二・考察―」『高崎市史研究』第17号　高崎市　107-212頁

(21) 尾崎喜左雄 1981「伊熊古墳」『群馬県史』資料編3　原始古代3　群馬県　398-402頁

(22) 中澤貞治 1978『高山遺跡・天ヶ堤遺跡・天野沼遺跡・下書上遺跡』伊勢崎市教育委員会　5-10頁

(23) 横沢克明 1981「権現山2号古墳」『群馬県史』資料編3　原始古代3　群馬県　597-607頁

(24) 相京建史ほか 1980『清里・長久保遺跡』(財)群馬県埋蔵文化財調査事業団

(25) 前掲註(20)a・b・c文献

(26) 中村善雄 2000『高瀬24号墳（桐渕古墳群）』富岡市教育委員会

(27) 山本良知 1981「清音1号古墳」『群馬県史』資料編3　原始古代3　群馬県　620-624頁

(28) 清水和夫 1981「『綜覧』漏芝根15号墳」『群馬県史』資料編3　原始古代3　群馬県　855-858頁

(29) 川合　功 1981「萩塚古墳（『綜覧』漏芝根10号墳）」『群馬県史』資料編3　原始古代3　群馬県　864-868頁

(30) 松村一昭 1977『赤堀村峯岸山の古墳2』赤堀村文化財調査報告5　赤堀村教育委員会

(31) 前掲註(20)a・b・c文献

第2節　横穴式石室の構造と葬送儀礼の変化

(32)　清水　豊 1998「毘沙門古墳群」『群馬町誌』資料編1　原始古代中世　群馬町誌刊行委員会　217-231頁
(33)　柏木一男 1998『芝宮古墳群（富岡69号・71号・72号・74号・99号古墳）』富岡市芝宮古墳群調査会・富岡市教育委員会
(34)　柏木一男・篠原幹夫 1992『芝宮古墳群(65号墳・81号墳)』富岡市埋蔵文化財発掘調査報告書第15集　富岡市教育委員会
(35)　鹿田雄三 1992「赤城山南麓における群集墳成立過程の分析―群馬県伊勢崎市蟹沼東古墳群を中心にして―」『研究紀要』10　㈶群馬県埋蔵文化財調査事業団　107-130頁
(36)　松本浩一・桜場一寿 1980『中ノ峯古墳発掘調査報告書』子持村文化財調査報告第1集　子持村教育委員会
(37)　中ノ峯古墳の石室は狭長な長方形プランを呈する無袖石室であるが、注目すべきはFA（榛名山二ツ岳噴出火山灰層：6世紀初頭）上に構築されており、その後、FP（榛名山二ツ岳噴出軽石層：6世紀中葉）によって被覆されている。そして、開口部前面から出土している須恵器提瓶・坏蓋はFP降下後に供献された追葬に伴う遺物であることが確認されている。須恵器の特徴からもTK43型式併行と考えられ、6世紀後半の年代が与えられるのである。つまり、6世紀初頭ないし前半の築造であるが、6世紀後半の追葬時には土器供献の場が開口部前面へと移っていることが確認できる。
(38)　土器供献の場が石室内から前庭部へと移行するなかで、石室内への供献が続く器種としては瓶類（提瓶・平瓶など）や長頸壺・𤭯などが多い傾向にある点は注目できる。先述した蟹沼東6号墳の長頸壺、蟹沼東31号墳・荒砥村72号墳の提瓶などが挙げられる。ほかに後述する奥原53号墳では羨道から提瓶が1点出土しており、ほかの古墳例からもおおむねこのような傾向が窺える。確かにほかにも坏類や甕などが供献される古墳も見受けられるのであるが、今後、当時の葬送儀礼や死生観を考えるうえでの検討が必要であろう。
(39)　神戸聖語・今井敏彦・佐々木恵子 1979『引間遺跡』高崎市文化財調査報告書第5集　高崎市教育委員会
(40)　軽部達也 2000『東平井古墳群平地前遺跡』藤岡市教育委員会
(41)　小池雅典 2001『奈良古墳群』沼田市教育委員会
(42)　前掲註(9)a文献
(43)　三浦茂三郎・中束彰子ほか 1996『下境Ⅰ・Ⅱ遺跡』群馬県教育委員会
(44)　小島純一 1985『西原古墳群 K5』粕川村文化財報告第5集　粕川村教育委員会
(45)　梅澤重昭ほか 1983『奥原古墳群』㈶群馬県埋蔵文化財調査事業団
(46)　篠原幹夫・横田公男 1990『横瀬古墳群』富岡市埋蔵文化財発掘調査報告書第9集　富岡市教育委員会
(47)　a. 松村一昭 1976『赤堀村峯岸山の古墳1』赤堀村文化財調査報告4　赤堀村教育委員会
　　　b. 前掲註(30)文献
(48)　a. 松村一昭 1978『赤堀村地蔵の古墳1』赤堀村文化財調査報告7　赤堀村教育委員会
　　　b. 松村一昭 1979『赤堀村地蔵の古墳1』赤堀村文化財調査報告8　赤堀村教育委員会

(49) 前掲註(9)a・b文献
(50) 前掲註(45)文献
(51) 土生田純之ほか 2003『剣崎長瀞西5・27・35号墳』専修大学文学部考古学研究室報告第1冊 専修大学文学部考古学研究室
(52) 小林孝秀 2003「剣崎長瀞西遺跡27号墳・35号墳出土須恵器の検討」『剣崎長瀞西5・27・35号墳』専修大学文学部考古学研究室報告第1冊 専修大学文学部考古学研究室 79-85頁
(53) 前掲註(11)b文献
(54) a.徳江秀夫ほか 1998『綿貫観音山古墳Ⅰ 墳丘・埴輪編』群馬県埋蔵文化財調査事業団調査報告第242集 ㈶群馬県埋蔵文化財調査事業団
　　 b.徳江秀夫ほか 1999『綿貫観音山古墳Ⅰ 石室・遺物編』群馬県埋蔵文化財調査事業団調査報告第255集 ㈶群馬県埋蔵文化財調査事業団
(55) 高崎市教育委員会 1992『観音塚古墳調査報告書』
(56) a.渡辺博人ほか 1978『群馬県太田市菅ノ沢遺跡11次・巖穴山古墳1次』駒沢大学考古学研究室概報16 駒沢大学考古学研究会
　　 b.梅澤重昭・新井 萌 1981「巖穴山古墳」『群馬県史』資料編3 原始古代3 群馬県 973-978頁
　　 c.酒井清治・藤野一之・三原翔吾編 2009『群馬・金山丘陵窯跡群Ⅱ—菅ノ沢遺跡(須恵器窯跡群・古墳群)・巖穴山古墳の発掘調査報告—』駒澤大学考古学研究室
(57) a.菅谷文則 1971「横穴式石室の内部—天蓋と垂帳—」『古代学研究』第59号 古代学研究会 23-28頁
　　 b.村田文夫 1995「横穴式石室・横穴墓内を垂下する布帛—壁面に打ち込まれた吊金具と連続三角文からの推理—」『みちのくの発掘—菅原文也先生還暦記念論集—』菅谷文也先生還暦記念論集刊行会 343-365頁
(58) a.前掲註(8)文献
　　 b.右島和夫 1995「「上野型埴輪」の成立」『研究紀要』12 ㈶群馬県埋蔵文化財調査事業団 45-70頁
(59) 上野における横穴式石室の変遷とその画期として、右島和夫は、Ⅳ期である6世紀末から7世紀前半にかけての高崎市観音塚古墳を例として挙げている。そして、観音塚古墳以降、天井石が羨道から玄室に入るところで一段高く架構されるようになるとしており、このような構築技術が群集墳の小型古墳に及ぶのはⅤ期(7世紀中葉から末葉)以降であると指摘している(前掲註(5)文献)。確かに巨石構造の技術は従来の技術のみでは困難であり、まさに畿内からの直接的な影響を受けていると考えられ、画期が設けられる。しかし、先述した少林山台遺跡2号墳などで顕著なように、6世紀後半という段階ですでに群集墳において天井に段を有する構造が採用されている点は重視すべきである。
(60) 追葬の活発化については、畿内においても頻繁に窺えるとされる。畿内では、閉塞施設としての機能を有していた羨道部が、玄室への通路へと変化し、さらには追葬の盛行を契機に埋葬空間化していくとの指摘がなされている(下記文献a)。そして、さらには「閉塞位置も徐々に後退していき、最終的には石室入口付近での閉塞と開口部での墓前祭祀の執行となる」(下記文献b:5頁)と考え

られている。一方で、九州では複室構造における前室について「前室という空間自体が葬送儀礼が行われ、その結果として土器が副葬される場所として機能していた」(下記文献 c：682 頁)とされている。また、首長墓における三室構造の発生については「後室の埋葬空間が飽和状態になったため、当初の前室を埋葬空間に換え―非埋葬空間の埋葬空間化―新たに複室構造の前室にあたる供献空間を創出した」(下記文献 d：166 頁)との指摘がある。以上のような汎列島的な動きのなかで、上野の群集墳においても葬送儀礼の変化が生じた可能性が考えられる。

  a. 森岡秀人 1983「追葬と棺体配置―後半期横穴式石室の空間利用原理をめぐる二、三の考察―」『関西大学考古学研究会開設参拾周年記念考古学論叢』関西大学　595-673 頁

  b. 渡邊邦雄 1996「横穴式石室の前庭部構造と墓前祭」『ひょうご考古』第 2 号　兵庫考古研究会　1-34 頁

  c. 重藤輝行 1999「北部九州における横穴式石室の展開」『九州における横穴式石室の導入と展開』第 2 回九州前方後円墳研究会資料集　第Ⅱ分冊　九州前方後円墳研究会　659-693 頁

  d. 吉村靖徳 2000「北部九州における三室構造横穴式石室の諸相」『古文化談叢』第 45 集　九州古文化研究会　151-170 頁

(61)　小林行雄 1949「黄泉戸喫」『考古学集刊』第 2 冊（後に小林行雄 1976『古墳文化論考』平凡社に所収：263-281 頁）

(62)　白石太一郎 1975「ことどわたし考―横穴式石室の埋葬儀礼をめぐって―」『橿原考古学研究所論集　創立三十五周年記念』吉川弘文館　347-371 頁

(63)　前掲註(60)b 文献

(64)　a. 土生田純之 1995「古墳構築過程における儀礼―墳丘を中心として―」『古墳文化とその伝統』勉誠出版（後に土生田純之 1998『黄泉国の成立』学生社に所収：202-221 頁）

  b. 鈴木一有 1998「構築過程の復元と儀礼」『宇藤坂古墳群』㈶浜松市文化協会　106-111 頁

(65)　a. 前掲註(8)文献

  b. 前掲註(58)b 文献

(66)　なお、一方の東毛地域では台形前庭の普及・浸透が認められず、上野西部とは異なる地域的特色を把握することができる。こうした東毛地域の動向については本章第 4 節・第 5 節で扱うことにしたい。

第3節　羨道部に区画をもつ横穴式石室

1　はじめに

　横穴式石室の変化を論じるにあたっては、石室構築技術の推移を基軸とした変遷観を提示し、段階的な位置づけを行なうことが必要である。しかし、横穴式石室のもつ最大の特質が追葬を可能とした複数埋葬用の施設であることは言うまでもない。横穴式石室を構成する多くの要素は、石室内における空間利用方法やそこで執行する葬送儀礼の内容と不可分の関係にあり、こうした石室の機能面に関する視点を考慮したうえで、変化の方向性を論じることが望まれよう。さらにこの場合、空間利用や葬送儀礼の内容が普遍性をもつものなのか、あるいは階層差・地域差などによって相違するものなのか、地域構造の復元やその歴史的性格にも留意し、実態に即した史的意義の追究を試みるべきである。

　このような視点を念頭に置き、前節では上野の群集墳の動向を取り上げ、葬送儀礼の変化とその諸段階を提示するとともに、変化の要因やその意義について論究した[1]。そこでは首長墓の影響による動きが存在する一方で、各群集墳がもつ独自性の存在を看過することはできないとし、首長墓・群集墳双方の動きとその特徴を抽出したうえで、葬送儀礼の変化を位置づけた。しかし、その際、首長墓の動向に関しては群集墳との比較資料として事例をわずかに提示するに留めていた。そこで本節では、こうした首長墓の動向とその特質を把握するにあたって、後述するような羨道部に区画をもつ石室構造の分析に焦点を絞ってみることにする。このような特異な構造をもつ石室が出現した要因とその史的意義について、列島的視点からの評価を試みたい。

2　葬送儀礼の変化に関する視点

　まず、前節で検討した葬送儀礼の変化に関する視点とその要旨をまとめると、次のとおりである。

　上野における横穴式石室の導入は、6世紀初頭ないし前半を中心とする時期であり[2]、そこでは須恵器の主体部内埋納が横穴式石室の導入と同時に認められることから、すでに新来の葬送儀礼を内包した形での受容であったとされる[3]。しかしその後、当該地域では土器類の配置位置が石室内から前庭部へと移行する現象を認めることができるが、群集墳における土器出土位置の比較を行なった結果、その移行時期と諸段階を明らかにするとともに、葬送儀礼の変化の過程を大きく3期に区分し、その方向性を提示した。

　第1期は、横穴式石室の導入期に相当する6世紀初頭ないし前半を中心とする時期である。石室内には武器・馬具・装身具などの副葬品とともに、土器類の供献[4]が認められる。

　第2期は、6世紀後半から7世紀初頭を中心とする時期である。武器・武具・馬具・装身具などの副葬品を石室内に配置するが、土器供献の場は石室内から前庭部へと変化する移行期に相当

する。第2期の動向は、第1期に引き続いて石室内への土器供献が認められる古墳が存在するが〔第2-a期〕、一方で石室内への土器供献を行なわず、台形前庭を付設するなど開口部前面を利用する古墳も出現し始める〔第2-b期〕、両者の混在する移行期として位置づけられる。a期からb期への変化ではあるが、併行期として捉えることができる。このように厳密な区分が困難な状況からは、一斉に変化が生じたのではなく、各群集墳が主体となってそれぞれ独自に変化した可能性を推定しておきたい。

第3期は、7世紀前半から末頃を中心とする時期である。石室内には武器・武具・馬具・装身具などの副葬品を配置するものの、土器類の供献は実施しない傾向がある。その一方で前庭部を儀礼の場とし、土器類の集中的な配置を認めることができる。

このように群集墳では6世紀後半以降、土器類を石室内には置かず、前庭部に配置する行為が徐々に行なわれ始め、葬送儀礼の変化が生じたと考えられる。だが一方の首長墓の動向に着目してみると、首長墓では儀礼の場として前庭部を重視しつつも、依然として石室内への土器供献を継続して行なっている状況が窺える。群集墳と首長墓の相違点として、群集墳が先駆的に土器供献の場を移行し、石室内への土器供献を実施しないといった傾向が認められることは、強調しておく必要があろう。

その要因として追葬の増加現象を挙げ、石室規模の小さい群集墳ではこうした状況への対処として埋葬空間の確保が意図されたと指摘した。つまり、石室内における土器供献とそれに伴う石室内での儀礼を省略し、前庭部における閉塞儀礼と融合したと考えられる。だが、前述したように、このような葬送儀礼の変化は一斉に実施されたのではなく、時期差や多様性が窺える状況や首長墓よりも先行する点には注意を払う必要がある。首長墓からの影響や規制が働いたというよりも、各群集墳の独自性に基づく変化として把握することができる。

もっとも首長墓においても、前庭部での儀礼が重視されるといった動きを看過することはできないが、石室内における土器供献の状況も含めて依然として儀礼の一貫的執行が保持されていた点が重要である。横穴式石室の構造や葬送儀礼に関する影響は、すべてが首長墓から群集墳に伝わるといった図式で捉えられる傾向が強いが、群集墳の独自の動きを評価し、双方の動きが錯綜するなかで葬送儀礼の変化が生じたと理解できる。

3　羨道部に区画をもつ横穴式石室の諸例

さて、以上のような首長墓と群集墳の相違点として、6世紀後半以降、群集墳では首長墓よりも早い段階で石室内への土器供献を省略する傾向があり、これに対して首長墓は一貫して石室内への土器配置とそれに伴う葬送儀礼を継続していることを指摘した。ここで、当該地域における葬送儀礼の変化を理解するにあたって、後述するように首長墓と考えられる古墳を中心に認められる羨道部に区画をもつ石室構造を取り上げてみたいと思う。

(1) 観音塚古墳[5]

本墳は現在の高崎市の西端、烏川と碓氷川に挟まれた舌状台地に所在する墳丘長97mの前方

第3章 横穴式石室に見る上野の歴史動向

後円墳である。後円部に位置する横穴式石室は、墳丘主軸に直交して南向きに開口する（第67図1）。壁体には主に巨石を使用しており、全長は15.3mを測る。長さ7.14m、幅3.42m（奥壁側）・2.80m（袖部付近）、高さ2.8mの玄室に、幅1.95m（玄室側）・1.40m（開口部側）の羨道が接続する両袖石室であり、羨道は開口部に向かって徐々に幅を狭める構造である。玄室入口部の床面には角閃石安山岩を直方体に加工した石材4石を配し、さらに天井構造は玄室に比べて羨道部の天井石を1段低く架構するなど、玄室と羨道の明確な区別が認められる。また、玄室床面中央にも加工した角閃石安山岩を用いた間仕切石が存在する。

ここで羨道部の構造に着目してみると、玄室入口部から開口部に向かって約2.4mの位置に、天井面から遊離した楣石の横架を認めることができる。この楣石は羨道部を二分するものであり、楣石と玄室入口部の梱石との間に空間を形成している。報告者も指摘するように[6]、この空間からは人骨片と耳環が出土しており、追葬時の埋葬空間として利用された可能性がある。なお、この楣石から開口部にかけては閉塞のための空間と考えられる。

玄室内からは、TK209型式の特徴をもつ須恵器（蓋・高坏・甌・提瓶・長頸壺・台付長頸壺・大甕）のほか、武器・武具類、馬具、鏡、銅鋺など豊富な遺物が出土している。出土状況の見取り図によると、須恵器は間仕切石と左側壁が接する地点の2箇所に配置されていた状況が窺える。本墳の築造時期は、埴輪をもつことや石室構造および石室内出土遺物の特徴から見て、6世紀末から7世紀初頭と考えられる。

(2) 野殿天王塚古墳[7]

本墳は碓氷川中流域、現在の安中市に所在する円墳であり、規模は現況で径約22mである。横穴式石室は自然石乱石積みでほぼ南方向に開口し、全長11.18mを測る（第67図2）。玄室は長さ5.24m、幅2.12m、両袖部に接続する羨道は長さ5.98m、幅1.55m（玄室側）・1.08m（開口部側）である。当石室については、すでに石川正之助によって詳細な検討が行なわれており、観音塚古墳の石室構造との共通性が指摘されている[8]。

袖部付近には、左袖部に接して玄室内に石材が1石残存しており、梱石の存在が窺える。さらに天井構造も羨道部に比べて玄室天井面がわずかに高く、梱石と対応して玄室と羨道を区別している。

注目されるのは羨道部の中途に框構造が設けられ、この框構造によって羨道部を前後に区画している点である。このことは天井面においても、同様の位置に楣石あるいは擬似楣石と考えられる石材を横架しており、羨道部を明確に二分する構造であったことがわかる。この框構造の位置を境にして、床面が1段高く構築された開口部側が閉塞空間であったと考えられる。

埴輪片の出土が認められるものの、早くから開口していたため石室内の出土遺物は不明である。埴輪を伴うことや観音塚古墳の石室構造との共通性を重視して、6世紀末から7世紀初頭の築造と考えたい。

(3) 石原稲荷山古墳[9]

本墳は現在の高崎市南西部、烏川の右岸に位置する径約30mの大型円墳である。南に向かっ

第3節 羨道部に区画をもつ横穴式石室

1. 観音塚古墳
2. 野殿天王塚古墳
3. 石原稲荷山古墳
4. 足利公園古墳群3号墳（M号墳）

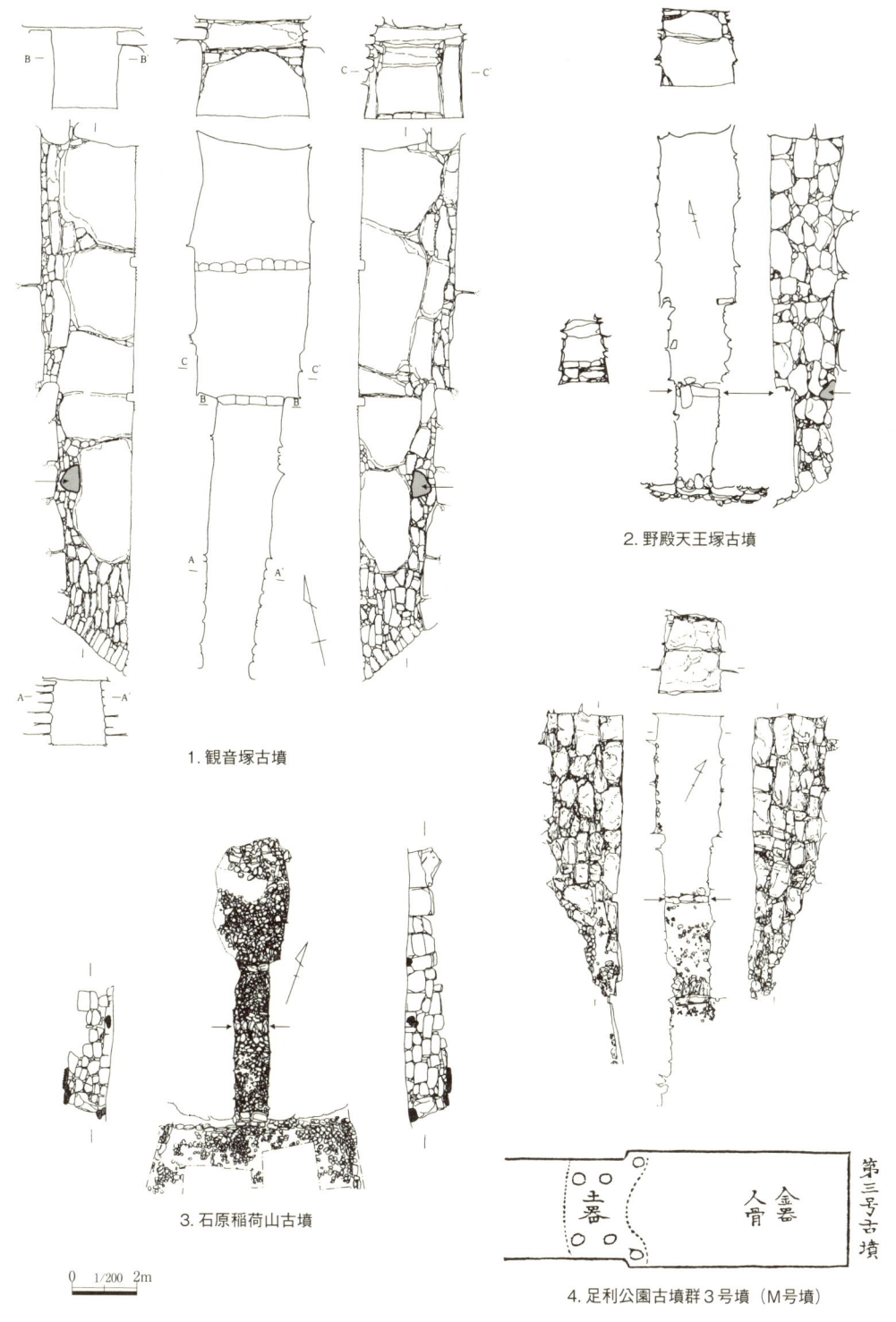

0　1/200　2m

第67図　羨道部に区画をもつ横穴式石室（1）

163

第3章　横穴式石室に見る上野の歴史動向

て開口する横穴式石室は、玄室右側壁と奥壁すべておよび左側壁上部が破壊されたものの、羨道の遺存状態は比較的良いと言える（第67図3）。壁体には凝灰岩を加工したものを使用している。玄室は左側壁基底石の並びや床面の敷石状態などから胴張りを呈していたと考えられ、これに長さ4.7m、幅1.05mの羨道が接続する両袖石室である。玄室入口部には河原石を3石並べた梱石を配置している。

　羨道部では、この梱石から開口部に向かって約1.8mの位置に閉塞石の根石として石材5石が並べて配されていたとされる。この根石は羨道部の区画を意図したものと推定でき、この根石から開口部にかけて閉塞石を充填していた状況が窺える。これに対し、注目すべきはこの根石から玄室入口部の梱石にかけて形成された空間である。この空間からは、2個体分の成人人骨および銅鏃が出土しており、埋葬空間として利用されていたと理解できる。

　玄室内からは須恵器（坏身・坏蓋・𤭯・台付埦など）のほか、挂甲小札、鉄鏃、馬具（花形杏葉・辻金具・鞍金具など）、装身具、金糸および人骨が出土しており、玄室内への土器供献を認めることができる。なお、石室入口部には台形を呈する前庭部の付設が確認されており、ここからも須恵器（甕・高坏・短頸壺など）、土師器甑が検出されている。ただし、この台形前庭は埋葬後、完全に埋め戻されており、その上に葺石を葺き、埴輪を樹立している点は特異であり、前庭の出現やその機能を考えるうえで注意しておきたい。

　埴輪を伴うことや、出土須恵器の特徴がおおむねTK43型式ないしTK209型式に併行する点、そのほかの出土遺物の特徴などから6世紀末頃の築造と考えられる。

(4) 足利公園古墳群3号墳（足利公園古墳群M号墳）[10]

　現在の栃木県足利市に所在する墳丘長34mの前方後円墳である。なお、本墳は現在の行政区画では栃木県に属するが、足利市は県の西端にあたり、群馬県とも隣接するといった位置関係や古墳の特徴やあり方が下野よりも上野と密接な関係を認めることができる地域でもあることから、ここで事例として取り上げる。横穴式石室は後円部に位置し、墳丘主軸に直交して南東に開口する両袖石室である（第67図4）。壁体にはチャートの割石を使用し、長さ3.3m、幅1.8mの玄室に長さ4.6m、幅1.25mの羨道が接続している。さらに開口部にはハの字に開く前庭部の付設が認められる。

　羨道部では、袖部から開口部に向かって約1.7mの位置に横長の石材2石を並べて配しており、羨道部を前後に区画している。出土状況の略図によると、袖部からこの石材にかけての空間に須恵器（高坏・台付長頸壺・𤭯など）を配置していたと推定できる。これに対し、開口部側は閉塞を行なうための空間であったと考えられる。また前庭部からも、須恵器（提瓶・𤭯）が出土している。

　出土遺物としてTK43型式の特徴をもつ須恵器を主体とすること、埴輪の特徴および石室構造などを考慮すると、6世紀後半頃の築造が考えられる。

4 羨道部に区画をもつ石室構造の評価

(1) 構造的特徴と機能について

　以上のように羨道部に区画をもつ横穴式石室の諸例を取り上げてきたが、ここでこうした石室構造の出現する背景やその史的意義について検討を加えてみることにする。

　まず、羨道部の区画構造であるが、観音塚古墳では天井石から遊離した楣石を横架しており、野殿天王塚古墳では楣石かあるいは擬似楣石と推定できる石材の架構が認められる。なかでも野殿天王塚古墳では、こうした天井面の構作と床面の框構造とが位置的に対応しており、天井・床面ともに立体的に羨道部を二分する構造である。また石原稲荷山古墳や足利公園古墳群3号墳は、羨道部の天井構造が不明であるものの、床面に配置した石材によって羨道部を前後に区画する構造が認められる。これらの石室は、構造的特徴や羨道の区画手法に相違する部分が存在するものの、いずれも羨道部を二分しようとする意図を読み取ることができる。

　次に羨道部の区画によって形成された空間の機能についてであるが、羨道部区画位置から開口部側にかけては閉塞石を充填する空間と考えてまず間違いないであろう。問題は区画位置から玄室入口部側にかけて形成された空間である。この空間の機能としては、観音塚古墳から出土した人骨片と耳環や、石原稲荷山古墳から出土した人骨と銅鋺などの状況から、追葬時の埋葬空間として利用された可能性が考えられる。一方、足利公園古墳群3号墳で認められたように、土器類の副葬ないし供献の場としての利用も考慮しなければならない。

　こうした羨道部に区画をもつ石室構造の類例としては、ほかに墳丘長76ｍの前方後円墳である前橋市後二子古墳[11]や径27.2ｍの円墳である藤岡市伊勢塚古墳[12]などを挙げることができる

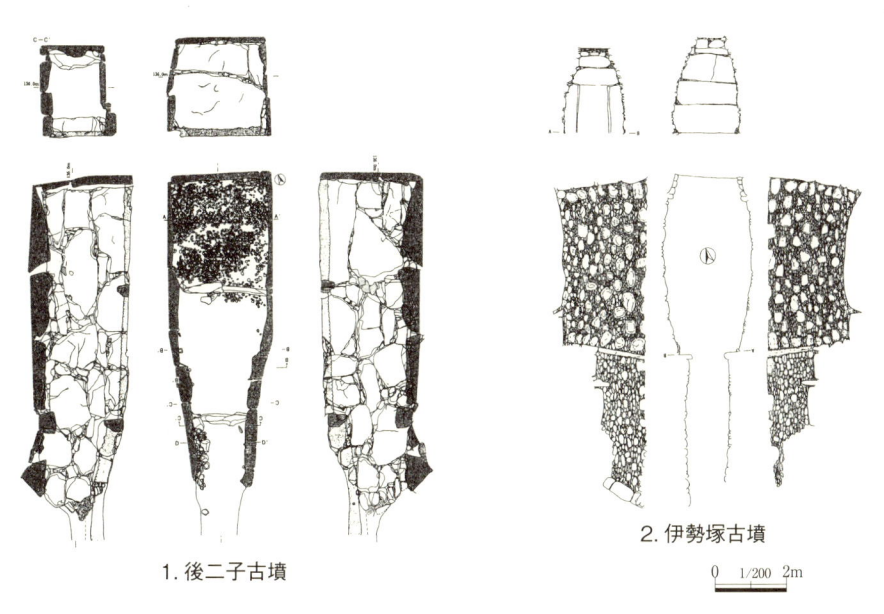

1. 後二子古墳

2. 伊勢塚古墳

0　1/200　2m

第68図　羨道部に区画をもつ横穴式石室（2）

(第68図)。前者は6世紀後半、後者は6世紀末から7世紀初頭頃の築造である。後二子古墳は羨道部床面に框構造、天井面には擬似楣石を横架しており、伊勢塚古墳では羨道部の玄門寄りに楣石を架構し、それぞれ羨道部を区画する構造となっている。両石室とも石室内の遺物出土状況が不明であり、玄室入口部から羨道区画位置にかけて形成された空間の機能は推定が困難である。しかし、これまで検討してきた石室例と時期的には併行しており、少なくとも石室構築技術上の関連性を想定しておく必要があろう。

(2) 羨道部区画の発生とその契機

さて、ここで注意しておきたいのは、こうした羨道部に区画をもつ石室構造は、いずれも6世紀後半から7世紀初頭といったある一定の時期のみに認められる構造であると指摘できる点である。このことは各古墳がもつ微細な構造的差異を越えて、むしろ限られた時期に構築された意義とその共通性を評価する必要がある。しかも、こうした石室構造は前方後円墳や単独で規模の大きい円墳など、首長墓と考えられる古墳を中心に構築されていることにも留意しておきたい。

ところで、畿内の資料を基軸として横穴式石室における棺体配置や追葬原理に関する克明な分析を行なった森岡秀人によると、追葬が盛行するにしたがって、非埋葬空間の埋葬空間化が進行すると指摘している。つまり、閉塞施設とされていた羨道が玄室へと至る通路になり、さらに追葬の増加を契機として、羨道部の埋葬空間化が生じるとし、石室内における空間利用形態の変化を明確に提示している[13]。こうした羨道部の埋葬空間化は少なくとも6世紀後半には認められ、その現象としては、羨門付近ないし羨道前半部のみに限った閉塞石の充填、羨道・玄室床面の平準化および段差の解消、玄門付近の楣石・框石の消失や羨道部への移行、玄室内敷石の羨道への進出、玄室・羨道両床面を併用する納棺などを挙げている。

これまで検討してきたように、上野における羨道部に区画をもつ石室構造の機能としては、追葬用の埋葬空間や土器類の配置場所として利用されたと考えるのが妥当である。現段階では資料的な制約もあり、すべてがこうした機能に収斂されるとは限らないが、少なくとも石室内における埋葬空間の確保や拡張を意図するとともに、副葬品の配置や土器供献の行為を秩序立てて実施するうえで、計画的な空間利用を目的とした石室構造であったと理解したい。また、ここでは詳述しなかったが、前掲の観音塚古墳や後二子古墳などをはじめ、当該地域に散見される玄室を中央で二分する間仕切石の設置についても、同様の要因が想定できる[14]。

このような羨道部に区画をもつ石室構造のあり方は、森岡の指摘するような畿内の事例を中心に認められる羨道部の埋葬空間化の現象とも符合すると言えよう。上野の横穴式石室の展開過程について右島和夫は6世紀後半以降、なかでも6世紀末から7世紀初頭にかけて認められる畿内からの技術的影響を重視している[15]。羨道部に区画をもつ石室構造が出現する背景にも、こうした畿内との関連性を想定しておく必要があろう。ただし、上野の羨道部の区画方法には楣石を使用するものなど、畿内とは構造的に異なる部分も存在し、しかも各古墳においても多様性が認められる点には注意を払うべきである。

なお、柳沢一男は九州における複室構造の形成過程を検討したなかで、「羨道間仕切り型」の

石室を複室構造の先駆形態として位置づけた[16]。羨道間仕切り型とは「羨道側壁から独立するか、側壁に組み込んだ立柱石によって羨道を前後に二分する手法」[17]を用いた石室であり、5世紀後半から6世紀初頭の時期に肥後北部で発案された構造であると指摘している。

このような構造は、これまで検討してきた上野の羨道部を区画する構造とも共通性を認めることができる。しかし、上野の諸例は6世紀後半から7世紀初頭に構築されたものであり、九州の事例とは半世紀以上の開きが存在することから、直接的な系譜を求めることはできない。また、九州ではその後、複室構造が盛行する点も上野の動向とは異なる。むしろ地域を違えても、石室内における埋葬空間の確保や計画的な空間利用を意図し、こうした類似する石室構造が出現した点を評価しておきたい[18]。

5　おわりに

以上、上野における羨道部に区画をもつ石室構造について検討してきた。その結果、この構造が首長墓と考えられる古墳を中心に認められること、6世紀後半から7世紀初頭といった時期に構築された埋葬空間の確保や石室内における計画的な空間利用を意図した石室であることを指摘した。

ところで、この6世紀後半から7世紀初頭という時期は、最初に述べたように群集墳における葬送儀礼の変化過程の第2期に相当する時期である。つまり、上野ではこの時期に追葬の増加を契機として、首長墓では石室内での土器供献を継続するものの、羨道部を区画することによって埋葬空間の確保を行ない、一方の群集墳では石室内への土器供献を省略し、土器供献の場を石室内から羨道部へと移行することによって対処したと理解することができる。

また、本書第4章第1節において詳述するが、複室構造と単室構造の相違やその浸透性の強弱にも着目しておく必要があろう。6世紀後半以降、関東各地では複室構造の導入、展開といった動向を散見することができる。上野に隣接する北武蔵や下野をはじめ、常陸南部や上総北東部などで顕著であり、こうした複室構造が関東各地に採用され、急速に定着・展開する背景にはやはり、追葬の増加といった現象を要因の1つとして想定することができる。一方で上野では単室構造が主体であり、複室構造の石室は数例が認められるものの、極めて少ない点は示唆的である。こうした単室構造を志向する点や羨道部の埋葬空間化を確認できる点などは、畿内の動向とも連動しており、関係性が深いと考えておきたい。その背景として、石室構造の共通性のみをもって政治的意図も含めた密接な繋がりを想定するのは慎重さが必要であるが、少なくともそこには、畿内との親縁的な関係を認めておく必要があろう。

このように追葬の増加といった汎列島的な現象を取り上げ、石室内における空間利用方法や葬送儀礼の変化を検討することによって、畿内と上野との関係性が窺えたが、一方で複室構造を採用した地域に関してはどのような史的意義を見出すべきか、今後さらなる検討を試みる必要があろう。

註
(1)　本書第3章第2節参照
(2)　a. 右島和夫 1983「群馬県における初期横穴式石室」『古文化談叢』第12集　九州古文化研究会

293-330頁

　　　b. 右島和夫 1994『東国古墳時代の研究』学生社
(3)　土生田純之 1996「葬送儀礼の伝来をめぐって―北関東における事例を中心に―」『古代文化』第48巻第1号　古代学協会　1-17頁
(4)　第3章第2節でも触れたが、石室内出土土器には、副葬品として配置されたものと供献用の性格をもつものが存在したと考えられる。しかし、両者の区別は困難なため、ここでは広義の供献土器として扱うことにする。
(5)　a. 高崎市教育委員会 1992『観音塚古墳調査報告書』
　　　b. 右島和夫 1999「観音塚古墳」『新編 高崎市史』資料編1　原始古代1　高崎市　521-542頁
(6)　a. 右島和夫 1992「観音塚古墳の基礎的検討」『観音塚古墳調査報告書』高崎市教育委員会　33-54頁
　　　b. 前掲註(5)文献b
(7)　a. 石川正之助 1967「野殿天王塚古墳の石室平面構成について」『共愛学園論集』第1号　共愛学園　12-34頁
　　　b. 石川正之助 1981「野殿天王塚古墳」『群馬県史』資料編3　原始古代3　群馬県　508-511頁
　　　c. 右島和夫・齊藤幸男 2001「野殿天王塚古墳」『安中市史』第4巻　原始古代中世編　安中市　411-414頁
(8)　前掲註(7)a文献
(9)　a. 田村　孝ほか 1981『石原稲荷山古墳』高崎市文化財調査報告第23集　高崎市教育委員会
　　　b. 田村　孝 1999「石原稲荷山古墳」『新編 高崎市史』資料編1　原始古代1　高崎市　481-488頁
(10)　本墳は明治19年に坪井正五郎によって3号墳と呼称され、古墳の特徴や出土遺物の内容とともに土器の図と石室内の見取り図が報告されていたものの（下記文献a参照）、古墳群中のどの古墳なのか特定が困難であった。その後、足利市教育委員会による足利公園古墳群の再整備に伴う調査の結果、M号墳と呼称した古墳が、石室構造などから坪井正五郎の報告した3号墳に比定されている（下記文献b・c参照）。本節では石室構造とともに、石室内の出土状況の見取り図や出土須恵器の時期的特徴を重視するため、3号墳の呼称を用いることにする。
　　　a. 坪井正五郎 1888「足利古墳発掘報告」『東京人類学雑誌』第3巻第30号　東京人類学会　330-380頁
　　　b. 市橋一郎・大澤伸啓・足立佳代 1995「足利公園古墳群第5次発掘調査」『平成5年度埋蔵文化財発掘調査』足利市埋蔵文化財報告第27集　足利市教育委員会　11-23頁
　　　c. 市橋一郎 2004「足利公園古墳群出土遺物整備事業」『平成15年度文化財保護年報』足利市埋蔵文化財調査報告第51集　足利市教育委員会　84-95頁
(11)　前原　豊ほか 1992『後二子古墳・小二子古墳』大室公園史跡整備事業に伴う範囲確認調査概報Ⅰ　前橋市教育委員会
(12)　志村　哲 1988『伊勢塚古墳・十二天塚古墳』範囲確認調査報告書Ⅲ　藤岡市教育委員会
(13)　森岡秀人 1983「追葬と棺体配置―後半期横穴式石室の空間利用原理をめぐる二、三の考察―」『関西大学考古学研究会開設参拾周年記念考古学論叢』関西大学　595-673頁
(14)　ただし、北群馬郡榛東村高塚古墳（下記文献参照）は、玄室中央に間仕切石をもっているが、6

世紀中葉頃の築造である。おそらくは羨道部の区画に先行して、玄室間仕切石による構造が出現したと考えられる。

　石川正之助 1981「高塚古墳」『群馬県史』資料編3　原始古代3　群馬県　391-397頁
(15)　右島和夫 1994『東国古墳時代の研究』学生社
(16)　柳沢一男 2003「複室構造横穴式石室の形成過程」『新世紀の考古学―大塚初重先生喜寿記念論文集―』大塚初重先生喜寿記念論文集刊行会　471-486頁
(17)　前掲註(16)文献：476頁
(18)　なお、九州における複室構造の展開過程やその意義を検討するにあたって、埋葬空間の確保や前室の機能を論じた研究にとして、主に以下のものがある。
　　　a. 松本健郎 1970「複室墳の諸問題―熊本県菊池川流域」『熊本史学』第37号　熊本史学会　33-54頁
　　　b. 重藤輝行 1999「北部九州における横穴式石室の展開」『九州における横穴式石室の導入と展開』第2回九州前方後円墳研究会資料集　第Ⅱ分冊　九州前方後円墳研究会　659-693頁
　　　c. 吉村靖徳 2000「北部九州における三室構造横穴式石室の諸相」『古文化談叢』第45集　九州古文化研究会　151-170頁

第4節　東毛地域における古墳終末への一様相

1　はじめに

　本節で取り上げる巌穴山古墳と菅ノ沢古墳群は、群馬県太田市にある金山丘陵の北東に所在するが、巌穴山古墳は丘陵の北東方向にやや離れた平地部、菅ノ沢古墳群は丘陵の北東麓に伸びる尾根の南斜面、それぞれ近接した位置関係に立地している[1]。これらの古墳が位置する東毛地域とは群馬県の東南部に位置し、南側に利根川、北東側に渡良瀬川といった両河川に挟まれた地域であり、現在の行政区分における太田市・館林市・桐生市および旧山田郡（現在のみどり市のうち、旧勢多郡東村の範囲を除く地域）・邑楽郡の範囲がほぼ該当する（第69図）。

　さて、こうした東毛地域の動向を検討するうえで、上野地域（群馬県）の東・西における地域圏の存在を重視し、両地域圏の対比を行なうなかで歴史展開を論じた右島和夫の研究は重要である[2]。そこでは、群馬県における古墳時代の動向を前橋・高崎市を中心とする「西」、太田市周辺を中心とする「東」の二極構造として把握している。そのうえで5世紀後半になると、西毛地域における舟形石棺地域圏の成立や朝鮮半島系文物の偏在傾向、6世紀初頭の中・西毛地域にお

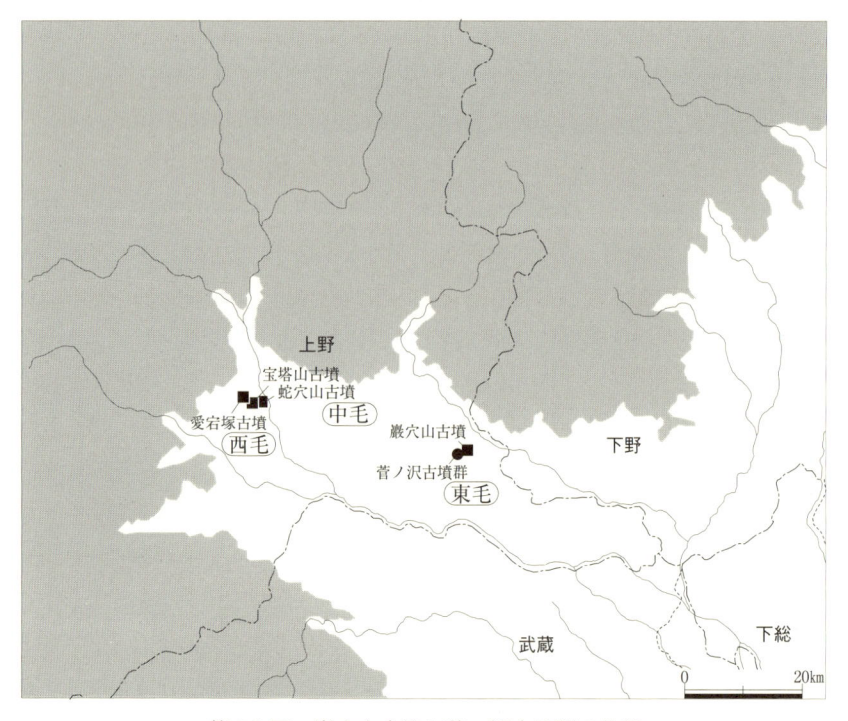

第69図　巌穴山古墳と菅ノ沢古墳群の位置

ける横穴式石室の先駆的導入と普及など、西毛地域主導の下で中毛地域を包括する形で展開する地域圏形成の動態、7世紀後半には東毛地域をも組み込む律令制下における上野国の母胎となる地域圏の成立過程を明らかにしている。

しかし、このような5世紀後半以降における「西（中・西毛地域）」優勢による歴史展開を重視する一方で、右島も留意しているように東毛地域の諸動向にも注意を払うことが重要である。事実、東毛地域では5世紀中頃の築造とされる太田市天神山古墳のような墳丘長210mの規模をもつ東日本最大の前方後円墳が存在しており、この時期には二大地域勢力を統合する形で東を頂点とする地域構造への変化が指摘されている[3]。そのため、6、7世紀における西毛地域主体による地域圏形成の動向を重視すると同時に、東毛地域のもつ勢力基盤や地域的特性にも留意したうえで歴史的評価を行なっていく必要があろう。本節では、こうした東毛地域の実態を把握するための基礎的な作業として、巖穴山古墳および菅ノ沢古墳群の検討を試みたいと考えている。

2　巖穴山古墳の横穴式石室とその評価

(1) 巖穴山古墳と東毛の横穴式石室

巖穴山古墳の特徴　巖穴山古墳は、墳丘基底部が一辺36.5m（現況は一辺30m）、墳丘の高さは現存で5.8mの方墳であり、埋葬施設として南方向に開口する横穴式石室を有する（第70図）。

玄室（後室）・前室・羨道から成る複室構造の横穴式石室は、全長11.7m、玄室長5.2m、玄室幅2.1m（奥壁部）・1.7m（玄門部）、前室長2.45m（左側壁）・2.65m（右側壁）、前室幅1.7m（玄門部）・1.8m（前門部）、羨道長3.0m（左側壁）・2.6m（右側壁）、羨道幅1.4mを測り、構築石材としてチャートを使用している。玄室・前室・羨道ともに矩形を基調とする平面形であり、前室

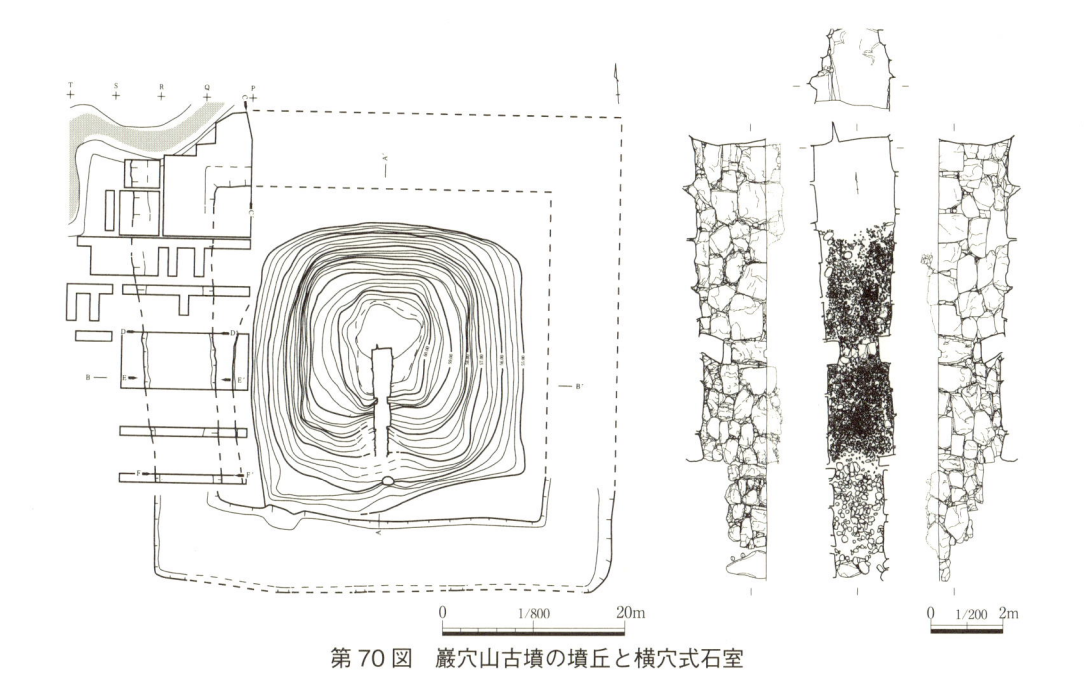

第70図　巖穴山古墳の墳丘と横穴式石室

長は玄室長のおおむね1/2程度となる。玄門（後門）・前門それぞれ左右に立柱石を側壁の壁面から突出するように据え置き、立柱石間の床面に石材数石を並べて配置した楣石を挟んだ門構造であり、玄門上部には楣石の架構が認められる。玄室・前室の天井は玄室に比べて前室部分が若干低い構造となっている。これに対して、羨道部分の天井石はすべて失われているものの、前門立柱石の遺存状況や羨門と考えられる羨道右側壁入口部の縦位に配された大石の高さを考慮すると、玄室・前室の天井に比べて段を有し、低く架構されていた可能性が窺える。

壁面構成としては、奥壁が1枚石を基調とする用石法であるのに対し、玄室両側壁は基底に大型の石材を縦置きし、2段目以上は基底に比べやや小振りの石材を横位に積み上げるといった特徴が窺える。また前室や羨道の側壁には玄室よりも小型の石材を積んでおり、全体的に横方向の目地を確認することができる。

なお、前庭部に特別な施設等は構築されておらず、玄室から人骨や鉄釘、刀装具など、前室からは須恵器坏・提瓶・平瓶などが出土している。玄室（後室）を遺骸埋葬用の空間、前室を土器類の副葬ないし供献行為、儀礼執行の場として利用していたと考えることができる。

巖穴山古墳と東毛の横穴式石室をめぐる研究概要　こうした巖穴山古墳と東毛地域の横穴式石室に関して、橋本博文は東毛地域における首長墓の変遷を論じるなかで、巖穴山古墳は上野において終末期に方墳を築造することができた数少ない勢力である点、上野の中心となる前橋市総社の大型方墳である宝塔山古墳に対応する複室構造の横穴式石室を有する点を指摘し、時期としては7世紀第2四半期以降としている[4]。そして、こうした巖穴山古墳の築造を含む当地域の動向について、埴輪や須恵器生産等の手工業生産集団を管掌し、東山道ルートを基盤として繁栄するとともに、やがて古墳造営の規制後は寺井廃寺を建立するという有力な在地勢力の存在・存続を考えている。

また近年徐々に発掘調査例が増加するとともに、東毛地域の横穴式石室についても時期や変遷観が論じられるようになった。島田孝雄は群馬県古墳時代研究会による『群馬県内の横穴式石室Ⅱ（東毛編）』および『群馬県内の横穴式石室Ⅳ（補遺編）』のなかで、「旧新田郡・山田郡」における横穴式石室資料を集成し、変遷観を提示している[5]。また、山賀和也は発掘調査が行なわれた太田市成塚向山古墳群中の成塚向山2号墳の横穴式石室を検討するなかで、東毛地域における横穴式石室の変遷および年代観の検討を行なっている[6]。こうした両者の研究により、東毛地域における横穴式石室の受容・展開の諸過程、石室の類型や変遷観が明確化したと評価できる。

これらの研究成果を参照すると、まず6世紀中葉に円墳である太田市亀山京塚古墳の埋葬施設として両袖の横穴式石室が導入され、6世紀後半になると前方後円墳を中心とする首長墓にも横穴式石室の採用が認められるが、その特徴として両袖・無袖および複室構造といった多様な石室構造が存在するという。7世紀代になると、円墳では両袖で胴張りを呈する形態となり、7世紀中葉には巖穴山古墳といった方墳で複室構造の横穴式石室が構築されるとしている。そして、このような東毛地域の横穴式石室には、中・西毛地域の横穴式石室と対比すると、台形状の前庭部が展開しない点、截石切組積石室が構築されない点などの特徴が指摘されている。このような東毛地域における横穴式石室の動向を踏まえたうえで、以下、巖穴山古墳の横穴式石室から窺うこ

とができる系譜関係および構築時期を検討してみたい。

(2) 巖穴山古墳の横穴式石室とその評価

東毛地域における横穴式石室の導入　東毛地域における横穴式石室の導入は、6世紀中葉の太田市亀山京塚古墳[7]（円墳、径約27m）が最初である（第71図）。長方形の玄室に幅の狭い羨道が接続する両袖石室であるが、玄室天井に比べて羨道天井は低く架構され、開口部に向かって傾斜をもつ構造である。袖部は石材を積み上げ、羨道側壁の並びから突出するような造作は認められないものの、上部に楣石を架構して玄室と羨道の区別を意図している。なお、石室内からはTK10型式併行の須恵器提瓶が出土している点、また玄室壁面には赤色塗彩が確認できる点などが注目できる。

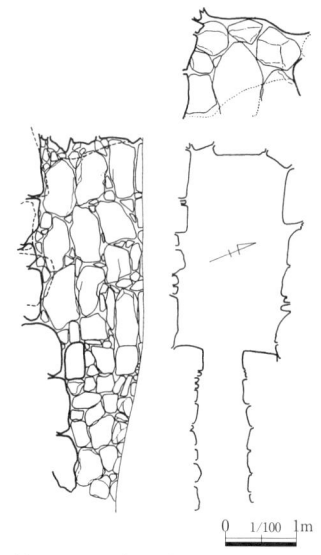

第71図　亀山京塚古墳の石室

中・西毛地域における横穴式石室の導入はMT15型式併行であり、安中市簗瀬二子塚古墳や前橋市王山古墳、同前二子古墳、同正円寺古墳など6世紀初頭の主要な前方後円墳の埋葬施設に採用されるが、その特徴として両袖の構造で狭長な羨道を有する点、天井は玄室と羨道に段を有さない点、壁面の赤色塗彩などが挙げられる[8]。これに対して、亀山京塚古墳の横穴式石室は玄室の平面形態が類似するものの、簗瀬二子塚古墳などをはじめとする中・西毛地域の導入期の事例と比較して、羨道が短い点、玄室天井よりも羨道天井が低く傾斜をもつ点など、後出的な特徴が窺える。その一方で玄室内の壁面に赤色塗彩を施すなど古い要素も残しており、出土した提瓶の時期を考慮しても、6世紀中葉という時期が妥当である。

前方後円墳における石室構造の差異と地域性　6世紀後半以降になると、太田市の今泉口八幡山古墳[9]、割地山古墳[10]、西長岡東山3号墳[11]、二ツ山1号墳[12]など東毛地域の主要な前方後円墳に横穴式石室が採用されるようになる（第72図）。ここで重要なことは、島田が指摘するように、これらの前方後円墳の石室構造は多様であり、渡良瀬川流域・利根川北岸地域・大間々扇状地地域といった小地域ごとに異なる様相を窺うことができる点である[13]。渡良瀬川西岸、金山丘陵北東麓の小尾根に位置する今泉口八幡山古墳では「両袖」、金山丘陵の南方向に離れた利根川北岸に位置する割地山古墳では「複室」、金山・八王子丘陵の西側に広がる大間々扇状地に位置する西長岡東山3号墳や二ツ山1号墳では「無袖」の横穴式石室をそれぞれ採用しており、地域ごとに主要な前方後円墳における石室構造の差異が顕著であるという様相には注意を払う必要がある。

巖穴山古墳の横穴式石室の系譜関係をめぐって　まず、今泉口八幡山古墳（前方後円墳、60m）の横穴式石室は両袖で単室構造である。玄室の平面形態は矩形を呈し、玄室長5.5m、玄室幅2.2mであるが、この平面形態や規模は巖穴山古墳の玄室（後室）と類似しており、注目できる。埴輪を有しており、石室の特徴などからは6世紀末から7世紀初頭頃の築造と考えられるが、今

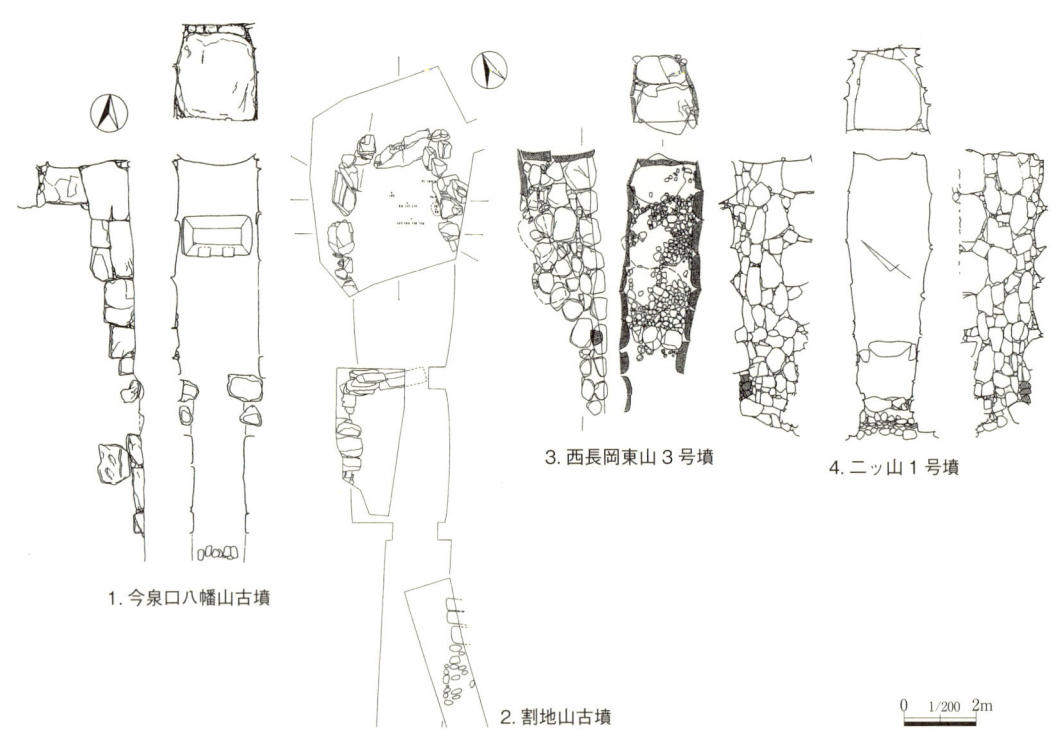

第3章 横穴式石室に見る上野の歴史動向

1. 今泉口八幡山古墳
2. 割地山古墳
3. 西長岡東山3号墳
4. 二ッ山1号墳

0　1/200　2m

第72図　東毛地域における前方後円墳の石室

　泉口八幡山古墳では玄室奥壁付近に石室主軸と直交する形で刳抜式家形石棺の存在が確認されており、東毛地域における同時期の前方後円墳のなかでも最有力に位置づけることができる。こうした家形石棺をもつ最終末の前方後円墳に後続して、近接する位置に方墳の巖穴山古墳が築造されたと考えられ、石室構造における玄室規模や規格が類似する点も、両古墳の繋がりを示していると言えるであろう。

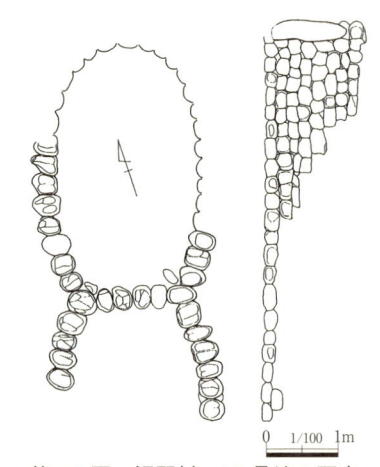

　次に割地山古墳（前方後円墳、105m）であるが、複室構造の横穴式石室を有する点が特筆される。埴輪の出土が確認されており、石室の調査は部分的な範囲に限られているものの、矩形の平面形態を呈する複室構造の横穴式石室であることが確認できた点、石室の構築石材としてチャートを使用している点に着目すると、こうした特徴は巖穴山古墳とも共通する特徴であると考えることができる。なお、この割地山古墳が位置する太田市の南側、利根川北岸の地域には、沢野村102号墳（円墳、径13m）[14]のような角閃石安山岩削石積みによる胴張り複室構造の石室、さらにその東側に位置する邑楽郡・館林市のあたりでも角閃石安山岩を用いた玄室幅の広い胴張りプラン

0　1/100　1m

第73図　沢野村102号墳の石室

174

の横穴式石室が確認されている（第73図）。こうした角閃石安山岩削石積みによる横穴式石室のうち、複室構造で幅広の胴張りを呈する石室は北武蔵地域（現在の埼玉県）、特に熊谷市・行田市などで多く認められる石室構造であり、北武蔵からの影響や両地域間の関係性を推定することができる。このような背景のなかで、割地山古墳のような在地の矩形を基調とする石室であると同時に、北武蔵地域で展開する複室構造の要素を併せもった石室が出現したと評価でき、さらにこの構造的特徴は巖穴山古墳の横穴式石室にも受け継がれた可能性が窺える。

また、西長岡東山3号墳（前方後円墳、全長は不明・後円部径推定で約30m）、二ツ山1号墳（前方後円墳、74m）の横穴式石室は無袖を呈する。奥壁部寄りに最大幅を有し、開口部に向かって幅を狭める形態であり、両古墳ともに埴輪を有しており、西長岡東山古墳が6世紀後半、二ツ山1号墳が6世紀末から7世紀初頭頃の築造と考えられる。このうち、二ツ山1号墳は最終末の前方後円墳であるが、側壁の構造に着目すると基底に大振りの石材を縦置きしており、2段目以上は基底よりも小振りの石材を横置きするという構造となっている。このような側壁の構築方法は、先述した巖穴山古墳の玄室側壁にも窺うことができる特徴であり、共通する壁面構成として留意すべきである。なお、二ツ山1号墳では石室開口部前面の施設として埴輪列によって台形状の区画を設けている点が注目できるが、これは台形前庭の展開が希薄な東毛地域のなかで特異な存在であり、中・西毛地域で展開する前庭部に台形状の石積みを構築するいわゆる台形前庭の影響を窺うことができる。

巖穴山古墳の横穴式石室の評価　以上、巖穴山古墳の系譜関係をめぐって渡良瀬川西岸・金山丘陵北東麓の今泉口八幡山古墳（玄室の規模・規格、矩形プラン）、利根川北岸の割地山古墳（複室構造、矩形プラン）、大間々扇状地の二ツ山1号墳（側壁の壁面構成、構築方法）といった東毛各地に位置する主要な前方後円墳の横穴式石室がもつ特徴を列挙してみたが、重要なことは巖穴山古墳がこれらの石室それぞれの構造的な特徴・石室構築技術を取り入れた横穴式石室であると指摘できるということである。すなわち、今泉口八幡山古墳・割地山古墳・二ツ山1号墳はいずれも6世紀末から7世紀初頭といった最終末の前方後円墳に相当し、こうした東毛諸地域に築造された前方後円墳の消滅後、各地の勢力を統合する形で方墳の巖穴山古墳が成立する点、さらにその埋葬施設には前代の各首長墓における横穴式石室の諸要素を結集させた構造となっている点には留意すべきである。

このような巖穴山古墳とその横穴式石室の成立過程は、「西（中・西毛地域）」における総社古墳群が台頭する動向とも関係が窺える。中・西毛地域では各地に割拠した前方後円墳が消滅し、地域ごとにこれを継承したと考えられる首長墓が確認できないなかで、7世紀前半における愛宕山古墳（方墳、一辺55m）、7世紀第3四半期から末葉にかけての宝塔山古墳（方墳、一辺60m）、蛇穴山古墳（方墳、一辺39m）と継続して大型方墳が築造されるといった前橋市総社古墳群を頂点とする支配構造への変化、上野地域の再編成の動き[15]とも連動する事象と捉えることができる。こうしたことから、巖穴山古墳は前方後円墳の終焉後に構築された東毛地域の頂点となる方墳であると位置づけることができ、構築時期としては先述した横穴式石室の系譜関係を重視すると、前方後円墳の消滅後であり、中・西毛地域の愛宕山古墳に併行する7世紀前半の時期が相当

第3章　横穴式石室に見る上野の歴史動向

すると考えられる。

　ただし、巌穴山古墳を7世紀中葉とする意見もある[16]。これは巌穴山古墳の横穴式石室が複室構造である点から、宝塔山古墳の横穴式石室との関係性が窺えること、あるいは出土遺物等を考慮した結果、7世紀中葉を構築時期とした可能性などがその理由として考えられる。確かに宝塔山古墳の横穴式石室は、平面がほぼ正方形の玄室に、長方形プランを呈する前室・羨道が取り付けられた複室構造と捉えることができる。しかし、正方形の玄室に連接させた前室・羨道部分に着目すると、ほぼ同形・同規模の長方形を呈しており。むしろ前室というよりは羨道を中間あたりで側壁を突出させることにより、二分した構造であると見ることもできる。この構造を巌穴山古墳の横穴式石室と同じ複室構造として扱うことには慎重にならなければならないであろう。その一方で、こうした宝塔山古墳の石室は、奈良県奈良市に所在する帯解黄金塚古墳（方墳、一辺26m）[17]の加工した榛原石を積み、漆喰を用いた塼槨式石室との石室規格の類似性や系譜関係が指摘されており[18]、畿内からの技術系譜やその影響のなかで成立した可能性が窺える（第74図）。

　このような点から、巌穴山古墳は宝塔山古墳に併行する7世紀中葉の築造とするよりは、それに先行して築造された愛宕山古墳と併行する7世紀前半の時期とするのが妥当ではないかと考えられる。なお、このことは巌穴山古墳の石室から出土した刀装具や須恵器の時期とも一致すると言える[19]。

　以上のように巌穴山古墳は7世紀前半の方墳であり、その築造にあたっては中・西毛地域の背

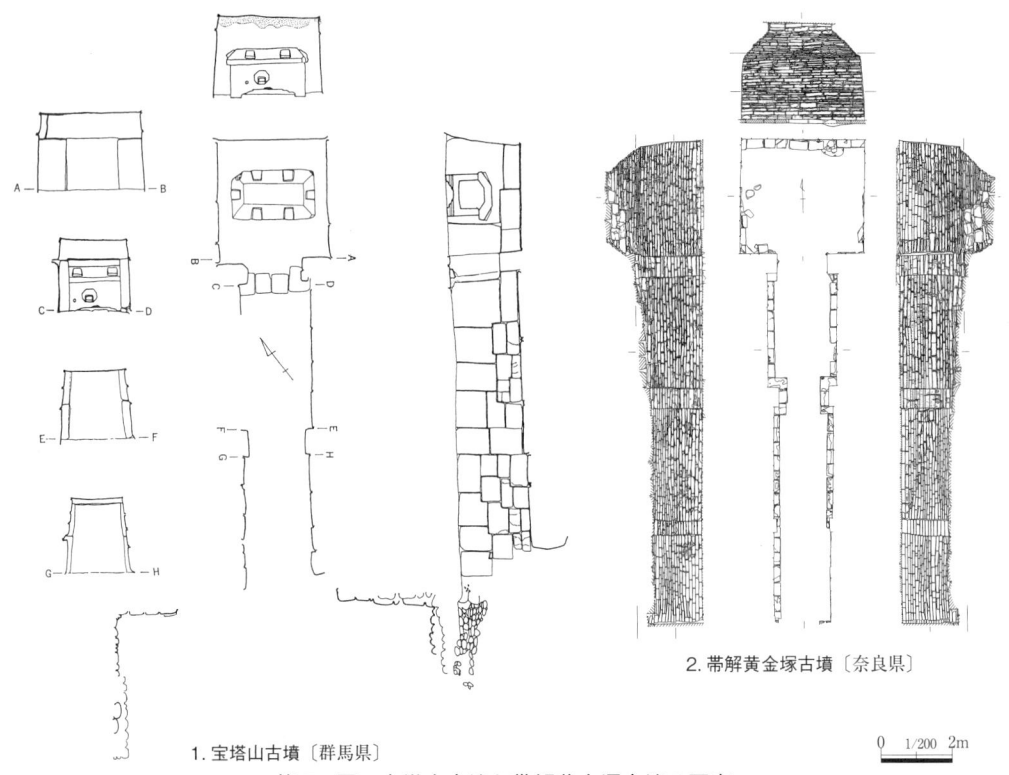

1. 宝塔山古墳〔群馬県〕　　　2. 帯解黄金塚古墳〔奈良県〕

第74図　宝塔山古墳と帯解黄金塚古墳の石室

後に存在する畿内との関係性も視座に据えた史的評価が必要となる。なかでも巖穴山古墳の位置は東山道の経路とも密接な関連性が窺え、注目できる。ただし、その一方で巖穴山古墳の横穴式石室は複室構造を呈する点から、石室構造を重視すると中・西毛地域（および畿内）との系譜関係のみではなく、北武蔵地域との繋がりにも留意が必要である。このように巖穴山古墳の様相からは、中・西毛地域との関係性やその直接的な影響を受ける一方で、北武蔵地域との交流関係をも保持するといった7世紀前半における東毛地域の実態を反映している可能性を窺うことができる。

3 菅ノ沢古墳群の特徴とその歴史的意義

(1) 菅ノ沢古墳群の特徴

菅ノ沢古墳群の概要 菅ノ沢古墳群は金山丘陵北東麓の尾根の南斜面に位置するが、6世紀後半を中心とする菅ノ沢窯跡群の東側に近接して築造された群集墳であり、L-95号墳、N-7号墳、P-6号墳、L-10号墳、P-10号墳の5基の遺構が検出されている（第75図）。L-95号墳は当古墳群で唯一明確な墳丘をもつ横穴式石室であるのに対し、N-7号墳・P-6号墳・L-10号墳は地表下から検出された小規模な横穴式石室、P-10号墳は発掘調査時や概報において性格不明の集石遺構として報告された方形を呈する小石槨状の遺構である。

L-95号墳の横穴式石室 まず、当古墳群のなかでもL-95号墳（円墳、22m）は尾根の頂上付近に位置し、明瞭な墳丘盛土をもつ横穴式石室墳であり、当群集墳築造の契機となった古墳であると考えられる。埋葬施設である横穴式石室は、旧表土を掘り込んだ墓坑内に石室下部を構築し、墳丘盛土とともに石室上部を構築している。南東方向に開口する横穴式石室は玄室と羨道から構成される両袖石室であり、全長6.2m、玄室長3.0m、玄室幅1.7m（玄室中央）、羨道長3.0m、羨道幅1.1mを測る（第76図）。玄門部には立柱石を側壁の壁体から突出するように据え置き、床面に梱石を配置しており、天井部が失われているものの、玄室玄門部付近と羨道側壁の遺存状況からは楣石ないし擬似楣石、あるいは前壁の存在を推定することができる。また当石室の特徴として、玄室・羨道の床面敷石下部から排水溝が検出された点が挙げられる。上野地域のなかでも排水溝の存在は特異であり、注目すべきである。

出土遺物としては、玄室内から耳環、大刀、刀装具、鉸具、鉄鏃・鉄釘片などが出土しているが、明確な時期を特定するのは難しいと言える。しかし、当古墳は埴輪の出土が認められない点やほかの検出された古墳と比較して明確な墳丘を有する点、石室の構造的特徴などを考慮すると、おおむね7世紀前半の時期が考えられる。

小石室の存在とその特徴 次にN-7号墳・P-6号墳・L-10号墳の3基であるが、N-7号墳およびP-6号墳は尾根の中腹、L-10号墳は尾根の裾部に位置しており、検出時には地表面から埋没した状態で石室が検出された（第77図）。これらの古墳はいずれも当初から墳丘を伴わなかった、あるいは墓坑内に構築された石室の天井石を覆う程度の低い墳丘であったと考えられる。N-7号墳は両袖、P-6号墳・L-10号墳は無袖の構造であり、埴輪等も含め遺物の出土が認められないため、各時期や相互における関係性を明確に判断するのは困難である。しかし、L-95号墳の築造よりも後出であると考えられ、これらの築造は7世紀中葉ないし後半頃の時期と見て

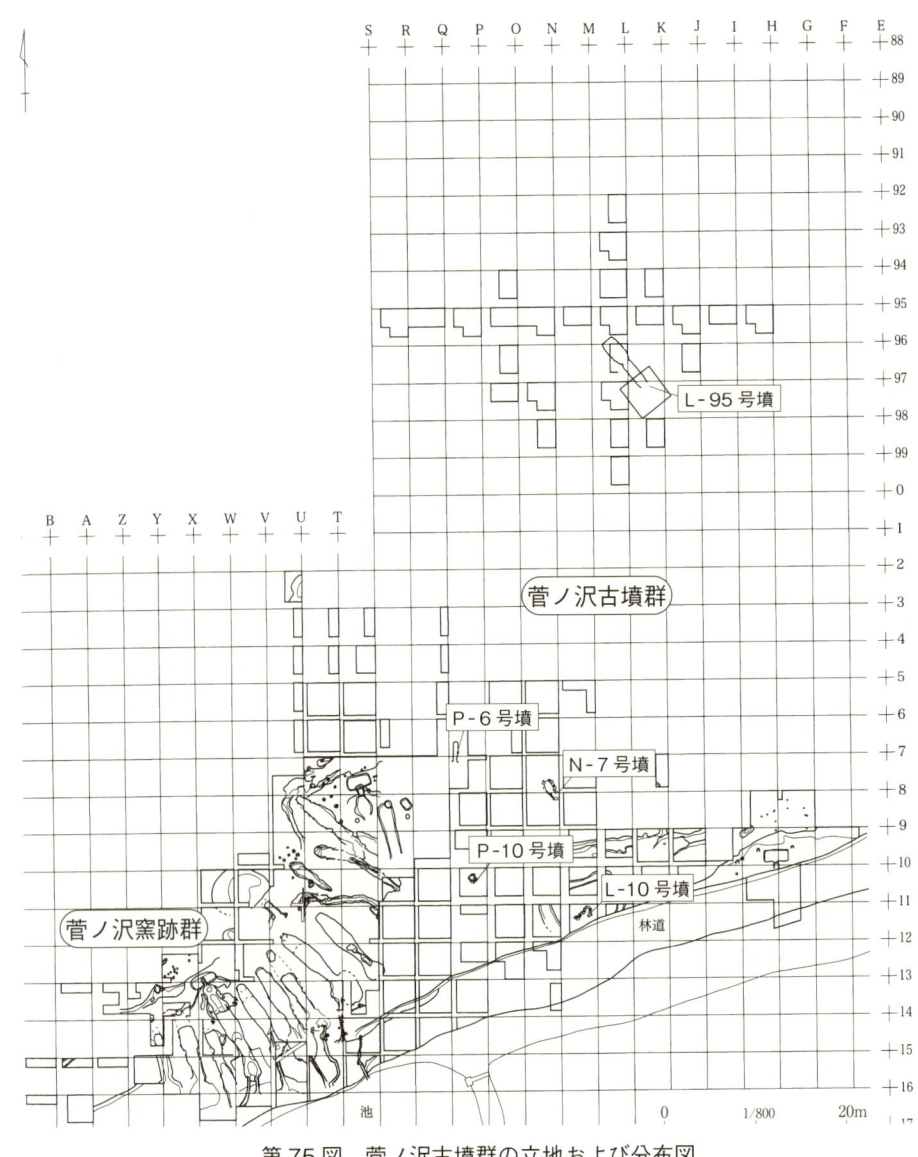

第75図　菅ノ沢古墳群の立地および分布図

良いであろう。こうしたN-7号墳・P-6号墳・L-10号墳の3基における明確な構築順序や相互の関係を明確化することは難しいものの、おそらくは近接する時期に構築されたと推定できる。ただし、石室構造の形骸化および埋葬空間の縮小化という動きを重視すると、石室変化の方向性としては、おおむねN-7号墳→P-6号墳→L-10号墳への推移を想定できる。

　まず、N-7号墳では先行する7世紀前半のL-95号墳と同様に両袖であり、玄室平面形は胴張りを呈するが、玄室と羨道の区別は比較的明瞭と言える。埋葬空間となる玄室長は推定で約1.5mである。次に、P-6号墳の石室構造は両袖から無袖へと変化し、石室平面形が開口部に向かって全体的に胴張りを呈するものの、両側壁には奥壁から約1.1mのところに縦長の石材が配

第4節 東毛地域における古墳終末への一様相

置されている点が注目できる。この両側壁に配置された縦長の石材は、側壁の壁面から突出するような造作はないものの、この地点から開口部にかけて閉塞石の充填が確認できることからも、依然として玄室と羨道の境界を意識している点が窺える。埋葬空間は1.1m程度となる。そして、尾根の裾に築かれたL-10号墳では遺存状況が悪く、開口部（羨道）の状況が明確ではないが、石室は胴張りを呈する無袖構造であり、石室内に遺存した閉塞石の位置から見て、奥壁と閉塞石間に設けられた埋葬空間は0.85mほどである。

なお、石室の開口方向（石室主軸）を見ると、N-7号墳が南東方向に開口することは、尾根の頂上付近に先行して築かれたL-95号墳と同様である点からも、N-7号墳がL-95号墳に続いて構築されたと推定できる。これに対し、P-6号墳は南方向、L-10号墳は南西方向となっている。

以上、L-95号墳の後、構築された3基の石室からは、両袖で玄室と羨道の区別が明瞭な形態から、無袖となり玄室と羨道の区別が不明瞭なものへと変化の方向性を窺うことができる。その際、このような変化に伴い、N-7号墳（両袖、埋葬空間：1.5m）・P-6号墳（無袖、埋葬空間：1.1m）・L-10号墳（無袖、埋葬空間：0.85m）と埋葬空間の縮小化の傾向を窺うことができる。こうした横穴式石室における規模の小型化・形骸化、埋葬空間の縮小化の現象は、L-95

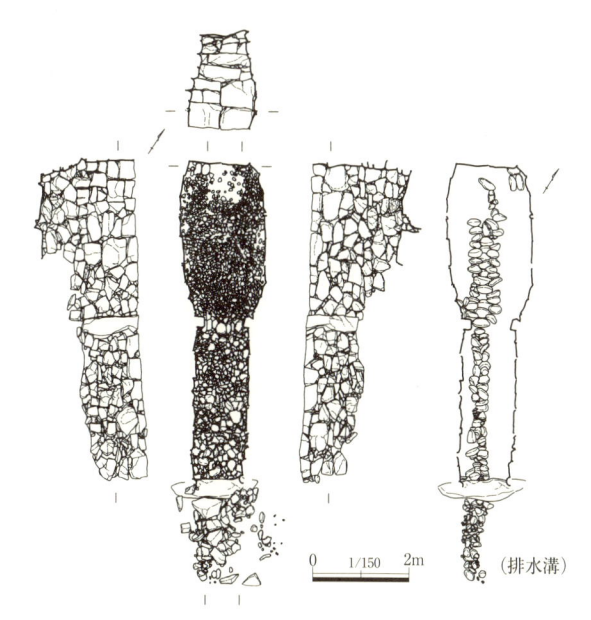

第76図　菅ノ沢L-95号墳の石室

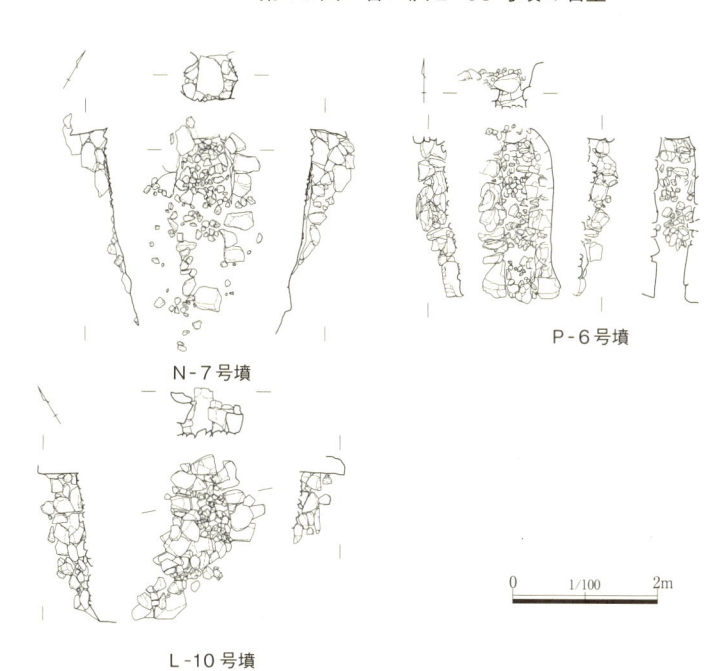

第77図　菅ノ沢古墳群における小石室

号墳のようなこれまでの追葬を前提とした複数の遺骸埋葬を意図した横穴式石室の構造に対し、石室構造が埋葬空間の小型化した「小石室」の構造へと変化すると同時に、単人葬の志向が強まり、個人墓の性格へと移行する動向が認められる。

ところで、埋葬空間の縮小化に着目すると、前述したようにN-7号墳・P-6号墳・L-10号墳の埋葬空間は約0.85m～1.5mという規模に留まる小石室であるが、この埋葬空間は非常に小さく成人の伸展葬は困難な状況が窺える。なかでも埋葬空間となる玄室がP-6号墳では1.1m、L-10号墳では0.85mであり、改葬などによる遺骸の骨化を経た埋葬の可能性についても推定する必要があると言えるであろう。

P-10号墳の小石槨状の遺構　7世紀前半のL-95号墳、7世紀中葉から後半のN-7号墳・P-6号墳・L-10号墳とともに古墳群から検出された遺構として、P-10号墳の小石槨状の遺構がある（第78図）。当遺構は先述したように、発掘調査時や概報において性格不明の配石遺構として認識されていた。しかし、古墳群内の尾根の中腹に位置しており、旧表土を少し掘り込み、敷石を施した後、方形を意識するように四壁状に石材を据え、さらにその上部を覆うように石材を配した小石槨状の構造であることから、古墳群に関連する改葬墓ないし火葬墓の性格をもつ遺構ではないかと推定できる。遺構の内法は東西0.4m、南北0.4mの方形状である。本遺構に伴う出土遺物は無いが、N-7号墳・P-6号墳・L-10号墳の小石室に後続し、石室の小型化・形骸化がさらに進行した結果、生じた埋葬施設である可能性が窺える。正確な時期は不明であるが、おそらくは3基の小石室の築造後、7世紀末ないし8世紀以降の時期を推定しておきたい。

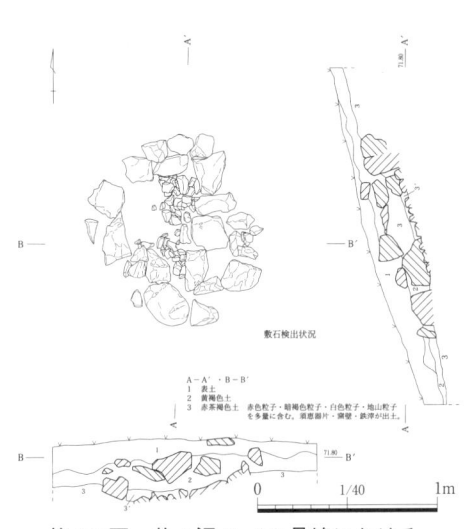

第78図　菅ノ沢P-10号墳における小石槨状の遺構

(2) 菅ノ沢古墳群と終末期群集墳の評価

終末期群集墳としての菅ノ沢古墳群　以上のように菅ノ沢古墳群の概要について取り上げてきたが、その特徴をまとめると次のとおりである。

①尾根の南斜面に立地しており、7世紀代に入って新たに造墓を開始した群集墳である。
②L-95号墳の円墳を中心として群を構成し、継続してN-7号墳・P-6号墳・L-10号墳の小石室が構築される。これらは明確な墳丘を有していなかったと推定される。
③N-7号墳・P-6号墳・L-10号墳の小石室における埋葬空間は、0.85m～1.5mの範囲に留まり、成人の伸展葬が困難な状況が窺える。
④さらに埋葬施設の小型化・形骸化が進行し、P-10号墳のような小石槨状の遺構も構築さ

れる。0.4m×0.4mの方形状を呈する施設であり、改葬や火葬による遺体の処理を経た埋葬が想定できる。

さて、このような尾根の南斜面に造墓を展開する立地や、7世紀に入ってから新たに菅ノ沢窯跡群の東側に墓域を得て築造を開始する点、小石室やさらには小石槨状の遺構への推移が窺える点など、このような本古墳群の特徴は、いわゆる「終末期群集墳」として理解することができる。

終末期群集墳に関する研究動向　終末期群集墳については、水野正好や白石太一郎による群集墳の終焉に関する研究が先駆的な指摘として挙げられる[20]。水野正好は群集墳の終焉の形態として(1)〜(4)の4つの形態に分け、そのなかで(4)とした7世紀に入り6世紀代には古墳のない地域に新たに造墓を開始する形態の存在を指摘し、また白石太一郎は群集墳の終焉を類型化するなかで、7世紀初頭から第1四半期で古墳の築造が終わる高安型、7世紀中葉過ぎから第3四半期の前半頃まで古墳の築造が続けられる平尾山型とともに、「墳丘をもつ古墳の築造は7世紀の第3四半期の前半頃で終るが、それ以後も無墳丘ないしこれに近いもので退化型式の横穴式小石室や箱式石棺が続けて築造される長尾山型」[21]の類型を提示している。

その後、こうした7世紀代に入って造墓を開始する群集墳の発掘調査例が増加するとともに、調査された群集墳に関する群構成の詳細な検討や畿内における終末期群集墳の事例について、各研究者による多角的視点からの分析が試みられている[22]。このような多くの研究成果によって、畿内における終末期群集墳の実態やその特質が明確化し、その歴史的意義や重要性についても喚起されるようになったと評価できる。しかし、一方で森本徹が提言するように、これらの群集墳をめぐっては群構成や単位の検討、時期幅の問題などをはじめ、各研究者において「特定の群一つを俎上にあげたところでも複数の解釈がなされる実情は、単なる方法の差というよりはむしろ根本的な資料的制約をどの様に解消するかという方法論的問題をはらんでいることを示して」おり、同一資料を用いても解釈の差が生じるといった問題点を指摘している[23]。そのため、森本はこうした研究現状を踏まえたうえで各研究における共通項を抽出する必要性を指摘し、終末期群集墳における性格や特徴の整理を試みている[24]。森本の整理した終末期群集墳の特徴をそのまま列挙すると、次のとおりである。

1. 7世紀代に入りそれまでの群集墳とは墓域を異にして出現する。
2. 立地的にも通常の群集墳と異なり、急傾斜面などに密集して築造される例が多い。
3. 墳丘には明らかに方形や円形を指向するものがみられる反面、不整形なものが多く、本来墳丘構築が本格的でなかったことが推察される。
4. 内部主体は比較的小型の横穴式石室が主であるが、小石室、木棺直葬、木炭槨など多様である。
5. 副葬品が極めて貧弱である。
6. 密集して築造されるなかでも、さらに小さな単位が抽出できる場合が多い。

こうした終末期群集墳の特徴を菅ノ沢古墳群の様相と比べてみると、1、2、4、5の特徴は共通すると言える。このうち4の内部主体については、菅ノ沢古墳群では両袖石室であるL-95号墳の構築後、N-7号墳・P-6号墳・L-10号墳といった石室の小型化・形骸化の動向が窺え、

さらにP-10号墳のような方形を呈する小石槨状の施設が見つかっているという特徴であり、木棺直葬、木炭槨などは無いものの、小石室や小石槨の存在は注目できる。また、3については群集墳築造の契機となるL-95号墳の円墳を除いては明確な墳丘を有してはおらず、墳丘構築が本格的ではなかったという点では類似すると言える。ただし、6の単位に関しては検出された埋葬施設は5基のみであり、明確な群構成の小さな単位等は確認できなかった。しかし、このような菅ノ沢古墳群のもつ群集墳築造の時期や墓域のあり方・立地、埋葬施設における小型化・形骸化の動態などの特徴は、畿内における終末期群集墳の特徴とも共通する要素が多いと指摘できよう。

菅ノ沢古墳群の提起する問題 以上のように、菅ノ沢古墳群は7世紀代における終末期群集墳として位置づけることができ、7世紀前半のL-95号墳の築造を契機とし、N-7号墳・P-6号墳・L-10号墳における石室の小型化・形骸化、P-10号墳のような方形を呈する小石槨状の施設の構築といった古墳の終末過程の一端を示す群集墳であると言える。なかでもP-10号墳の時期を明確に提示することはできないが、おそらくは7世紀末ないし8世紀以降の構築であると考えられる。

ところでP-10号墳の性格を考えるうえで、東毛地域に所在する太田市西長岡横塚28号墳（円墳、径19m）[25]の埋葬施設の存在は注目すべきである（第79図）。当古墳の中心となる埋葬施設は、墳丘中央に構築された竪穴状の石槨であり、内部には石棺が納められているのであるが、その古墳構築方法は報告者によると、旧地表面上に直接石槨を構築しており、床面構築後に石棺を置き、周囲の側壁を積み上げ、墳丘盛土を行なうという特徴をもっている。そして、内部に納められた刳抜式の石棺身部の内法は、長軸長67cm、短軸長中央部32cmと非常に小さく、「遺体を棺内に安置させることには無理があることなどから、検出された骨は、骨化した遺体のうち、頭蓋骨を中心とした一部の骨を埋納した第二次埋葬骨であることが推察される」[26]と指摘している。なお、棺内からはガラス製小玉62点、水晶製算盤玉33点などをはじめとする多数の玉類および針状鉄製品2点などが骨粉・骨片とともに検出されている。このような本来、成人の伸展葬が不可能な埋葬空間であるが、石棺から人骨片が多数出土するといった事実は重要である。また、この西長岡横塚28号墳では墳丘盛土が確認されているものの、床面構築後に周囲に石材を積み上げる構築手順は菅ノ沢古墳群のP-10号墳とも類似しており、両者ともに古墳群中にこうした小型化した埋葬施設が構築されている点は、古墳の終末過程を考えるうえで重要な資料と成り得るであろう。

このような古墳の終焉に至る過程を解明するためには、古代における火葬墓との関係性を検討する必要がある。群馬県における火葬墓の受容は8世紀前半頃であり、以降、上野型有蓋短頸壺と呼ばれる蓋

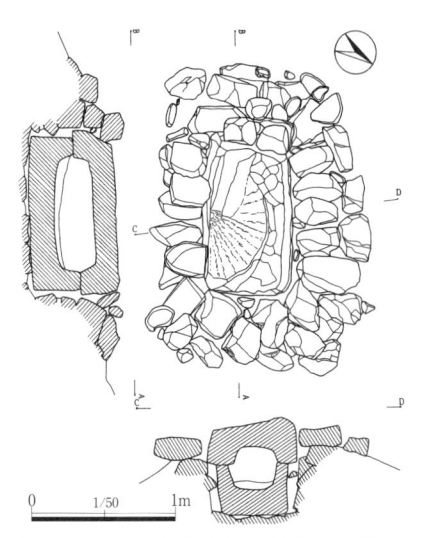

第79図　西長岡横塚28号墳の埋葬施設

に鍔状の突帯がめぐる上野地域特有の骨蔵器、さらには石製骨蔵器を用いた火葬墓が展開するといった動向が窺え[27]、また火葬墓の事例をはじめとする群馬県内における古代墓制については膨大な資料集成による成果も提示されている[28]。その一方で、こうした古墳と火葬墓が同一の墓域内に営まれた事例として、近年調査された前橋市と伊勢崎市の境界にかかる多田山丘陵に所在する多田山古墳群の存在も確認されており、重要である[29]。なお、小林修は上野地域における後・終末期古墳の石室前庭部や周溝から出土する有蓋短頸壺の事例を集成するとともに、こうした古墳出土有蓋短頸壺の性格について、古墳築造被葬者と同系譜の被葬者による火葬骨埋納用の骨蔵器としての可能性を積極的に論じている[30]。

　このように古墳から火葬墓への移行過程の解明は、古墳終末の実態やその本質を考えるうえで重要な研究視点である。ただし、その際、横穴式石室の前庭部から出土する短頸壺を直ちに火葬墓と判断するには、さらなる慎重な検討・分析が必要であろう。実際、上野の中・西毛地域を中心として盛行する台形前庭からは、短頸壺以外にも坏や長頸壺、盤などをはじめとする土器類が多数出土する点、前庭部出土の短頸壺には明確な掘り方などが伴わず、他の供献土器との積極的な区別が困難な点などが窺える。今後、前庭部で執行された追善供養的な儀礼、あるいは別種の儀礼の性格等の実態解明を行なうなかで、古墳と火葬墓の関係についても論究していくことが重要であろう。

　以上、菅ノ沢古墳群は東毛地域の事例であるが、7世紀代に入って古墳群の造営を開始する群集墳であり、埋葬空間の小型化を経て小石槨状の施設へと移行するという古墳の終末への一過程を窺うことができた。このような東毛地域における終末期群集墳の一例が、中・西毛地域の様相とはどのように関連するのか、8世紀代における火葬墓の受容形態とその背景など、中央と地方の関係や畿内における畿外支配の動向を踏まえたうえで今後、さらなる検討を行なう必要があろう。そして東国各地における動向との比較を通して、古代国家成立過程と地方における実態の解明を行なっていくことが重要であろう。

註
(1) 酒井清治・藤野一之・三原翔吾編 2009『群馬・金山丘陵窯跡群Ⅱ―菅ノ沢遺跡（須恵器窯跡群・古墳群）・巌穴山古墳の発掘調査報告―』駒澤大学考古学研究室
(2) 右島和夫 2002「古墳時代上野地域における東と西」『群馬県立歴史博物館紀要』第23号　群馬県立歴史博物館　1-20頁
(3) a. 右島和夫 1994『東国古墳時代の研究』学生社
　　b. 前掲註(2)文献
(4) 橋本博文 1979「上野東部における首長墓の変遷」『考古学研究』第26巻第2号　考古学研究会　41-72頁
(5) a. 島田孝雄 1999「旧新田・山田郡」『群馬県内の横穴式石室Ⅱ（東毛編）』群馬県古墳時代研究会資料集第4集　群馬県古墳時代研究会　387-438頁
　　b. 島田孝雄 2001「旧新田・山田郡(2)」『群馬県内の横穴式石室Ⅳ（補遺編）』群馬県古墳時代研究

第3章　横穴式石室に見る上野の歴史動向

　　　　会資料集第6集　群馬県古墳時代研究会　85-96頁
(6)　山賀和也 2008「成塚向山2号墳・横穴式石室の検討」『成塚向山古墳群』㈶群馬県埋蔵文化財調査事業団調査報告書第426集　㈶群馬県埋蔵文化財調査事業団　548-552頁
(7)　a. 梅沢重昭 1981「亀山京塚古墳」『群馬県史』資料編3　原始古代3　群馬県　983-986頁
　　　b. 石塚久則・橋本博文 1996「亀山京塚古墳（韮川村第71号墳）」『太田市史』通史編　原始古代　太田市　739-741頁
(8)　右島和夫 1994『東国古墳時代の研究』学生社
(9)　a. 天笠洋一 1996『今泉口八幡山古墳発掘調査報告書』太田市教育委員会
　　　b. 天笠洋一 1997『今泉口八幡山古墳』太田市教育委員会
(10)　谷津浩司 2000「Ⅱ 東矢島古墳群（割地山古墳）」『市内遺跡ⅩⅥ』太田市教育委員会　3-48頁
(11)　天笠洋一 1991「西長岡東山古墳群（第Ⅲ次）A区」『埋蔵文化財発掘調査年報』1　太田市教育委員会
(12)　井上唯雄 1987「第4章 古墳　第5節 小金井・天良地区」『新田町誌』第2巻　資料編（上）　原始・古代 中世 近世　新田町　170-189頁
(13)　前掲註(5)b文献
(14)　木暮仁一 1981「『綜覧』沢野村102号古墳」『群馬県史』資料編3　原始古代3　群馬県　936-938頁
(15)　a. 前掲註(3)a文献
　　　b. 前掲註(2)文献
(16)　a. 前掲註(4)文献
　　　b. 前掲註(5)a・b文献
　　　c. 前掲註(6)文献
(17)　a. 奈良国立文化財研究所飛鳥資料館編 1981「20　黄金塚古墳」『飛鳥時代の古墳』同朋舎　87頁（石室写真図版：50頁）
　　　b. 陵墓調査室 2008「黄金塚陵墓参考地墳丘および石室内現況調査報告」『書陵部紀要』第59号　陵墓課　1-20頁
(18)　a. 森　浩一 1965『古墳の発掘』中公新書65　中央公論社
　　　b. 池上　悟 1985「東国横穴式石槨考」『宗教社会史研究』Ⅱ　立正大学史学会　555-578頁
　　　c. 上野恵司 1992「上野・切石石室小考」『考古学論究』第2号　立正大学考古学会　63-77頁
　　　d. 草野潤平 2007「群馬県における截石切組積石室の再検討」『群馬考古学手帳』第17号　群馬土器観会　35-54頁
(19)　藤野一之 2009「巌穴山古墳の築造年代と横穴式石室出土土器」『群馬・金山丘陵窯跡群Ⅱ―菅ノ沢遺跡（須恵器窯跡群・古墳群）・巌穴山古墳の発掘調査報告―』駒澤大学考古学研究室　300-306頁
(20)　a. 水野正好 1970「群集墳と古墳の終焉」『古代の日本』5　近畿　角川書店　195-212頁
　　　b. 白石太一郎 1982「畿内における古墳の終末」『国立歴史民俗博物館研究報告』第1集　国立歴史民俗博物館　79-120頁
(21)　前掲註(20)b文献：117頁

(22) 主な研究としては以下のような研究が挙げられる。
　　a. 楠元哲夫 1987「古墳終末への一状況─終末期群集墳をめぐって─」『能峠遺跡群Ⅱ（北山・西山・前山編）』奈良県史跡名勝天然記念物調査報告第 51 冊　奈良県立橿原考古学研究所　156-185 頁
　　b. 田中勝弘 1988「終末期群集墳の問題─群構成の分析とその意味─」『横尾山古墳群発掘調査報告書』滋賀県教育委員会・㈶滋賀県文化財保護協会　99-115 頁
　　c. 花田勝広 1987「古墳群・墳墓群の群構成」『田辺古墳群・墳墓群発掘調査概要』柏原市教育委員会　44-49 頁
　　d. 花田勝広 1988「律令制の確立にみる葬地の変革─河内地域の氏墓の様相を中心に─」『信濃』第 40 巻第 4 号　信濃史学会　67-90 頁
　　e. 服部伊久男 1988「終末期群集墳の諸相」『橿原考古学研究所論集』第 9　創立 50 周年記念　吉川弘文館　241-282 頁
　　f. 安村俊史 1990「終末期群集墳の一形態─柏原市田辺墳墓群、雁多尾畑 49 支群の検討から─」『柏原市歴史資料館 館報』創刊号　柏原市歴史資料館　61-71 頁
　　g. 安村俊史 1999「火葬墓を内包する終末期群集墳─畿内の事例の基礎的考察─」『古代文化』第 51 巻第 11 号　㈶古代学協会　29-38 頁
(23) 森本　徹 1995「大阪の終末期群集墳」『古代学研究』第 132 号　古代学研究会　12-21 頁，抜粋箇所：16 頁
(24) 森本　徹 1999「群集墳の変質からみた古代墳墓の成立過程」『古代文化』第 51 巻第 11 号　㈶古代学協会　20-28 頁
(25) 石川和孝ほか 1986『西長岡横塚古墳群発掘調査概報』太田市教育委員会
(26) 前掲註(25)文献：22 頁
(27) 津金澤吉茂 1991「古代の墓制」『群馬県史』通史編 2　原始古代 2　群馬県　746-765 頁
(28) 加部二生ほか 1995「群馬県」『東日本における奈良・平安時代の墓制─墓制をめぐる諸問題』《第Ⅰ分冊─北海道・東北地方・関東一部》第 5 回東日本埋蔵文化財研究会　東日本埋蔵文化財研究会栃木大会準備委員会　335-507 頁
(29) a. 深澤敦仁 2004『多田山古墳群　今井三騎堂遺跡・今井見切塚遺跡─古墳時代編─』㈶群馬県埋蔵文化財調査事業団調査報告書第 328 集　㈶群馬県埋蔵文化財調査事業団
　　b. 大西雅広ほか 2005『今井三騎堂遺跡・今井見切塚遺跡─歴史時代編─』㈶群馬県埋蔵文化財調査事業団調査報告書第 346 集　㈶群馬県埋蔵文化財調査事業団
(30) 小林　修 2006「後・終末期古墳と古代火葬墓─8・9 世紀における古墳継続使用の実態─」『土曜考古』第 30 号　土曜考古学研究会　29-56 頁

第5節　横穴式石室から見た上野と畿内の関係性

　以上、本章では上野における横穴式石室の動態を扱ったが、第2節および第3節では、横穴式石室の最も特徴的な機能である複数回に亘る遺体の追葬と、それに伴う土器供献行為など葬送儀礼の実態を重視した検討を行なった。そこでは、石室の機能面に関する観点を重視した変遷観を提示するとともに、空間利用や葬送儀礼における内容の変化・変容過程、地域差・階層差の反映の有無などの分析も併せて試みている。

　その結果、上野では群集墳・首長墓における葬送儀礼の共通点と相違点を明確化するなかで、群集墳による葬送儀礼の主体的な変化・変容の動態を明らかにすると同時に、同一地域内における石室構造の各要素が単純に階層構造に基づき、上層から下層へと序列化するとは言えない点を指摘した。一方、こうした上野の石室構造の特徴や葬送儀礼の特質として、単室構造の志向とそれに付随する石室前庭部の重視化、首長墓における羨道部区画の出現などの傾向を挙げることができ、これらは畿内における横穴式石室の動向とも符合する点、さらには本書第2章の各節で取り上げた関東各地で認められる複室構造を志向する動向とは大きく異なる点が特筆できるであろう。

　なお、上野では台形前庭と呼ばれる当地域特有の前庭部が中・西毛地域を中心として普及・展開するが、その出現に際して、①単室構造の志向、②追葬の増加に起因する埋葬空間の飽和→土器供献位置の移動（石室内における土器供献の省略→前庭部における儀礼との融合）→前庭部の重視化（台形前庭の盛行）という動きを推定することができる。すなわち、当地域で特徴的な台形前庭の創出・出現の背景についても、むしろ畿内における単室構造志向や羨道部区画による埋葬空間の確保という動向が作用した結果であると指摘でき、その背後には畿内と上野における密接かつ親縁的な関係性を示唆するものと想定することが可能である。

　また、第4節では後に上野国府が設置される上野の西（中・西毛地域）主導による地域圏形成・確立の動向と対比する形で、東毛地域における横穴式石室の動向を扱った。東毛に所在する巖穴山古墳は7世紀前半の大型方墳であると指摘したが、総社古墳群の総社愛宕山古墳→宝塔山古墳→蛇穴山古墳を頂点とする中・西毛地域における新たな支配秩序・地域圏の確立とも連動する点、巖穴山古墳は古東山道ルートに接した位置に築造されている点などからも、中・西毛地域、さらにはその背後に控える畿内との関係性ないし政治的意図を想定する必要があろう。このように巖穴山古墳が上野地域を東西に横断する古東山道ルート沿いに位置する点は重要であり、また既述のように、巖穴山古墳の横穴式石室が東毛の各地に割拠していた最終末の前方後円墳が有する横穴式石室の諸特徴・構築技術を結集して構築されている点からも、中・西毛地域および畿内は巖穴山古墳とその被葬者が保有する東毛の地域的基盤の確保を意図していたと考えられる。

　さて、第4節で指摘した巖穴山古墳の横穴式石室が複室構造である点、さらに東毛地域では中・西毛地域で展開する台形前庭が普及しない点には留意すべきである。なかでも当地域におけ

第5節　横穴式石室から見た上野と畿内の関係性

る複室構造の特徴は、南側を東西に流れる利根川を挟んで隣接する北武蔵の石室構造とも類似しており、両地域間の交流関係を指摘することができる。北武蔵および南武蔵では6世紀後半以降、7世紀代に至ってもこうした複室構造が展開する地域でもあり、このことは、東毛―北武蔵―南武蔵における地域間の繋がりが、後の東山道武蔵路成立の基盤となった可能性も視座に据える必要があろう（第80図）。

武蔵国は、宝亀2年（771年）に東山道から東海道に所属替えになるまでは、東山道に属しており、上野国から武蔵国府（現在の東京都府中）へと達する南北の駅路、すなわち東山道武蔵路が存在したとされる。駅路の比定や変遷をめぐっ

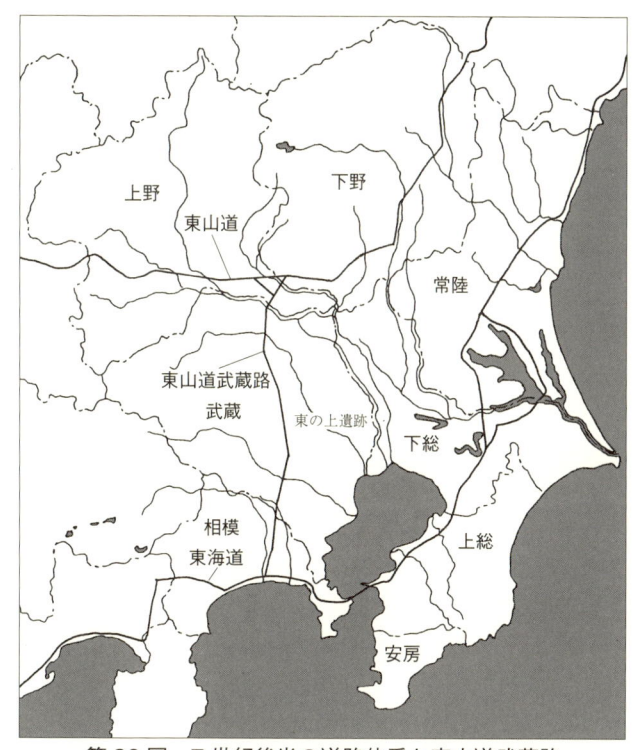

第80図　7世紀後半の道路体系と東山道武蔵路
（註（1）中村太一文献より、加筆）

ては多くの先行研究があるものの、埼玉県所沢市東の上遺跡で検出された道路状遺構と須恵器の特徴から、おおむね7世紀中葉ないし第3四半期頃に成立したと位置づけられている[1]。第4節で取り上げた、東毛地域の6世紀後半から7世紀前半における横穴式石室の系譜関係が示す東毛地域と北武蔵を結ぶ交流関係の実態からは、7世紀中頃から第3四半期における東山道武蔵路の成立にあたり、律令体制下のもとでこうした従来の在地における交流網を取り込む形で交通路が形成され、在地の交流網を掌握・支配する政策が実施された可能性が窺える。その一方で、少なくとも東毛に巌穴山古墳が築造された7世紀前半代は、中・西毛優勢の中で上野国の基盤形成が急速に進むものの、依然として東毛も含めた統一的な政治体制としては確立してはいない状況を読み取ることができるであろう。

加えて、同じく第4節で取り上げた東毛地域の巌穴山古墳に近接して所在する菅ノ沢古墳群の分析結果からは、7世紀に入って築造を開始する終末期群集墳として位置づけることができ、なかでも7世紀後半における石室の小型化・形骸化→小石槨（改葬墓ないし火葬墓の可能性）への推移が窺える点は、畿内における終末期群集墳の特徴とも共通しており、注目すべきである。

関東における終末期群集墳の検討や史的意義の追究に関しては今後の研究として残るが、いずれにせよ7世紀前半の巌穴山古墳のもつ中央（畿内―中・西毛地域―東毛）との関係性、そして中央とは異なる地域間の交流（東毛―武蔵）の二相が窺える点が地域社会の実態として看過することはできないと言える。そして、7世紀後半に顕著となる菅ノ沢古墳群における小石室化（改

187

第3章　横穴式石室に見る上野の歴史動向

葬墓ないし火葬墓の出現）から読み取ることができる畿内の直接的影響の実態は、東山道武蔵路の成立と合わせて、東毛地域のもつ地域基盤の確保や地域支配に目を向けた畿内の動向とその実態の一端を示していると言えるであろう。

註
(1) a. 飯田充晴 1991「埼玉県所沢市東の上遺跡」『日本考古学年報』42　日本考古学協会　424-428頁
　　b. 酒井清治 1993「武蔵国内の東山道について―特に古代遺跡との関連から―」『国立歴史民俗博物館研究報告』第50集　国歴史民俗博物館（後に酒井清治 2002『古代関東の須恵器と瓦』同成社に所収：435-462頁）
　　c. 木本雅康 1996「東山道―山坂を越えて―」木下　良編『古代を考える 古代道路』吉川弘文館　87-135頁
　　など

　なお、東山道武蔵路を含め、東国駅路網の変遷過程について、関連史料・考古資料をもとに体系的に考察・整理したものとして、中村太一の研究を挙げることができる。
　中村太一 1996『日本古代国家と計画道路』吉川弘文館

第4章

石室系譜と地域間交流の史的理解

第1節　九州系石室の伝播と東国古墳の諸相

1　はじめに

　本章の各節では、主に九州系石室[1]の伝播および拡散の実態把握を通して、その歴史的意義の追究や評価を試みることを目的としている。そのため、本節では東国の中でも、特に関東地方における九州系石室の動向把握を目指したいと考えているが、当該地域においては九州系石室の抽出や判別に関する問題のみに限らず、横穴式石室の動向をめぐって多くの課題が存在するという現状がある。

　一般的に九州系の構造というと、石室側壁の並びから内側に突出させる玄門立柱石の存在や側壁の基底に大型の石材（いわゆる腰石）を配する点、1枚石による閉塞方法などの特徴に着眼するが、関東ではこうした特徴のすべてを兼ね備える資料はほとんど無く、むしろ玄門立柱石の突出など一部の要素のみ認められる例が多数を占め、さらに在地的変容や多様化の傾向が顕著なため、当該地域における石室系統の把握が困難な状況であると言える。

　したがって、このような横穴式石室の複雑な実態を把握するにあたり、地域的な展開過程を重視した視点から、石室平面形態の変化、石室構築の技術的な推移、使用石材別の分析などを基軸に据えた変遷観を各地域別に提示するという研究の方向性が窺える。

　こうした研究方法により、各地域における横穴式石室の時系列的な位置づけと理解が可能になったと評価できるが、一方で本書序章でも述べたように、地域を越えた石室構造の関連性を追究するとともに、関東各地の動向を総体化し大局的に捉え、列島的な動きの中で評価するという研究視点や見解は少ないと言える。このため、関東の横穴式石室の系譜や伝播経路に関する評価は、依然として不明瞭な状況となっている。

　本節では、以上のような研究の現状および問題点を踏まえた上で、関東における横穴式石室の動向とその特質について列島諸地域の動向を視座に据えながら、段階的に把握していくことにしたい。その際、九州系石室の抽出や判別に終始するのではなく、関東地方への伝播の諸動向と各特徴を的確に把握するとともに、その史的性格の追究を目指し、検討を試みることにする。

　なお、ここで扱う九州系石室とは、あくまでも石室構造に九州的な特徴や様相を窺うことができる横穴式石室を抽出しているに過ぎず、こうした構造上の類似性のみをもって直ちに石室構造の直接的な伝播、さらに工人の移動などの事象と結びつくと理解しているわけではない。以下、東国古墳の実態とその特質を理解する上で、まずは東海地方における九州系石室の動向を概観し、次に関東地方における横穴式石室の動向を古墳時代後期前半、後期後半以降に大別し、検討を行なっていきたい。

2 東海における九州系石室の動向

東海における横穴式石室の導入は5世紀後半頃であり、三重県おじょか古墳、愛知県中ノ郷古墳、同経ヶ峰1号墳などが挙げられる（第81図）。

おじょか古墳は、羽子板形を呈する玄室平面形や開口方向に向かって開く羨道ないし前庭側壁、奥壁沿いに設けられた屍床仕切石などの構造が注目できる。また中ノ郷古墳は後世における羨道部の改変が著しいものの、当初は奥壁から見て右袖が左袖に比べて狭まる両袖石室で短い羨道が付設されていたとされ、長方形を呈する玄室平面形、扁平な石材の積み上げによる壁面構成と隅角を保つ壁体構築などが特徴的である。一方、経ヶ峰1号墳は石室平面形が奥壁幅の広い長台形を呈するが、袖部の構造を有さず、石室入口部が段構造となる竪穴形横口式石室である。これらはいずれも北部九州との系譜関係が窺える諸特徴をそれぞれ有しており、6世紀以降も東海、特に西三河の矢作川流域を中心として、引き続き竪穴系横口式石室の系譜を引く横穴式石室の築造が窺える[2]。

一方、西三河ではこうした竪穴系横口式石室の系統である無袖石室と併行する形で、6世紀後半頃から新たに平面形が胴張りを呈し、立柱石をもつ石室が受容・展開する点、さらには複室構造の横穴式石室が成立する点が注目できる（第82図）。立柱石を内側に突出させる構造などは、九州で展開する横穴式石室の構造とも関連しており、横穴式石室の導入以後も継続して九州系の情報伝播を窺うことができ、留意すべきである。

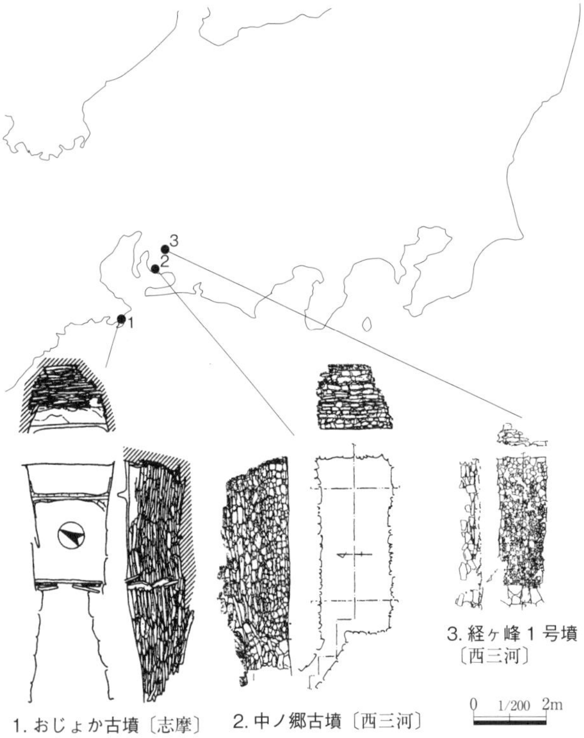

6世紀前半頃の時期と考えられる三重県井田川茶臼山古墳に胴張りプランや立柱石を有する構造が受容されるが、その構造的特徴は西三河で定着・発展する様相が窺える。6世紀中葉に愛知県豊田市の不動2号墳や池ノ表古墳といった単室で立柱石や胴張りをもつ構造の石室が構築されるようになり、6世紀後半以降には複室構造が出現するといった変遷観が提示できるが[3]、池ノ表古墳では羨門にも立柱石が配されており、複室化への萌芽が認められる点は重要である。岩原剛はこうした変遷過程を経て矢作川流域で生成された横穴式石室のうち、6世紀後半の立柱石や胴張りプランの志向とともに複室構造の要素などを併せもつ石室構造の

1. おじょか古墳〔志摩〕　2. 中ノ郷古墳〔西三河〕　3. 経ヶ峰1号墳〔西三河〕

第81図　東海における中期後半の様相

第 1 節　九州系石室の伝播と東国古墳の諸相

出現をもって「三河型横穴式石室」の成立とし、周辺の東三河・美濃・信濃・遠江の各地にもその技術が伝播するといった動態を評価している(4)。

以上のように、東海では西三河を中心として、数次に亘って北部九州に系譜をもつ石室構造の諸要素を受容すると同時に、その都度、在地における変容を伴って展開するといった動向が窺える。なお、鈴木一有は5世紀後半のおじょか古墳・中ノ郷古墳・経ヶ峰1号墳がいずれも形態的な共通性が低い点から、各被葬者固有の交流網によって横穴式石室が導入されたと指摘し、海浜部に立地するという傾向や、経ヶ峰1号墳と中ノ郷古墳には朝鮮半島製の可能性をもつ馬具が副葬品に含まれる点を重視し、海上交通に長けた広域の活動領域をもつ被葬者像を想定している(5)。このように九州系石室の受容や情報伝播にあたり、海上交通のもつ役割は大きかったと言え、畿内系石室との受容形態や性格の違いには注意を払う必要がある。このような東海地方における様相とその特質を踏まえたうえで、次に関東地方の動向を論じてみることにする。

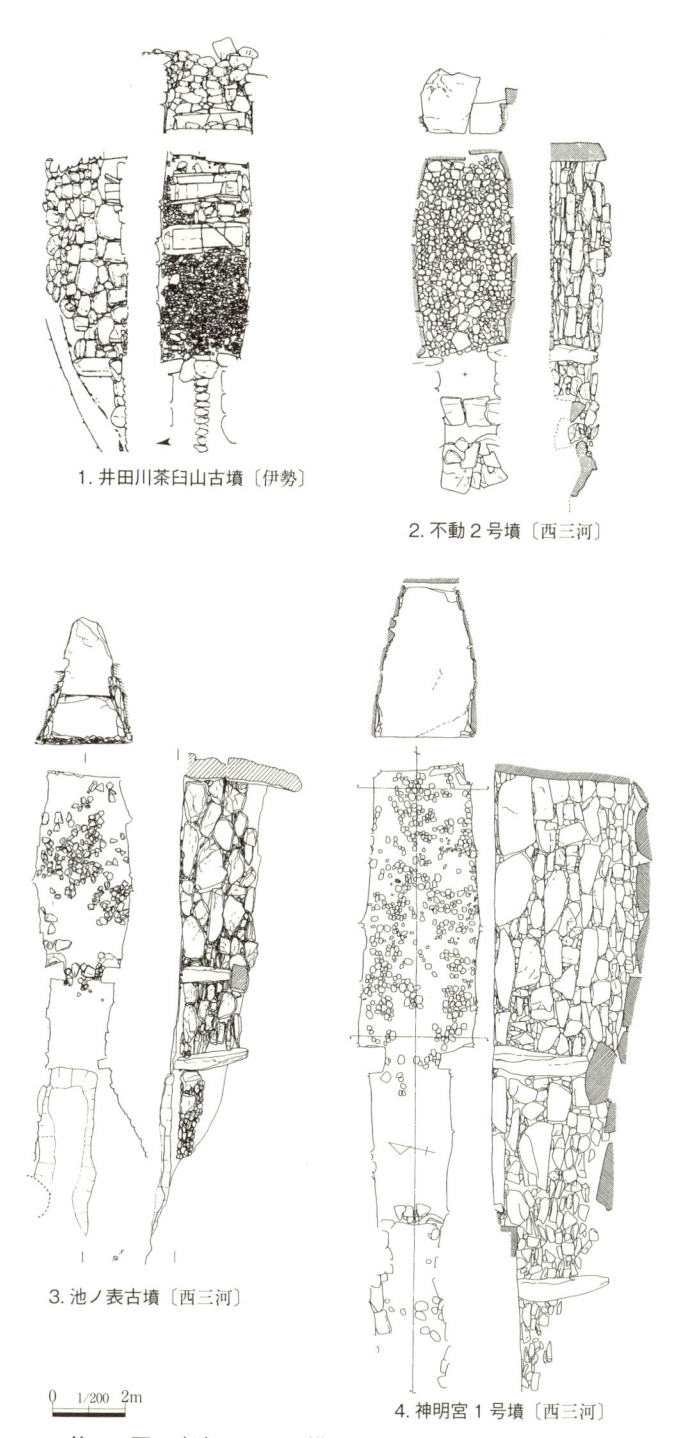

1. 井田川茶臼山古墳〔伊勢〕
2. 不動2号墳〔西三河〕
3. 池ノ表古墳〔西三河〕
4. 神明宮1号墳〔西三河〕

第82図　東海における横穴式石室の導入（中期後半）

3 関東における後期前半の動向

(1) 関東における横穴式石室の導入

　関東における横穴式石室の導入は後期前半であり、MT15型式からTK10型式併行期が相当する。この導入期の横穴式石室は関東北西部（上野中・西部、北武蔵北西部）に集中するが、他に下野や常陸南部にも認められるという状況が窺える（第83図）。

　関東北西部（上野中・西部、北武蔵北西部）の様相　まず、上野中・西部および北武蔵北西部における導入期横穴式石室の特徴であるが、大きくは両袖石室と無袖石室に分けられる。このうち両袖石室は群馬県簗瀬二子塚古墳や前二子古墳などのように非常に狭長な羨道を有し、天井が玄室から羨道にかけて段をもたない構造であり、上野の有力な前方後円墳への採用が認められるのに対し、無袖石室は群馬県轟山A号墳や埼玉県北塚原7号墳などのように狭長な長方形の平面形態を呈しており、上野中・西部および北武蔵北西部の主に中小古墳の埋葬施設に採用される状況を窺うことができる[6]（第83図1〜8）。

　これらの横穴式石室の様相からは、両地域ともに一連の事象として把握できる点が指摘でき、また採用後、関東全体に拡散するのではなく、あくまでも北西部に留まるという展開傾向が窺える点にも注意が必要である。この石室構造の系譜や伝播経路については、従来から両袖構造であり、狭長な羨道を有する長野県飯沼天神塚古墳（雲彩寺古墳）との類似性が指摘されており[7]、上野西部を中心に進められた地域圏の形成過程と、それに伴う信濃からの文化流入の動きの中で理解されている[8]。このように、信濃・上野間における古東山道ルートを介した伝播経路が想定されるのであるが、こうした導入期における石室構造の特徴からは、その淵源として畿内との関係を窺うことはできず、現段階では隣接する信濃・上野間における交流関係の中で成立したという理解に留めておきたい。

　下野における横穴式石室導入の諸形態　次に上野の東側に隣接する下野の様相であるが、横穴式石室の導入は関東北西部に比べ、複雑な様相を窺うことができる（第83図9〜14）。なかでも栃木県中山（将門霊神）古墳、別処山古墳、宮下古墳などのような片袖石室が導入期から存在する点[9]、さらに飯塚29号墳などをはじめ飯塚型と呼ばれる旧地表を掘り込んだ地下式の構造を呈し、玄室入口に段をもつ石室[10]や小野巣根4号墳などのような無袖石室が併存する点にも注意を払う必要がある。

　片袖石室の系譜については、後述する後期後半の関東各地に認められる片袖石室の展開動向に比べ、時期的に先行しており、伝播の経路や性格が異なる可能性もあり、さらに無袖石室や飯塚型の系譜をめぐっては、関東北西部との関係や在地における変容過程を視座に据える一方で、その他の地域からの直接的・間接的伝播、影響を受けた可能性なども十分に考慮した検討を加えていく必要があろう。

　常陸南部の導入期横穴式石室に見る九州系の様相　一方、こうした関東北西部や下野の動向とは異なる様相を示す地域として、常陸南部の事例を挙げることができる（第83図15）。茨城県の南部に所在する高崎山2号墳は、MT15型式からTK10型式期の前方後円墳であると考えられる

第1節　九州系石室の伝播と東国古墳の諸相

1. 簗瀬二子塚古墳
2. 正円寺古墳
3. 前二子古墳
4. 王山古墳
5. 本郷的場E号墳
6. 轟山A号墳
7. 北塚原7号墳
8. 黒田8号墳
9. 中山(将門霊神)古墳
10. 別処山古墳
11. 宮下古墳
12. 飯塚29号墳
13. 小野巣根4号墳
14. 権現山古墳
15. 高崎山2号墳

〔関東北西部の諸例〕　〔下野の諸例〕

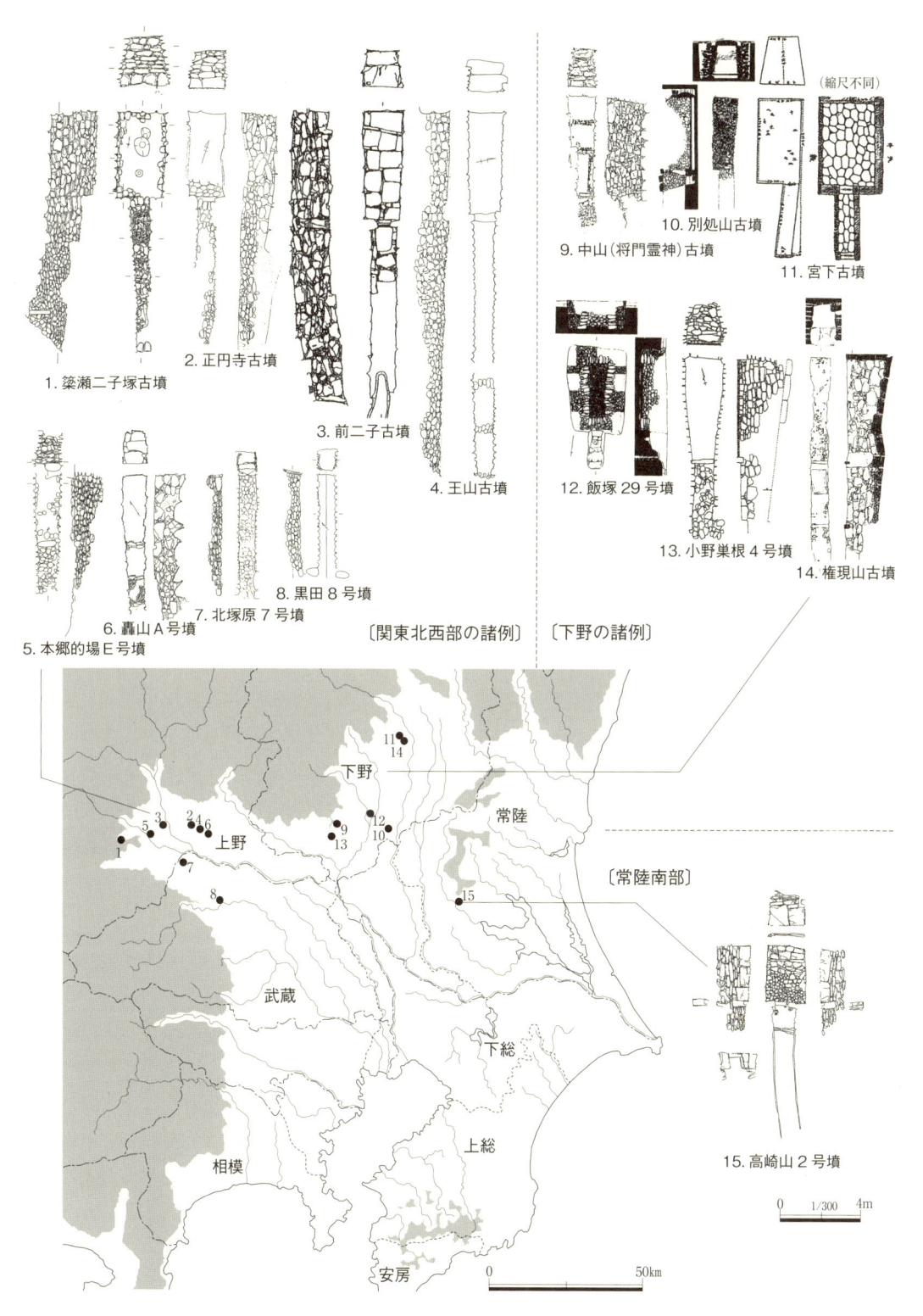

〔常陸南部〕

第83図　関東における後期前半の様相

第4章　石室系譜と地域間交流の史的理解

が、両袖石室であり、羨道側壁の並びから内側に突出する玄門立柱石、側壁・奥壁基底に大型の石材である腰石を配する点、1枚石による閉塞、奥壁沿いに屍床仕切石を設ける点など石室構造に九州的な要素を多く認めることができ、注目できる[11]。この横穴式石室の系譜や伝播経路の確定は今後の課題であるが、ここで重要なことは前述の関東北西部や下野における横穴式石室の動向とは異なり、6世紀前半代に常陸南部では九州系の特徴を有する横穴式石室が採用されていること、さらにその導入形態があくまでも点的であるという状況には留意しておきたい。

(2) 後期前半における横穴式石室の評価とその特質

　以上のように、関東における横穴式石室の導入期は、おおむね6世紀初頭から中葉にかけての時期であり、その様相として大きくは①信濃との関係性が推定される関東北西部における横穴式石室の導入、②下野における複数系統が想定される横穴式石室の導入、③常陸南部に認められる九州系の様相をもつ横穴式石室の導入の3つの地域的動向として把握することができる。

　前二子古墳の系譜に関する視点　なお、近年の注目すべき研究として①の関東北西部における導入期の両袖石室のうち、群馬県前二子古墳の石室に認められる側壁から内側に突出する玄門立柱石や狭長な羨道を有するという特徴の存在に着目し、朝鮮半島南部の「長鼓峯類型」石室との関係性が指摘されている[12]。この指摘は、関東の導入期横穴式石室を考える上で朝鮮半島にまで研究の視野を広げており、導入期のみに関わらず当時の半島・列島諸地域間における交流関係を考える上で重要な視点であると評価できる。ただし、この長鼓峯類型内における石室構造を相互に比較すると玄門構造や平面形態、羨道の長さ、用石法、墳丘と石室の位置関係などをはじめ異なる要素が認められることもあり、その上、半島から遠隔地に位置する関東の事例も含め同一の類型であると直ちに把握する点、これに付随して即座に工人の渡海をも想定する評価に対しては、より慎重な検討が必要である[13]。また前二子古墳と併行して、上野には簗瀬二子塚古墳や正円寺古墳、王山古墳のように側壁から内側に突出させる玄門立柱石を有さない両袖石室が複数存在するため、これらの両袖石室の出現背景にも留意しなければならないであろう。

　一方、前二子古墳の石室に認められる側壁から内側に突出する玄門立柱石や奥壁沿いの屍床仕切石の存在という構造的特徴は、九州的な様相であるという認識も可能である。現段階では、少なくとも隣接する信濃との交流関係による出現背景を考慮する一方で、朝鮮半島との関係性や九州系の要素が他地域を介して伝播した可能性など多様な系譜関係を視野に入れておく必要があろう。

　後期前半の動向と九州系の評価　後期前半の動向をまとめると、まず前二子古墳の系譜関係をめぐっては今後もさらなる検討が必要となるが、少なくとも関東北西部、下野、常陸南部といった北関東の各地域においてそれぞれ異なる横穴式石室の系譜が推定できる点、そのうち常陸南部では高崎山2号墳のような九州系の特徴をもつ横穴式石室が導入期からすでに存在している点には注意しておきたい。また関東北西部や下野における横穴式石室の諸様相に関しても、系譜の淵源として少なからず畿内系の様相とは異なる状況が窺えるということも、関東における導入期横穴式石室の特徴であると指摘できる。こうした後期前半の動向や特質を踏まえた上で、次に後期後半以降の動向を見ていくことにしたい。

4 関東における後期後半以降の動向

(1) 各地における横穴式石室の伝播とその諸特徴

　後期前半が北関東各地を中心とした横穴式石室の導入期であるのに対し、後期後半以降になると南関東も含め、横穴式石室が関東各地に急速に普及する状況が認められる。ただし、その動向としては後期前半に北関東でそれぞれ導入・展開した石室構造が関東各地に拡散、浸透していくというよりも、新たな横穴式石室の諸伝播を契機として地域ごとに展開するといった動態を窺うことができる。時期としては、TK43型式からTK209型式併行期およびそれ以降が相当するが、ここでは特に顕著な動向を示す武蔵、下野などの様相を中心に概観しておきたい。

　武蔵における胴張り複室構造石室の導入と展開　まず、武蔵のなかでも北武蔵を中心に6世紀後半以降、胴張り複室構造を呈する横穴式石室が出現する（第84図）。その初現となるのが河原石を使用した埼玉県酒巻21号墳であり、それ以降、凝灰岩切石を用いた若宮八幡古墳や冑塚古墳、角閃石安山岩を加工して使用した酒巻1号墳や小針鎧塚古墳などの石室構造が展開し盛行するようになる。

　なお、このような複室構造を呈し、胴張りプランを志向するという両方の要素を併せもつ横穴式石室の展開状況からは北部九州との類似性[14]、あるいは東海地方との関係性[15]が窺える。ただし、武蔵の胴張り複室構造石室は凝灰岩や角閃石安山岩に加工を施した石材を用いるなど使用石材に違いが認められる。系譜関係としては平面形態の類似性を重視すると、北部九州からの直接的な伝播や三河などを中心とする東海地方を介した関係性などが浮かび上がるが、ここでは在地における突発性や型式的な飛躍が窺える点、複室構造や胴張りプランの志向という特徴に見る九州的な様相をもつ傾向が看取できる点を強調しておきたい。

　加えて、こうした北武蔵や南武蔵で展開する胴張りプランを呈する平面形は、本書第2章第3節でも取り上げたように北部九州の筑後川流域の諸例と類似すると考えられるが、同様に前・

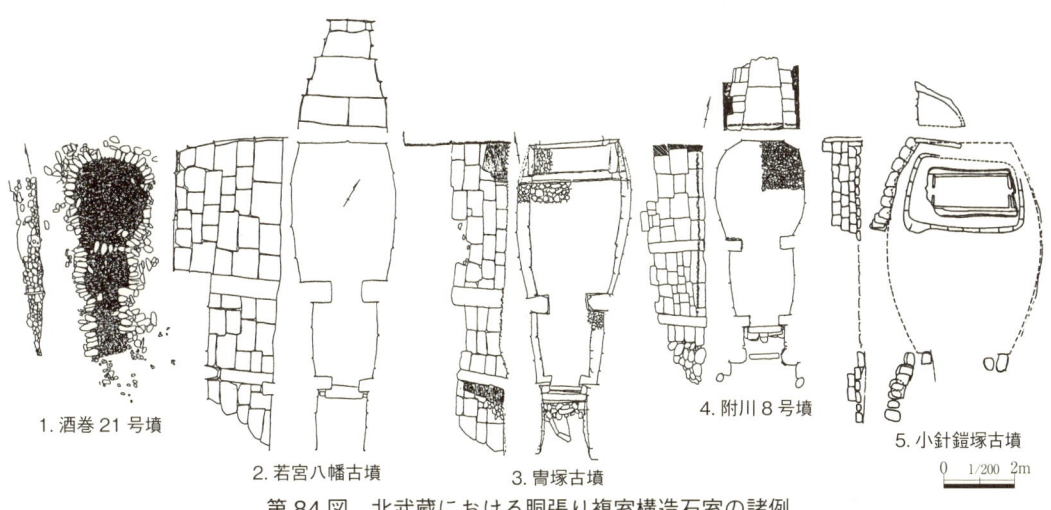

1. 酒巻21号墳　2. 若宮八幡古墳　3. 冑塚古墳　4. 附川8号墳　5. 小針鎧塚古墳

第84図　北武蔵における胴張り複室構造石室の諸例

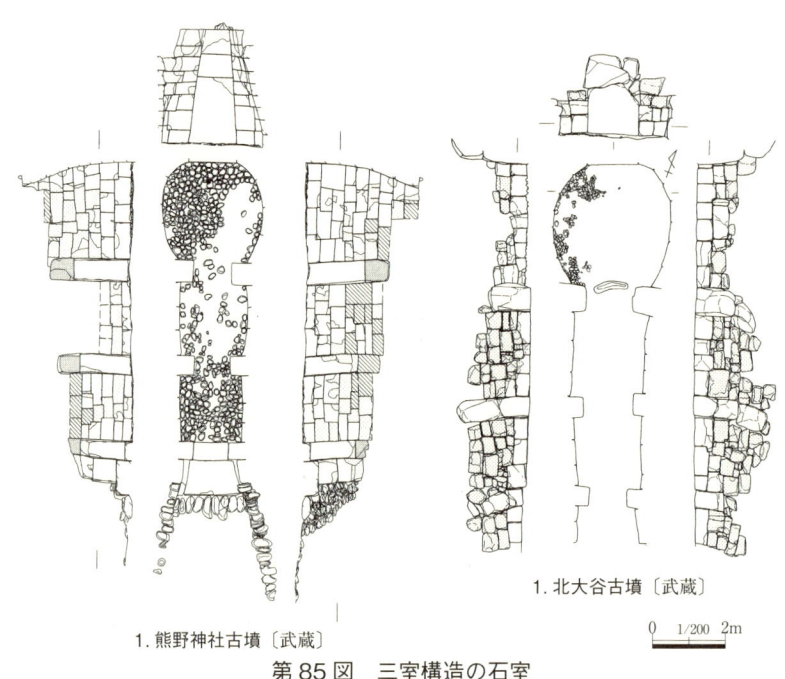

第4章 石室系譜と地域間交流の史的理解

1. 熊野神社古墳〔武蔵〕
1. 北大谷古墳〔武蔵〕
0 1/200 2m
第85図　三室構造の石室

中・後の三室から成る三室構造が構築される地域も北部九州と武蔵に限られる点が注目できる[16]（第85図）。武蔵では埼玉県行田市八幡山古墳、東京都府中市熊野神社古墳・多摩市北大谷古墳、北部九州では、壱岐に所在する長崎県壱岐市鬼ノ窟古墳・笹塚古墳・掛木古墳、福岡県八女市岩戸山4号墳などが挙げられる。長距離間ではあるが両地域間の系譜関係の存在には留意すべきであろう。

　下野の刳り抜き玄門を有する石室の動向　次に下野における6世紀後半以降の動向であるが、栃木県吾妻古墳（吾妻岩屋古墳）、兜塚古墳、甲塚古墳、上三川愛宕塚古墳、丸塚古墳など有力な首長墓を中心として、1枚石の中央を刳り抜いた玄門を有する石室構造の展開が認められる（第86図）。この下野に展開する刳り抜き玄門の系譜をめぐっては従来から山陰、なかでも出雲の石棺式石室に求める見解が指摘されている[17]。ただし、下野の刳り抜き玄門に見られる縦長の長方形を基調とする玄室平面形や、床石に1枚石などを配さない点などの諸特徴からは、出雲の様相とは異なる一方で、伯耆西部の石棺式石室や肥後の刳り抜き玄門を有する石室との類似性が窺える点にも留意が必要である[18]。

　直接的な系譜の特定はできないが、少なくとも下野における刳り抜き玄門の受容と展開をめぐって出雲東部・伯耆西部・肥後などの諸地域、あるいはそれらの交流網の中に系譜の遡求が可能となる点、後期後半における畿内を中心とした横穴式石室の動向とは異なる石室構造を採用している点には注意を払う必要があろう。

　複室構造の志向とその評価　こうした武蔵の胴張り複室構造石室に見る九州的な様相、下野の刳り抜き玄門を有する石室の系譜関係は、いずれも後期後半の関東における横穴式石室の動向を

第1節 九州系石室の伝播と東国古墳の諸相

理解する上で重要な観点であると言える。このような後期後半の動向を視野に入れると、同時期に上総北東部や常陸南部など関東各地で散見できるようになる、複室構造を志向する横穴式石室の動向にも着目しておく必要があろう。上総北東部では軟質砂岩切石積み、常陸南部では筑波石を使用した片岩板石組みという在地色の濃厚な石室構造が展開するが、両地域ともに後期後半以降、石室が複室化するという傾向が窺え、注目できる（第87図）。

以上のように、後期後半以降における横穴式石室の動向としては、畿内的な様相をもつ横穴式石室とは対照的な動向を看取できる地域が各地に認められると指摘できる。これらの横穴式石室の系譜や伝播経路の特定は困難であり、さまざまな要因や史的性格を考慮しなければならないが、各石室の諸特

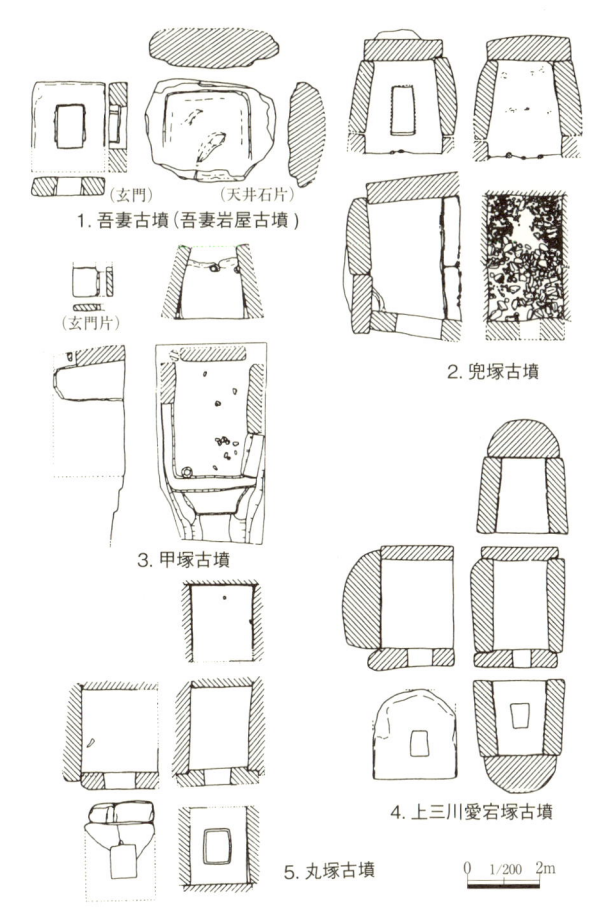

1. 吾妻古墳（吾妻岩屋古墳）
2. 兜塚古墳
3. 甲塚古墳
4. 上三川愛宕塚古墳
5. 丸塚古墳

第86図 下野における刳り抜き玄門をもつ石室の諸例

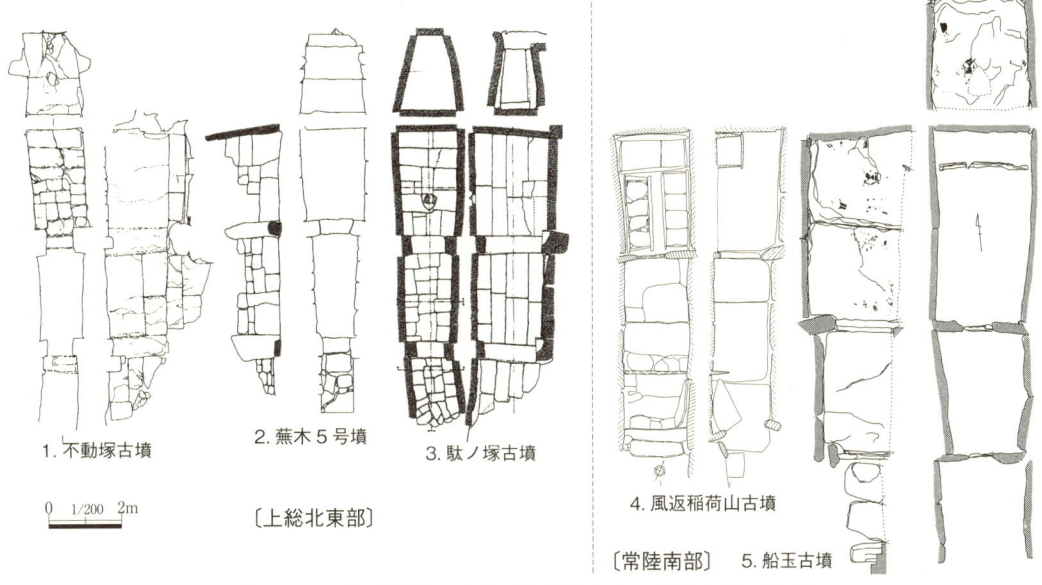

1. 不動塚古墳
2. 蕪木5号墳
3. 駄ノ塚古墳
〔上総北東部〕
4. 風返稲荷山古墳
〔常陸南部〕 5. 船玉古墳

第87図 複室構造の志向（上総北東部・常陸南部の諸例）

第4章　石室系譜と地域間交流の史的理解

徴や一部の要素に系譜の淵源として九州的な様相を認めることができる点[19]、こうした石室の情報伝播を契機として横穴式石室の地域的展開が生じている点に留意しておきたい。

(2) 片袖石室および単室構造志向の横穴式石室について

これまで関東各地の横穴式石室の動向と九州系の様相を中心に取り上げてきたが、ここで九州的な様相とは異なる動向についても触れておきたい。以下、特に顕著な動向と認識できる後期後半の片袖石室の展開状況、上野における単室志向の動向について概観してみることにする。

片袖石室の展開について　後期後半における注目すべき動向として、片袖石室の導入および展開状況を挙げることができる[20]。この片袖石室は、北武蔵、南武蔵、下総、上総、常陸、上野の諸地域に分布が認められ、TK43型式からTK209型式併行期という限られた時期に採用され展開するという様相を呈する。またそのあり方からは、各地域に散在的ないし拠点的に分布する点、特に前方後円墳などをはじめとした各地域の有力古墳を中心に採用される傾向が強いという特徴が認められる[21]。ただし、これらは片袖を有するという要素を除くと、平面形態や壁体構造、使用石材などをはじめ構造的な差異が非常に多く、各地において片袖という要素や情報のみを採り入れ、構築された可能性も窺え、注意を払う必要があろう。しかし、こうした各地域における差異点の存在に留意しつつも、このように片袖を志向するという点を重視すると、畿内系の様相をもつ石室構造であると判断することもできる。なかでも千葉県城山1号墳、法皇塚古墳などは下総における本格的な横穴式石室の導入とも関連しており、系譜の追究は重要である（第88図）。しかし、6世紀後半代になると畿内における横穴式石室の変化としては両袖化する傾向があり、こうした関東の片袖石室の動向とは時期差が存在するという問題がある[22]。その一方で東海の遠江などでは、MT15型式期から畿内系の片袖石室が有力古墳に採用されるが、後期後半になると新たに受容された畿内系両袖石室に次ぐ階層の埋葬施設となるものの、継続的に片袖石室が存在する状況が窺える[23]。

このような点から、関東の片袖石室をめぐっては列島諸地域における畿内系石室の実態把握や遠江など東海地方の動向との関係性を考慮した検討が必要となるが、その際、両袖ではなく片袖を採用した要因、関東の片袖石室の採用状況を単一系譜として収斂できるかという問題、さらに朝鮮半島との関係性についても研究視野を広げ、多角的視点から総合的な評価を試みることが重要であろう。ここでは、後期後半に片袖石室が関東各地の有力古墳の埋葬施設として散在的ないし拠点的に採用される状況、先述した九州系の様相とは異なる動向が認められる点を指摘するに留めておきたい[24]。

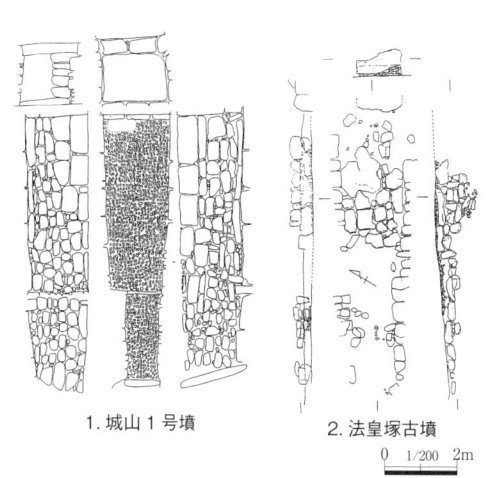

第88図　下総における片袖石室の導入
1. 城山1号墳　2. 法皇塚古墳　0　1/200　2m

単室構造を志向する横穴式石室　一方、後期

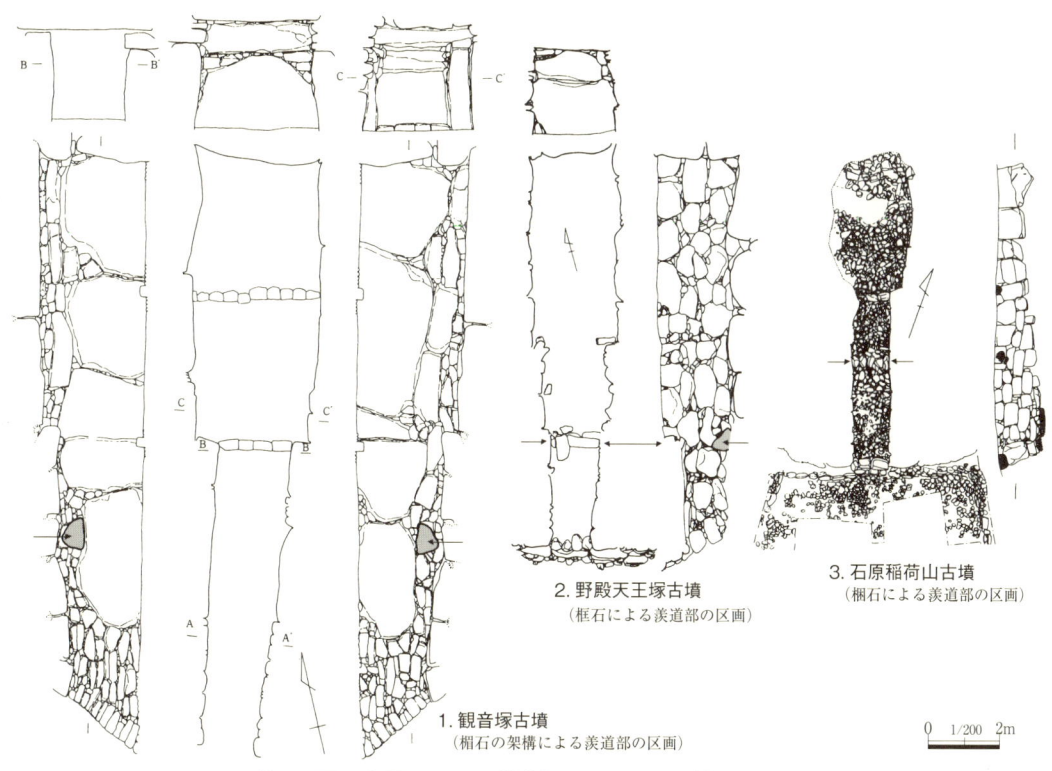

第1節　九州系石室の伝播と東国古墳の諸相

第89図　上野における羨道部に区画をもつ横穴式石室

1. 観音塚古墳（楣石の架構による羨道部の区画）
2. 野殿天王塚古墳（框石による羨道部の区画）
3. 石原稲荷山古墳（楣石による羨道部の区画）

後半以降になると、上野では横穴式石室の変化として群馬県綿貫観音山古墳などのように石室の大型化、さらに後続する観音塚古墳の段階になると巨石巨室構造の横穴式石室が成立し、このような変化には畿内からの直接的な技術的影響が指摘されている[25]。

また、上野の後期後半における横穴式石室の特徴として単室構造を志向する点とともに、それに付随する現象として、首長墓を中心に羨道部を区画する構造が出現する点を挙げることができる（第89図）。これは追葬の増加への対処であると考えられ、羨道の一部を区画してその一部を埋葬空間や、土器供献の場とするなど石室内における計画的な空間利用を意図した構造と考えられる[26]。また同様に、上野では群集墳を中心に6世紀後半以降、石室内への土器供献を省略し、土器類の配置が石室内から前庭部へ

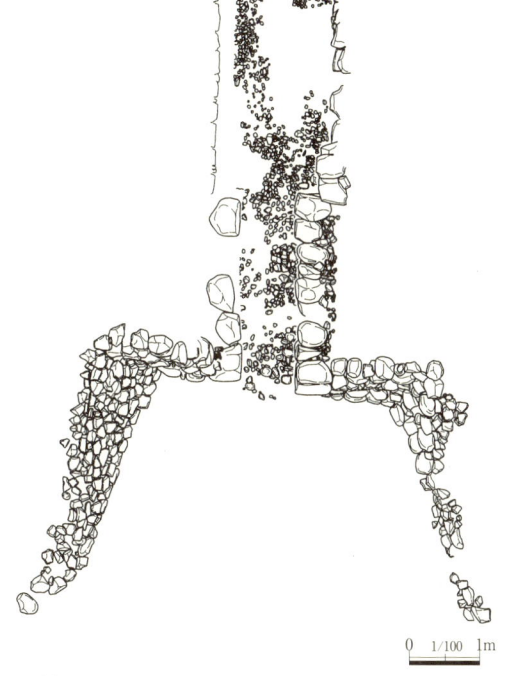

第90図　上野の台形前庭（多田山10号墳）

201

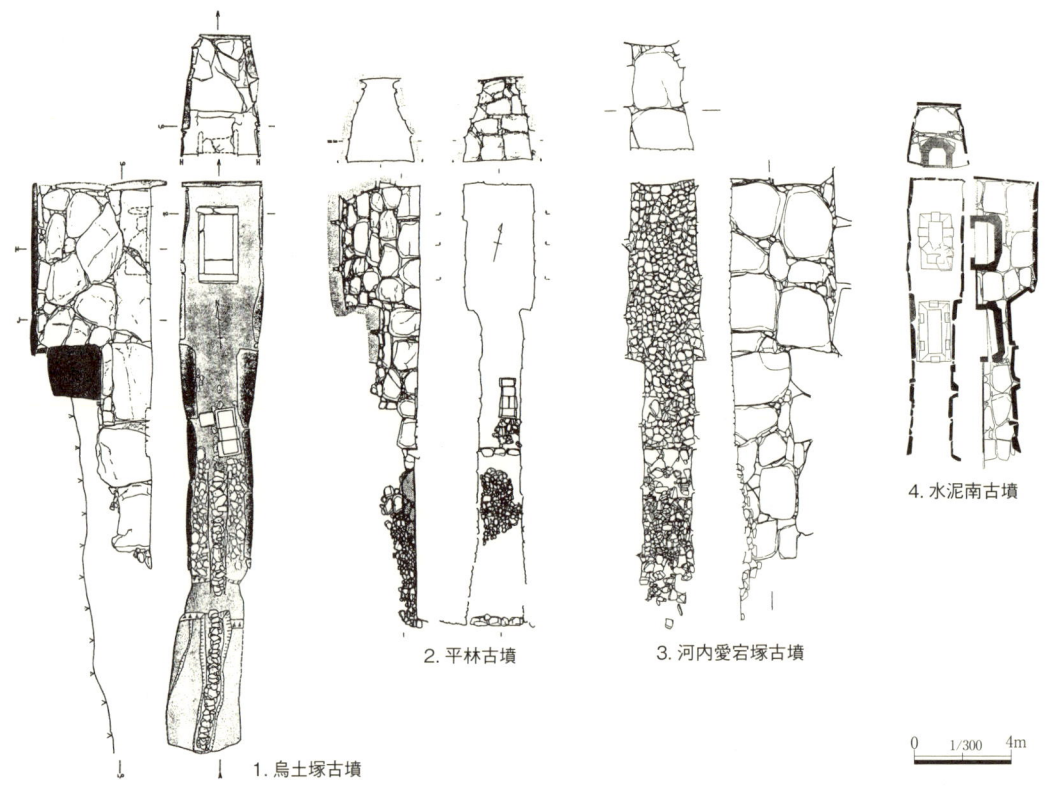

第4章 石室系譜と地域間交流の史的理解

第91図 畿内における羨道部の埋葬空間化

1. 烏土塚古墳
2. 平林古墳
3. 河内愛宕塚古墳
4. 水泥南古墳

と移行する現象を窺うことができ、それに伴い上野の石室構造に見られる特徴的な台形前庭の発達・普及（第90図）、前庭部を重視するといった変化の方向性を指摘することができる[27]。このような上野における単室構造の志向とそれに起因する首長墓を中心とした羨道部区画の出現、群集墳による土器供献位置の変化と前庭部を重視するといった葬送儀礼の変容過程は、畿内における追葬の増加を契機とした羨道部の埋葬空間化の動き[28]、さらにこうした閉塞位置の後退に伴い、石室入口部における閉塞と開口部での墓前祭の執行が生じるという動向[29]とも符合する可能性がある。石室構造とともに葬送儀礼の変化およびその方向性からも、畿内との関係性を考慮しておく必要があろう（第91図）。

5 まとめ

　以上、関東における横穴式石室の様相を後期前半、後期後半以降に大別して、地域的な動向とその特質について系譜関係を踏まえながら、検討を試みた。列島的な視野から見ると、後期前半頃には畿内を中心として畿内型石室が成立し、この石室構造が石室内に土器を副葬するという新しい葬送観念とともに強い浸透力をもって日本列島各地に伝播・拡散するといった動向が認められる[30]。またこうした畿内を中心とした横穴式石室の動向を踏まえると、各地において畿内系の

様相をもつ横穴式石室が首長墓など有力古墳を中心に受容・展開する背景に、畿内との親縁的な関係性、あるいは畿内による地方への介入の動きなどが想起される。

こうした畿内を中心とした横穴式石室の動向と対比した場合、関東では横穴式石室の導入期である後期前半から、畿内系の様相とは異なる石室構造を受容・展開しており、そのうち常陸南部では九州系の様相をもつ石室構造が採用されるなど畿内とは対照を成す系譜関係を窺うことができる。

後期後半になると、新たな横穴式石室の伝播を契機として、関東各地に横穴式石室が普及・浸透する状況が認められる。なかでも上野などでは、特に畿内からの影響や系譜関係が看取できる。また片袖石室の採用のように、畿内との関係性も含め系譜の特定や評価に検討の余地が残るものの、関東各地の有力古墳を中心に散在的ないし拠点的な採用が認められるという事象には留意が必要である。

このような横穴式石室の動向が把握される一方で、武蔵の胴張り複室構造石室や上総北東部、常陸南部の複室構造を志向する動きなど、少なくともその系譜の淵源として九州との関係性が想起できるもの、あるいは割り抜き玄門のように畿内の横穴式石室の系譜上には当て嵌まらない石室構造が採用されるなどといった動向が併行して認められるのが、後期後半以降の関東における特質であろう。こうした動向には、列島各地に伝播・拡散する畿内による横穴式石室の動向とは別に、諸地域間における人・物・情報などの交流関係を基礎とした石室構造の受容背景を考慮しておく必要があろう。なお、九州系石室の伝播は日本列島のみならず、さらには朝鮮半島にも展開する点には注意を払うべきであり、次節では朝鮮半島との交流関係にも視野を広げ、論じてみることにする。

註
(1) なお、本章では北部九州型・肥後型・竪穴系横口式石室などの九州的な特徴や要素が部分的に確認できるもの、また二次的な影響や系譜関係が推定できる可能性をもつものを便宜上、九州系石室と総称して用いることにする。
(2) 土生田純之 1988「西三河の横穴式石室」『古文化談叢』第 20 集　九州古文化研究会（後に土生田純之 1991『日本横穴式石室の系譜』学生社に収録：235-300 頁）
(3) 森　泰通 2001「第 2 章 4 小結」『不動 1・2 号墳 山ノ神古墳 神明神社古墳』豊田市埋蔵文化財発掘調査報告書第 16 集　豊田市教育委員会　52-58 頁
(4) 岩原　剛 2008「三河の横穴式石室―三河型横穴式石室の生成と伝播を中心に―」『吾々の考古学』和田晴吾先生還暦念論集刊行会　337-360 頁
(5) 鈴木一有 2007「東海の横穴式石室における分布と伝播」『研究集会　近畿の横穴式石室』横穴式石室研究会　269-280 頁
(6) a. 右島和夫 1983「群馬県における初期横穴式石室」『古文化談叢』第 12 集　発刊 10 周年記念論集　九州古文化研究会　293-330 頁
　　b. 増田逸朗 1995「北武蔵における初期横穴式石室導入期の様相」『調査研究報告』第 8 号　埼玉

県立さきたま資料館　1-12頁
(7)　白石太一郎 1988「伊那谷の横穴式石室(1)・(2)」『信濃』第40巻第7・8号　信濃史学会　第7号：1-19頁，第8号：45-55頁
(8)　右島和夫 2002「古墳時代上野地域の東と西」『群馬県立歴史博物館紀要』第23集　群馬県立歴史博物館　1-20頁
(9)　他にこの時期に片袖石室が存在する例としては、北武蔵の北塚原6号墳の1例のみを挙げることができる。
(10)　大橋泰夫 1990「下野における古墳時代後期の動向―横穴式石室の分析を通して―」『古代』第89号　早稲田大学考古学会　151-186頁
(11)　a. 本書第1章第1節参照
　　　b. 小林孝秀 2008「高崎山2号墳と桜川流域の横穴式石室について」『高崎山2号墳と桜川流域の後期古墳』第13回企画展　土浦の遺跡13（展示パンフレット）上高津貝塚ふるさと歴史の広場　9頁
(12)　a. 柳沢一男 2001「全南地方の栄山江型横穴式石室の系譜と前方後円墳」『朝鮮学報』179輯　朝鮮学会　113-155頁
　　　b. 柳沢一男 2002「日本における横穴式石室受容の一側面―長鼓峯類型石室をめぐって―」『淸溪史学』16・17合輯　韓國精神文化研究院・淸溪史学会　409-441頁
　　　c. 柳沢一男 2006「5～6世紀の韓半島西南部と九州―九州系埋葬施設を中心に―」『加耶、洛東江에서 栄山江으로』第12回加耶史国際学術会議　金海市　19-46頁
　　長鼓峯類型石室とは側壁から内側に突出する玄門構造と狭長な羨道を有する特徴に着眼し、その類例として朝鮮半島では全羅南道海南長鼓峰古墳、慶尚南道固城松鶴洞1B-1号石室、慶尚南道泗川船津里古墳、日本列島では群馬県前二子古墳、栃木県権現山古墳がこれに相当するとされ、権現山古墳については前二子古墳を介した二次的受容の可能性が考えられている（上記文献b）。なお、柳沢によると半島南部で九州系の横穴式石室の影響を受けて長鼓峯類型石室が創出され、その石室構造を日本の前二子古墳が採用したと指摘したが（上記文献b）、その後、系譜に関する見解を変更し、逆に朝鮮半島の長鼓峯類型石室は北部九州系・肥後系・群馬中西部系の工人によって創出されたという見解を提示している（上記文献c）。
(13)　ここでは詳述しないが、長鼓峯類型の1つとされる固城松鶴洞1B-1号石室の所在する小加耶などでは横穴式石室の導入をめぐり、松鶴洞1B-1号石室に見られる九州系の要素や栄山江流域との関係性、在地の竪穴式石槨との関連、百済墓制の影響・浸透過程などさまざまな観点から議論されており、複合的な検討が喚起される。今後の課題となるが、こうした朝鮮半島各地の横穴式石室の動向との比較、総合化を試みるなかで、半島内における九州系石室の評価や日本列島との関係性を検討していく必要があろう。
　　なお、日本列島各地に伝播・拡散した九州系石室の実態を解明する上で、こうした朝鮮半島の九州系の様相をもつ石室の検討・評価を試みる視点も重要である。なかでも朝鮮半島でこのような石室は一部、6世紀中葉頃に下るが、おおむね5世紀末頃から6世紀前半代に築造される。これに対し関東地方では6世紀前半から中葉頃に伝播するが点的な採用であり、こうした動きはむしろ6世

紀後半頃が特に活発であると指摘できる（本書 第4章第2節参照）。このような両地域間の時期的差異をどのように評価するか、列島各地における九州系石室の動向との共通点、差異点を考慮し、歴史的評価を試みる必要があろう。

(14) a. 上野恵司 2000「複室横穴式石室の研究―関東地方を中心に―」『埼玉考古』第35号　埼玉考古学会　79-96頁

　　 b. 田村 悟 2001「北部九州の後期古墳概観」『東海の後期古墳を考える』第8回東海考古学フォーラム三河大会　29-73頁

(15) 池上 悟 1980「東国における胴張り石室の様相」『立正史学』第47号　立正大学史学会　63-90頁

(16) 前掲註(14)b文献

(17) a. 秋元陽光・大橋泰夫 1988「栃木県南部の古墳時代後期の首長墓の動向―思川・田川水系を中心として―」『栃木県考古学会誌』第9集　栃木県考古学会　7-40頁

　　 b. 上野恵司 1996「東国古墳の石室にみる出雲の影響」『考古学の諸相』坂詰秀一先生還暦記念会　719-738頁

(18) 本書第2章第2節参照

(19) なお、このように関東地方に複室構造が出現する状況について、田村悟や上野恵司はそれぞれ九州との関係性を指摘しており、注目できる。しかし、その一方で系譜関係の背景や検討方法などをめぐる問題点もある。

　　　田村は、関東に複室構造や三室構造（三室構造については本稿では詳述しなかったが、武蔵において7世紀代に出現）が、成立する背景として、貝製雲珠の出土が九州と関東に偏在して分布する状況などを考慮して「近畿地方の影響力が高まってくる6世紀後半」における「集団の移動が原因」（前掲註(14)b文献：70頁）としている。その理由としては「九州地方に一旦腰を落ちつけた鉄器や須恵器などを製作する渡来系技術者集団などが、6世紀後半以降、その技術を携えて東方に移住した結果として、現在みられるような横穴式石室（複室構造：筆者補）の分布状況が示されるようになった」（前掲註(14)b文献：70頁）と論じるが、関東各地に認められる複室構造の様相を安易に集団の移動や東方移住という事象のみで理解しようとする点には疑問が残る。

　　　また、上野は関東に所在する複室構造に着目し、網羅的な分類、変遷観の提示を行なった点、複数の系統が存在すると想定している点は評価できるが、平面プランに比重を置いた分類案は過度に細分する傾向が強く、さらに細分化した分類のそれぞれに変化や成立の要因などを推定するものの、提示された石室の系統は非常に複雑なものとなっている。このため、複室構造の出現について、「①人の移動も含め、やや離れた出雲や九州との技術交流の結果成立したと想定されるもの。②あまり人が移動せず、周辺地域との技術交流から成立したと考えられるもの。③複室構造という意識のみが採り入れられ、在地の石室の中で発達したもの。④先行する複室横穴式石室の二次的影響により、その地区で成立したもの」（前掲註(14)a文献：93頁）に分類できるとするものの、これらが細分化した分類と的確に当て嵌まるかどうか、分類案の是非も含め、依然として検討の余地が多く残っていると言えよう。

(20) 岡本健一は、埼玉県将軍山古墳の片袖石室について上総・下総、上野の類例との比較を試みるとともに、畿内では6世紀後半代になると大型古墳を中心として両袖の石室を採用する傾向が窺える

第4章 石室系譜と地域間交流の史的理解

ため、「畿内の石室形態が直接関東に伝播し、6世紀後半の大型古墳である将軍山古墳に、袖幅の広い片袖の石室が採用されていることは、年代的にやや矛盾するかもしれないが、ここでは石室形態が類似しているという事実を強調するだけに留めておきたい」（下記文献a：54頁）と指摘し、畿内との関係を考慮しつつも、慎重に論じている。

また、筆者は常陸南部における横穴式石室の動向や地域性を検討するなかで、常陸北部・南部ともに6世紀後半から7世紀初頭にかけて片袖石室が各地の有力古墳に採用される動向を指摘し、常陸の事例も含め6世紀後半頃の時期に関東では片袖石室が各地に散在して採用されている状況が窺えるとした（下記文献b）。

 a.岡本健一 1994「埼玉将軍山古墳の横穴式石室について」『調査研究報告』第7号 埼玉県立さきたま資料館 47-54頁

 b.本書第2章第1節参照

(21) ただし、上野ではこの時期の有力首長墓は両袖石室を採用しており、他地域とは様相が異なるようである。また先述したように下野でも片袖石室が存在するが、後期前半から中葉にかけて、先駆的に採用されており、後期後半の動向と関係があるのか、あるいは系譜やその性格が異なるのかなど、史的背景も考慮して今後その評価について検討を行なう必要があろう。

(22) 前掲註(20)文献a

(23) a.鈴木一有 2000「遠江における横穴式石室の系譜」『浜松市博物館報』第13号 浜松市博物館 49-70頁

 b.鈴木一有 2001「東海地方における後期古墳の特質」『東海の後期古墳を考える』第8回東海考古学フォーラム三河大会 三河大会実行委員会・三河古墳研究会 383-406頁

(24) このような関東における片袖石室のあり方は、関東の古墳時代後期の動向やその実態を解明する上で重要な一視角になると考えられる。これについては別途検討を加えたいと考えている。

(25) 右島和夫 1994「上野における横穴式石室の変遷」『東国古墳時代の研究』学生社 141-167頁

(26) 本書第3章第3節参照

(27) 本書第3章第2節参照

(28) 森岡秀人 1983「追葬と棺体配置―後半期横穴式石室の空間利用原理をめぐる二、三の考察―」『関西大学考古学研究室開設参拾周年記念考古学論叢』関西大学 595-673頁

(29) 渡邊邦雄 1996「横穴式石室の前庭部構造と墓前祭」『ひょうご考古』第2号 兵庫考古研究会 1-34頁

(30) a.土生田純之 1991「横穴式石室からみた5、6世紀の日本」『日本横穴式石室の系譜』学生社 337-381頁

 b.土生田純之 1994「畿内型石室の成立と伝播」『ヤマト王権と交流の諸相』古代王権と交流5 名著出版（後に土生田純之 1998『黄泉国の成立』学生社に収録：173-199頁）

第2節　関東の横穴式石室と朝鮮半島への視座
―「長鼓峯類型石室」の提起する問題―

1　はじめに

　近年、発掘調査による資料数の増加に伴い、日本列島と朝鮮半島における活発な相互交流の実態が明らかになってきている。こうした研究動向からは、列島の古墳時代社会を解明する上で、半島との多様な交流関係を視座に据えた研究や渡来人の動向とその実態把握を目指した研究への関心が高まると同時に、朝鮮半島内における政治的動向や地域的特質、さらには各地の勢力関係とその時期的な変化を踏まえた評価を行なう必要性が生じてきている。なかでも、墓制に着目してみると、半島内各地において横口式石室や横穴式石室の展開過程の時期差や石室構造の多様性を窺うことができ、これらの変遷観や地域性の実証的な検討、把握が必要とされる。

　他方、日本側の研究視点としては朝鮮半島の栄山江流域を中心とする前方後円墳やいわゆる倭系石室（九州系横穴式石室）の存在に着目し、特に後者については形態が類似する日本列島の横穴式石室資料の提示や系譜の追究、さらには類型の設定、細分化を目指すといった方向性が窺える。

　本節では、日本列島の東側に位置する関東地方における横穴式石室の動向や特質を理解する上で、こうした朝鮮半島の動向についても視野を広げ、手掛かりの1つとしたいと考えているが、その際、近年注目されている「長鼓峯類型」と呼ばれる横穴式石室をめぐる評価や問題点について触れてみることにする。関東地方と朝鮮半島とは、近畿地方を中心とするとそれぞれ反対方向の隔てられた位置関係にあるが、両地域の動向把握や比較検討を通して、日本列島における横穴式石室の動向とその史的意義を追究し、東国のもつ交流網の実態解明を目指す一視角としていきたい。

2　関東における横穴式石室の特質と系譜の問題

　筆者は第4章第1節において、関東における横穴式石室の様相やその系譜関係を把握し、歴史的動向を追究する上で、大きくは古墳時代の後期前半（MT15型式からTK10型式併行期）と後期後半以降（TK43型式併行期以降）の動向に大別し、検討を試みた[1]。そのなかで、関東における横穴式石室の動向から窺うことができる特質として、以下のような点に着目した。

　①関東では横穴式石室の導入期に相当する後期前半に、関東北西部（上野中・西部および北武蔵北西部）、下野、常陸南部といった北関東の各地域において、それぞれ異なる系譜と考えられる横穴式石室を導入する。そのうち、常陸南部では茨城県高崎山2号墳[2]のように九州系の特徴をもつ横穴式石室が導入期の段階からすでに存在すること、また関東北西

第4章　石室系譜と地域間交流の史的理解

部や下野の石室構造についても、畿内系の構造的特徴とは異なるといった様相が窺える。

②後期後半になると、主に上野を中心として畿内からの影響や系譜関係を認めることができるが、その一方で武蔵の胴張りをもつ複室構造石室や上総北東部、常陸南部における複室構造を志向する動きなど、少なくともその系譜の淵源として九州との関係性が想定できるもの、あるいは下野を中心に認められる割り抜き玄門を有する横穴式石室のような畿内の横穴式石室の系譜上には当て嵌まらない石室構造が受容、展開する様相が認められる。

しかし、列島的な視野から見ると、後期前半には畿内を中心として畿内型石室が成立し、列島各地に伝播・拡散する状況が窺えるが、関東では①・②のように後期前半のみではなく、後期後半以降に至っても、畿内の様相とは異なる石室構造を志向する地域が複数、確認できる点には注意を払う必要がある。このような、畿内による横穴式石室の動向とは対照を成す系譜関係を窺うことができる関東各地の動向をどのように評価するか、その史的意義の追究が重要となるのである。

3　前二子古墳の系譜とその評価をめぐる問題

関東における横穴式石室の導入は、北関東の中でも特にその北西部（上野中・西部および北武蔵北西部）に集中する傾向が窺える（第4章第1節：前掲第83図）。前節で取り上げたように、狭長な羨道を有する両袖構造の石室と袖を有さない無袖石室が存在するが、こうした関東北西部における横穴式石室の導入経路としては従来から、古東山道ルートを介した伝播経路が推定されている[3]。

しかし、このように信濃と上野を結ぶ伝播経路の存在は確認できるのであるが、こうした導入期における横穴式石室の特徴からは、古東山道を介したとしてもその淵源として畿内との関係性や系譜関係を窺うことができず、現段階では隣接する信濃・上野間における交流関係の中で導入したという理解に留めざるを得ないのが現状である。

こうした研究動向の中で近年、柳沢一男は関東の導入期横穴式石室のうち、群馬県前二子古墳（第4章第1節：前掲第83図3）の祖形として、朝鮮半島の海南長鼓峰古墳（長鼓峯古墳）[4]、固城松鶴洞古墳群1B号墳1号石室（以下、松鶴洞1B-1号石室と呼称）との類似性を指摘し、その系譜的な関係を論じた[5]。これは、朝鮮半島南部において九州系の特徴をもつ横穴式石室の影響を受けた長鼓峯類型石室が創出され、この石室構造を日本列島の群馬県に所在する前二子古墳が採用したという評価である。この研究は当時の交流や系譜関係、横穴式石室の伝播経路を考える上で非常に重要な指摘であると評価できる。ただし、その一方で前二子古墳と半島の事例とは石室構造上の差異点が存在すること、また群馬県には前二子古墳以外にも簗瀬二子塚古墳などをはじめ、立柱石を有さない両袖を呈する石室が同時期に存在することからも、前二子古墳の他にこれらの石室構造が出現する背景に関する論究が必要となる[6]。

その後、韓国における倭系遺物・石室資料等が増加するなか、柳沢は朝鮮半島内における九州系横穴式石室の類型化や実証的な検討を進め、日本列島と朝鮮半島間における相互交流の実態を明確化したと言える[7]。ただし、その中で長鼓峯類型の系譜に関するこれまでの自身の見解を変更し、朝鮮半島の長鼓峯類型石室は北部九州系・肥後系・群馬中西部系の工人によって創出され

たという新しい見解を提示している。つまり、日本の群馬県に横穴式石室がすでに存在したという前提で、反対に朝鮮半島への影響を想定しており、群馬西部系造墓工人の渡海をも示唆している。このように考えると結局、関東の導入期横穴式石室の系譜が再び不明確なものとなってしまったと言える。こうした研究状況を鑑み、いわゆる長鼓峯類型石室の実態把握をはじめとして、朝鮮半島の横穴式石室の動向を的確に捉える必要性が生じるのである。

4　朝鮮半島への視座

(1) 長鼓峯類型石室の特徴と類例の比較

　朝鮮半島における九州と関連をもつ横穴式石室は、おおむね全羅南道の栄山江流域と慶尚南道南西部の2つの地域に集中する状況が確認されている（第92図）。主に羨道側壁から突出する立柱石を有するものや奥壁・側壁の基底に大型の石材（腰石）を有するもの、あるいは側壁が胴張りを呈する構造や玄室内に石屋形をもつものなどが特徴として挙げられる。

　なかでも栄山江流域の資料は墳形が前方後円形を呈するものが多いことからも、近年は半島に所在する前方後円墳の性格やその歴史的評価、九州を含む日本列島との関係性を考慮した研究が活発に進められている[8]。なお、こうした九州との関連をもつ横穴式石室が認められる時期は、おおむね5世紀末頃から6世紀前半ないし中葉頃の時期である。

　このうち、長鼓峯類型石室とは玄室が長方形で細長い平面形態を呈し、羨道壁面の並びから突出する玄門施設を有しており、さらにこれに狭長な羨道を接続したものである（第93図）。朝鮮半島では固城松鶴洞1B-1号石室[9]、泗川船津里古墳[10]、海南長鼓峰古墳[11]の3例、日本では関東地方の群馬県前二子古墳および栃木県権現山古墳の2例がこの類型に該当すると指摘されている[12]。

　さて、このように長鼓峯類型として設定されている石室構造であるが、半島の3例を比較してみると玄室平面形や羨道の長さ、玄門構造、用石方法、墳丘と石室の位置関係などをはじめ異なる要素が多く認められる。

　まず長鼓峯類型の特徴である狭長な羨道の接続であるが、長鼓峰古墳に対し松鶴洞1B-1号石室の羨道はそれほど長いとは言えず、他の2例に比べ狭長な玄室平面形、玄室の中心が墳丘の中心となる点からも在地の竪穴式石槨の要素を強く残している（第94図）。これは長鼓峰古墳の奥壁幅が広い玄室平面形や、墳丘の中心が玄室奥壁に相当する点とは異なる構造である。また松鶴洞1B-1号石室の玄門構造は立柱石が壁体から直接突出するのではなく、割石を積み上げた袖部に接して立てられ、上部には楣石が存在せず、立柱石が直接天井石を支える構造であるのに対し、船津里古墳では立柱石上部に割石積みをし、その上部に大振りの楣石を架構している。長鼓峰古墳は割石を積み上げ、板状に近い石材を縦位に嵌め込み、一定の高さまで袖部を構築した後、横長で扁平な石材2石を横架し、さらに上部に割石を積み上げ、前壁を楣石状に積み上げる玄門構造である。壁面構成は松鶴洞1B-1号石室が扁平な割石積み、長鼓峰古墳は奥壁と両側壁下部に横長で大振りの石材を用いる点が注目でき、船津里古墳は床面が土砂による埋没のため下部構造は不明であるものの、上部に大型の石材、横長の石材を多用している点が特徴的である。

第4章 石室系譜と地域間交流の史的理解

1. 鈴泉里古墳
2. 伏岩里3号墳'96年石室
3. 月桂洞1号墳
4. 月桂洞2号墳
5. 双岩洞古墳
6. 明花洞古墳
7. 新徳古墳
8. 造山古墳
9. 長鼓峰古墳
10. 松鶴洞1B-1号石室
11. 船津里古墳
12. 雲谷里1号墳
13. 景山里1号墳
14. 長木古墳

全羅南道・栄山江流域

慶尚南道・南西部地域

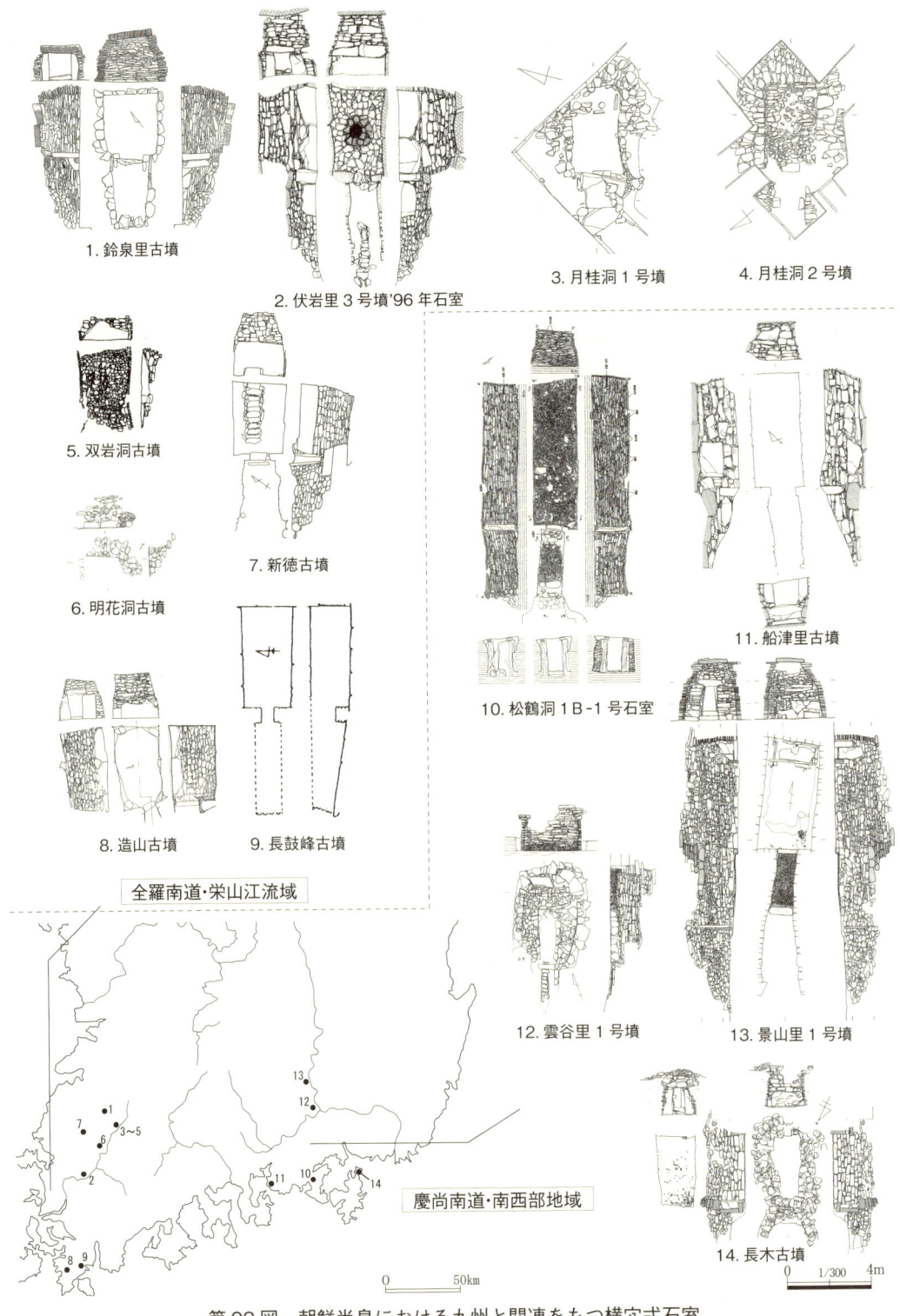

第92図 朝鮮半島における九州と関連をもつ横穴式石室

このように、朝鮮半島の「長鼓峯類型」とされる3例には個々の構造的要素に差異が存在しており、さらに遠距離にある関東地方の事例も含め同一類型とする見解、あるいは工人の渡海を想定する評価は重要な指摘であるものの、より慎重な検討が必要であろう。列島側の事例である前二子古墳とは石室平面形態や赤色顔料の塗布などの類似性は認められるが、壁体や玄門および床面構造の差異は大きい。玄門立柱石が壁体に直接組み込まれ、上部に架構された楣石が天井石から完全に遊離している点、奥壁沿いに屍床仕切石を有する点などやはり他の長鼓峯類型の石室とは異なる特徴である。

現段階ではこの類型に関して明確な結論を出すことはできないが、同一類型内における構造的差異の大小をどの程度重視し、評価を与えるかが重要である。今後の研究課題としてはこのような九州系の横穴式石室を基軸とした研究成果を受け、提示された類型の是非も含め、半島各地の横穴式石室の動向との比較や総合化を図る必要があろう。

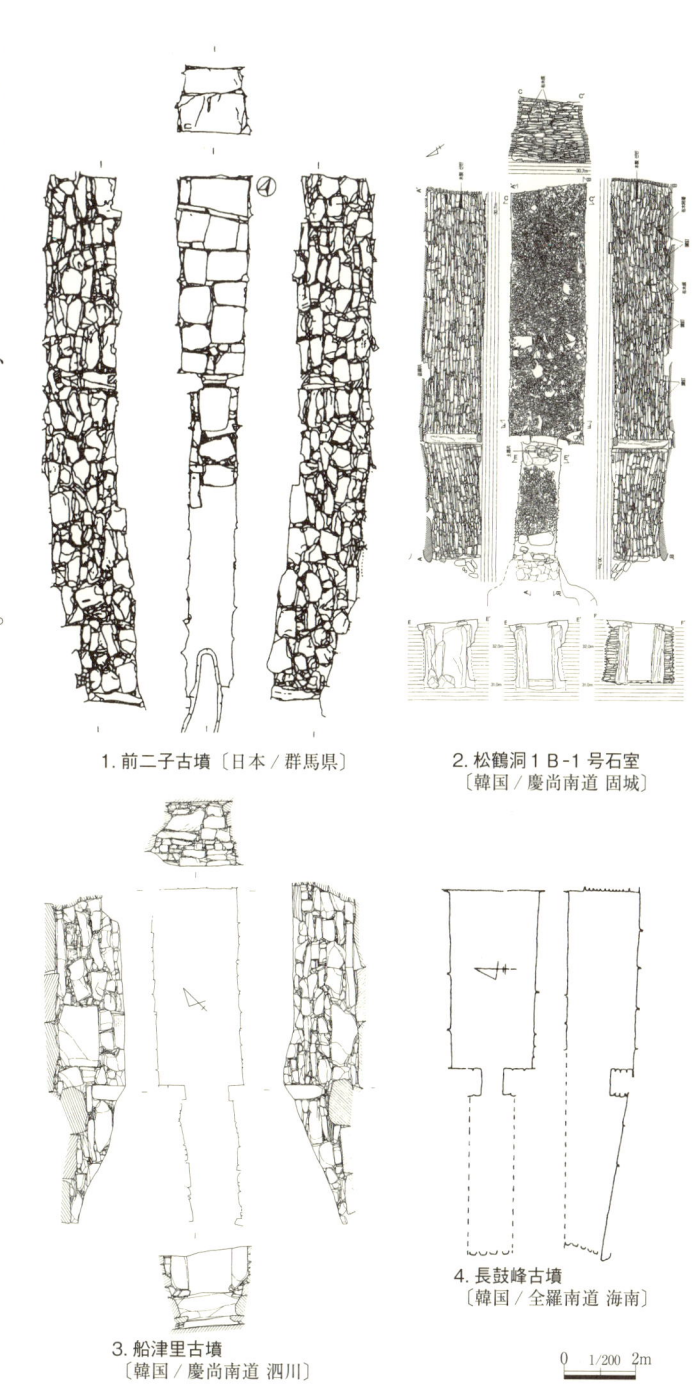

1. 前二子古墳〔日本／群馬県〕
2. 松鶴洞1B-1号石室〔韓国／慶尚南道 固城〕
3. 船津里古墳〔韓国／慶尚南道 泗川〕
4. 長鼓峰古墳〔韓国／全羅南道 海南〕

第93図 「長鼓峯類型石室」の諸例

(2) 加耶地域の横穴式石室をめぐる系譜問題

さて、以上のように九州と関連する横穴式石室が築造された時期の中心は6世紀前半代となる

第 4 章 石室系譜と地域間交流の史的理解

1. 松鶴洞第 1 号墳〔韓国 / 慶尚南道 固城〕

2. 長鼓峰古墳〔韓国 / 慶尚南道 固城〕

3. 前二子古墳〔日本 / 群馬県前橋市〕

第 94 図 「長鼓峯類型石室」をもつ古墳と石室の位置

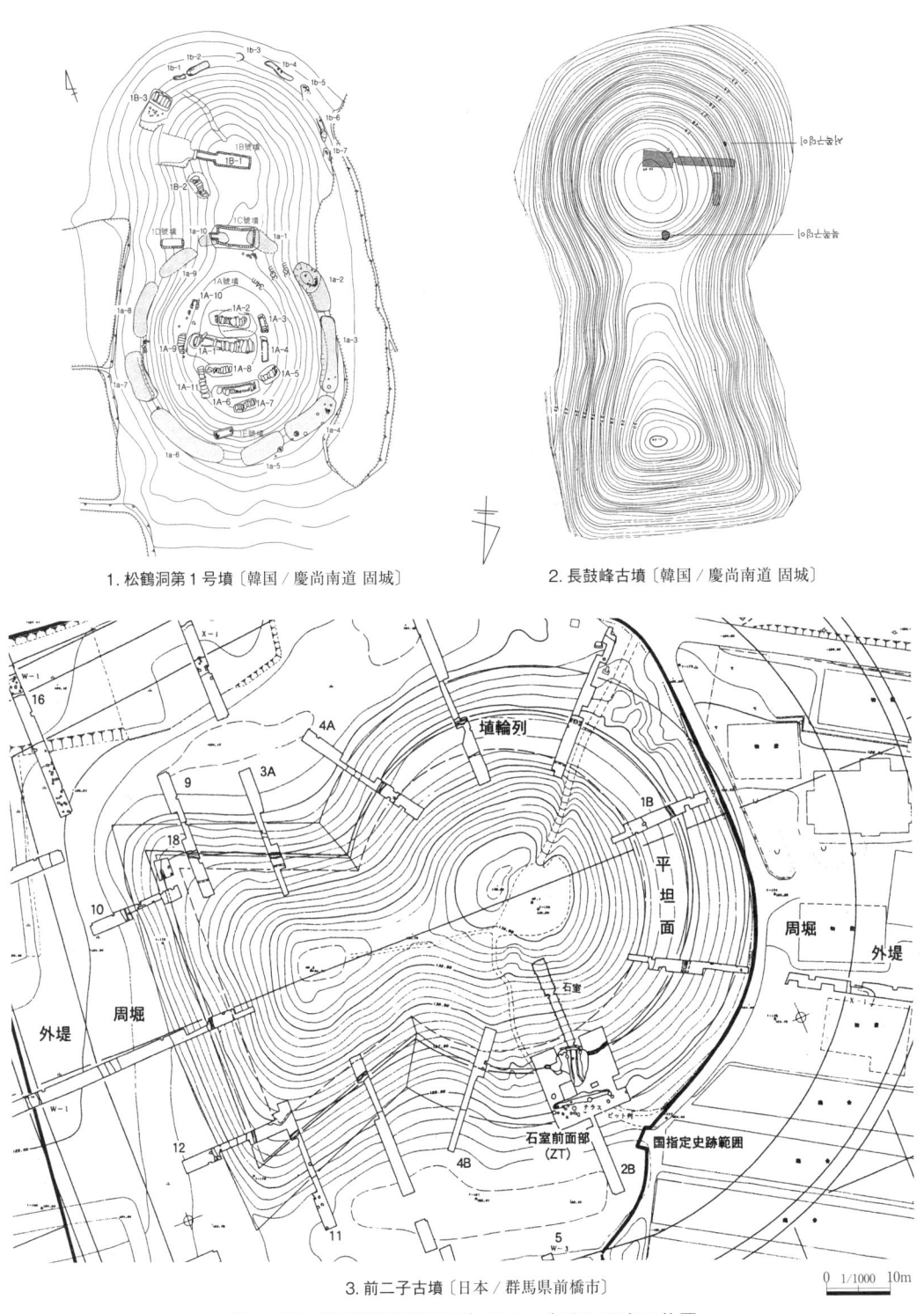

第2節　関東の横穴式石室と朝鮮半島への視座―「長鼓峯類型石室」の提起する問題―

が、この時期は嶺南地方における横穴式石室の導入期とも併行する時期であり、慶尚南道南西部に所在する松鶴洞1B-1号石室と船津里古墳の石室を評価する際には、嶺南地方全体の動向と関連して、比較・検討する必要がある。

　嶺南地方における横穴式石室の導入はおおむね6世紀初頭ないし前半以降、高句麗の影響を受けた横穴式石室であり[13]、石室構造や構築技法にその特徴が認められるものや、栄州では高句麗壁画の内容が描かれた石室もある。こうした導入期の高句麗の影響を受けた横穴式石室は、6世紀初頭から6世紀中葉頃まで栄州を中心に迎日、慶山など洛東江東岸地域の新羅中・北部地域に築造され、これに少し遅れて6世紀中葉頃から、高霊や陝川、晋州、咸安などに百済からの影響を受けた横穴式石室が築造されるようになるとされる[14]。

　さて、洪潽植によると百済からの影響で成立した加耶の石室構造として古衙洞壁画古墳類型、中洞里4号墓類型があり、古衙洞壁画古墳類型は奥壁から入口部を見て右片袖であり、玄室平面形は長方形で天井が高く、高霊を中心とした大加耶圏に分布するのに対し、中洞里4号墓類型は両袖で玄室平面形が長方形であり、晋州・固城・咸安・泗川・宜寧など南江下流から洛東江下流の西岸、南海岸に分布するとされる[15]。

　そのうち、古衙洞壁画古墳の系譜を百済に求める点は大部分が認めるところであるが、この中洞里4号墓類型については両袖の採用や鐶座金具と棺釘の存在などを重視して百済からの影響とする見解[16]、在地の竪穴式石槨に羨道構造を採用したという見解（水精峯式[17]、細長方形横穴式石室[18]など）がある（第95図）。このように類型の設定はほぼ同じであるが、その系譜については見解が異なっている。また近年、河承哲はこの中洞里4号墓類型の祖形として前掲の松鶴洞古

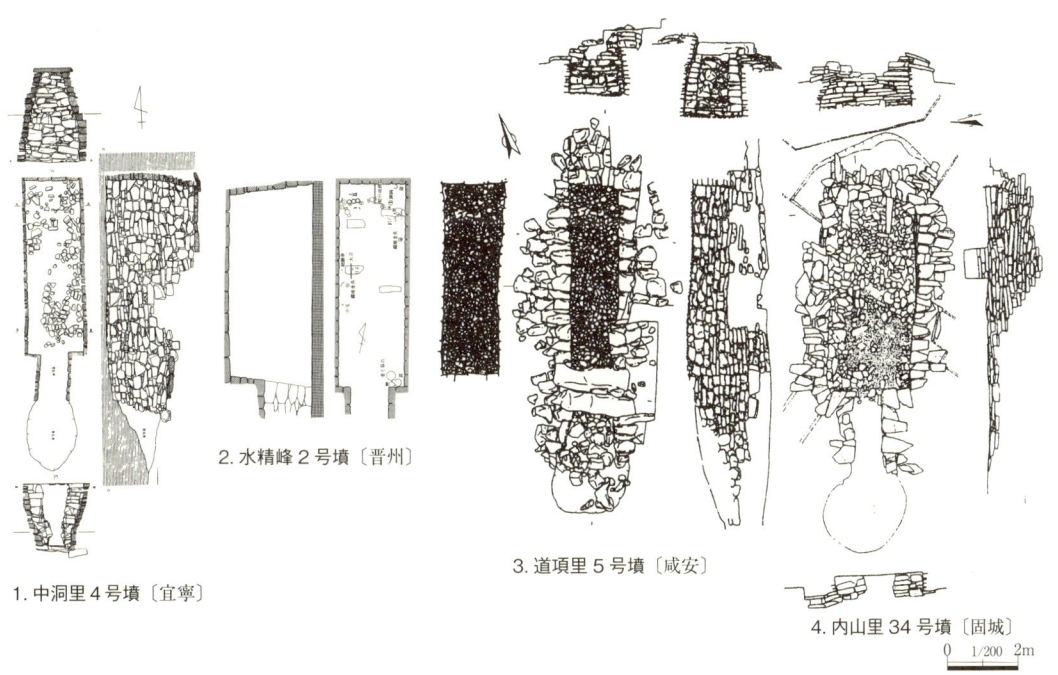

1. 中洞里4号墳〔宜寧〕
2. 水精峯2号墳〔晋州〕
3. 道項里5号墳〔咸安〕
4. 内山里34号墳〔固城〕

第95図　中洞里4号墓類型の横穴式石室

第4章　石室系譜と地域間交流の史的理解

墳1B-1号石室が当て嵌まるとし、松鶴洞類型を設定している[19]。つまり、現在の研究動向として松鶴洞1B-1号石室は在地の竪穴式石槨の技法を継承し、そこに多くの倭系要素が導入されたと把握でき、松鶴洞1B-1号石室以降、宜寧中洞里4号墳、水精峰2号墳に見られる鐶座金具と棺釘の存在から百済と関係する葬制が入ってくるとの理解になる。しかし、船津里古墳については海南長鼓峰古墳とともに倭系石室であるとし、松鶴洞1B-1号石室とは類型を区別しながらも、一方で松鶴洞1号墳を媒介とした出現の可能性を指摘するなど[20]、類型設定とその評価、論証方法には依然として問題が残るという現状がある。

　このような加耶地域における横穴式石室の導入をめぐっては、吉井秀夫が指摘するように、従来の墓制・葬制を大きく変化させただけではなく、百済系・新羅系・倭系など複数地域に由来する外来系考古資料の量の増加を引き起こしているため、加耶地域に対する百済の進出や影響のみではなく、倭系や新羅系の考古資料が少なからず存在する点[21]、また加耶地域のみではなく百済・新羅・日本列島においても6世紀前半頃、中央勢力が横穴式石室を積極的に受容し、各領域内に普及するという共通する動向が窺える点[22]などに留意し、多角的な視野をもって史的評価を行なっていかなければならない。こうした朝鮮半島と日本列島における横穴式石室の受容と展開状況を考慮した中で、加耶における横穴式石室の徹底的な分析を基軸とし、その上で半島に存在する倭系石室との比較や関係性の追究を図る必要があろう。

5　「長鼓峯類型石室」の提起する問題

　以上、関東の横穴式石室の評価をめぐり、「長鼓峯類型石室」に関する研究動向や評価、問題点を指摘する一方で朝鮮半島内における横穴式石室の動向把握および倭系石室との比較や関連性を追究する必要性を取り上げた。

　なお、関東の横穴式石室の動向を理解する上で朝鮮半島に視野を広げた視点には、もうひとつのねらいがある。それは関東の導入期横穴式石室の問題もあるが、一方で近年注目されている朝鮮半島の九州系横穴式石室（倭系石室）の検討を通して、日本列島各地に伝播・拡散した九州系石室の実態解明を図るという目的である。

　前述のように、朝鮮半島でこのような九州系石室が展開する時期は5世紀末頃から6世紀前半代が中心となるが、関東地方では6世紀前半から中葉頃に伝播し、こうした動きは6世紀後半頃が特に活発であると指摘できる。このような両地域間の時期的差異をどのように評価するか、列島各地の地域的動向との共通点、差異点を踏まえた検討が必要となる。

　列島における畿内型石室の成立と伝播に現出される畿内を中心とする勢力拡大の動向、朝鮮半島各地における横穴式石室の展開・普及過程や浸透性を的確に把握する一方で、日本列島と朝鮮半島に伝播・拡散する九州系の特徴をもつ横穴式石室の動向や意義についても比較検討していく必要があろう。こうした研究視角をもって、改めて関東地方における墓制や地域間交流から窺うことができる特質を明確化すること、さらに朝鮮半島との関係性も含め東国のもつ地域間の繋がりや、その錯綜する交流網の実相を明らかにすることを通して、古代国家の形成過程とその本質を追究することが重要であろう。

註

(1) 本書第4章第1節参照
(2) 茨城県土浦市に所在する高崎山2号墳（合併前は新治村所在）の時期的検討および歴史的評価については、本書第1章第1節で詳しく論じている。
(3) a. 白石太一郎 1988「伊那谷の横穴式石室(1)・(2)」『信濃』第40巻第7・8号　信濃史学会　第7号：1-19頁，第8号：45-55頁
　　b. 増田逸朗 1995「北武蔵における初期横穴式石室導入期の様相」『調査研究報告』第8号　埼玉県立さきたま資料館　1-12頁
　　c. 右島和夫 2002「古墳時代上野地域の東と西」『群馬県立歴史博物館紀要』第23集　群馬県立歴史博物館　1-20頁
(4) この古墳については長鼓峯古墳・長鼓峰古墳と2つの古墳名の表記が併用されている。本稿では便宜上、類型名については後述する柳沢が設定した「長鼓峯類型」（註(5)a・bおよび註(7)文献参照）を使用し、古墳名についてはその後、刊行された試掘調査報告書に記載された「長鼓峰古墳」の名称（下記文献）を用いることにする。
　　殷和秀・崔相宗 2001『海南方山里長鼓峰古墳試掘調査報告書』国立光州博物館学術叢書第38冊　国立光州博物館
(5) a. 柳沢一男 2001「全南地方の栄山江型横穴式石室の系譜と前方後円墳」『朝鮮学報』第179輯　朝鮮学会　113-155頁
　　b. 柳沢一男 2002「日本における横穴式石室受容の一側面―長鼓峯類型石室をめぐって―」『清溪史学』16・17合輯　韓國精神文化研究院・清溪史学会　409-441頁
(6) 本書第1章第1節および第4章第1節参照
(7) 柳沢一男 2006「5～6世紀の韓半島西南部と九州―九州系埋葬施設を中心に―」『加耶、洛東江에서 栄山江으로』第12回加耶史国際学術会議　金海市　19-46頁
(8) 主な研究としては朴天秀による論考などがある。
　　a. 朴天秀 2002「栄山江流域における前方後円墳の出自とその性格」『考古学研究』第49巻第2号　考古学研究会　42-59頁
　　b. 朴天秀 2003「栄山江流域と加耶地域における倭系古墳の出現とその背景」『熊本古墳研究』創刊号　熊本古墳研究会　9-28頁
　　c. 朴天秀 2006「栄山江流域 前方後円墳을 통해 본 5～6세기 韓半島와 日本列島」『百済研究』第43輯　忠南大学校百済研究所　25-59頁
(9) 沈奉謹編 2005『固城松鶴洞古墳群　第1号墳発掘調査報告書』古蹟調査報告第37冊　東亞大学校博物館
(10) a. 朴天秀 2003「栄山江流域と加耶地域における倭系古墳の出現とその背景」『熊本古墳研究』創刊号　熊本古墳研究会　9-28頁
　　b. 金奎運・金俊植 2009「泗川 船津里 石室墳」『嶺南考古学』第48號　嶺南考古学会　81-100頁
(11) 前掲註(4)文献
(12) 前掲註(5)bおよび註(7)文献

(13) a. 曺永鉉（吉井秀夫訳）2000「新羅・加耶の横口・横穴式石室墳」『月刊考古学ジャーナル』№ 461　ニュー・サイエンス社　23-29頁
　　 b. 洪潽植 2003『新羅後期古墳文化研究』春秋閣
(14) a. 洪潽植 2001「加耶の墳墓」『東アジアと日本の考古学』Ⅰ　墓制①　同成社　194-218頁
　　 b. 前掲註(13)b文献
(15)　前掲註(14)a・b文献
(16)　前掲註(14)a・b文献
(17) a. 曺永鉉（堀田啓一訳）1993「三国時代の横穴式石室墳」『季刊考古学』第45号　雄山閣　21-27頁
　　 b. 前掲註(13)a文献
(18)　山本孝文 2001「伽耶地域 横穴式石室의 出現背景―墓制変化의 諸側面에 대한 予備考察―」『百済研究』第34輯　忠南大学校百済研究所　39-73頁
(19)　河承哲 2005「伽倻地域 石室의 受容과 展開」『伽倻文化』第18号　㈶伽倻文化研究院　75-136頁
(20)　前掲註(19)文献
(21)　吉井秀夫 2004「考古資料からみた朝鮮諸国と倭」『国立歴史民俗博物館研究報告』第110集　国立歴史民俗博物館　503-516頁
(22) a. 吉井秀夫 2002「朝鮮の墳墓と日本の古墳文化」『倭国と東アジア』日本の時代史2　吉川弘文館　168-195頁
　　 b. 前掲註(21)文献

第3節　太平洋沿岸の海上交通と横穴式石室
―千葉県匝瑳市関向古墳の石室構造から―

1　はじめに

　東国における古墳時代の動向をめぐっては、古代国家形成の中で王権による地方支配の動きや東北経営の拠点としての役割などを主眼に置いた理解が大勢を占める。中でも後の東山道や東海道となる交通路の形成は、古墳時代後期にはその萌芽が窺える可能性があり、こうした交通体系の掌握が律令国家成立の基盤となったと評価されている。ただし、こうした陸路による直線的な交通網の整備が推し進められる一方で、海上交通や河川交通が担う物流やそれに伴う人的交流の存在を看過することはできないと言える。事実、こうした海運を介してもたらされたと考えられる資料も多く確認されており、こうした交流網の中で文物のみに限らず横穴式石室の構造や構築技術、さらにはそれに伴う墓制・葬制なども伝播した可能性を視座に据える必要があろう。本節では、房総半島に所在する関向古墳の石室構造を手掛かりとして、こうした海上交通の実態把握を試みることにする。

2　関向古墳の横穴式石室

(1) 立地および古墳の概要

　古墳の立地　千葉県匝瑳市（合併前における旧八日市場市）関向古墳は、房総半島の北部一帯に展開する下総台地の東南部、九十九里平野に面する台地上に築造された古墳である。この九十九里平野の北東部は、江戸時代初期の干拓により現在は水田地帯となっているが、かつては「椿海」と呼ばれる広大な湖水ないし湖沼であったとされており、本古墳はこの椿海を東に臨む台地の裾部に位置している（第96図）。この椿海沿岸には、他にも鏑木古墳群、丸山横穴墓群、雉子ノ台古墳群などがあり、古墳や横穴墓が継続して造営された地域でもある。

　調査の経緯と概要　1886（明治19）年、土地所有者が山林の開墾中に石室を発見したとされ、中から人骨と大刀の出土が伝えられている。その後、石室は開口したままの状態であったが、東総広域農道の建設に伴い、1974（昭和49）年に芝山はにわ博物館（観音教寺・仁王尊）と早稲田大学考古学研究室による調査団が組織され、発掘が行なわれた[1]。なお、墳丘は調査時にはすでに周囲が削平されており、横穴式石室を中心として南北12m、東西8.5mの範囲を矩形状に掘り残された状態であったため、本来の墳形および規模、周溝の有無などは確認することができなかったと言う。また調査後、石室は解体・運搬して移築する計画であったとされるが、古墳の移築復元は実施されず、石材は芝山はにわ博物館に保管され、現在に至っている。

第4章 石室系譜と地域間交流の史的理解

第96図 関向古墳の位置および周辺の遺跡（国土地理院発行1：50,000　八日市場）
1.関向古墳　2.広之台古墳群　3.真々塚古墳　4.雉子ノ台古墳群　5.松峯古墳群　6.美女塚横穴墓群
7.丸山横穴墓群　8.鏑木古墳群　9.瀧台古墳　10.御前鬼塚古墳　11.八日市場廃寺（龍尾寺）

(2) 横穴式石室の構造

　本古墳は現存しておらず、以下、発掘調査概報の記述、掲載された実測図、調査写真等を参考に、本墳の埋葬施設である横穴式石室を概観するとともに、構造的特徴の抽出および検討を試みたい。

　石室構造　南方向に向かって開口する全長約5.9m、玄室と羨道から成る両袖構造の横穴式石室である（第97図）。石室の構築材には、地元で飯岡石と呼ばれている九十九里浜の北端、飯岡海岸周辺で採集される凝灰質泥岩・砂岩の板石と転石が用いられていた。調査時にはすでに、玄室玄門部側の天井石と側壁上部、羨門部の天井石が失われていたが、それを除くと全体的な遺存状態は良いと言える。

　玄室は、平面形が長方形を呈しており、玄室長3.0m、玄室幅2.1mを測る。奥壁・側壁の構造に着目すると、板石状の大石を奥壁に2石、両側壁にそれぞれ4石ずつ立て並べ、大石の上部とその間隙に転石を横方向の目地が通るように小口積みするといった特徴的な壁面構成と言える。床面は、右側壁（西側壁）沿いに石室主軸と併行させて、板石を組み合わせた箱形石棺を造り付

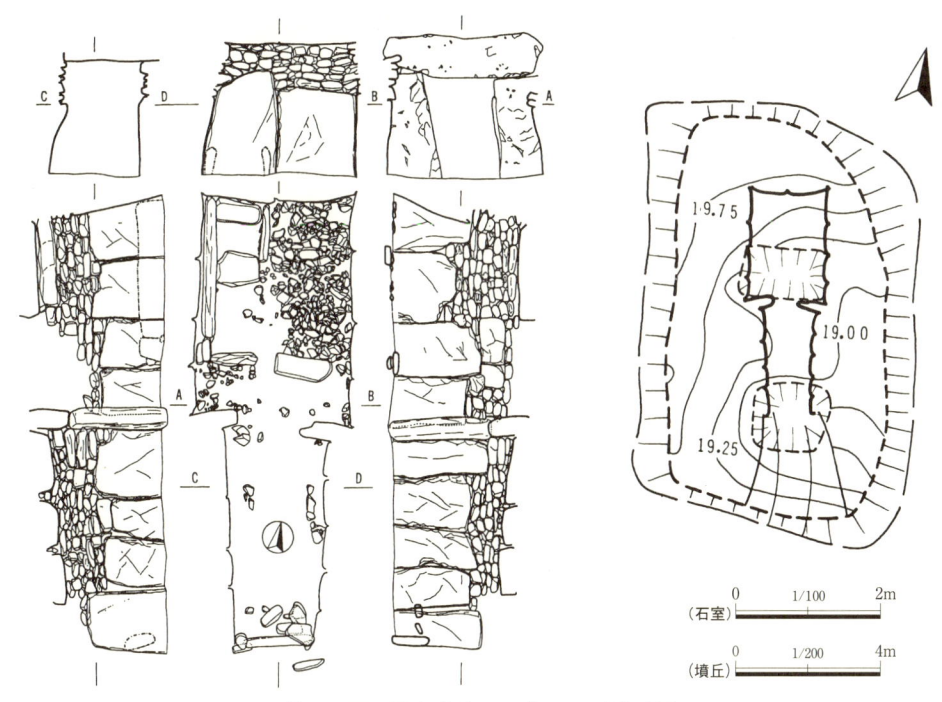

第3節　太平洋沿岸の海上交通と横穴式石室―千葉県匝瑳市関向古墳の石室構造から―

第97図　関向古墳の石室および墳丘図

けており、この石棺部分を除くほぼ全面には、割石が敷きつめられている。
　玄門は、板状の石材を左右の側壁の並びから突出させて構築しており、明確に玄室と羨道の区別をする造作が施されている。また、その上部には横長の板石を架構して楣石としているが、この楣石は天井石を兼ねた擬似楣石と考えられる。なお、玄門部床面には石室平面図には図化されていないものの、概報によると梱石が抜き取られた痕跡が検出されたと記されており、本来は梱石が存在したと考えられる。
　次に羨道であるが、長さは2.9mと玄室長とほぼ同じである。一方で、幅が玄門付近で1.4m、羨門付近で1.1mと玄室幅よりも狭く、平面形は玄門部から入口部に向かってやや狭まる形態を呈している。側壁は玄室と同様に、縦位に据え並べた板石の間隙に石材を充填しつつ、上部にも小口積みをして天井石を架構するという構造である。なお、羨門には特別な造作はなく、羨道床面にも敷石は認められないが、羨門床面に石室主軸と直交するように板石1枚が横位に立てられ、その周囲を転石で支えた状態が検出されている。本来はその上部にも同様の板石を積み立てるといった閉塞方法であったと推測できる。
　天井石は、玄門に用いられた擬似楣石を含めて5石が遺存していたが、本来は玄室の玄門側に1石、羨門上部に1石の計7石で構成されていたと推測でき、遺存している天井石および側壁の状況を踏まえると、奥壁から石室入口部に向かって傾斜をもって低くなる構造であったと考えられる。
　また、石室入口部の前面には素掘りの墓道が検出されており、長さ約4.0m、幅は羨門接続部

219

第 4 章　石室系譜と地域間交流の史的理解

で約 1.4 m、南側で約 2.9 m を測るが、調査時の墳丘図や写真から、ハの字状に開く前底部となっていたと考えられる。

出土遺物とその時期　本古墳では明治の頃より、人骨および大刀の出土が伝えられているが、発掘調査では多数の武器、馬具、玉類などが出土している[2]。石棺内は荒らされており、遺物が皆無であったが、玄室南東側の玄門付近からは馬具（轡・花形杏葉）と刀子、玄室中央東側からは玉類（勾玉・管玉・ガラス製小玉）が検出されたと言う。また羨道では、東側玄門寄りから 10 数振の鉄刀がまとまった状態で発見されたが、その中には金銅装の双龍環頭大刀 1 振・頭椎大刀 1 振が含まれている点が注目でき、羨道東側の玄門寄りから銅鋺の蓋（身として転用）、中央付近で鉄鏃（尖根式）の出土も確認されている。

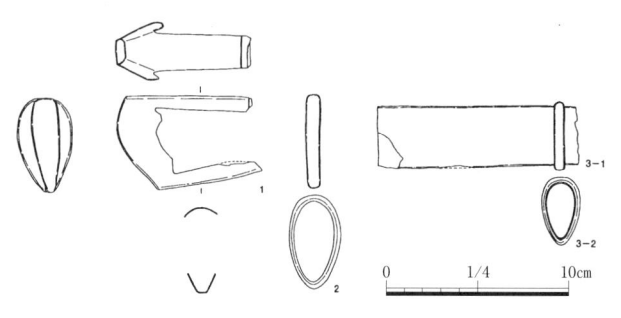

第 98 図　伝関向古墳出土の圭頭大刀把頭・装具

なお、東京国立博物館所蔵資料の中にも、本古墳出土と考えられている遺物（八日市場市飯塚字関向出土品）が確認でき、圭頭大刀把頭・縁金具・鞘間金具・責金具がある[3]（第 98 図）。他に、玄室内で歯、羨道西側玄門寄りから人骨が認められているが、原位置を保っているかは判断がつかない。

また、閉塞石が置かれた羨門付近の底からは耳環・鉄鏃が、墓道ないし前底部の南側の覆土中からは土器類（須恵器壺・甕片など）が出土したとされる。一方で、石室を中心として墳丘周囲が削平されていたが、埴輪の出土は認められないようである。

以上のような遺物の出土が確認されているが、特に双龍環頭大刀・頭椎大刀・圭頭大刀といった装飾付大刀の存在や花形杏葉（あるいは鏡板）といった馬具の存在など、金銅装の武器・馬具の存在が注目できる。こうした大刀や馬具の組み合わせは、副葬品の豊富さでは劣るものの、上総における最終末の前方後円墳である木更津市金鈴塚古墳の組み合わせとも類似している。双龍環頭大刀は把頭の龍文が板金を切り抜くのみで、環も扁平化して文様も省略されるなど簡略化が認められる段階のものである。また、圭頭大刀把頭は外郭・内郭から成る構造であるが、覆輪状の外郭部のみが遺存しており、頂部の貼り出しが中央ではなく背部に片寄る特徴が窺える。他に頭椎大刀の把頭があるが、その形態は横畦目を呈する。これらの装飾大刀の特徴は須恵器編年における時期に当て嵌めると、TK209 型式から TK217 型式期に併行する時期が考えられる。ここでは出土遺物が示す古墳の時期として、追葬時に副葬された新相を示す資料も含まれる可能性を考慮しつつも、石室構造やその規模等も含めて総合的に考えると、おおむね 7 世紀初頭から前半を中心とする時期を当てておきたい[4]。

3 系譜関係をめぐる検討から

(1) 各地における類例とその比較

　これまで関向古墳の石室構造を中心に見てきたが、なかでも板状の立柱石を配した両袖構造の石室である点、奥壁・側壁ともに大振りの石材を立て並べ、その隙間に石材を充填しつつ上部は小口積みするという壁面構造が特徴的と言える。このような構造をもつ石室は、本古墳が所在する下総のみならず、房総半島全体でも確認することができないと指摘でき、列島各地の様相にも視野を広げて系譜関係や伝播経路を追究することが望まれるのであり、これが古墳時代後期以降、畿内を中核として各地に展開・普及する畿内型石室とも特徴が大きく異なるという点にも留意すべきである。以下、類似する石室構造の事例を取り上げる中で、系譜関係とその史的意義をめぐる検討を試みることにする。

　伊那谷の石室例　信濃・南信地域（伊那谷）では、6世紀初頭頃に横穴式石室が受容されるのであるが、そのうち長野県飯田市北本城古墳[5]・高岡1号墳[6]・畦地1号墳[7]の石室は、奥壁・側壁が板状石材を縦位に立て並べ、その隙間および上部に石材を充填して積み上げるという用石法であり、関向古墳とも共通する構造と言える（第99図1・2）。しかし、これらの石室は関向古墳のように、明確な玄門をもつ両袖構造ではないということ、さらには関向古墳の築造時期に比べると6世紀初頭と、おおよそ1世紀もの時期差があるため、直接的な系譜を求めるのは難しいであろう。なお、こうした壁面構成をもつ石室構造の源流としては、韓国慶尚北道の大邱飛山洞古墳群[8]や金泉帽岩洞1号墳[9]など朝鮮半島の洛東江中流域における石室例との関係が考えられており（第99図3・4）、当地における渡来人や渡来文化の受容との関わりの中で評価されている[10]。

　北部九州の石室例　次に、北部九州では5世紀以降、横穴式石室が展開・普及するようになるが、その中で福岡県田川市猫迫1号墳[11]・セスドノ古墳[12]の石室を見ると、やはり壁面に板石を縦位に置き、隙間に石材を充填するという構造が窺える[13]（第100図）。ただし、関向古墳と比べ

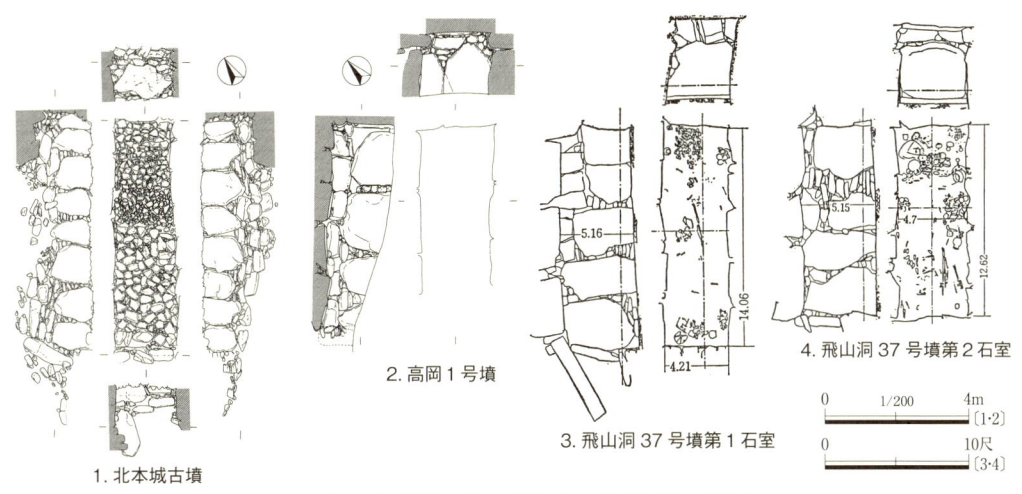

第99図　伊那谷の横穴式石室と朝鮮半島の類例

1. 北本城古墳
2. 高岡1号墳
3. 飛山洞37号墳第1石室
4. 飛山洞37号墳第2石室

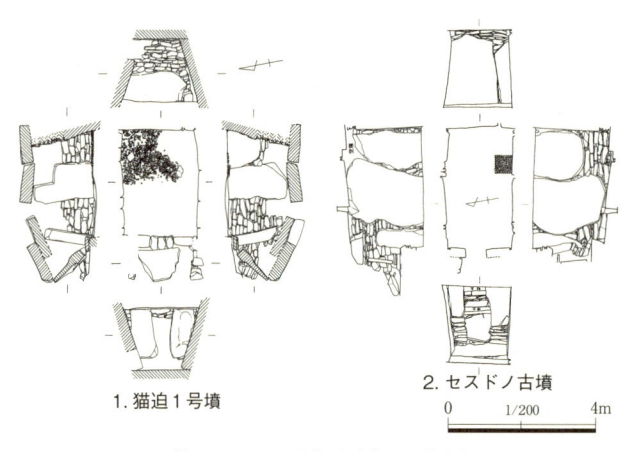

第4章　石室系譜と地域間交流の史的理解

第100図　北部九州の石室例
1. 猫迫1号墳
2. セスドノ古墳

ると、猫迫1号墳は縦位の板石が一部のみである点、また両古墳ともに板石が天井まで達しており、上部に小口積みが認められない箇所がある点、入口部に段差をもつ竪穴系横口式石室である点などの差異が認められる。猫迫1号墳が5世紀中頃、セスドノ古墳が5世紀後半頃の時期であるなど、関向古墳との大幅な時期差の存在からも、やはり関向古墳との直接的な系譜関係を辿るのは困難と言えるであろう。

(2) 渥美半島の横穴式石室

　前述したように、関向古墳と伊那谷や北部九州の石室例との間に、系譜関係を見出すのは難しいと考えたが、次に東海地方、渥美半島における石室例を取り上げてみることにする。

渥美半島の石室例　渥美半島は愛知県の東南部、現在の豊橋市から南西方向に向かって細長く突き出た半島である。西側には名古屋市から南に延びる知多半島が、渥美半島と向かい合う形で位置しており、両半島は三河湾を取り囲むように展開している。この渥美半島に所在する田原市栄巌1号墳[14]の横穴式石室は、玄室部分のみが遺存していたが、後述するように奥壁・側壁の壁面構成をはじめ、関向古墳と共通する点が多いと指摘できる（第101図1）。

　渥美半島の横穴式石室を検討した岩原剛によると、この栄巌1号墳の特徴として以下の点を挙げている[15]。

　①奥壁は2枚の大型石材を並立させる。
　②右側壁は奥壁近くで縦位に2枚の大型石材を立て、その間隙に小型の石材をつめている。石材の抜き取り痕から、左側壁も同様な構造であったと推定される。
　③現存する玄門の立柱を見ると、側壁から遊離している訳ではないが、側壁にあまり深く組み込まれていない。
　④玄門の床面には閾石（梱石：筆者補）がある。床面からの高さは50cmほどと高い。
　⑤玄室の平面形は長方形もしくは玄門方向へ幅をわずかに狭める長台形で、胴張りは採用されない。

　これらの特徴のうち、まず①・②の奥壁および側壁の構造であるが、奥壁には2枚の大石を並立させる構造が同じであり、側壁にも大型の石材を縦位に立てて、その間隙に石材を詰める技法も関向古墳と共通すると言える。特に関向古墳と同様に、奥壁に2枚石を用いる点、間隙に石材を詰めながら積み上げている点は注目できる。また、④の玄門床面に梱石を配する点については、関向古墳でも梱石が抜き取られた痕跡があったと報告されており、⑤の平面形に関しても長方形

222

第3節　太平洋沿岸の海上交通と横穴式石室—千葉県匝瑳市関向古墳の石室構造から—

を基調とする点が同じである。ただし、③に挙げられた玄門立柱石が側壁にあまり深く組み込まれていないという点が異なるが、これは関向古墳が立柱石として板状の石材を用いていることに起因する可能性がある。他に、栄巌1号墳は関向古墳に比べて、石室規模が大きいと言える。玄室のみしか遺存しておらず、羨道の幅や形態等の比較はできないが、ここでは規模の差が存在する点に留意しつつも、一方で石室構造と用石法に見られる共通点を重視しておきたい。

岩原によると、この栄巌1号墳は6世紀後半頃の時期が考えられ、さらにこの構築技術は渥美半島では普及しない単発的なものであるものの、田原市鬼堕2号墳[16]の石室にも継承されている点が指摘されている[17]（第101図2）。こうした点から、関向古墳の時期とも近いと言え、石室系譜の遡源地として、渥美半島との関係を考えることができる。

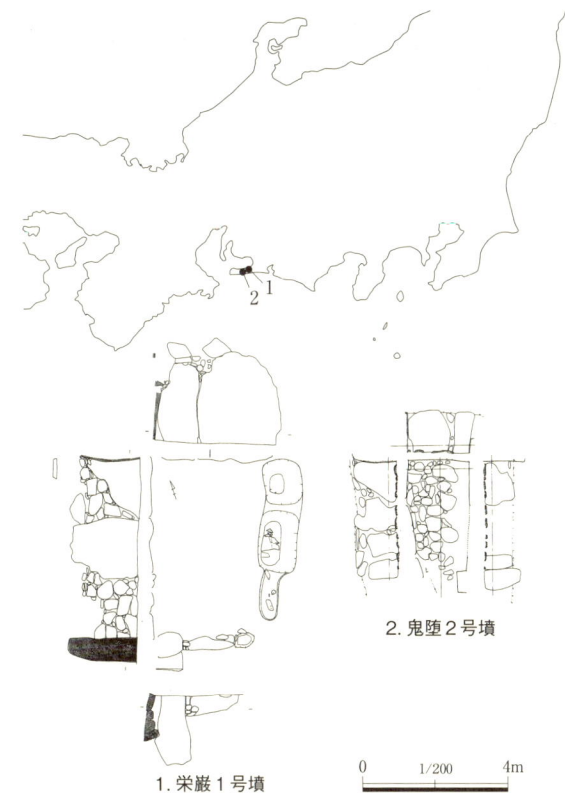

第101図　渥美半島の横穴式石室

東海における横穴式石室の動向から　ところで、渥美半島の有力古墳は畿内系の片袖・両袖石室を採用する点が注目されており、これが東三河・遠江でも確認できるということ、逆に西三河では畿内系石室ではなく北部九州系の石室が受容され、その後も在地的な変容を遂げつつ盛行する点を重視すると、畿内系石室の伝播経路からは、畿内より伊勢・志摩、そして西三河を介さずに直接、渥美半島・東三河を経由して遠江へと至る海浜部で繋がる「原東海道」経路の存在が指摘されている[18]。ただし、岩原が指摘するように、こうした渥美半島の畿内系石室の構造には、南伊勢・志摩の石室構築技術とともに、西三河における擬似両袖石室の要素なども認められる点、さらに中小古墳でも西三河の石室構造が展開する点には留意すべきであり、渥美半島の様相について、「必ずしも地域全体（渥美半島：筆者補）が南伊勢・志摩と共通する文化圏であった訳ではなく」、「古墳時代の渥美半島ではさまざまな情報が錯綜した、複雑な社会状況下にあった」と評価している[19]。こうした動向の中で、先述した栄巌1号墳のような壁面構成をもつ石室も採用されたとし、九州の腰石をもつ技法や朝鮮半島との系譜関係を考えている。

栄巌1号墳の系譜をめぐっては直接的か、あるいは他地域を介した伝播かといった問題も含め、系譜の確定には至っていないものの、少なくとも東海地方には類例がなく、渥美半島や西三河で出現したものでもないと言える。なお、東海地方では5世紀後半頃に、三重県おじょか古墳・愛

223

第4章　石室系譜と地域間交流の史的理解

知県中ノ郷古墳・同経ヶ峰1号墳といった北部九州系の石室を早くから受容してきた地域であり、これらがいずれも海浜部に築造されている点、さらに朝鮮半島製と考えられる馬具が副葬されている点から、海上交通に長けた活動領域をもつ被葬者像が想定されている点には留意すべきであろう[20]。

このような九州との関わりは、その後も西三河を中心として東海地方でも継続するのであり、渥美半島における石室の系譜は、「西から東への情報の流れを中継する渥美半島の地理的な特質と、海洋航海技術の巧みさに裏付けられた遠隔地間交流のたまもの」[21]と評価されている。こうした渥美半島へと至る海上交通を基礎とした石室構造の伝播という評価は、さらに東方に位置する房総半島の関向古墳の石室構造をめぐる歴史的性格やその特質を考える上でも重要と言えるであろう。

4　太平洋沿岸の海上交通をめぐって

海から見た東日本の古墳時代観　房総半島における古墳時代の動向を扱う際、古代における水域圏の復元を念頭に置いた評価が必要となる[22]。これは現在における茨城県の霞ヶ浦・北浦、千葉県の印旛沼・手賀沼、そして利根川下流域の水域が本来、1つの広大な内海を形成していたとするものであり、『万葉集』などで「香取海（香取浦）」の名称で登場する水域である[23]。

著書『古墳から見た列島東縁世界の形成』において、王権中枢の動向を踏まえつつも、一方で周辺地域がもつ地域的特性を基盤とする動向を提示した白井久美子は、特にこの「香取海」の水域圏（「常総の内海」）と東京湾の水域圏（「総武の内海」）といった2つの内海に挟まれるという房総半島の地理的環境を重視し、これらの内海がもつ交流圏や水運を基盤とする歴史展開を論じている[24]。加えて、その中では5世紀代の海蝕洞穴墓である千葉県館山市大寺山洞穴[25]が10数基の舟形木棺を安置するという特異な埋葬例である点、さらには同時期の有力古墳にも比肩する三角板革綴衝角付冑と三角板革綴短甲の組み合わせをはじめとする豊富な副葬品をもつ点などから、被葬者として海上交通の掌握を背景に台頭し、王権との結びつきをもった首長を想定している。海蝕洞穴は房総のみでなく、紀伊半島や三浦半島など太平洋沿岸にかけて分布する点からも、こうした海上交通を掌握した海人たちの活動やその史的性格を解明することは、当時の交流網を明確化するうえでも重要と言える。

また、日高慎は常陸鏡塚古墳（茨城県東茨城郡大洗町日下ヶ塚古墳）とその周辺地域の様相を取り上げるとともに、東北地方も含めた特徴的な遺跡・遺物の検討から、太平洋沿岸における海上交通の実態を論じている[26]。そこでは、海上交通との関わりを示す遺跡の立地や出土遺物の特徴から、漁労・水運の担い手である「水界民」[27]とその港（津）の存在、さらにそれらを統括する首長の権能や史的性格にも言及し、古墳時代における首長の存立基盤として、海上交通が担った役割の重要性を指摘している。

一方、鈴木一有は東海地方における遠隔地との活発な交流と海上交通網の掌握という視点から、伊勢湾沿岸における北部九州系石室の受容、淡輪技法をもつ埴輪の伝播、同型鏡の入手とその分布、積石塚の出現、岩陰・洞穴墓の様相、海上交通に関わる祭祀遺跡の存在などの諸動向を取り

第3節　太平洋沿岸の海上交通と横穴式石室―千葉県匝瑳市関向古墳の石室構造から―

上げ、これらの事象が示す5世紀後葉を画期とする太平洋沿岸交流の活発化の動向を指摘している[28]。その中では、この時期が「太平洋沿岸地域を行き交う物量が格段に増加し、交流網の組織的な掌握、充実が図られた画期」であると評価し、加えて「岩陰・洞穴墓への埋葬行為の活発化は、海上交通を直接的に担う海人集団が倭王権を中心とする地域秩序の末端に組み込まれたことを示している」[29]と太平洋沿岸における海上交流網掌握の実態やその史的意義を論じている。

　以上のような研究視点からは、東海地方から関東地方（上総・下総・常陸）、さらには東北地方の諸地域を結びつける太平洋沿岸の海上交通を基盤とした交流の実態が浮かび上がると言え、こうした陸路とは別の遠隔地間・長距離間交流を明確化することは、地域間交流から見た古墳時代像の再構築にも繋がると考えられる。

椿海の景観と飯岡石　さて、先述したように、房総半島の関向古墳と渥美半島の栄厳1号墳・鬼堕2号墳の石室構造に系譜的な繋がりが窺えるとすると、その背景には太平洋沿岸の海路を通じた交流網を介した伝播を推定することができる。この関向古墳が築造された台地端部の位置は、椿海を臨むことができるという立地環境にあった点が注目できる（第102図）。現在の匝瑳市・旭市にまたがる一帯には、椿海（椿湖）と呼ばれる九十九里浜北東部の内湾が沿岸流によって運ばれた砂で塞がれてできた湖沼（潟湖）が存在していたとされる。江戸時代初期の干拓を経

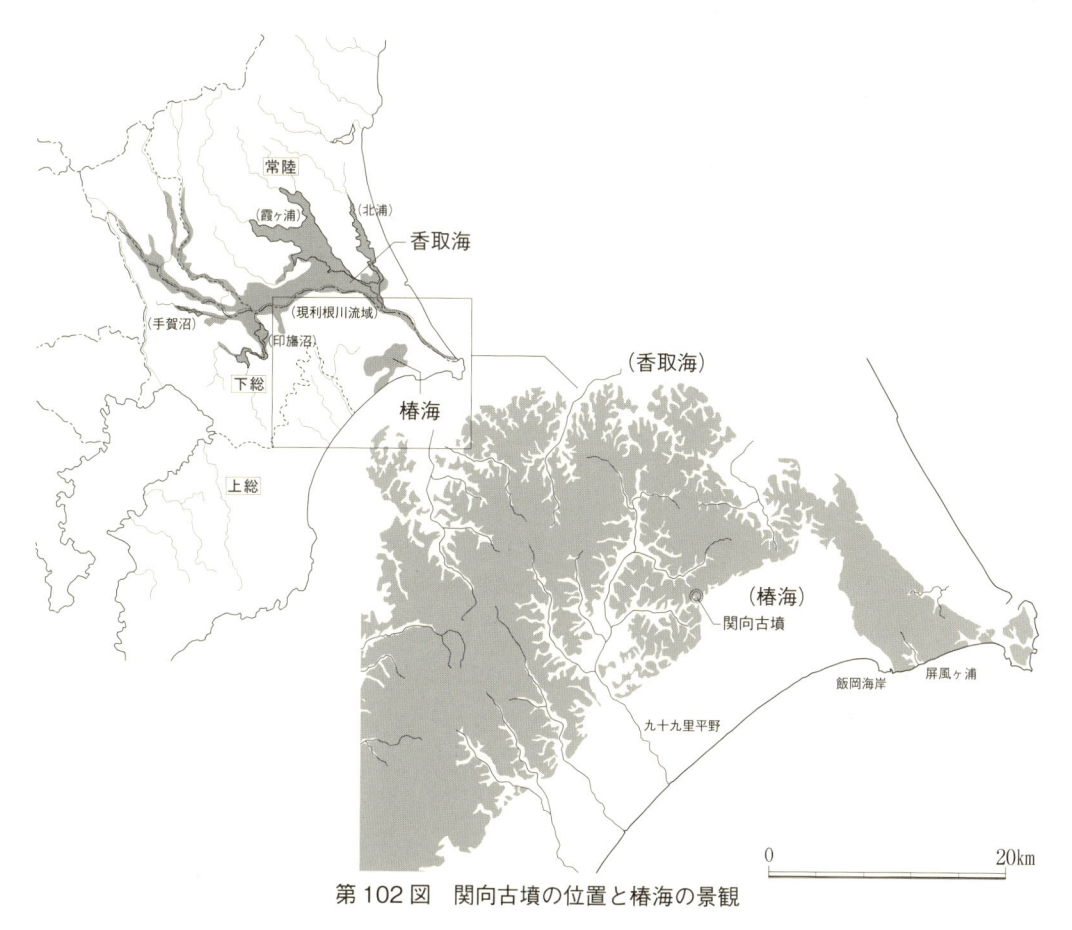

第102図　関向古墳の位置と椿海の景観

て、現在は水田地帯へと姿を変えてしまっているが、こうした広大な湖沼の存在には留意する必要がある。

　この椿海を含む九十九里平野の変遷過程については、砂堤・砂丘・谷底平野の形成過程に関する分析を基礎とする地形発達史を論じた研究がある[30]。そこでは縄文海進により海が台地を開析しつつ奥まで入り込んだ後、海の後退とともに形成された砂州・砂堤によって閉塞され、潟湖となるのであるが、特に縄文時代晩期から弥生時代にかけて海水面が低下して沼沢地化する一方で、弥生時代から古墳時代にかけて、この海水面の相対的な上昇が認められると言う。こうした分析からも、「古墳時代には一定の水深をもって広がる湖水、あるいは湖沼が散在する湿地で小型の舟が航行可能な状況にあった」[31]と推定されており、椿海を臨む台地上に位置する関向古墳をはじめ多く築かれた古墳・横穴墓なども、椿海における水運との関わりの中で理解することが重要と言える。

　なお、関向古墳の石室構築に用いられた石材である「飯岡石」は、九十九里平野の北東端、屏風ヶ浦の海蝕崖と九十九里浜の砂浜海岸の接点に位置する飯岡海岸で採集された石材と考えられる。これは扁平で丸味をもつ石材であり、中には海蝕孔をもつものも含まれるのが特徴である。昭和40年代頃までは飯岡海岸一帯で大量に打ち上げられた状況が確認されていたが、防波堤や離岸堤の建設、護岸整備などにより、現在はほとんど見られない状況となっている。これらは屏風ヶ浦沖の3箇所で確認されているという地層や屏風ヶ浦における海蝕崖の地層が崩落したものが、波の摩耗作用を受けつつ沿岸流によって飯岡海岸まで運ばれ、打ち上げられたものと考えられる[32]。地元では、これらの石材を防風・砂防のための石垣や海岸の堤防、屋根の置石など日常的に用いてきたが、その姿を残すものは減ってきているのが現状である（第103図）。古墳構築に伴う石材として採集された飯岡石の運搬にも、採集地の立地環境等を考慮すると、やはり椿海の水運を利用したものと推測できる。

湖西産須恵器の流通から　太平洋沿岸の海上交通を考える上で、湖西産須恵器の流通にも着目する必要がある。東海地方の浜名湖西岸で展開する湖西窯で生産された須恵器は、7世紀から8世紀前半にかけて東日本の太平洋沿岸諸地域を中心として広く流通することが知られる。6世紀末から7世紀初頭、駿河西部の在地窯での生産が停止するということ、それに替わって湖西産須恵器の一元的な広域供給が開始するという動向が窺えるのであるが、その背景としては王権主導による政治施策、国家的施策としての須恵器生産拡充の政策とする理解が示されている[33]。こうした湖西産須恵器の一元化・広域流通の基盤となったのが、駿河西部の首長層がもつ海運力によって築き上げた東日本各地の首長層との相互関係のネットワークであり、倭政権には地域支配の一環としてこの卓越した海運力と首長間の広域ネットワークを取り込むという政治的意図があったと評価される[34]。

　ただし、このような見解に対し、渥美賢吾は関東系土師器や湖西産須恵器の流通をめぐる検討から、東北南部出土の関東系土師器のすべてを畿内による東国経営の一環と捉えることはできないとし、加えて湖西産須恵器が東国の太平洋沿岸地域へ広域に流通する事象についても、海上ネットワークを掌握する駿河の首長が媒介することで、遠江の首長と東国各地の在地首長層が結

第3節 太平洋沿岸の海上交通と横穴式石室—千葉県匝瑳市関向古墳の石室構造から—

1．飯岡石を用いた石垣（飯岡小学校付近） 　　　　2．飯岡石を用いた石垣（玉崎神社）

3．屏風ヶ浦（刑部岬付近） 　　　　　　　　　　　4．屏風ヶ浦（銚子マリーナ付近）

第103図　飯岡石を用いた石垣および屏風ヶ浦の現況

びついた結果と解釈している[35]。すなわち、湖西産須恵器の流通を畿内主導ではなく、古墳時代後期以来の在地首長層が主体となる地域社会間のネットワークを基盤とする海上交通の中で捉えるという理解が提示されているのであるが、このような湖西産須恵器の流通をめぐる視点は、7世紀代における椿海をはじめ太平洋沿岸で展開した海上交通の実態を捉えるうえで重要な評価と言える。

　関向古墳の墓道ないし前底部南側の覆土中からは土器類（須恵器壺・甕片など）が出土したと伝えられるが、その器種や特徴などの詳細は不明であり、今後、生産地等も踏まえた検討が進められることが望まれる。こうした中で、旧椿海の南西に位置する匝瑳市鷲ノ山横穴墓群[36]では、湖西産のフラスコ瓶や長頸瓶などが多数出土している点には留意する必要があろう。東日本における湖西産須恵器の瓶類に焦点を当てて、分布やその流通を分析した高橋透によると、椿海に近い鷲ノ山横穴墓群周辺は、その立地を踏まえると内陸へ向かうルートと海上ルートの起点となる地域であり、当地は生産地と消費地を結ぶ役割を担う集散地の可能性をもつ「拠点的遺跡」と評価され、須恵器を運搬する要衝となり得る点から、湖西産須恵器の運搬に関与して多数の須恵器を獲得した被葬者像を想定している[37]。

　以上、湖西産須恵器の流通をめぐる研究の中で、地域主体による流通網という視点からは、海上交通を基盤とした太平洋沿岸における諸地域間の結びつきが浮かび上がるのであり、関向古墳が位置する椿海と渥美半島の間にも、こうした交流網を背景とした石室構造の伝播を考えるこ

227

第4章　石室系譜と地域間交流の史的理解

とができる。関向古墳で出土した金銅装の装飾付大刀や馬具をはじめとする豊富な副葬品の内容からも、このような椿海の水運を掌握するとともに、遠隔地との海上交通を担った被葬者像を想定しておきたい。加えて、この椿海の北奥部には現利根川流域の支流である黒部川の開析による谷が形成されているのであるが、「この椿海から黒部川流域に至るルートを通り霞ヶ浦・北浦を含む広大な内海（香取海）を舟で北に向かう道が、古墳時代の主要路のひとつであった」[38]と想定されている。難所とされる銚子沖の海路を通らず、太平洋沿岸・九十九里平野の椿海から直接、北側に広がる香取海と結びつき、常陸へと至る交通の要衝であり、椿海は物流の中継地としての役割を合わせもっていたと評価できる。なお、関向古墳のすぐ北側には山田寺系の瓦が出土する八日市場大寺（龍尾寺跡）が所在するということからも、当地が交通の要衝として重要な地域であったことがわかる。

殿塚古墳の石室構造　これまで太平洋沿岸をめぐる海上交通を手掛かりとして、関向古墳と渥美半島の石室との系譜関係を論じてきたが、こうした交流網の実態は、同じ九十九里地域に所在する殿塚古墳[39]の石室構造とその系譜を理解する上でも注目することができる（第104図1）。山武郡横芝光町殿塚古墳は、九十九里平野のほぼ中央を流れる木戸川東岸の台地上に位置しており、6世紀後半頃に築造された中台古墳群（芝山古墳群）中で最大の前方後円墳である。二段築成で墳丘長は88mを測るが、長方形の二重周溝をもつ点、人物・動物・器財など豊富な形象埴輪が検出された点でも知られる。埋葬施設は後円部テラス面に構築された南開口の横穴式石室であり、羨道部の構造が明らかではないものの、玄室平面形が玄室長2.7m、幅2.5mのほぼ正方形を呈する単室構造の両袖石室と考えられる。石室内からは耳環・玉類などの装身具とともに、頭椎大刀・鉄刀・刀子・鉄鏃・銅鋺などが出土したとされる。

　さて、横穴式石室は凝灰質砂岩の切石を用いて構築されているが、玄室平面形が正方形を基調とする点、玄室中央に屍床仕切石を配して玄室を二分する点、側壁から突出させた玄門立柱石をもつ点などの特徴的な要素をもつ石室構造である。本石室は九十九里地域における横穴式石室の初現にあたるが、房総半島内に同様の構造的特徴をもつ事例はなく、その受容背景や系譜関係を追究することが望ま

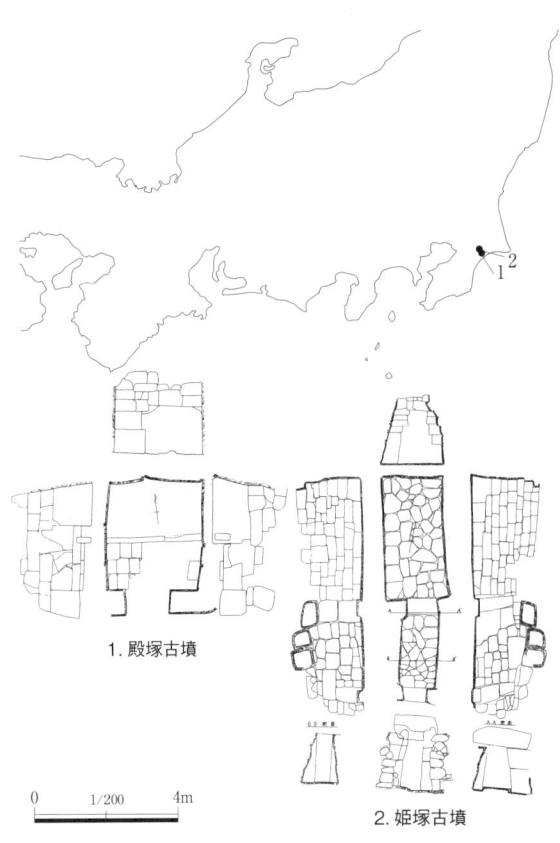

第104図　殿塚古墳・姫塚古墳の横穴式石室
1. 殿塚古墳
2. 姫塚古墳

第3節　太平洋沿岸の海上交通と横穴式石室―千葉県匝瑳市関向古墳の石室構造から―

れる。既述した関向古墳の石室が提起する太平洋沿岸の交流網を介した伝播の実態を考慮すると、本石室についてもこうした遠隔地との交流を基礎とする受容も想定する必要があろう。

そこで注目できるのが、渥美半島よりも西方に位置する紀伊半島南部、紀南地域の石室である。紀伊と言うと、紀ノ川流域を中心とする「岩橋型石室」と呼ばれる独特の石室構造の盛行が知られるが、それとは別に紀南地域南西部では6世紀代に九州系石室が展開する動向が認められる。その初現は5世紀代に遡る可能性があり、北部九州から伊勢湾沿岸へと伝わる海上交流網を介した初期横穴式石室の伝播にあたり、紀伊半島の南側を回る太平洋沿岸経路が提示されるが、紀伊半島南西部における九州系石室の存在はその中継地としての性格が窺える[40]。

紀南地域の石室のうち、和歌山県御坊市秋葉山1号墳[41]は6世紀後半頃、日高郡印南町崎山14号墳[42]は6世紀末から7世紀初頭の時期と考えられるが、正方形を基調とする玄室平面形であり、側壁から突出する玄門立柱石をもつ点、天井が弧状となる点などの特徴は、殿塚古墳とも共通する構造と言える（第105図）。特に秋葉山1号墳の場合、玄室を二分するように奥壁側に屍床を設けており、加えてその屍床を囲む奥壁・側壁の基底には腰石が用いられている点などが窺える点が注目できる。これは殿塚古墳でも玄室を二分するように屍床仕切石が配置されており、さらに屍床に伴う側壁・奥壁の基底に大型石材を腰石として用いている点なども共通する構造と指摘できる。石室構築石材の違いは存在するものの、ここでは構造的特徴の共通性を重視しておきたい。

このように、殿塚古墳も関向古墳と同様に、太平洋沿岸の海上交通を基盤とする石室構造の伝播が推定でき、北部九州―紀伊半島（紀南地域）―東海地方（伊勢湾沿岸）の交流網が、さらに東方に位置する房総半島にも展開していたと理解することができる。ここでは詳述しないが、殿塚古墳に隣接する姫塚古墳[43]の石室も、当地における複室構造の初現として位置づけられる石室構造である。明確な系譜の遡求は今後の課題ではあるものの、殿塚古墳と同様、海上交流網の中でもたらされた可能性も視座に据えて評価する必要があろう（前掲：第104図2）。

ところで、九十九里地域の殿塚古墳・姫塚古墳で認められる埴輪やそ

1. 秋葉山1号墳
2. 崎山14号墳

第105図　紀南地域の横穴式石室

第4章 石室系譜と地域間交流の史的理解

の配列・墳丘規格・埋葬施設などが、東京湾沿岸に所在する千葉市椎名崎古墳群中の人形塚古墳[44]と共通する点から、その造墓に九十九里の勢力が深く関与している可能性が窺えるとともに、両地域間の交流には首長間の政治的関係が想定されている[45]。加えて、この九十九里地域は武射国造の領域とされているが、こうした埴輪の供給をはじめとする両地域間の関係性からは、武射が房総半島を横断して勢力拠点を総武の内海（東京湾）まで拡大したと評価されており[46]、こうした見解を踏まえると、房総半島の南側を回る太平洋沿岸経路とは別に、内海である東京湾沿岸から直接、九十九里地域に至る経路を想定する必要がある。本節で焦点を当てた椿海へと至る交流網をめぐっては、房総半島の太平洋沿岸を介して椿海へと至る海路や東京湾から内陸経路で直接九十九里・椿海に至る経路など複数の経路が想定できるのであり、今後さらなる詳細な検討が望まれるのであるが、ここでは少なからず、その交流網が提示する史的性格として、東海地方とを結ぶ海上交流網が基盤となっている点に留意しておきたい。

5 おわりに

　以上、関向古墳の石室系譜について、渥美半島との関係性を論じるとともに、太平洋沿岸の海上交通を背景とした伝播と理解したが、そこでは九州と東海間の繋がりを考慮すると、さらにその東方に位置する房総半島をはじめとする、関東地方の太平洋沿岸諸地域とも結びつく海上交流網の実態を踏まえた評価の必要性を指摘するに至った。なかでも関向古墳が所在する椿海は、太平洋沿岸の九十九里地域と常総の内海である香取海を結びつける中継地としての性格が窺える地域であり、関向古墳の被葬者はこうした椿海の水運を掌握するとともに、太平洋沿岸を介して遠隔地との海上交通をも担った人物を想定することができる。

　関東地方の場合、横穴式石室が広汎に展開するのは6世紀後半以降であるが、その際、武蔵の胴張りをもつ複室構造石室や下野の刳り抜き玄門をもつ石室など、前者は九州の石室構造との関係性が窺え、後者は山陰（特に出雲東部・伯耆西部）と九州（肥後）の間における交流網の中に系譜が求められるのであり、このような畿内系石室の動向とは対照を成すとともに、遠隔地との関わりをもつ石室構造が各地で窺える点が注目できる[47]。王権による地域支配の動きが強まる中で、東国では後の東海道・東山道となる交通路の掌握・整備が進められるが、こうした交通路形成の政策は律令国家成立の基盤となるものである。しかし、このような動向の中、本節で扱った関向古墳の例をはじめ、横穴式石室の展開とその系譜が提示する海上交流網の活発化、地域間・遠隔地間における結びつきが強まる事象は地域に主体があった可能性が強いと評価できる。このことは、東国地域社会の実態とともに、律令国家成立直前の動向とその本質をも示すものと考えられる。

註
(1)　a. 浜名徳永・安藤鴻基ほか 1975『関向古墳発掘調査概報』関向古墳発掘調査団
　　　b. 安藤鴻基 2003「関向古墳」(財)千葉県史料研究財団編『千葉県の歴史』資料編　考古2（弥生・古墳時代）　千葉県　1063-1065頁
(2)　出土遺物について概報では出土状況や位置に関する記述はあるものの、実測図等はなく一部、資料

第3節　太平洋沿岸の海上交通と横穴式石室―千葉県匝瑳市関向古墳の石室構造から―

（花形杏葉・双龍環頭大刀把頭・銅鋺）の写真が掲載されているのみである。資料は早稲田大学會津八一記念博物館で保管されているが、本稿を成すにあたり、その一部（花形杏葉・双龍環頭大刀把頭・頭椎大刀柄頭・銅鋺）を実見させていただく機会を得た。出土した須恵器などの内容も含め、将来的に出土遺物の詳細な報告も含めた報告・検討が行なわれることが望まれる。なお、馬具の花形杏葉については花形鏡板付轡の鏡板の可能性がある。

(3) 　a.東京国立博物館 1986「八日市場市飯塚字関向出土品（香取郡飯塚村字関向）」『東京国立博物館図版目録』古墳遺物篇　関東Ⅲ　便利堂　124頁
　　　b.㈶千葉県史料研究財団編 2002『千葉県史編さん資料 千葉県古墳時代関係資料』千葉県
　　　c.前掲註(1)b 文献
(4) 　装飾付大刀については新納泉（下記文献a・b）、岩原剛（下記文献c）、菊地芳朗（下記文献d）などの研究を参考とし、その特徴からはおおむね TK209 型式から TK217 型式期の時期に収まるものと位置づけた。なお、花形鏡板付轡・杏葉の集成および型式学的検討を試みた桃崎祐輔は、本古墳出土の花形杏葉（ないし鏡板）を7世紀中葉に降る可能性を指摘している（下記文献e）。
　　　a.新納　泉 1983「武器」奥村清一郎編『湯舟坂2号墳』久美浜町教育委員会　90-100頁
　　　b.新納　泉 1983「装飾付大刀と古墳時代後期の兵制」『考古学研究』第30巻第3号　考古学研究会　50-70頁
　　　c.岩原　剛 2001「東海の飾大刀」『立命館大学考古学論集』Ⅱ　立命館大学考古学論集刊行会　175-195頁
　　　d.菊地芳朗 2010『古墳時代史の展開と東北社会』大阪大学出版会
　　　e.桃崎祐輔 2012「大塚南古墳出土花形鏡板の年代とその歴史的意義」岩原　剛編『馬越長火塚古墳群』豊橋市埋蔵文化財調査報告書第120集　豊橋市教育委員会　281-297頁
(5) 　a.小林正春ほか 2003『北本城々跡・北本城古墳』飯田市教育委員会
　　　b.澁谷恵美子編 2007『飯田における古墳の出現と展開』資料編　飯田市教育委員会
(6) 　前掲註(5)b 文献
(7) 　白石太一郎 1988「伊那谷の横穴式石室(1)・(2)」『信濃』第40巻第7・8号　信濃史学会　第7号：1-19頁，第8号：45-55頁
(8) 　金基雄 1978『伽倻の古墳』学生社
(9) 　陣成愛ほか 2001『帽岩洞遺蹟Ⅰ』嶺南文化財研究院
(10) 　a.楠元哲夫 1996「信濃伊那谷座光寺地区の三石室」『研究紀要』第3集　㈶由良大和古代文化研究協会　13-31頁
　　　b.土生田純之 2006「積石塚古墳と合掌形石室の再検討―長野・大室古墳群を中心として―」『古墳時代の政治と社会』吉川弘文館　295-324頁（初出：土生田純之 2002『専修考古学』第9号　専修大学考古学会）
(11) 　福本　寛 2004『猫迫1号墳』田川市文化財調査報告書第11集　田川市教育委員会
(12) 　佐田　茂ほか 1984『セスドノ古墳』田川市文化財調査報告書第3集　田川市教育委員会
(13) 　前掲註(10)b 文献
(14) 　a.小野田勝一 1984「栄厳古墳調査概報」『田原の文化』第10号　田原町教育委員会　28-52頁

　　　　b. 岩原　剛 2005「栄厳第1号墳」愛知県史編さん委員会編『愛知県史』資料編3　考古3古墳　愛知県　709頁
(15)　岩原　剛 2007「渥美半島における横穴式石室の展開―田原市城宝寺古墳・新美古墳の実測成果から―」『豊橋市美術博物館紀要』第15号　豊橋市美術博物館　15-31頁
　　　　なお、列挙した栄厳1号墳における①～⑤の特徴は上記文献27・28頁より引用。
(16)　小野田勝一ほか 1978『鬼堕古墳』赤羽根町教育委員会
(17)　前掲註(15)文献
(18)　土生田純之 1991『日本横穴式石室の系譜』学生社
(19)　前掲註(15)文献，抜粋箇所：24頁
(20)　鈴木一有 2007「東海の横穴式石室における分布と伝播」『研究集会　近畿の横穴式石室』横穴式石室研究会　269-280頁
(21)　前掲註(15)文献，抜粋箇所：30頁
(22)　吉田東伍 1974『利根治水論考』崙書房（初版：吉田東伍 1910『利根治水論考』三省堂書店）など
(23)　ただし、その名称や水域圏の実態について、山路直充は『常陸国風土記』信太郡条に見られる「葦原」の記載をはじめ、印旛国造の本拠地と水上交通の実態などを踏まえると、印旛沼や手賀沼を香取海と一連に捉えることはできないとし、地形・地質に関する分析も含め、慎重な水域復元の必要性を指摘している。
　　　　山路直充 2004「「衣河の尻」と「香取の海」」『古代交通研究』第13号　古代交通史研究会　3-20頁
(24)　白井久美子 2002『古墳から見た列島東縁世界の形成―総武・常総の内海をめぐる古墳文化の相剋―』千葉大学考古学研究叢書2　平電子印刷所
(25)　岡本東三・押野一貴編 1996『大寺山洞穴　第3・4次発掘調査概報』千葉大学文学部考古学研究室　など
(26)　日高　慎 2002「水界民と港を統括する首長―常陸鏡塚古墳とその周辺地域の理解をめぐって―」『専修考古学』第9号　専修大学考古学会　31-45頁
(27)　水界民の用語は、川喜田二郎の定義による。
　　　　川喜田二郎 1980「生態学的日本史臆説」蒲生正男・下田直春・山口昌男編『歴史的文化像』西村朝日太郎博士古稀記念　新泉社　109-145頁
(28)　鈴木一有 2010「古墳時代の東海における太平洋沿岸交流の隆盛」『弥生・古墳時代における太平洋ルートの文物交流と地域間関係の研究』別冊　高知大学人文社会科学系　145-162頁
(29)　前掲註(28)文献，抜粋箇所：158頁
(30)　森脇　広 1979「九十九里浜平野の地形発達史」『第四紀研究』第18巻第1号　日本第四紀学会　1-16頁
(31)　白井久美子 2003「御前鬼塚古墳・瀧台古墳・清和乙遺跡」(財)千葉県史料研究財団編『千葉県の歴史』資料編　考古2（弥生・古墳時代）　千葉県　1044-1047頁，抜粋箇所：1044頁
(32)　a. 飯岡町史編さん委員会編 1981「第1章　地質時代」『飯岡町史』飯岡町　1-21頁
　　　　b. 鎌田忠治 1988『郷土史再考―飯岡石』崙書房

c. 清野聡子・宇多高明・酒井英次・吉田哲朗 2002「過去の海岸復元のための映像資料の活用」土木学会海洋開発委員会編『海洋開発論文集』第 18 巻　土木学会　809-814 頁

(33)　a. 後藤建一 2000「古墳出土須恵器にみる地域流通の解体と一元化―駿河西部域における 6 世紀から 7 世紀の古墳出土須恵器の事例として―」『日本考古学』第 9 号　日本考古学協会　21-52 頁

b. 鶴間正昭 2001「関東出土の東海産須恵器」『須恵器生産の出現から消滅―猿投窯・湖西窯編年の再構築―』第 5 分冊　補遺・論考編　第 1 回東海土器研究会資料　171-211 頁

c. 鶴間正昭 2004「関東からみた東海の諸窯」『古代』第 117 号　早稲田大学考古学会　121-151 頁　など

(34)　前掲註(33)a 文献　など

(35)　渥美賢吾 2011「関東系土師器と湖西産須恵器と―土器のうごきからみた 7 世紀の東国―」川西宏幸編『東国の地域考古学』六一書房　273-305 頁

(36)　a. 荻　悦久・藤崎宏道 1988『横穴墓群発掘調査報告書』八日市場市教育委員会

b. 道澤　明・道澤道子 1991『鷲ノ山横穴墓 A 群発掘調査報告書』鷲ノ山横穴墓群調査会

(37)　高橋　透 2011「7 世紀の東日本における湖西産須恵器瓶類の流通」『駿台史学』第 143 号　駿台史学会　51-77 頁

(38)　前掲註(31)文献，抜粋箇所：1047 頁

(39)　a. 滝口　宏・久地岡榛雄編 1963『はにわ』日本経済新聞社

b. 杉山晋作 2003「中台古墳群」「御前鬼塚古墳・瀧台古墳・清和乙遺跡」㈶千葉県史料研究財団編『千葉県の歴史』資料編　考古 2（弥生・古墳時代）　千葉県　454-462 頁

c. 城倉正祥編 2012『はにわと共に生きる町―殿塚・姫塚古墳調査の過去・未来―』平成 24 年度企画展図録　芝山町立芝山古墳・はにわ博物館

(40)　前掲註(28)文献

(41)　巽　三郎 1978『秋葉山古墳群』御坊市教育委員会

(42)　巽　三郎 1978『崎山 14 号墳（切目崎の塚穴）―発掘調査報告書―』印南町教育委員会

(43)　前掲註(39)a・b・c 文献

(44)　白井久美子ほか編 2006『千葉県東南部ニュータウン 35　千葉市椎名崎古墳群 B 支群』千葉県教育振興財団第 544 集　㈶千葉県教育振興財団

(45)　a. 城倉正祥 2006「人形塚古墳出土埴輪の分析」前掲註(44)文献所収：461-483 頁

b. 城倉正祥 2009『埴輪生産と地域社会』学生社

(46)　白井久美子 2010「武射の伸張と内海の拠点」田中新史編『武射 経僧塚古墳 石棺篇 報告』早稲田大学経僧塚古墳発掘調査団　199-202 頁

(47)　本書第 4 章第 1 節参照

終　章

古代国家の形成と東国社会

本書では、横穴式石室の動向とその系譜関係に関する検討を通して、地域間の交流関係が提示する東国各地の実態把握を試みた。終章では、これまでの第1章から第4章に亘る検討の成果や各論説を基軸として、そこから展開する歴史動向や史的意義について考えてみることにしたい。

　ただし、古墳時代を理解するにあたり、本来、出土遺物や副葬品などをはじめ、古墳を構成するさまざまな要素をめぐる分析、さらには集落などの生活遺跡、手工業生産に関する研究など、総合的な視野から歴史評価を行なうことが重要であるのは周知のとおりである。そのため、本書で主眼を置いた横穴式石室の検討のみでは、当然のことながら日本の古代国家形成に関する研究や古墳時代史理解にそのまま直結し、全貌が明らかになるわけではない。しかし、こうした総合的研究の必要性を認識したうえで、課題点や問題点を提示するとともに、ここでは予察として、横穴式石室から見た古墳時代の歴史像を捉えてみることにしたい。

　なお、ここで取り上げる古墳のうち、すでに本書各章・各節で提示しているものについては、註による発掘調査報告書等の引用・参考文献の明記を省略して記述している。図についても同様であり、各章・各節に前掲したものを参照していただきたい。

1　横穴式石室の導入とその史的背景―日本海沿岸の海上交通網をめぐって―

（1）横穴式石室の導入とその系譜

系譜をめぐる研究の現状と課題　まず、本書でこれまで取り上げてきたように、横穴式石室が先駆的に導入される北関東の中でも、北西部（上野中・西部および北武蔵北西部）地域で受容された石室構造の源流やその伝播経路が解明されていないのが現状である。古墳時代後期に入る頃、すなわち6世紀初頭頃に当地では、上野中・西部の有力な首長墓を中心に狭長な羨道をもつ両袖石室、中小古墳を中心に狭長な平面形を呈する無袖石室が採用され、急速に普及するのであるが、これらは新来文物とともに古東山道を介して伝播したと理解されているものの、その構造的特徴が畿内の石室構造とは結びつかない点が問題と言える。

　こうした現状の中で、上野の導入期両袖石室の1例である群馬県前橋市前二子古墳の石室構造が、狭長な羨道をもつとともに、側壁の並びから突出する玄門立柱石の造作が認められる点に着眼し、これが朝鮮半島南部に所在する韓国全羅南道の海南長鼓峰（長鼓峯）古墳、慶尚南道の固城松鶴洞1B号墳1号石室（以下、1B-1号石室）、泗川船津里古墳と類似する点、さらには日本列島の前二子古墳による影響が窺える下野の栃木県宇都宮市権現山古墳の石室も含めて、これらを「長鼓峯類型石室」と呼称して、同一類型の枠で把握する視点が提示された[1]。こうした研究により、関東における横穴式石室の導入を理解する上で、朝鮮半島との関係性にも視野を広げた史的評価の必要性が認識されるに至ったと評価できる。

　ただし、「長鼓峯類型石室」をめぐっては多くの問題点もある。本書第4章第2節で取り上げたが、「長鼓峯類型石室」とされる半島南部の3例（海南長鼓峰・松鶴洞1B-1号石室・船津里古墳）は、墳丘と石室構築の位置関係や石室の平面形・用石法、玄門構造など個々の構造的要素に顕著な差異が指摘でき、さらに日本列島の関東の事例も含めて同一類型として捉えるには、さらに慎重な評価を与える必要があろう。

終　章　古代国家の形成と東国社会

　他方、本書第1章第2節で触れたように、関東北西部ではこの前二子古墳と併行する導入期の時期に、簗瀬二子塚古墳・正円寺古墳・王山古墳で認められるような側壁から突出させる玄門立柱石の造作がない両袖石室も同時に出現することから、前二子古墳とともに、このような両袖石室の出現背景も踏まえた評価が必要であると指摘できる。さらに、関東北西部の中小古墳を見ると、こうした首長墓における両袖石室の受容と同じ時期に、石室の平面形が狭長な矩形を呈する無袖石室を採用・展開しており、こうした動向も看過することはできない。なお、無袖石室そのものは東海地方でも古墳時代中期後半頃にはすでに竪穴系横口式石室の伝播が確認されており、後期初頭になると、玄室と羨道の境に框構造（段差）を有する無袖石室が展開し、これは下野でも導入期横穴式石室に認められる。しかし、関東北西部の場合、横穴式石室が導入された当初である6世紀初頭から、狭長な平面形を呈するとともに、玄室・羨道の境として梱石を配するものの、床面は玄室・羨道に段差をもたず、平坦に構築するという特徴をもつ石室が出現・展開する点には注意すべきである。

　以上のような研究の現状と課題を念頭に置き、資料の制約や不明確な要素が多く残るものの、ここでは両袖・無袖石室をめぐる系譜関係の遡求とその史的背景の検討を通して、古墳時代後期前半における東国社会の実相から、国家形成とヤマト王権の実態を捉えなおしてみたい。

　朝鮮半島への系譜の遡求　関東北西部における両袖石室の源流を探るうえで、側壁の並びから突出する玄門部の造作など、九州系の要素が認められる松鶴洞1B-1号石室・船津里古墳の存在が注目されているが、その所在地である朝鮮半島南部の固城・泗川、そして晋州・咸安・宜寧といった南江下流域から洛東江下流西岸と南海岸にかけての地域で、6世紀に入って出現・展開する細長い矩形プランの玄室に羨道が付く両袖石室の存在にも着目する必要があろう。この石室は各研究者によって「中洞里4号墓類型[2]」・「水精峰式[3]」、あるいは「細長方形横穴式石室[4]」などその呼称や出現背景の評価は異なる。しかし、いわゆる「長鼓峯類型石室」とされる玄門立柱石を突出させる両袖石室の例とは別に、同じ小加耶、そして阿羅加耶の地域を中心に普及する両袖石室であり、羨道側壁の並びから玄門突出させない袖部の構造をもつ点が特筆される[5]。こうした特徴は、関東北西部における簗瀬二子塚古墳や王山古墳の系譜を考究するうえでも、留意すべき動向と考えられる。

　また、近年、鈴木一有は横穴式石室の分類や変遷・画期、研究意義などを体系的に扱い、研究現状や課題点を提示しているが、そのなかで「本州で構築された多彩な竪穴系横口式石室をはじめ、東海や関東に広がる川原石積み技法、上野に顕著な細長方形指向など、6世紀前葉に出現した諸地域の石室には、日本列島のなかでは系譜が追えない要素が数多くみられる」とし、「各地において新来の埋葬施設にかかわる情報を部分的に取り入れて構築した可能性が高いとみられるが、朝鮮半島からの情報移入を積極的に検討すべきであろう」[6]と論じており、注目できる。こうした視点を踏まえると、関東北西部で同時に受容される平面形が狭長な矩形を呈する無袖石室（細長方形を志向する石室）についても、両袖石室と同様に朝鮮半島にまで視野を広げて実態把握を試みることが必要であろう。

　その際、地理的・歴史的に見ても日本列島の中心に位置する畿内から、関東北西部と朝鮮半島

1 横穴式石室の導入とその史的背景—日本海沿岸の海上交通網をめぐって—

南部はそれぞれ東西の隔てられた位置関係にあるものの、本書でこれまでに論じてきた諸地域間における長距離交流の実態とその歴史背景を念頭に置く必要があろう。こうした遠隔地間における結びつきを積極的に評価することが、古墳時代後期における地域社会の解明に不可欠と考えられる。そこで終章では、特に日本海[7]沿岸を介した交流関係に留意し、北陸における横穴式石室や地域間交流の様相を概観する中で、関東北西部における横穴式石室の系譜を探ってみることにしたい。

(2) 北陸における横穴式石室の動向への視座

佐渡台ヶ鼻古墳の石室構造から　まず、関東北西部に導入された両袖石室の系譜を探るうえで、ここで注目したいのは北陸地方のうち、佐渡に所在する新潟県佐渡市台ヶ鼻古墳[8]（円墳、径約11m）の横穴式石室である（第106図）。佐渡島の西部には南西に突き出す小木半島と西の先端である二見半島の間に湾入する真野湾があるが、本古墳はその真野湾の入口部の岬に立地している。北東方向に開口する両袖石室であり、玄室平面形は長方形を呈して狭長な羨道が付く構造である。側壁・奥壁の基底に大振りの石材（腰石）をもつ点、両袖部には縦長の石材を据えて、その上部に扁平な石材2石を小口積みし、楣石を架構する構造であるが、玄門部は立柱石が羨道側壁の並びからは突出しない点、玄門部床面に梱石を配する点などが特徴として注目できる。

こうした玄室平面形や狭長な羨道をもつ両袖構造を見ると、袖部に縦長の石材を配する点や腰石をもつ点、天井面が玄室と羨道で段差をもつ点が異なるものの、関東北西部の導入期両袖石室と共通する点が多く認められる。なお、信濃南部（伊那谷）に所在する長野県飯田市飯沼天神塚古墳（雲彩寺古墳）は、従来から関東北西部の築瀬二子塚古墳などの両袖石室との関係性が指摘されているが、上野では天井面を見ると、玄室から羨道まで段差による区別がないのに対し、本石室は段を構築している点が特徴的であり、こうし

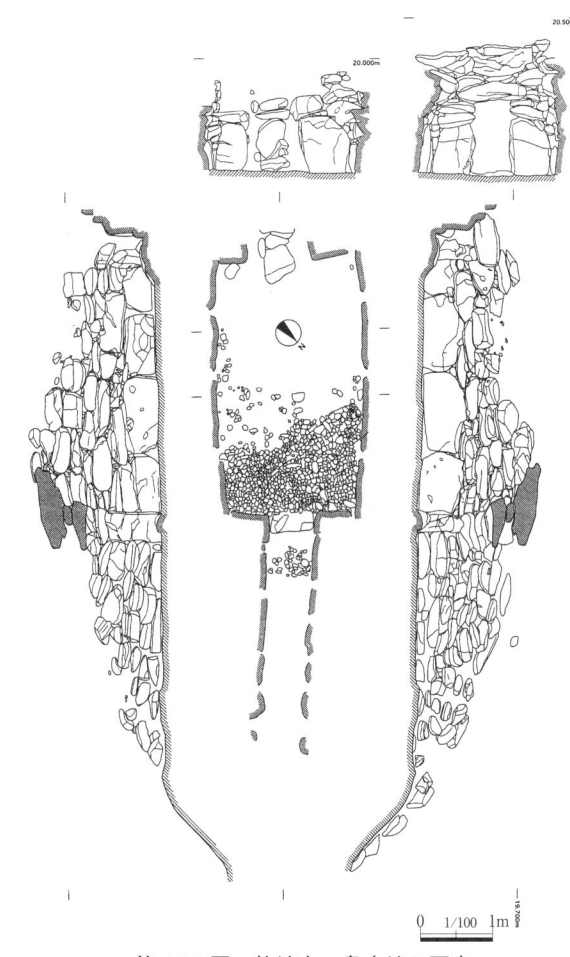

第106図　佐渡台ヶ鼻古墳の石室

た構造は佐渡の台ヶ鼻古墳の石室とも共通すると指摘できる。

　ここで、北陸の横穴式石室を扱った先行研究は多くあるが、特に越後・佐渡における横穴式石室の動向や系譜関係を論じた小黒智久による一連の研究を参考にすると、当地における横穴式石室の導入は後期前半であり、越後の新潟県村上市磐舟浦田山2号墳と前述した佐渡の台ヶ鼻古墳の石室を挙げている[9]。このうち、磐舟浦田山2号墳[10]（円墳か、径約7.5m）の石室は、地山を掘り込んだ墓坑内に構築された平面形が長方形を呈する石室であるが、南東部側に框石を確認することができ、奥壁から入口部を見て右側に石材平積みによる袖部、左側に横口部が構築されており、この横口部である框石上面に向かって地山を素掘りした墓道が接続している（第107図）。こうした特徴から、北部九州系石室・竪穴系横口式石室の影響が推定され、時期としては石材の積み方・構築技法が若狭におけるMT15型式期の石室と類似する点から、6

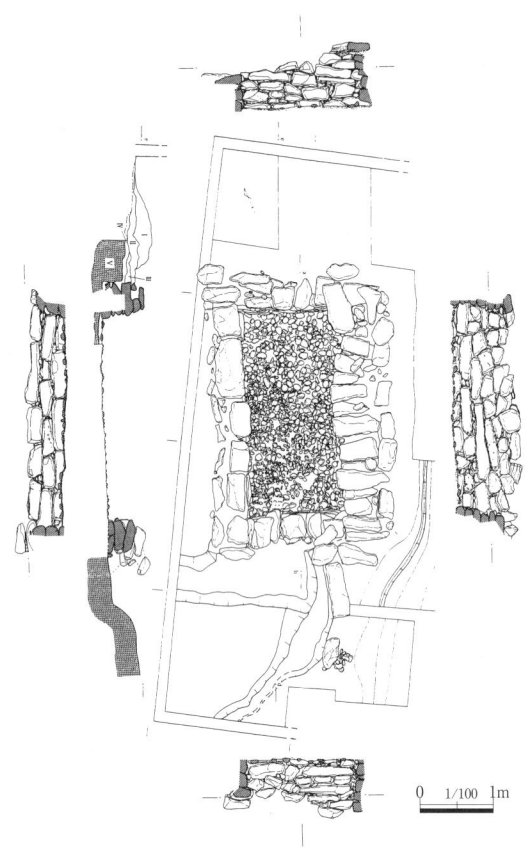

第107図　越後磐舟浦田山2号墳の石室

世紀初頭ないし前半頃に位置づけられている。
　一方、佐渡の台ヶ鼻古墳の場合、時期を判別できる遺物が乏しいものの、磐舟浦田山2号墳と比べて「框構造を持たず羨道が発達していること、石材規模が大形化していることから、磐舟浦田山2号墳石室よりは後出的」であるとし、「下ってもTK10型式期が下限」[11]とされる。ただし、こうした構造的差異を「時系列上の型式変化として捉えるのか、あるいは系譜差として捉えるのかどうかは判断が難しく、未だ定見をみない」[12]とし、系譜差と見る場合、同時併行の可能性もあると慎重な評価を与えている。加えて、台ヶ鼻古墳の石室の系譜として、北部九州の肥前に所在する玉葛窟古墳の石室と類似する点を指摘し、北部九州の唐津湾から佐渡の真野湾へと工人集団が長距離移動した好例であると評価している[13]。

　肥前の石室に見る共通性と海上交通　さて、台ヶ鼻古墳との類似が指摘される佐賀県唐津市玉葛窟古墳[14]（円墳、径約13m）であるが、狭長な羨道をもつ両袖石室であり、玄室平面形や壁面構成、袖部の構造など多くの共通する要素が窺える一方で、出土遺物が不明なため、時期判別が困難と言える（第108図1）。そこで、同じ唐津市に所在する島田塚古墳[15]（前方後円墳、全長33.4m）の横穴式石室に着目してみると、墳形は異なるものの、横穴式石室は狭長な羨道や袖部

1 横穴式石室の導入とその史的背景—日本海沿岸の海上交通網をめぐって—

第108図　肥前の石室例と出土遺物

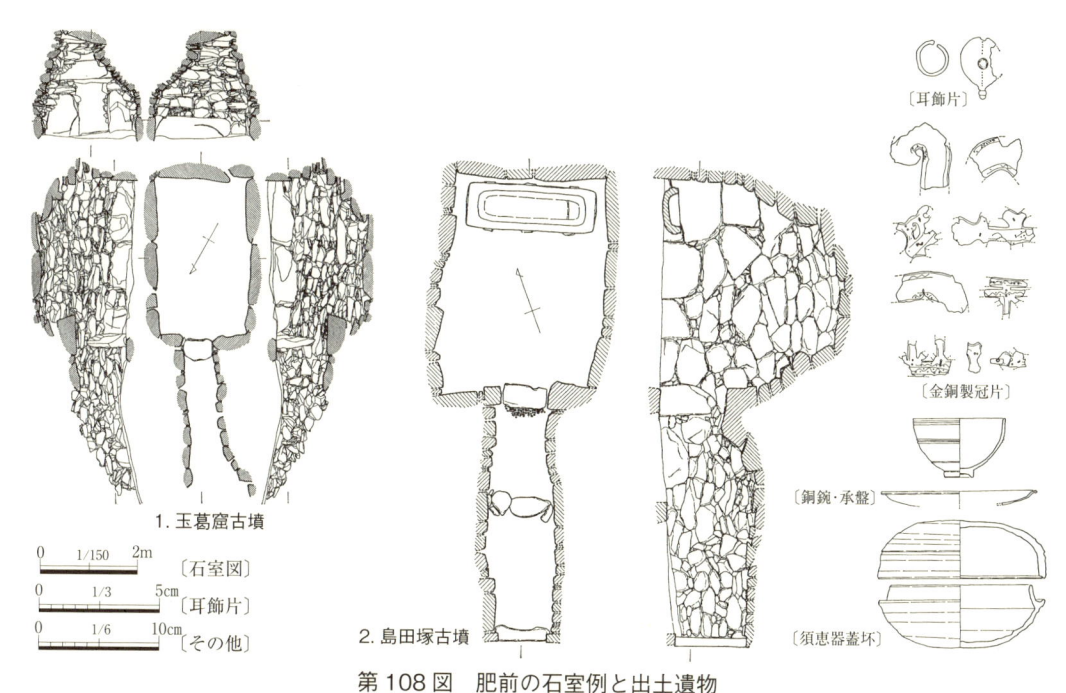

の構造をはじめ、玉葛窟古墳の特徴と類似している（第108図2）。出土遺物として、金銅製冠・垂飾付耳飾・銅鋺などとともに、MT15型式の特徴をもつ須恵器蓋坏が認められ、用石法などを考慮しても、本石室は6世紀初頭ないし前半の時期に位置づけられる。

　このような点を踏まえ、玉葛窟古墳も同時期であると位置づけられるならば、同様の石室構造をもつ佐渡の台ヶ鼻古墳も同一の系譜関係で把握することができ、同様のMT15型式期の時期である可能性が高い。なお、この肥前の玉葛窟古墳や島田塚古墳であるが、狭長な羨道をもつ点や玄門部が羨道側壁の並びから突出しない点など、北部九州における6世紀代の横穴式石室と比較すると、特異な構造と捉えることもできる。

　こうした北部九州の中でも肥前に所在する石室が、佐渡の台ヶ鼻古墳との間に系譜関係が窺える点には注目すべきであり、これら肥前の事例が、いずれも唐津湾とその先に広がる玄界灘の海域を臨む位置に築造されているということ、さらに肥前と佐渡の中間に位置する、若狭をはじめとする北陸各地で北部九州系の石室が受容されるという歴史動向を踏まえると、こうした日本海沿岸の海上交通網を基盤として、共通の横穴式石室が採用された可能性が窺える。ただし、この時期、北部九州系の横穴式石室とともに北陸の若狭・越前・越中にもたらされる朝鮮半島系文物の存在や、逆に朝鮮半島南部で確認されている倭系文物（前方後円墳、須恵器、埴輪（円筒形土製品）、倭系石室）の動向を考えると[16]、前述したような肥前―佐渡の結びつきという理解を越えて、朝鮮半島南部・北部九州・北陸の日本海を媒介とした複雑かつ多様な交流網の実態の中で、史的評価を与えることが必要であろう（第109図1～8）。

日本海沿岸の海上交流網と上野の石室系譜　先ほど述べたとおり、朝鮮半島南部における6世紀前半代の様相としては、「長鼓峯類型石室」と呼称された海南長鼓峰古墳・泗川船津里古墳・

終　章　古代国家の形成と東国社会

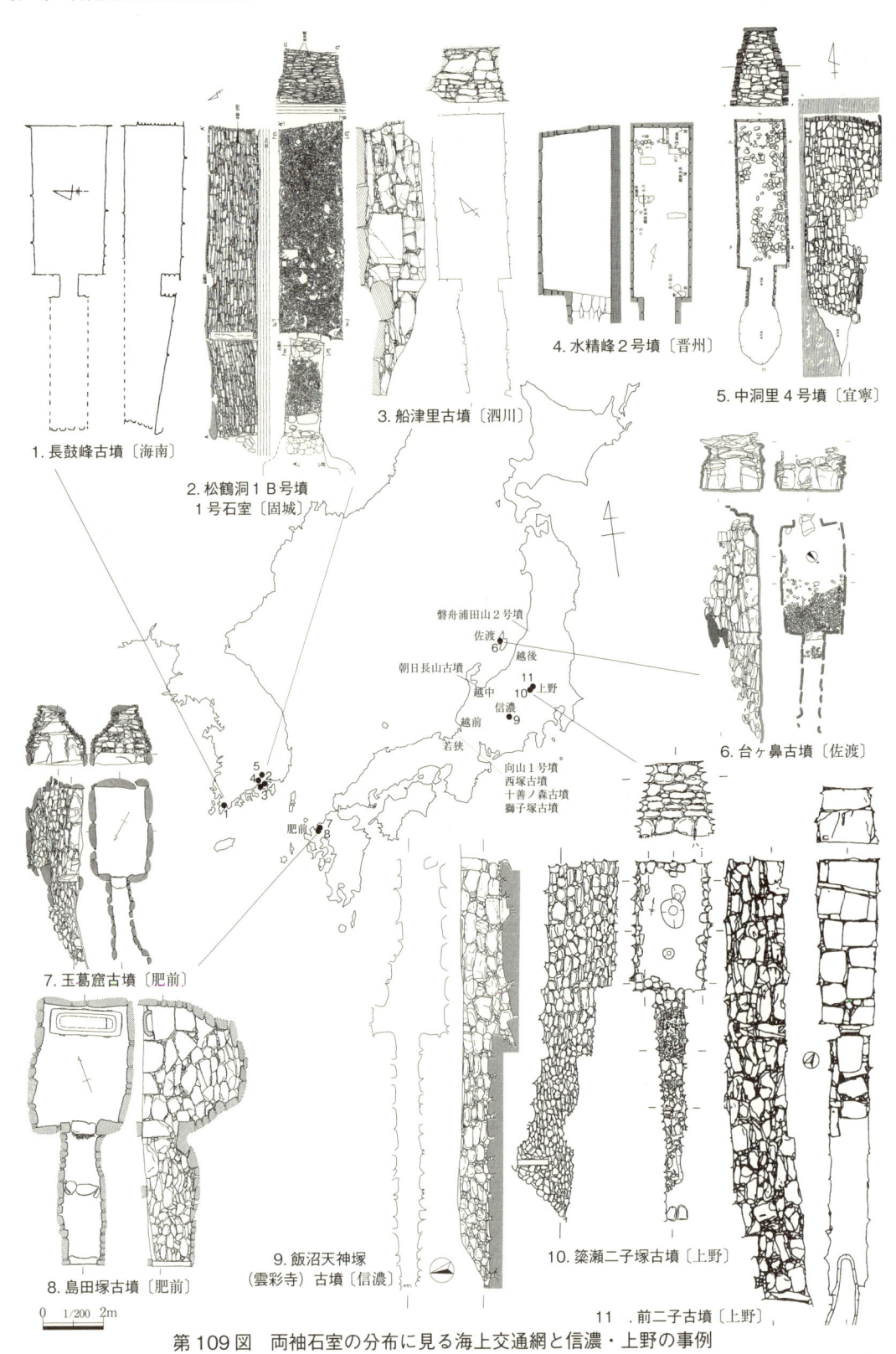

1. 長鼓峰古墳〔海南〕
2. 松鶴洞1B号墳 1号石室〔固城〕
3. 船津里古墳〔泗川〕
4. 水精峰2号墳〔晋州〕
5. 中洞里4号墳〔宜寧〕
6. 台ヶ鼻古墳〔佐渡〕
7. 玉葛窟古墳〔肥前〕
8. 島田塚古墳〔肥前〕
9. 飯沼天神塚（雲彩寺）古墳〔信濃〕
10. 簗瀬二子塚古墳〔上野〕
11. 前二子古墳〔上野〕

磐舟浦田山2号墳
佐渡
越後
朝日長山古墳
越中
上野
信濃
越前
若狭
向山1号墳
西塚古墳
十善ノ森古墳
獅子塚古墳
肥前

0　1/200　2m

第109図　両袖石室の分布に見る海上交通網と信濃・上野の事例

固城松鶴洞1B-1号石室の事例が挙げられるが、これらを比較すると玄室平面形や羨道の長さ、玄門構造、用石法、墳丘と石室の位置関係など異なる要素が多く認められた。特に松鶴洞1B-1号石室の場合、在地における細長方形竪穴式石槨の構築技法を基礎として、そこに羨道側壁から突出させる玄門を設ける北部九州系の影響を受けて成立した構造と捉えられており、その背景には北部九州諸地域と固城の松鶴洞1号墳の被葬者間における交流関係の一端を示している可能性が高い。

　ところで、前述した固城や咸安をはじめとする小加耶・阿羅加耶では、先述したように、6世紀前半代に両袖石室が出現・展開するようになるが、その成立をめぐっては、百済の影響や在地の竪穴式石槨構築の技術を継承して羨道構造が取り付くという理解などがあるが、他に松鶴洞1B-1号石室をその初現とする見解もあり、今後も慎重な検討が求められているのが現状である[17]。ただし、ここで重要なことは、こうした小加耶・阿羅加耶の両袖石室が展開するのと同じ時期に、前述した肥前の島田塚古墳や玉葛窟古墳、さらに佐渡の台ヶ鼻古墳のような両袖石室が構築されている点である。これらは朝鮮半島南部と北部九州の諸地域間を中心として、さらには日本海沿岸にも展開するという広範囲に展開した海上交通網を基盤とする首長層や諸地域間の広域交流網の中で成立した石室構造の可能性が窺える。なお、吉井秀夫が指摘するように、加耶における横穴式石室の導入をめぐり、百済・新羅・倭系など複数地域に由来する外来系考古資料の増加を引き起こしているという様相は、まさにこうした交流関係を反映していると考えられる[18]。こうした評価は、先述した肥前の島田塚古墳の副葬品として認められる大加耶系と推定できる波状列点文をもつ金銅製冠片や心葉形垂飾付耳飾の存在などからも、海上交通を掌握する在地首長層が朝鮮半島南部との交流関係の中で、朝鮮半島製の文物を入手するという対外交渉の実態を窺うことができる。

　以上、佐渡の台ヶ鼻古墳の両袖石室を手掛かりとして、そこから北部九州、朝鮮半島南部〔特に加耶南西部（小加耶・阿羅加耶）および全羅南道〕、そして北陸の日本海沿岸を取り巻く海上交通の実態を把握したが、こうした錯綜する交流網の中に、上野における導入期両袖石室の系譜関係の遡求し得る可能性を提示しておきたい（前掲第109図9〜11）。

越中朝日長山古墳の石室構造と副葬品から　次に、関東北西部における横穴式石室の導入期に、先述した両袖石室と同時に出現・展開する狭長な石室平面形を呈する無袖石室の系譜関係についても、北陸の事例を概観するなかで考えてみたい。

　越中に所在する富山県氷見市朝日長山古墳[19]は、東に富山湾を臨む丘陵南端に築造された前方後円墳（全長43m）であり、1952年の緊急調査および1972年に発掘調査が実施され、石室および出土遺物の報告が行なわれている。検出された石室は砂岩割石積みであり、石室長約6.3m、幅約1.1mの平面形が狭長な長方形を呈するのが特徴と言える（第110図、古墳位置：前掲第109図地図内に表示）。

　さて、本古墳は墳形が円墳、埋葬施設も竪穴式石室と報告されていたが、その後、藤田富士夫の再検討により、前方後円形を呈する墳丘であると指摘され、石室はその後円部に主軸と併行する位置に構築された竪穴系横口式石室であると評価されるに至っている[20]。その根拠としては、

終　章　古代国家の形成と東国社会

伊藤雅文が指摘するように、「須恵器に時期差があり、最低3体の埋葬が遺物の配置からわかること、南小口に閉塞的な石が認められること、床面に石を敷いていること」などが挙げられ[21]、出土須恵器からMT15型式である6世紀初頭ないし前半頃、越中における導入期横穴式石室と

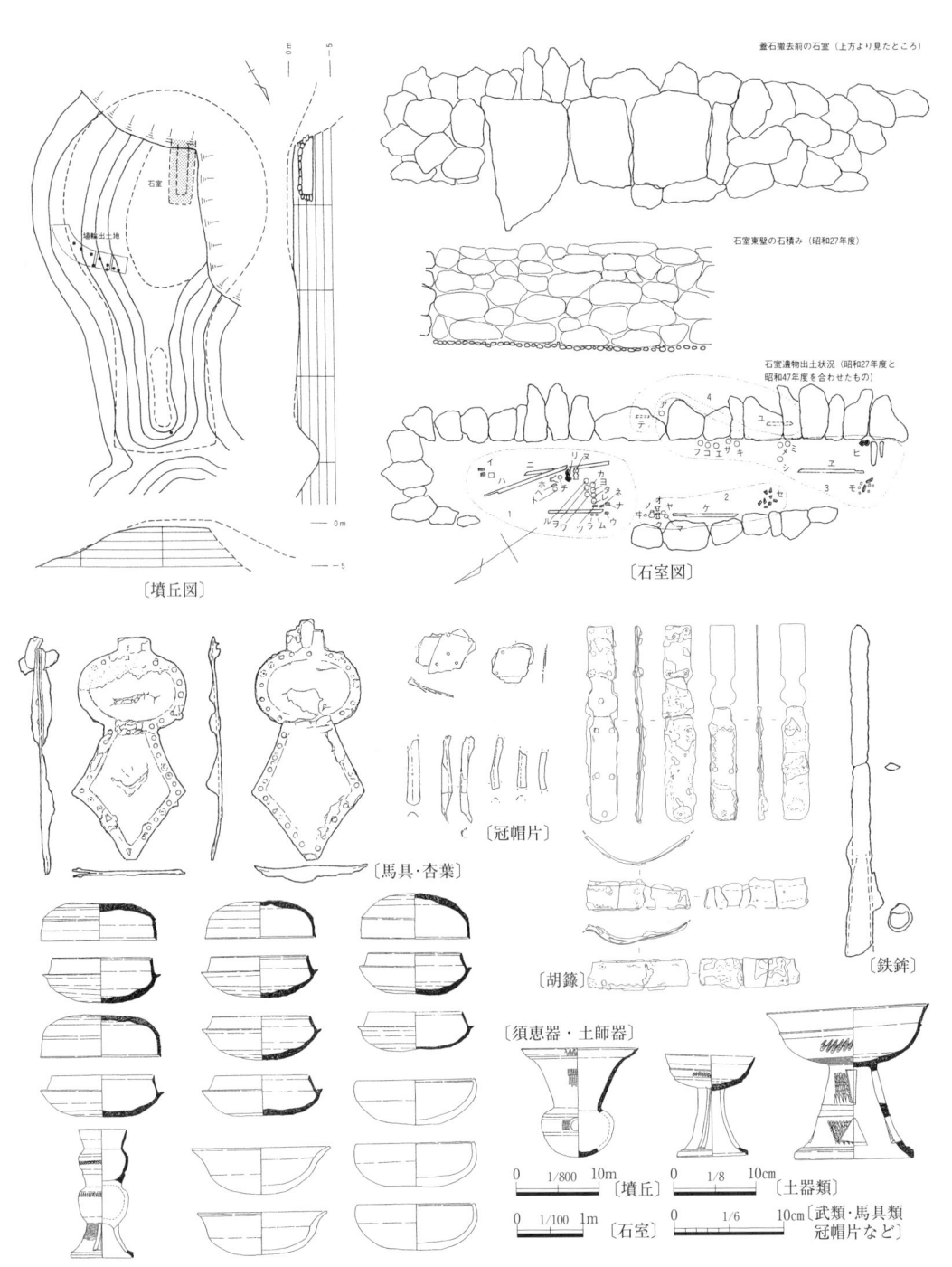

第110図　越中朝日長山古墳の石室と出土遺物

して位置づけられている。その系譜は竪穴系横口式石室やその影響を受けた石室と理解されており、北部九州との関係が指摘されている[22]。その被葬者としては、前方後円墳という墳形とともに、石室内から出土した副葬品に留意すると、金銅製冠帽片・胡籙金具などの豊富な副葬品をもつ点からも朝鮮半島との繋がりをもつ在地首長像が考えられている[23]。他にも、石室内部の天井石・側壁・礫床の全面に赤色塗彩が確認されている点も注目できるが、特に、前述の金銅製品や武器類（直刀・鉄剣・鉄鏃）・玉類とともに、須恵器蓋坏・高坏・台付壺、土師器坏などの土器類も石室内の敷石上から見つかっており、横穴式石室の導入当初から、土器類の主体部内埋納が確認できることには留意すべきであろう[24]。

　ところで、朴天秀によると、本古墳の副葬品に見られる冠帽・胡籙（盛矢具）、馬具の剣菱形杏葉が大加耶系遺物と捉えられるということ、さらにこうした狭長な平面形を呈する石室構造についても、朝鮮半島の昌寧や尚州で展開する細長方形横口式石室との関連を指摘しており、注目できる[25]。6世紀前半頃の北部九州で展開する竪穴系横口式石室と比べても、このような狭長な平面形をもつ石室は特異であり、半島系の金銅製品を入手するとともに、こうした細長方形横口式石室の要素も朝鮮半島との関わりの中で受容した可能性を積極的に評価しておきたい。本古墳が富山湾を臨む立地環境にあることも、先述した佐渡の台ヶ鼻古墳で受容された狭長な羨道をもつ両袖石室の系譜関係と同様に、日本海沿岸における海上交流網を媒介として、朝鮮半島から受容した背景が想定できるであろう。

洛東江流域の細長方形石室　朝鮮半島の中でも洛東江流域で盛行する細長方形石室の動向をめぐり、山本孝文は加耶における横穴式石室の出現背景に関する検討を試みる中で、細長方形竪穴式石槨・細長方形横穴式石室・細長方形横口式石室[26]それぞれの分布圏を提示し、その史的意義や出現背景を論じている[27]。山本の研究を参考にすると、前段階の5世紀代に大加耶の高霊を中心として、洛東江流域や南江流域で細長方形竪穴式石槨の墓制が展開するが、その分布圏の一部である加耶南部の小加耶・阿羅加耶で6世紀前半から中葉に、この細長方形竪穴式石槨の構築技術を継承しつつ、横穴の要素が付加された細長方形横穴式石室（本終章でも取り上げてきた中洞里4号墳・水精峰2号墳・内山里34号墳などの両袖石室を指す）が盛行すると言う。

　そこでは、まず百済と隣接する南原・河東などの蟾津江中・下流域を介して横穴式石室の概念が入ってきた可能性が高いものの、このような小加耶・阿羅加耶の横穴式石室の導入が、決して大加耶主導で成されていないとし、政治的な接触よりも加耶内部の地方勢力による積極的な受容であると評価する点が重要であろう。その一方、細長方形横口式石室の様相にも着目しており、その分布圏が洛東江東岸およびその中流以北地域に集中する傾向が窺え、前述した小加耶・阿羅加耶を中心とする細長方形横穴式石室の分布圏とは重複しない点、その背景には新羅地域の影響が窺えると評価されている。なお、朝鮮半島における細長方形横口式石室は、洛東江流域の中でも慶尚南道の昌寧校洞1号墳・3号墳[28]（第111図2・3）や慶尚北道北部の尚州新興里라地区（ラ地区）1号墳[29]（第111図1）のように、5世紀代には出現しており、6世紀以降、しだいに平面形が細長方形から長方形に移行すると考えられている[30]。

　以上、朝鮮半島における細長方形石室の動向を概観したが、越中の朝日長山古墳の石室構造に

終　章　古代国家の形成と東国社会

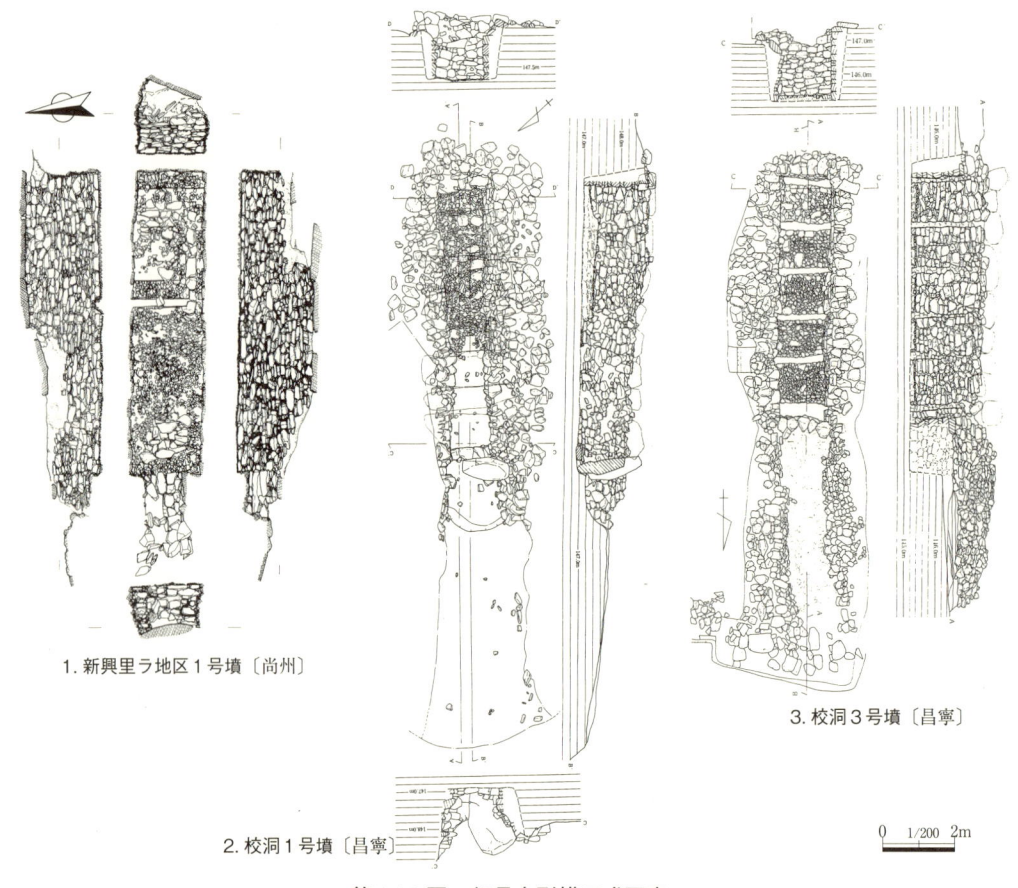

1. 新興里ラ地区1号墳〔尚州〕
2. 校洞1号墳〔昌寧〕
3. 校洞3号墳〔昌寧〕

第111図　細長方形横口式石室

は、この洛東江流域で展開する細長方形石室の影響が窺える可能性が考えられる。つまり、佐渡の台ヶ鼻古墳の両袖石室における系譜と同様、日本海沿岸の海上交流網を媒介とした受容背景が想定でき、これらの被葬者がこうした対外交渉の窓口となっていたことが想定できるであろう。このような点を踏まえると、関東北西部の導入期横穴式石室である両袖石室とともに、狭長な平面形を呈する無袖石室についても、日本海沿岸の北陸、特に越中を窓口ないし中継地として、さらにそこから展開する海上交通網に系譜を求めることができる可能性が考えられる。

(3) 関東北西部への伝播とその史的背景

若狭の横穴式石室と半島系遺物の様相　これまで、関東北西部における横穴式石室の導入をめぐり、佐渡や越中の事例を提示するとともに、朝鮮半島南部・北部九州・北陸間における複雑に錯綜する海上交通網を基礎とした交流関係の中に、その系譜が求められる可能性を提示した。その際、こうした離れた諸地域間を結びつける日本海の実態を理解するうえで、最も顕著な様相を示すのが、北陸のなかでも若狭の地域と言える。ここでは、主に入江文敏や小黒智久の研究を参考に、若狭における横穴式石室の変遷観と系譜関係、そして副葬品の様相について概観しておき

たい[31]。

　まず、若狭における横穴式石室であるが、大きくは福井県三方上中郡若狭町向山1号墳（TK208型式期、第112図1）[32]―西塚古墳（TK23型式期、第112図2）[33]―十善ノ森古墳（後円部石室、TK47型式期、第112図3）[34]―三方郡美浜町獅子塚古墳[35]（MT15型式、第112図4）―若狭町丸山塚古墳（TK10型式期、第112図5）[36]の変遷観で理解されている（古墳位置：前掲第109図地図内に表示）。いずれも前方後円墳であるが、中期中葉（5世紀中葉）の向山1号墳から後期初頭ないし前半（6世紀前半）の獅子塚古墳にかけて、北部九州系石室との系譜関係が窺える石室を採用しており、これが後期中葉（6世紀中葉）の丸山塚古墳の段階になると、畿内系石室の構造に変わると言う。

　さらに、入江は副葬品の内容と合わせて検討した結果、まず中期中葉から後半の場合、ヤマト政権からの配布を示す武器・武具（短甲・眉庇付冑・衝角付冑）とともに、向山1号墳出土の垂飾付耳飾、西塚古墳の金銅製龍文帯金具・垂飾付耳飾・剣菱形杏葉・銀鈴・銅鈴など大加耶系の副葬品が認められる点に着目する。そして、こうした大加耶系文物が必ずしもセット関係を成して保有されていない点、武器・武具を保有する古墳が必ずしもこうした将来品（大加耶系）を伴って出土するわけではない点から、これらをヤマト政権からの配布品ではなく、半島から直接入手した可能性が高いとし、地方首長がある程度の主体性をもっていた時期と評価している。

　これが中期末ないし後期前半に入ると、武具の副葬が認められない一方で、十善ノ森古墳では鈴付鏡板・鈴付剣菱形杏葉など大加耶系の副葬品や獣面文帯金具のような百済ないし大加耶系と推定される副葬品、獅子塚古墳では角杯形土器といった新羅系の遺物が出土する点に留意し、若狭各地域の首長がヤマト政権とは関わりなく、自由に対外交渉を行なうことができた時期と捉えている。そして、これが次の後期中葉における丸山塚古墳の段階になると、これまでの北部九州系石室ではなく、畿内系石室を採用すると同時に、前段階まで認められた地方首長の独自性が後退し、半島系の副葬品もヤマト政権を経由したルートで入手するという大きな画期の存在に言及している[37]。

　このように、北陸における中期中葉から後期前半における動向として、若狭の首長と朝鮮半島（特に大加耶）間における独自の対外交渉、さらに各首長が北部九州系石室を採用するという実態は、これまで論じてきた朝鮮半島南部・北部九州と佐渡の台ヶ鼻古墳や越中の朝日長山古墳に見られる石室構造が示唆する長距離間の結びつきを明確化するものと言える。若狭はまさに、朝鮮半島・北部九州と越中・佐渡の中間地に位置し、当地の首長はこうした海上交通の窓口や中継地としての役割を担っていたと位置づけられるのであり、先に指摘したとおり、この錯綜する海上交流網の中に、関東北西部における導入期横穴式石室の系譜を求められる可能性が窺える。なお、このような評価は、東国における半島系文物の入手やその実態を明らかにするうえでも、看過できないであろう。

関東北西部への伝播と渡来系文物の移入　ところで、先ほど取り上げた若狭の十善ノ森古墳では、鈴付剣菱形杏葉のような朝鮮半島・慶尚北道の高霊池山洞44号墳[38]と同種とされる大加耶系の副葬品が注目できるが、他に双葉剣菱形杏葉と花弁形杏葉という特異な馬具が共伴して副葬

終　章　古代国家の形成と東国社会

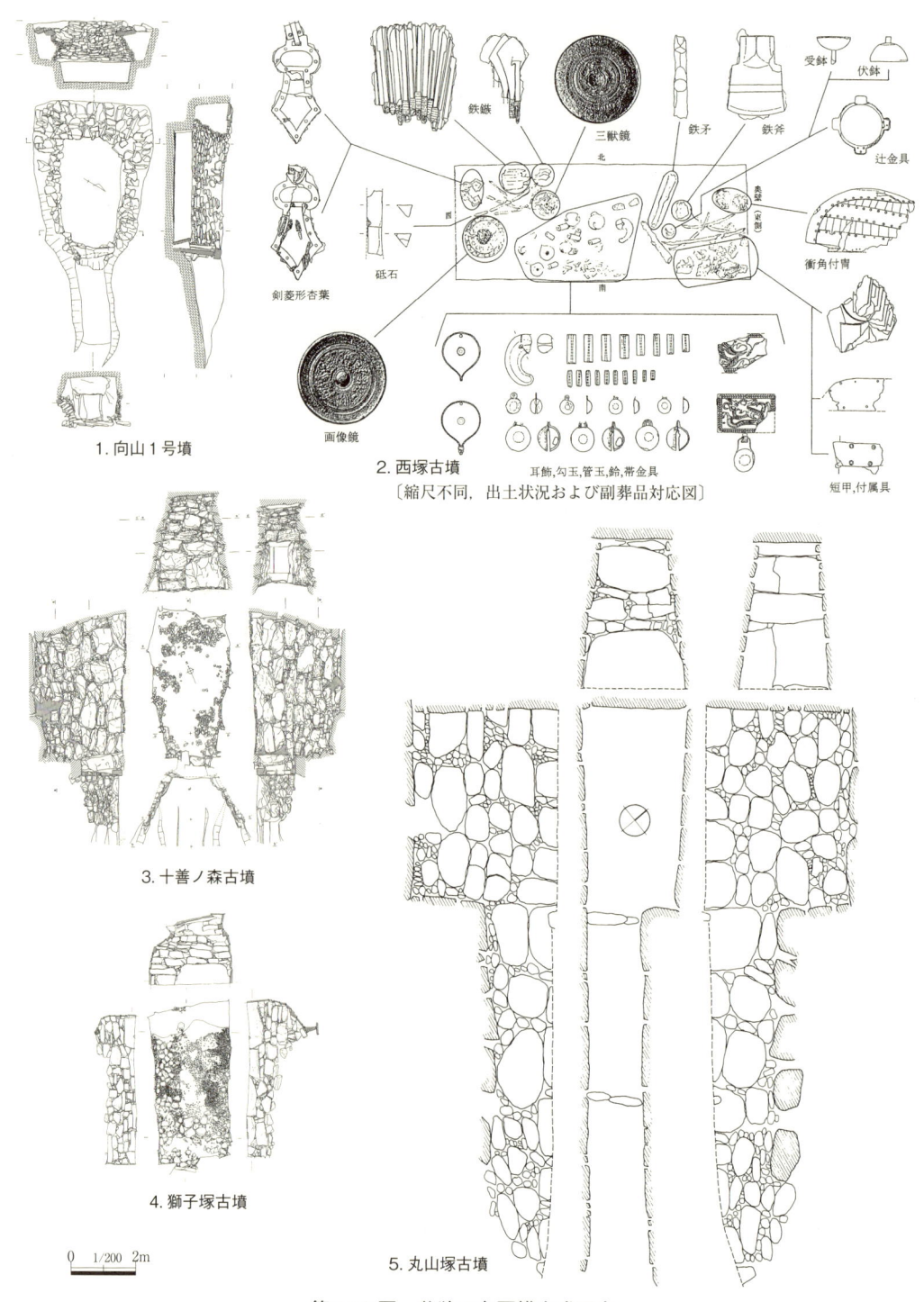

1. 向山1号墳

2. 西塚古墳　〔縮尺不同，出土状況および副葬品対応図〕

鉄鏃　三獣鏡　鉄矛　鉄斧　受鉢　伏鉢　辻金具　表壁(東側)　衝角付冑　短甲,付属具

剣菱形杏葉　砥石　画像鏡　耳飾,勾玉,管玉,鈴,帯金具

3. 十善ノ森古墳

4. 獅子塚古墳

0　1/200　2m

5. 丸山塚古墳

第112図　若狭の主要横穴式石室

248

1　横穴式石室の導入とその史的背景―日本海沿岸の海上交通網をめぐって―

されている点にも留意が必要である。これらは全国的に見ても出土例が少ない資料であり、特に双葉剣菱形杏葉の分布が若狭に偏在する傾向が指摘されているのであるが、関東北西部の導入期横穴式石室である前二子古墳からこの双葉剣菱形杏葉、同じく簗瀬二子塚古墳では花弁形杏葉の副葬が確認できることは、こうした副葬品の入手経路や副葬する被葬者間の繋がりを推定するとともに、これまで論じてきた石室の系譜関係や受容背景とも密接に関わる可能性が窺える（第113図・第114図）。

さて、双葉剣菱形杏葉は剣菱形が変形した特異な形態と捉えられており、特に若狭地方に分布が集中し、十善ノ森古墳・丸山塚古墳・大谷古墳といった首長墓に集中して副葬されることから、一方的にヤマト政権から配布を受けたものと単純化できないということ、入手経路についても同一の供給源から継続して入手していた可能性や馬具を入手するにあたり、被葬者側にある程度の選択権があったと考えられている[39]。なお、双葉剣菱形杏葉が、朝鮮半島の松鶴洞1A号墳1号石

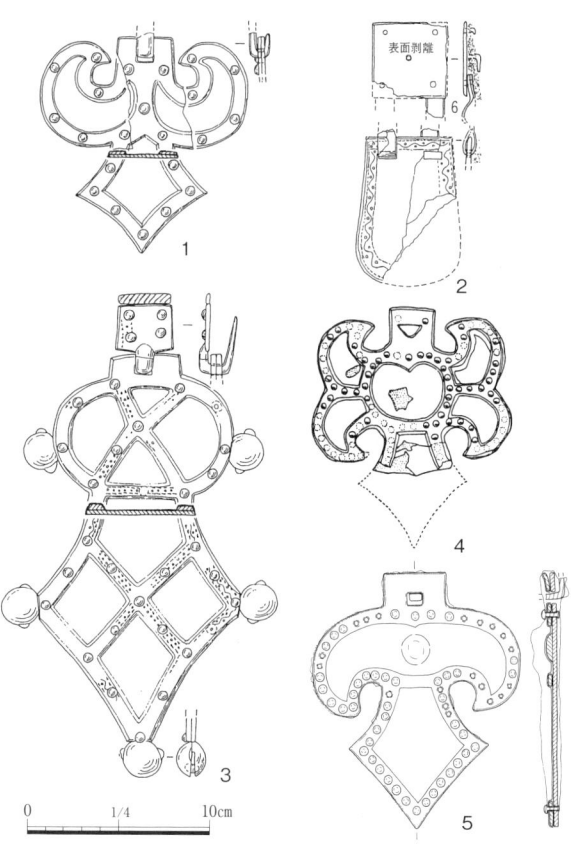

第113図　若狭出土の主な杏葉
1～3：十善ノ森古墳　4：丸山塚古墳　5：大谷古墳

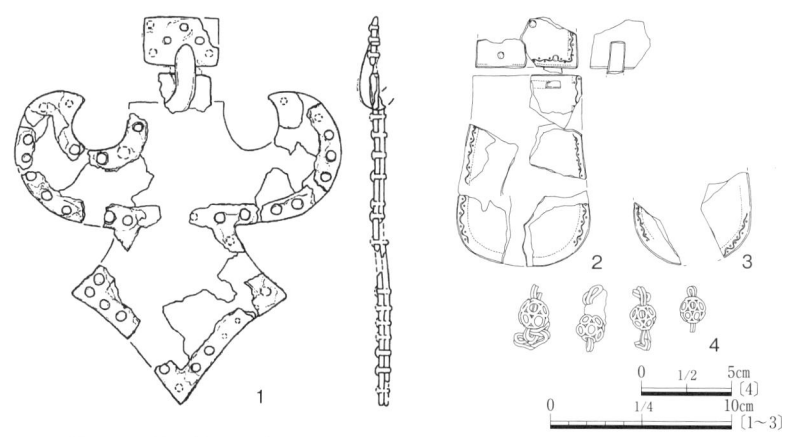

第114図　前二子古墳・簗瀬二子塚古墳出土の杏葉および耳飾片
1：前二子古墳　2～4：簗瀬二子塚古墳

室（1A-1号石室）で副葬が確認されているが、前二子古墳からこの双葉剣菱形杏葉が出土する点、さらに前述したように松鶴洞1B-1号石室と前二子古墳の石室構造の関係性が指摘される点を考慮すると、こうした石室構造をはじめとする伝播・文物の流入経路として、やはり北陸を媒介としていた可能性が高い。ただし、双葉剣菱形杏葉を舶載とみるか、あるいは倭製とみるかの判断は現在のところ断定できず、また畿内による馬具配布の動きとは異なる可能性が提示されているものの、今後のさらなる詳細な検討が望まれるであろう[40]。少なくとも日本海沿岸の北陸と上野間における石室構造の系譜関係と副葬品に見る双葉剣菱形杏葉の保有という点に共通性が見られるという理解に留めておきたい。

なお、十善ノ森古墳で双葉剣菱形杏葉とともに出土した花弁形杏葉も、前二子古墳と同じ関東北西部の導入期横穴式石室である簗瀬二子塚古墳から見つかっている。花弁形杏葉も系譜や舶載・倭製をめぐる問題があるものの、簗瀬二子塚古墳では他に加耶系の垂飾付耳飾片や金層ガラス玉なども出土しており[41]、こうした半島系遺物の入手および副葬の実態を考慮すると、前二子古墳と同様に、北陸を介在して流入した可能性も念頭に置く必要があろう。

朝鮮半島系文物の移入とその経路から　さて、5世紀中葉から6世紀にかけて日本列島にもたらされた垂飾付耳飾の分析から、高田貫太はヤマト政権による対外交渉とは別に、朝鮮半島との直接的交渉のもと入手した地方有力者たちが存在したことを明示し、日本列島出土の垂飾付耳飾を「朝鮮半島も含めた諸地域の錯綜した関係に基づく、多様な結びつきを表象していた渡来系威信財」であると位置づけた[42]。このような歴史評価を受け、半島系の副葬品を単にヤマト政権からの威信財配布とする理解のみに終始せず、これまでの認識を改めて、各地域が主体的に半島との恒常的な交渉のなかで文物を入手するという側面も踏まえた評価が求められるに至ったと言える。

また、朴天秀は東日本における大加耶系文物の移入状況をめぐり、これらが現在の「福井県（若狭・越前：筆者補）のみではなく、石川県（加賀・能登：筆者補）、富山県（越中：筆者補）にかけて交通路に沿って分布し、また中部地域の山岳回廊を通して東日本にまで広がる」という様相に着目する。特に「大加耶系冠が、福井県二本松山古墳→富山県朝日長山古墳→長野県桜ケ丘古墳→栃木県桑57号墳と、北陸、中部、関東にかけて分布圏を形成」すること、さらに「垂飾付耳飾は福井県の西塚古墳、向山1号墳→天神山7号墳→石川県吸坂丸山5号墳→長野県畦地1号墳→群馬県剣崎長瀞西遺跡で分布する」ことに着眼し、「これらの金銅製品は畿内が分布の中心ではなく、畿内から東日本への交通路上に分布していないことから、畿内を経由せず北陸を通じて搬入した可能性が高い」という点に言及している[43]。

このような北陸を窓口として、東日本に移入する半島系文物の実態を踏まえると、信濃や上野における横穴式石室の受容背景およびその伝播経路とも重複・連動するものと理解しておきたい。本書第1章第2節や第4章第3節でも触れたように、信濃の南信（伊那谷）における横穴式石室の導入期である後期初頭には、板状石材を縦位に立て並べ、その隙間および上部に石材を充填して積み上げるという壁面構造をもつ長野県飯田市畦地1号墳や北本城古墳が出現する。こうした朝鮮半島の洛東江中流域に系譜を求める見解が提示されており[44]、このことは畦地1号墳で出

土した大加耶系の垂飾付耳飾の移入背景とも密接に関わるものと理解される。

　また、この畦地1号墳と同時期に導入された横穴式石室として当地では、飯沼天神塚古墳（雲彩寺古墳）が存在するが、先述したように狭長な羨道をもつ点や前壁をもつ点などをはじめ、こうした構造的特徴は、佐渡の台ヶ鼻古墳の石室構造とも共通点が多いことからも、やはり北陸から南信への半島系文物の流入と同様の背景のなかで、横穴式石室も伝わったと推定することができるであろう。

　一方で、こうした南信における横穴式石室の受容と同時期、すなわち古墳時代後期初頭に、関東北西部のなかでも、特に上野を中心として両袖石室および無袖石室が採用される。その系譜関係をめぐり、やはり北陸を窓口として受容された可能性を指摘したが、こうした新たな墓制である横穴式石室の受容背景には、先述した当地における垂飾付耳飾など半島系文物の移入状況とも合わせて評価する必要がある。ただし、こうした横穴式石室や文物移入の動きが北陸から信濃を介して上野にもたらされたのか、北陸から直接、上野にもたらされたのか、その判別は難しい。あるいは、両方の動向が錯綜する状況も想定する必要があろう[45]。

　今後、北陸の諸地域および信濃・上野の両地域を結ぶ伝播経路を実証的に論じ、明確化することが求められるが、ここでは少なくとも、こうした朝鮮半島系文物の移入経路と新来墓制である横穴式石室の伝播経路が密接に関わるということ、さらにその石室系譜の淵源を畿内に求めることができず、その一方で北陸やその背後に展開する日本海沿岸の海上交通網に求められる可能性が窺える点を強調しておきたい。このような実態からは、王権主導による対外交渉とは別に、各地域による主体的な交流が盛行していたのが、古墳時代後期前半の東国社会の実相と指摘できるであろう。

2　横穴式石室の展開と東国社会の実相

（1）横穴式石室の展開に見る二相

後期前半における関東の特質　東国のなかでも関東の場合、後期前半である6世紀前半代が横穴式石室の導入期に相当するが、これまで検討してきたように、関東北西部（上野・北武蔵北西部）で採用される両袖・無袖石室の系譜が、北陸とその背後に展開する日本海沿岸の錯綜する海上交通を基盤とした広域交流網に遡求できる可能性を提示した。また、下野では複数系統の石室構造が想定されるが、特に東海における竪穴系横口式石室や片袖石室の動向と関わりをもつ石室を受容する点（本書第1章第2節）、常陸南部では若干遅れて6世紀前半から中葉頃、茨城県土浦市高崎山2号墳のような北部九州系の石室が受容される点（本書第1章第1節）も、関東における導入期の動向として注目できる。なお、他に上総でも、こうした北関東における導入期の動きにやや遅れる6世紀中葉頃の時期に、千葉県富津市九条塚古墳のような狭長な石室平面形を呈する無袖石室が出現する。これは東海地方における無袖石室の影響とともに、在地における従来の竪穴式石室の構造や入手可能な石材の制約などが加わるなかで創出された石室と理解できる（本書第2章第4節）。

　ここで重要なのは、古墳時代中期から後期に移り変わるなかで、王権中枢や各地域社会におけ

る新たな古墳秩序の再編成が進められるが、そのなかで新たな後期を代表する埋葬施設である横穴式石室が果たした役割は大きいと言える点である。特に、畿内中枢で成立した畿内型石室が列島各地に拡散し、急速に普及するという動向は、地域社会における古墳秩序の再編を促進させると同時に、在地首長層との政治的繋がりを強化するという政策・意図もあったと理解できる。ところが、東国ではこのような古墳時代後期の動向のなかで、導入された横穴式石室の特徴が畿内のものとは異なるということ、畿内が石室系譜の遡源地とはならないことには留意すべきである。このような本書の検討結果からは、ヤマト王権を介在せずに、東国の各地域が主体となる、北陸や東海、北部九州と関東諸地域との対外交渉や長距離間交流が存在したという古墳時代後期前半の実相とその本質が浮き彫りになったと位置づけることができる。

後期後半に見る「畿内系」・「非畿内系」の二相　さて、このような古墳時代後期前半の動向であるが、これが後期後半になると、横穴式石室の様相や系譜関係に変化が見られる。後期後半である6世紀後半頃の東国各地では、横穴式石室が急速に展開・普及する一方で、石室構造の地域色や多様性が現出される傾向が窺える。こうした在地における変容や各構造的要素の混成、多様かつ複雑な融合などを経た石室構造を系統別に把握することが求められるが、過度に各特徴・要素の抽出、分類・細分化してしまうと、逆に系譜関係とそこに内包される史的性格・背景の全貌を捉えるのが困難になると考えられる。そのため、ここでは後期後半の動向を把握するうえで、「畿内系」・「非畿内系」の二相に大別し、大局的な視点から横穴式石室の展開とその特質を抽出してみることにしたい[46]。

まず、「畿内系」の動向として、上野では6世紀後半頃から巨石巨室構造の横穴式石室が成立するが、その背後には畿内からの技術的影響が挙げられる[47]。加えて、本書第3章第2節・第3節で検討したとおり、当地では複室構造ではなく、単室構造を志向するとともに、それに起因する現象として、首長墓を中心に羨道部を区画する構造が出現する点、群集墳を中心とする土器供献位置の変化（石室内から前庭部へ）と前庭部重視の葬送儀礼に変容する点を指摘した。いずれも追葬の増加を契機とし、前者は羨道の一部を埋葬空間や土器供献の場とする計画的な空間利用を意図した構造と考えられ、後者は石室内への土器供献を省略し、土器類の配置が石室内から前庭部へと移行するとともに、上野の石室に見られる特徴的な台形前庭の発達・普及が促進され、葬送儀礼も前庭部重視へと変化する動向が把握できる。

これらは、いずれも畿内における羨道部の埋葬空間化や石室入口部における閉塞と墓前祭の執行という動向とも符合すると言え、石室構造とともに葬送儀礼の変化およびその方向性からも、畿内との関係性が窺えるのである（本書第4章第1節）。

他方、「非畿内系」の様相にも着目してみたい。後期後半には、前述した上野のような畿内の石室構造やその技術的影響、さらには埋葬空間の利用方法などの影響が強まる地域があるのに対し、非畿内系の動向も併行して窺える。非畿内系の動向としては、本書第2章各節や第4章第1節で論究してきたが、武蔵の胴張りをもつ複室構造の石室や上総北東部・常陸南部における複室構造を志向する石室など、少なくとも系譜の淵源として九州との関係性が想起されるもの、あるいは下野の刳り抜き玄門をもつ石室のような山陰（特に出雲東部・伯耆西部）と九州（肥後）間に

おける交流網の中に系譜が求められるものなど、畿内系石室の展開とは対照を成す諸動向が複数地域で窺える点が重要である。

ただし後述するが、こうした非畿内系の石室が盛行する一方で、一部の有力古墳を中心として、片袖石室のような畿内との関係性が窺える石室が拠点的に採用される状況も認められるのが、後期後半における関東の特質と言える。

このような古墳時代後期後半における「畿内系」・「非畿内系」の横穴式石室の二相からは、複雑に錯綜する交流関係を保有する各地域の実態と、それとは対照的に畿内による統制や政治性を伴う東国進出の意図といった両側面が併存する状況を把握することができる。このことは畿内による古代国家形成過程の段階的把握を通した歴史構築や史的理解に対して、逆に中央に対する周縁地域、なかでも東国における多様な人的交流・交易活動の実態を基軸とし、地域社会の実相から古代国家成立直前の歴史動向やその本質を再考する研究視点の重要性が見出せると言えるであろう。九州系石室の伝播と拡散という研究視点からは、畿内とは異なる交流網や首長間の繋がりを基盤とする地域社会のあり方を論究することができ、特に遠隔地との系譜関係に視座を据えると、隣接地域間における交流のみではなく、長距離間交流をも可能とする在地首長層の活動領域やその権能にも言及した評価が必要となるであろう[48]。

他方、片袖石室などの畿内系石室を採用した古墳に関する歴史的評価についても後述するが、畿内による地方支配、在地首長およびその保有する交流網の掌握・確保といった政治的側面を重視するのみでなく、畿内に加えてその他の諸地域とも多元的な関わりをもつ在地首長像や地域社会の実相を念頭に置き、歴史的評価を行なっていくことが、古墳時代後期の再考にも繋がると言えるであろう。

(2) 後期後半の片袖石室と釘付木棺―東関東を中心として―

片袖石室の拠点的伝播　さて、古墳時代後期後半、つまり6世紀後半以降になると、主に上野を除く関東各地では、これまで取り上げてきたように非畿内系の特徴をもつ横穴式石室が盛行する。ただし、こうした様相が窺える一方で、片袖石室が拠点的に確認できる点には注意を払う必要がある。なかでも、武蔵（埼玉県行田市将軍山古墳）や下総（千葉県市川市法皇塚古墳・香取市城山1号墳など）、上総（千葉県富津市蕨塚古墳）、常陸南部（茨城県つくば市山口2号墳、北茨城市神岡上3号墳など）、相模（神奈川県伊勢原市埒面古墳）で確認できるが、いずれも片袖構造である点を除くと、壁体構造や使用石材をはじめ、共通点が認められない構造である[49]。

こうした片袖を採用した古墳には円墳も存在するが、前方後円墳といった有力古墳が主体を占める傾向が窺え、さらにこれらが後の東海道経路沿いや水上・河川交通などの交通の要衝に、点的に受容されている点、面的には普及しない点が、この石室に内包された史的性格やそこから示唆される東国社会の実相を捉えるうえで、注目すべき特徴と指摘できる。特に、北武蔵の将軍山古墳や下総の法皇塚古墳・城山1号墳、あるいは相模の埒面古墳などのように、石室内に副葬された武器・武具・馬具の豊富さを踏まえると、片袖を採用した古墳被葬者の性格として、その大半が在地首長をはじめとした各地の有力な被葬者を想定することができるであろう。

終　章　古代国家の形成と東国社会

　上総・下総の片袖石室の様相から　ここで、上総・下総の動向に焦点を当ててみると、まず本書第2章第4節で扱ったが、下総では旧利根川下流域（現江戸川下流域）に位置する法皇塚古墳、旧香取海東南岸（現利根川下流域）に位置する城山1号墳といった2基が、ともに豊富な金銅装の武器・武具・馬具を副葬する有力な前方後円墳であるとともに、それぞれが河川交通（水上交通）の要衝と言える地点に位置し、それぞれ拠点的に片袖石室が採用されている状況が認められる（第115図）。このような事象をめぐり、これが畿内による地域支配を反映した歴史動向として把握できるのか、あるいは在地首長の主導のもと、畿内との親縁的な関係のなかで採用された石室であるのか、慎重な評価が必要と言える。

　また、三浦半島から渡海する後の東海道経路沿い、上総の玄関口に位置する内裏塚古墳群では、狭長な平面形を基調とする石室が盛行する中で、この在地色の強い形態を継承しつつ、そこに片袖を設けた蕨塚古墳のような石室が出現する。6世紀末から7世紀初頭といった限られた時期に、しかも1例のみ存在する点には留意が必要であり、やはり東海道経路との関わりの中で受容された可能性が高い。

　ところで、同じ上総のうち、木更津市金鈴塚古墳[50]の横穴式石室にも注目してみると、地元の房州石（礒石）を用いた石室であるが、緑泥片岩製の石棺をもつことから、石室内部に旧利根川を介して北武蔵との交流関係が指摘される古墳でもある（第115図3）。ここで注意すべきは、本石室が従来から無袖石室と理解されているものの、同じ東京湾東岸の富津市で展開する狭長な無袖石室と比べると、石室平面形がそれほど狭長とは言えず、系統が異なる可能性が窺える。奥壁から入口部に向かって右側壁のみが、幅を狭めるように窄まる構造である点には留意すべきである。石室内右側壁寄りに設置された箱式石棺の位置には側壁が崩落した箇所が認められるが、この位置にあるいは、片袖の造作が存在した可能性も視座に据えるべきであろう。箱式石棺もまさにこの推定される片袖部に接した玄室内側にちょうど納まるという位置関係と言える。ただし、その石室構造をめぐってはより慎重な分析・検討が必要であるが、片袖あるいは片袖を意識した石室構造であった可能性が推定できるということ、さらに多量の武器・武具・馬具および須恵器の副葬が認められる点や上総の東海道経路沿いに位置する点などからも、前述した下総の法皇塚古墳・城山1号墳と同様の背景や史的性格が窺える古墳と評価しておきたい。

　このような片袖石室が示唆する系譜関係やその性格を理解するうえで、釘付木棺（釘付け式木棺）の存在にも留意しておくことが必要であろう。法皇塚古墳や城山1号墳では石室内から鉄釘の出土が確認されており、金鈴塚古墳では開口部側に設置された箱式石棺とは別に、石室内より鉄釘が出土していることや大刀をはじめとする副葬品の配置からも釘付木棺の存在が考えられる。なお、開口部側に納められた箱式石棺は、その位置からも追葬時のものと理解でき、初葬に伴う棺は釘付木棺であった可能性が高いと言え、当初は石室構造に伴ってこうした釘付木棺の葬制も採用していたと理解することができる。

　こうした釘付木棺の採用は、東国各地で展開する非畿内系石室が複室構造を志向するとともに、造り付けの石棺や屍床仕切石をもつという特徴と対照的な動向と指摘でき、こうした葬制が片袖石室の構造に付随して受容されることが、その史的性格を考えるうえでも重要であろう。なお、

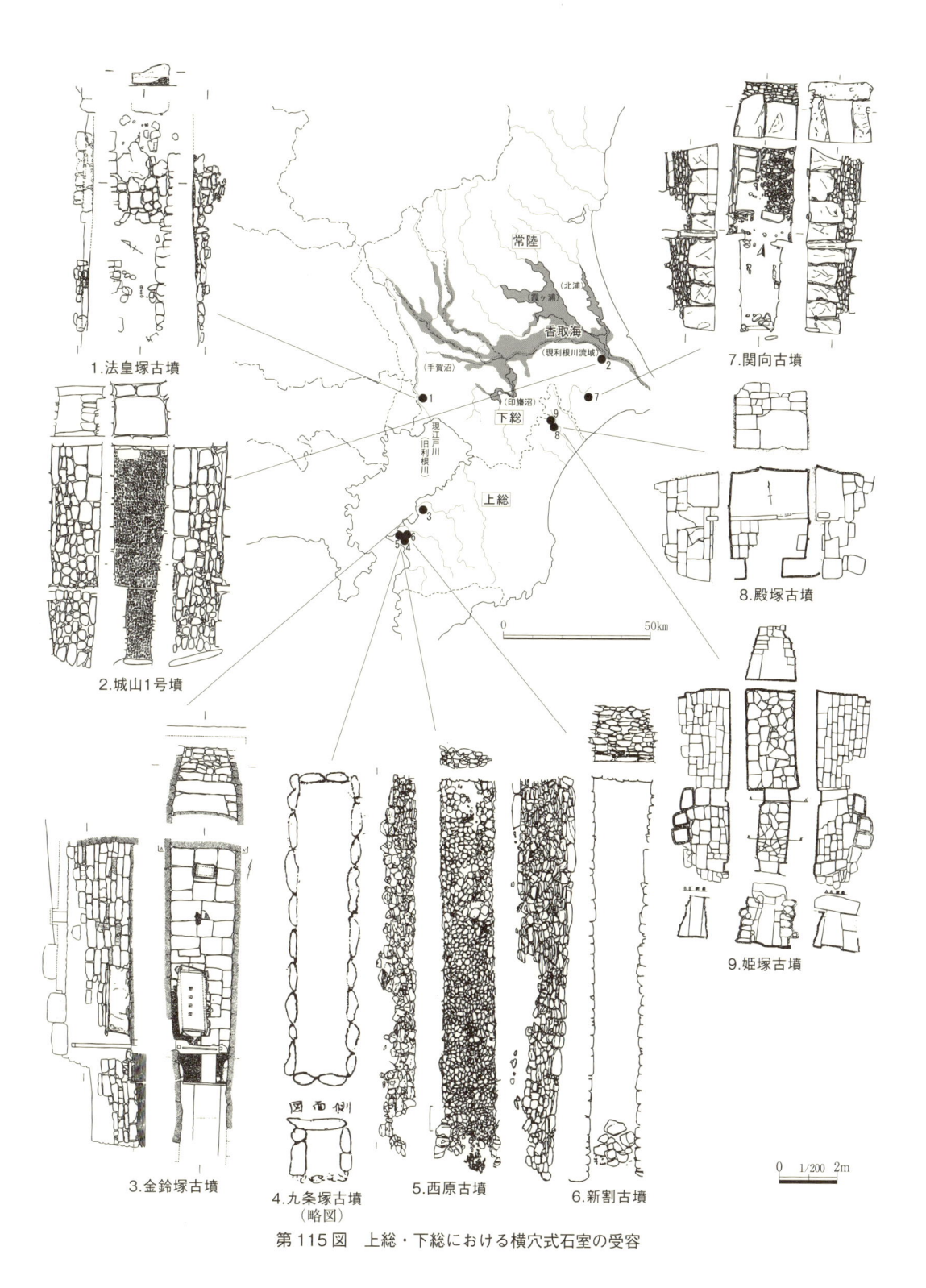

2 横穴式石室の展開と東国社会の実相

1. 法皇塚古墳
2. 城山1号墳
3. 金鈴塚古墳
4. 九条塚古墳（略図）
5. 西原古墳
6. 新割古墳
7. 関向古墳
8. 殿塚古墳
9. 姫塚古墳

第115図　上総・下総における横穴式石室の受容

終　章　古代国家の形成と東国社会

　上野の場合、首長墓のみでなく、群集墳においても石室内から鉄釘の出土が頻繁に認められ、釘付木棺を用いた埋葬を想定できることからも、その影響力の強さを読み取ることができる。

　横穴式石室と棺をめぐる視点から　ここで、横穴式石室の構造や葬制とも密接に関わる棺をめぐる視点についても触れておきたい。石室内に納められた棺の機能や性格の差異に着目した研究として、和田晴吾による重要な指摘がある[51]。和田は「畿内においては横穴式石室導入以後も隙間のない密閉された棺（閉ざされた棺）として家形石棺が発達」するのに対して、「九州の家形石棺は、狭い石室内に置かれた場合は石室化した棺として追葬可能な妻入り横口式となり、後に広い空間の横穴式石室内に配置された場合は、石屋形や屍床へと転化し、遺体を納める容器としての機能を欠落」[52]させ、棺は遺体を密閉するものという考えが薄れていった（「開かれた棺」）としている。このような「閉ざされた棺」と「開かれた棺」の差異が、「大きな葬制上の差異であり、それが両地域（畿内と九州：筆者補）の横穴式石室や横穴の基本的な性格の差異にまで反映し、各地の石室や横穴のあり方にも大きな影響を与えた」[53]と位置づけている。

　さらに、このような棺のもつ性格の違いに留意し、九州における横穴式石室の空間認識を論じた藏冨士寛は、横穴式石室そのものを「棺」として認識していることこそが、九州の特筆すべき特徴であるとする[54]。すなわち、横穴式石室の受容に際し、「「棺」そのものを拡大し、「棺」自体が室状をなすことで横穴系埋葬施設として対応」[55]したということ、そのため「石室内部に納めた棺では遺体の密封を行わず、逆に玄室等の入口部では、その役目を果たすため構造的な発達を遂げ（門構造）、封鎖も入念（板石閉塞）に行われた」[56]と論じている。棺のもつ機能・性格およびその観念が、石室の空間認識や石室構造そのものに影響すると言え、こうした認識の差異が列島各地における石室構造やその系譜関係を探るうえでも重要な要素となると考えられるであろう。

　他方、畿内では首長墓を中心に用いられた家形石棺とともに、釘付木棺の存在も注目できる[57]。家形石棺と同様に釘付木棺も「閉ざされた棺」であるが、和田が指摘するように、こうした釘付木棺は畿内における初期横穴式石室の受容に伴い朝鮮半島から伝わったと考えられ、その後の畿内型石室の展開とともにこの釘付木棺も普及したのに対し、一方の九州では釘付木棺はほとんど発達せず、「開かれた棺」を基本とした屍床・石屋形・石障が成立・展開するといった動向が窺えると言える。

　このような釘付木棺の存在が示唆する葬制の差異やそこに内包された埋葬観念の違いは、石室構造や空間利用形態とも密接に関わると考えられ、列島各地における石室の系譜関係およびヤマト王権と地域社会との関わりを探るうえでも重要な視点と成り得るであろう。少なくとも古墳時代の日本列島では、畿内を除いて釘付木棺の使用はそれほど多くないと捉えられ[58]、畿内の葬制がもつ特質と認識することもできる。

　なお、関東の場合、石室内における遺存状況の問題は残るものの、先述したとおり上野では他地域に比べ鉄釘の検出例が比較的、顕著である点には注意を払う必要がある。このことは関東で唯一、家形石棺をもつ石室が存在する地域であるという事実と合わせて（群馬県前橋市愛宕塚古墳・太田市今泉口八幡山古墳など）、棺形態に関しても畿内の影響や関係性を踏まえた評価が必要

となる。その一方で、上野を除いた関東各地における横穴式石室の様相を見ると、複室を呈する石室内に屍床仕切石を設置したものなどをはじめ、「開かれた棺」に相当する石室構造が多い傾向が窺える。

ただし、その中には「開かれた棺」を志向した葬制および石室構造に混在して、鉄釘を出土する事例も存在しており、実態は在地において複雑に錯綜していた可能性がある。しかし、このような動向のなかで、先述した6世紀後半の首長墓である下総の法皇塚古墳や城山1号墳などのような片袖石室の採用と同時に、棺として釘付木棺も受容している点が注目でき、背後には畿内勢力との関係性を想定した評価が必要となろう。

交通路の整備と地域間交流の評価　このような畿内系である片袖石室と釘付木棺の採用、さらにはこれらの古墳が交通の要衝に位置するという点を踏まえると、次にこうした動態がヤマト王権による地方進出や在地首長層を掌握する動きを反映するかどうかが重要である。そのため、ここでは6世紀後半の東国における馬具副葬古墳の分布状況や、埴輪・石材・土器から見た地域間交流をめぐる史的評価と合わせて考えてみたい。

まず、これまで取り上げてきたように、上総・下総における片袖石室や釘付木棺といった畿内系の要素が、交通の要衝、特に後の東海道本路沿いを中心として、拠点的に認められる動向を指摘したが、このことは当地における馬具副葬古墳の分布が提示する歴史的意義とも深く関わると考えられる。松尾昌彦によると、馬具副葬古墳の分布は6世紀中葉を境に、上総から下総にかけて東京湾東岸と香取海沿岸を結ぶ形で、南西から北東方向に向かって帯状に展開する状況や、こうした分布が上総・下総とは別に、上野でも集中して分布するという分布の偏在性に着目し、これらが主に東海道・東山道沿いに展開することから、「後の東山道・東海道に相当するような中央と地方を結ぶ古墳時代の交通路の存在は十分に設定し得ることであり、このような中央と地方をより密接に結びつける役割を馬が担った可能性は高い」と意義づけている（第116図）。そして、こうしたヤマト王権による馬を用いた交通・通信手段の整備が、東国全体に行なわれた施策であった可能性が高いと評価するに至っている[59]。

また、この時期に在地で活発化する地域間交流の実態とも合わせた評価を試みている点が注目できる。これは上総の房州石が北武蔵に、逆に北武蔵の緑泥片岩が上総の古墳に用いられるという事象や、同じく北武蔵の生出塚窯産の埴輪、比企型坏が旧利根川水系（現江戸川）を介して東京湾沿岸にもたらされるという動向など、こうした広域交流がすべて軌を一として、6世紀後半に生じていることに着目したものである。6世紀中葉を境として、馬具副葬古墳の分布が東京湾東岸と旧香取海沿岸を結ぶ直線的な地域へ展開する実態から、後の駅路の前身と見なされるようなルートが成立すると同時に、ヤマト王権による「広域の在地首長の繋がりを強める施策が、その他の地域における在地首長同士の地域間交流（上総と北武蔵：筆者補）も顕在化させた」[60]、「このような地域の再編を目指したヤマト王権の在地首長に対する働きかけに連動して、上総と北武蔵の首長の結びつきが顕在化した」[61]と評価している。

こうした松尾の一連の研究によって、6世紀後半における馬具副葬古墳の分布が示す交通路の存在が提示されるとともに、これが上総・北武蔵間における地域間交流の活発化といった事象と

終　章　古代国家の形成と東国社会

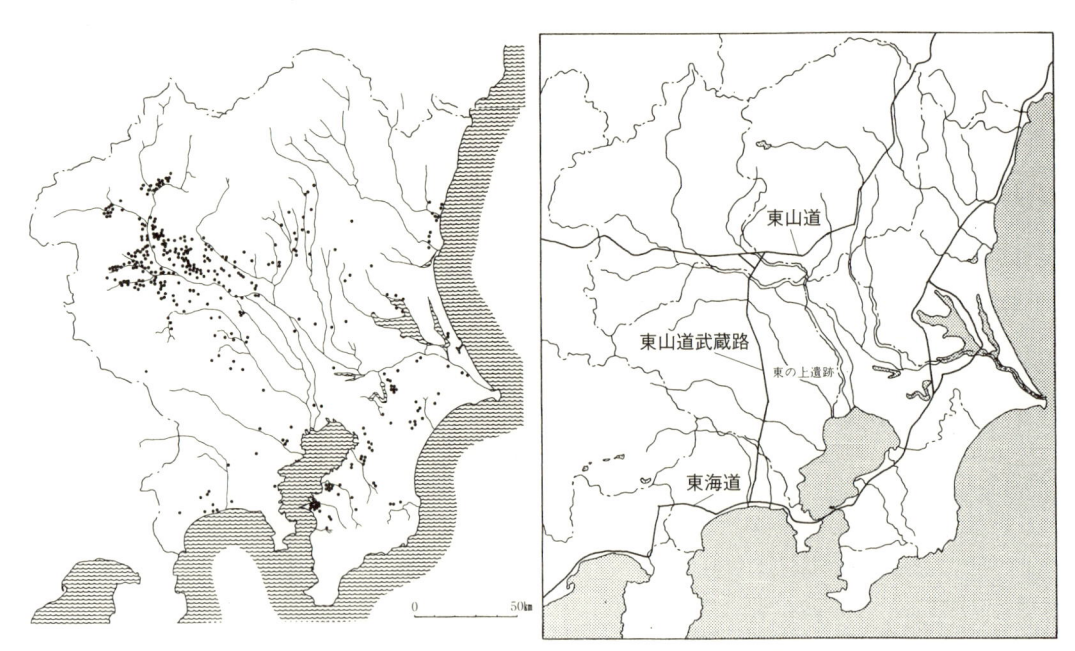

第116図　馬具副葬古墳の分布と7世紀後半の計画道路

も連動するということ、さらにその背後には東国諸地域の再編を目指したヤマト王権の在地首長に対する働きかけがあったことが指摘されるに至ったと評価できる。

　地域間交流を掌握する在地首長の実像　以上のような歴史評価は、先述した「畿内系」の片袖石室や釘付木棺の採用とも密接に関わる動向と考えられる。ただし、これまで論じてきたように、上野を除く下野・武蔵・常陸・下総などの各地域では、特に「非畿内系」が顕著に展開するということ、むしろ上野を除く関東各地では「非畿内系」が主体を占めるということからも、その受容と展開の主体は地域社会にあるという実態を看過することはできず、ヤマト王権と在地首長との関係をめぐり、より慎重な検討とその評価が必要である。

　遠隔地に系譜関係をもつ非畿内系石室を採用する各地域社会の実態、そして石材・埴輪・土器などの広域に及ぶ地域間交流の盛行という後期後半の実態を踏まえると、片袖石室を採用した在地首長の史的性格も、単にヤマト王権による国家形成の中で段階的に取り込まれるという評価のみでは不十分と言える。そこでは、地方支配や在地首長層が保持する広域交流網の掌握・確保を目指したヤマト王権による施策や、さらなる東北進出の拠点とする意図を読み取ることができるが、一方でヤマト王権による動向を相対化した評価も必要である。片袖石室や釘付木棺をもつと同時に、石材・埴輪などの地域間交流を掌握するという被葬者のあり方に着目すると、ヤマト王権による拠点支配という理解に終始せず、逆に畿内も含めた諸地域と多元的に関わりをもつ在地首長像とその地域社会の実態を念頭に置くことが、後期後半の史的理解にも繋がるであろう。

　後期後半における広域交流・地域間交流が活発化した要因をヤマト王権による働きかけと見るか、在地首長側と捉えるかどうかが理解の鍵となるわけであるが、後の東海道・東山道といった交通網の掌握がヤマト王権による施策であるとするならば、これと対照を成す動きとして各地で

は河川交通や海上交通を発達させ、諸地域間における物流の確保や独自の交流・交易が広域に繰り広げられ、在地首長同士、そして諸地域間における結びつきを強めたと評価できる可能性が高いであろう。なお、網野善彦が論じているように、古代ローマ帝国やペルシャ帝国、中国の隋・唐帝国などをはじめ、直線道路をもって四方に勢力を広げるのが古代帝国の本質に関わる道路のあり方であり、日本の古代国家も同様であるということ、そして、それ以前の海上交通・河川交通などを無視するような交通体系の構築を目指したのが、ヤマト王権による国家形成の施策と理解することもできる[62]。

このような視点を踏まえると、後期後半における東国社会では、馬具副葬古墳の分布が示唆する後の東海道経路をヤマト王権が掌握するといった動向に対抗する形で、在地首長を中心とする諸地域間の結びつきや海上交通や河川・水上交通を基礎とする広域交流の活発化が生じたと評価することもできるのではないかと考えられる。

(3) 古代国家成立直前の東国社会

大型方墳と横口式石槨の受容　以上、「畿内系」と「非畿内系」の二相の比較を通して、6世紀後半における動向把握を試みた。特に、片袖石室や釘付木棺の採用といった動きが顕著な上総・下総を事例として取り上げたが、ここでは最後に、前方後円墳の終焉とその後、すなわち7世紀代について、埋葬施設の様相からヤマト王権による影響の強まりと古東海道経路の掌握の動き、そして地域社会の実態について、東関東の様相を一瞥しておきたい（第117図）。

まず、第2章第4節で6世紀から7世紀初頭頃までの上総・下総における動向を論じたが、その後、上総の東京湾東岸に所在する内裏塚古墳群では前方後円墳の消滅後、7世紀前半の千葉県富津市割見塚古墳[63]（墳丘辺長40m）のような横口式石槨を内部主体とする大型方墳が築造されるようになる（第117図3）。墳形が大型方墳に変化することに加えて、横口式石槨のような畿内の墓制そのものが直接的に採用されている点が注目できる。当地域は、先述したように後の東海道経路（古東海道経路）における三浦半島（走水）からの渡海を経た房総半島の玄関としての役割をもつ地域でもあり、ここにヤマト王権による地域支配拡大の意図を読み取ることができる。

双室墳と塼槨式石室の影響　また、下総の印旛沼周辺では、千葉県印旛郡栄町竜角寺古墳群における最終末の前方後円墳である浅間山古墳[64]に続き、大型方墳の岩屋古墳[65]（墳丘辺長79m）の築造が知られる（第117図4）。この岩屋古墳であるが、本古墳は同一墳丘内に並列して2基の石室をもつ「双室墳」である点、その石室構造に「塼槨式石室」の影響が認められる点から、両要素ともに畿内との関係性の中で成立した可能性が窺える[66]。岩屋古墳の直前に築造された浅間山古墳の石室が、常陸南部で展開する複室構造で筑波石を用いた片岩板石組み石室を採用していた点に留意すると、こうした下総の印旛沼周辺と常陸南部との交流を基礎とする石室構造が、新たな畿内の墓制に呼応するように、様相を一変したと評価できる。加えて、この印旛沼の地域が上総から下総を経て常陸へと至る古東海道経路沿いに位置することも、畿内による勢力伸張や交通網掌握の動向のなかで把握する必要があろう。ただし、こうした動向があくまでも線的な経路確保の動きであり、これが面的には広がらない点には注意を払うべきである。

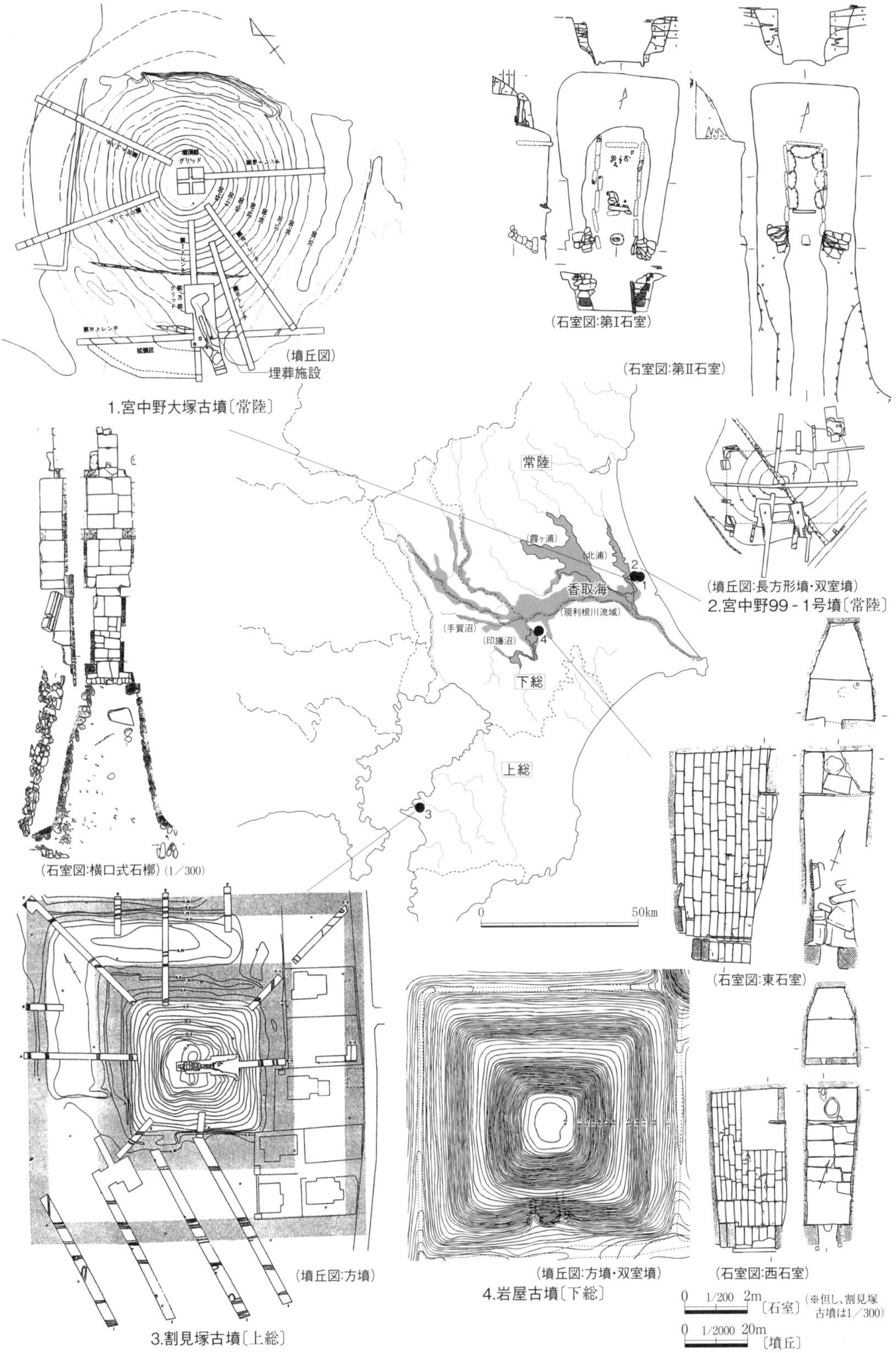

終　章　古代国家の形成と東国社会

（墳丘図）
埋葬施設
1. 宮中野大塚古墳〔常陸〕

（石室図：第Ⅰ石室）
（石室図：第Ⅱ石室）

（石室図：横口式石槨）(1/300)

（墳丘図：長方形墳・双室墳）
2. 宮中野99-1号墳〔常陸〕

常陸
霞ヶ浦
（北浦）
香取海
（現利根川流域）
（手賀沼）
（印旛沼）
下総
上総

0　　　　50km

（石室図：東石室）

（墳丘図：方墳）
3. 割見塚古墳〔上総〕

（墳丘図：方墳・双室墳）
4. 岩屋古墳〔下総〕

（石室図：西石室）

0　1/200　2m〔石室〕　※但し、割見塚古墳は1/300
0　1/2000　20m〔墳丘〕

第117図　横穴式石室の展開と畿内の影響

260

常陸宮中野古墳群の様相から　また、このような動向を理解するうえで、常陸南部のなかでも旧香取海東岸（現在の北浦東岸）に位置する茨城県鹿嶋市宮中野大塚古墳[67]（墳丘長96m）は、墳丘が帆立貝形を呈する7世紀代の古墳であるが、まず埋葬施設が後円部に存在せず、前方部にのみ構築されている点が注目できる（第117図1）。この埋葬施設は墳丘主軸と直交する形で地山を掘り込み、片岩を据え並べた「箱式石棺」状の構造であり、さらに周溝へと至る狭長な墓道が取り付けられたＬ字形の平面形を呈する特異な埋葬施設と言える。本埋葬施設を報告書では「横口式石槨」と仮称しており[68]、また、出土した鉄釘の存在からも釘付木棺が納められた横口式石槨としての性格が考えられている[69]。

ここで重要なことは、本古墳の所在する旧香取海東岸地域が、常総地域で展開する前方部や墳丘裾部にのみ埋葬施設をもつ「変則的古墳」[70]の盛行する地域であり、埋葬施設としても伝統的な箱式石棺（箱形石棺）の構築を継続する地域でもある。横口式石槨の影響をめぐる視点は重要な指摘であり、今後も詳細な検討が必要であるが、少なくとも宮中野大塚古墳における埋葬施設のあり方は、こうした変則的古墳といった在来墓制の流れのなかで、新たに横穴系埋葬施設の情報が取り込まれた結果、出現した構造と理解しておきたい。

なお、本古墳群中では宮中野大塚古墳に継続する古墳として、長方形墳の宮中野99-1号墳[71]（東西辺34m・南北辺22m）が存在するが、2基の横穴式石室をもつ双室墳である点が注目できる（第117図2）。横穴式石室は地下式であり、箱式石棺の構造に短い羨道を接続した単室構造の石室であるものの、先述した下総の岩屋古墳と同様に、双室墳といった特徴からは、畿内との関係性が想定できる。本古墳群は旧香取海東岸に位置することからも、下総のみではなく、さらに常陸南部、旧香取海東岸の地域圏や交流網を意識した畿内による影響を考慮した評価が必要であろう。

変則的古墳をめぐる問題　以上、ここでは6世紀代に受容された横穴式石室の諸特徴から窺うことができた系譜関係の多様性と史的背景が、7世紀代に入り、前方後円墳の終焉以後における横口式石槨と双室墳の築造に見られる畿内墓制の直接的な影響に着目するなかで、時期的動向を把握した。特に双室墳の動向からは、交流網の掌握を目指す畿内による政策の一端が窺えるが、このことは古代国家成立の前段階における地方の実像を表していると捉えることもできる。

ただし、このような畿内による政治的動向とは別に、「変則的古墳」の展開に現出されるような東関東のなかでも常総地域のもつ根強い地域色の存在を看過することはできないと言える。岩崎卓也は、「変則的古墳」の特徴でもある埋葬位置の特異性に加えて、旧地表面下に埋葬施設を設けるという地下埋葬の原理が存在する点に着目し、このような埋葬施設の特徴をもつ前方部の短小な古墳を「前方後円形小墳」と呼称している[72]。そして、こうした前方後円形小墳は常総地域とともに、下野地域も含めた広い分布圏をもつと指摘している。

今後の課題ではあるが、このような埋葬原理の共通性に見られる伝統的な地域圏・地域色が、ヤマト王権による地方支配の伸張や交通網掌握という動向のなかで、どのように変化していくのか、あるいは逆に存続していくのか、ここで取り上げた7世紀代における東関東の諸相も、こうした国家成立直前における東国地域社会の実相を探る一視角と成り得るものと捉えられるであろう。

終　章　古代国家の形成と東国社会

古代国家の形成と東国社会　以上、本書では横穴式石室の動向や系譜関係から、6、7世紀における東国社会の実態把握を試みた。さて、この6、7世紀史をめぐっては、ヤマト王権による地方支配の進展や、九州から東国に及ぶ政治秩序の形成過程を明らかにすると同時に、中央集権的な国家体制である律令国家の成立とその歴史的意義を考究するといった研究が主体を占めると言える。特に東国に焦点を当てた場合、「東国国司」の派遣や東北進出の基盤としての交通路の整備など、地方経営・地方支配といった王権主体の政治的意図・施策を基軸とした歴史理解が多く提示されている。こうした研究動向を踏まえ、本書で扱った横穴式石室の動向をめぐる検討結果を当て嵌めると、どのような東国社会の実像に迫れるであろうか。最後に、王権による中央集権化や古代国家形成の動向と比較するなかで、位置づけておきたい。

　まず、古墳時代後期初頭、関東北西部（上野・北武蔵北西部）に受容される横穴式石室が、畿内からもたらされた石室構造ではない点を明らかにした。このことは、中期から後期へと移行する転換期の様相を反映している可能性が高い。つまり、その前段階である中期後半における雄略朝の時期には、埼玉県行田市稲荷山古墳出土鉄剣の「杖刀人」銘や熊本県江田船山古墳出土鉄刀の「典曹人」銘の評価などをはじめ、王権による地方支配体制の強化や基盤形成が急速に進められた画期として理解されるが、これが大きく変容するのが後期初頭の時期に相当するのである。

　この後期初頭から前半の時期は、雄略朝から新たな継体朝への転換期であるということ、言い換えれば新体制として安定するまでの揺籃期でもあり、新たな古墳秩序の構築、再編成が求められる時期である。そうしたなかで、関東北西部では新たな埋葬施設である横穴式石室の採用にあたり、北陸を窓口として日本海沿岸の海上交通網に系譜を求めることができる石室を受容し、古墳秩序の再編を遂げた可能性を提示したが、このことは当時における東国の実像を理解するうえでも重要であろう。これと関連する動向として、同時期の下野では主に東海地方、常陸南部では北部九州に系譜を遡求できる横穴式石室を採用している状況が窺えると言える。

　加えて、この後期初頭にほぼ併行して九州系石室が北陸や東海をはじめ、列島各地に拡散する動向が認められるということ、さらには列島内のみではなく、朝鮮半島の全羅南道や慶尚南道南西部の地域にも伝播する実態も、この王権の動揺期に生じていることには注意を払う必要があろう。こうした九州の勢力拡大とも言える史的動向を背景としつつ、日本海沿岸では九州―北陸、太平洋沿岸では九州―東海など、これらの海上交通を基礎とする地域間の結びつきが強まったと考えられる。関東各地における導入期の横穴式石室も、こうした畿内を介在しない海上交流網に関わるなかで受容された可能性が高いと言え、これが後期前半における東国社会の実相として位置づけられるであろう。

　次に後期後半に入ると、列島各地に畿内型石室が急速に展開・普及する動向が窺えるようになるが、これは6世紀中葉から後半頃、すなわち欽明朝の時期に相当する。欽明朝になると、国造制などをはじめ、王権による地方支配の体制が急速に進展する時期と評価されており、畿内型石室の拡散も、こうした政治的動向を反映している。しかし、関東における動向に着目すると、遠隔地に系譜をもつ石室が各地で展開する状況を把握することができ、上野のように畿内の影響が認められる横穴式石室が普及する地域を除くと、関東で主体を成すのは非畿内系石室であること

が重要と言える。
　一方、関東では片袖石室の構造や釘付木棺の葬制が交通の要衝を中心として、拠点的に採用されるといった様相も併行して認められる。その評価をめぐっては、これが交通路の掌握を目指す王権の政策とも関わる可能性が挙げられるが、他に畿内も含めた諸地域と多元的な繋がりをもつ在地首長の姿を想定することも可能である。少なくとも、王権による政策が交通網を意識した拠点的な動きを示すのに対し、河川交通や海上交通を活発化させた主体は地域社会にあった可能性が高く、これが後期後半における東国社会の特質と言えるであろう。そして、推古朝以降、前方後円墳の消滅とともに、東関東の古東海道経路沿いでは大型方墳が採用され、横口式石槨や双室墳、塼槨式石室の採用が確認できるなど、畿内による交通路の掌握・整備の政策が強まる。しかし、依然として各地では非畿内系石室が構築されるという実態を、単に後出性とする理解のみに終始するのではなく、古代国家成立直前における地域社会の実像として評価していくことが望まれるであろう。

註

(1)　a. 柳沢一男 2001「全南地方の栄山江型横穴式石室の系譜と前方後円墳」『朝鮮学報』179輯　朝鮮学会　113-155頁
　　　b. 柳沢一男 2002「日本における横穴式石室受容の一側面―長鼓峯類型石室をめぐって―」『清溪史学』16・17合輯　韓國精神文化研究院・清溪史学会　409-441頁
　　　c. 柳沢一男 2006「5～6世紀の韓半島西南部と九州―九州系埋葬施設を中心に―」『加耶、洛東江에서 栄山江으로』第12回加耶史国際学術会議　金海市　19-46頁
(2)　a. 洪潽植 2001「加耶の墳墓」『東アジアと日本の考古学』I　墓制①　同成社　194-218頁
　　　b. 洪潽植 2003『新羅 後期 古墳文化 研究』春秋閣
(3)　a. 曹永鉉（堀田啓一訳）1993「三国時代の横穴式石室墳」『季刊考古学』第45号　雄山閣　21-27頁
　　　b. 曹永鉉（吉井秀夫訳）2000「新羅・加耶の横口・横穴式石室墳」『月刊考古学ジャーナル』No.461　ニュー・サイエンス社　23-29頁
(4)　山本孝文 2001「伽耶地域 横穴式石室의 出現背景―墓制変化의 諸側面에 대한 予備考察―」『百済研究』第34輯　忠南大学校百済研究所　39-73頁
(5)　本書第4章第2節参照
(6)　鈴木一有 2011「横穴式石室」一瀬和夫・福永伸哉・北條芳隆編『墳墓構造と葬送祭祀』古墳時代の考古学3　同成社　138-148頁, 抜粋箇所：144頁
(7)　当該海域をめぐり、韓国では東海の呼称が用いられている。本書では日本海の名称で表記するが、これは政治的な立場を提示するものではなく、あくまでも従来からの日本の慣例に従った地理的概念に基づくものである。
(8)　滝川邦彦編 2007『台ヶ鼻古墳』佐渡市埋蔵文化財調査報告書第14集　佐渡市教育委員会
(9)　a. 小黒智久 1997「越後・佐渡の横穴式石室と前方後円墳」『横穴式石室と前方後円墳』第2回東北・関東前方後円墳研究会発表要旨資料　東北・関東前方後円墳研究会　95-110頁

終　章　古代国家の形成と東国社会

　　　　　b.小黒智久 1999「横穴式石室」新潟県考古学会編『新潟県の考古学』高志書院　273-278頁
　　　　　c.小黒智久 2013「横穴式石室」入江文敏・伊藤雅文編『若狭と越の古墳時代』季刊考古学・別冊19　雄山閣　61-68 頁
(10)　a.新潟大学人文学部考古学研究室 1991「村上市磐舟浦田山古墳群1989年度調査報告」『村上市史研究』第1号　村上市史編さん室　1-30頁
　　　　　b.甘粕　健・橋本博文・白石典之編 1996『磐舟浦田山古墳群発掘調査報告書』村上市教育委員会
(11)　前掲註(9)b 文献：274 頁
(12)　前掲註(9)b 文献：274 頁
(13)　前掲註(9)c 文献
(14)　劉茂源・沢下孝信・高橋学時 1982「玉葛窟古墳」唐津湾周辺遺跡調査委員会編『末盧国　佐賀県唐津市・東松浦郡の考古学的調査研究』〔本文編〕　六興出版　512-514 頁
(15)　岡崎　敬・本村豪章 1982「島田塚古墳」唐津湾周辺遺跡調査委員会編『末盧国　佐賀県唐津市・東松浦郡の考古学的調査研究』〔本文篇〕　六興出版　506-511 頁,〔図版篇〕図版番号：163-174
(16)　朝鮮半島出土の倭系文物をめぐっては、日韓の研究者による多数の研究があるが、ここでは主な論考として朴天秀の研究を挙げておく。
　　　　　a.朴天秀 2002「栄山江流域における前方後円墳の出自とその性格」『考古学研究』第49巻第2号　考古学研究会　42-59頁
　　　　　b.朴天秀 2003「栄山江流域と加耶地域における倭系古墳の出現とその背景」『熊本古墳研究』創刊号　熊本古墳研究会　9-28 頁
　　　　　c.朴天秀 2006「栄山江流域 前方後円墳을 通해 본 5～6세기 韓半島와 日本列島」『百済研究』第 43 輯　忠南大学校百済研究所　25-59 頁　など
(17)　河承哲 2005「伽倻地域 石室의 受容과 展開」『伽倻文化』第18号　(財)伽倻文化研究院　75-136頁
(18)　吉井秀夫 2004「考古資料からみた朝鮮諸国と倭」『国立歴史民俗博物館研究報告』第110集　国立歴史民俗博物館　503-516頁
(19)　a.氷見市教育委員会 1973『富山県氷見市朝日長山古墳調査報告書』
　　　　　b.西井龍儀・細川眞樹・上野　章・大野　究 2002「朝日長山古墳」『氷見市史』7　資料編五 考古　氷見市　480-495 頁
　　　　　c.藤田富士夫 2002「コラム　朝日長山古墳出土の金銅製品とその意義」『氷見市史』7　資料編五 考古　氷見市　496-497 頁
(20)　a.藤田富士夫 1984「富山県」『古代学研究』105　特集 各地域における最後の前方後円墳 東日本Ⅰ　古代学研究会　26-30 頁
　　　　　b.伊藤雅文 2008『古墳時代の王権と地域社会』
　　　　　c.前掲註(9)c 文献
(21)　前掲註(20)b 文献：336 頁
(22)　前掲註(9)c 文献
(23)　a.前掲註(20)a 文献
　　　　　b.藤田富士夫 1990『古代の日本海文化　海人文化の伝統と交流』中公新書981　中央公論社

c. 前掲註(19)c 文献
(24)　土生田純之 1998『黄泉国の成立』学生社
(25)　朴天秀 2009「富山縣」『日本列島 속의 大加耶文化』高霊郡・慶北大学校　199-202頁
(26)　韓国における「横口式石室とは明瞭な羨道のない横穴式石室を指しており、日本の横口式石室（竪穴式石室の構造を母胎として一方の短壁に横口を設けたもの＝竪穴系横口式石室）とはやや意味を異とする」ため、「横口式石室は他の横穴式石室と別系統であってもこれと同類に扱うべきであろう」（下記文献：5頁）と考えられている。
　　　土生田純之「近年における韓国横穴式石室研究事情」『月刊考古学ジャーナル』7月号　No.461（通巻）特集 韓国の横穴式石室　ニュー・サイエンス社　4・5頁
(27)　前掲註(4)文献
(28)　沈奉謹ほか 1992『昌寧校洞古墳群』古蹟調査報告第21冊　東亞大学校博物館
(29)　洪志潤・南珍珠 1998『尚州 新興里古墳群（Ⅳ）—다地区—』学術調査報告第7冊　韓国文化財保護財団釜山・釜山地方国土管理庁
(30)　前掲註(3)b 文献
(31)　a. 入江文敏 2011『若狭・越古墳時代の研究』学生社
　　　b. 前掲註(9)c 文献
(32)　福井県遠敷郡上中町教育委員会編 1992『向山1号墳』福井県遠敷郡上中町教育委員会
(33)　a. 上田三平 1916「若狭国遠敷郡瓜生村西塚古墳」『考古学雑誌』第7巻第4号　日本考古学会　40-45頁, 口絵
　　　b. 中司照世 1986「西塚古墳」『福井県史』資料編13　考古　福井県　本文編：304-305頁, 図版編（図版474・475）：480-381頁
　　　c. 畠中清隆・宮崎　認 1997「西塚古墳」中司照世編『若狭地方主要前方後円墳総合調査報告書』福井県教育委員会　11-17頁（原色図版第2, 図版第3・13・15）
　　　d. 清喜裕二 1998「福井県西塚古墳出土品調査報告」『書陵部紀要』第49号　宮内庁書陵部陵墓課　71-90頁, 図版6・7
　　　e. 畠中清隆編 1999『若狭の古代遺跡—発掘の成果と出土品』福井県立若狭歴史民俗資料館（西塚古墳の玄門と閉塞石：15頁左上掲載写真）
　　　f. 清喜裕二 2012「福井県西塚古墳出土遺物の来歴調査について」『書陵部紀要』第63号〔陵墓篇〕　宮内庁書陵部陵墓課　1-20頁
(34)　a. 入江文敏 1986「十善の森古墳」『福井県史』資料編13　考古　福井県　本文編：308-310頁, 図版編（図版480-483）：486-489頁
　　　b. 中司照世・鈴木篤英・宮崎　認 1997「十善ノ森古墳」中司照世編『若狭地方主要前方後円墳総合調査報告書』福井県教育委員会　31-44頁（原色図版第4, 図版第8・9・14・15）
(35)　入江文敏 1986「獅子塚古墳」『福井県史』資料編13　考古　福井県　本文編：298-299頁, 図版編（図版454-457）：460-463頁
(36)　入江文敏 1986「丸山塚古墳」『福井県史』資料編13　考古　福井県　本文編：306-307頁, 図版編（図版476-479）：482-485頁

終　章　古代国家の形成と東国社会

(37)　入江は若狭における古墳と副葬品の様相から、中期後半（雄略朝）、後期前半（継体朝）、後期中葉（欽明朝）の3つの画期で捉えている。すなわち、西塚古墳が築かれた中期後半の時期が大和政権による本格的な専制君主制が敷かれはじめた雄略朝の時期に相当し、これが500年前後、十善ノ森古墳・獅子塚古墳の築かれた後期前半に入ると、地方首長制の弛緩とともに、各地の首長層の独自性が発揮し得た時期とする。そして、後期中葉の欽明朝に入り、国造制・部民制・屯倉制などの制度が施行される時期として位置づけている（前掲註(31)a文献）。

(38)　a. 尹容鎮・金鍾徹 1979『大伽耶古墳発掘調査報告書』高霊郡
　　　b. 朴天秀ほか 2009『高霊 池山洞44号墳―大伽耶王陵―』慶北大学校学術叢書37　慶北大学校考古人類学科考古学叢書1　慶北大学校博物館・慶北大学校考古人類学科・高霊郡大加耶博物館

(39)　a. 前掲註(31)a文献
　　　b. 入江文敏 2012「北陸地方における馬匹生産と馬具の様相(1)」『郷土研究部活動報告』第6号　福井県立若狭高等学校郷土研究部　1-27頁

(40)　双葉剣菱形杏葉について、橋本英将はそのデザインが朝鮮半島南部で出土する心葉形杏葉や楕円形杏葉の内部に配される三葉文・刺繡文・楕円忍冬文に由来すると指摘するとともに、これが国産馬具の製作技術のなかで理解可能である点から、積極的に朝鮮半島との関係や朝鮮半島での製作を強調できる要素は見られないとする。また、その出土例の少なさから希少性が目立つものの、「製作技法の違いをこえて、国産馬具のセットの一要素として製作される状況が看守されることから、双葉剣菱形杏葉の存在のみを強調する必然性はきわめて少ない」と論じている（下記文献a：37頁）。ただし、双葉剣菱形杏葉の成立地をめぐっては舶載品・国産品のどちらも否定できないと慎重な評価を与えている。

　　　なお、坂本美夫は剣菱形杏葉を論じるなかで、双葉剣菱形杏葉を「変形剣菱形杏葉」として検討しているが、これが「分布状況をみる限り、そこには畿内を中心とした動きが捉えられるのであって、これに連動する形で若狭地域が動いていたことは明らかなことで、やはり親畿内的性格を考えることができる」と位置づけている（下記文献b：695頁）。

　　　a. 橋本英将 2005「双葉剣菱形杏葉の検討」『大谷古墳』上中町文化財調査報告第10集　上中町教育委員会　34-37頁
　　　b. 坂本美夫 1996「剣菱形杏葉類の分布とその背景」『考古学の諸相』坂詰秀一先生還暦記念　坂詰秀一先生還暦記念会　677-701頁

(41)　内山敏行 2011「毛野地域における6世紀の渡来系遺物」右島和夫・若狭　徹・内山敏行編『古墳時代毛野の実像』季刊考古学・別冊17　雄山閣　142-147頁

(42)　高田貫太 1998「垂飾付耳飾をめぐる地域間交渉」『古文化談叢』第41集　九州古文化研究会　55-75頁（抜粋箇所：70頁）

(43)　a. 朴天秀 2007『加耶と倭　韓半島と日本列島の考古学』講談社選書メチエ398　講談社
　　　b. 朴天秀「古代北陸における韓半島文物と移入背景」入江文敏・伊藤雅文編『若狭と越の古墳時代』季刊考古学・別冊19　雄山閣　167-175頁（抜粋箇所：171・172頁）

　　　さらに、高田貫太は東京湾東岸地域に所在する5世紀代の千葉県市原市祇園大塚山古墳や姉崎二子塚古墳で出土した大加耶系の垂飾付耳飾も同様に、若狭沿岸とその周辺域―長野県畦地1号墳

―剣崎長瀞西10号墳―東京湾東岸地域へと繋がる可能性を提示している（下記文献 c·d）。そして、東京湾東岸に所在する富津市内裏塚古墳などをはじめとした有力古墳の評価をめぐり、「倭王権との結びつきを前提とした太平洋沿いの経路を用いた対外活動とともに、上述の地域間（若狭湾沿岸とその周辺域、伊那谷、上毛野、東京湾東岸：筆者補）を結びつけて朝鮮半島へとつながるネットワークのようなものに参画していた東京湾東岸地域の首長層の姿を想定できる」、「このようなネットワークの一元的な掌握を企図して、倭王権が東京湾東岸地域に対して積極的に関与したという側面も考えられよう」（下記文献d：257頁）と論じている。具体的な経路の復元や他の出土遺物および渡来人の史的動向も含め、さらに慎重な検討が望まれるが、こうした研究視点と評価は東国社会の実態や在地首長層がもつ交流網を理解するうえでも重要な指摘と言えるであろう。
　　　c. 高田貫太 2012「金工品からみた5、6世紀の日朝交渉―東日本地域の事例から―」小林孝秀編『東日本の古墳と渡来文化―海を越える人とモノ―』平成24年度企画展示図録　松戸市立博物館　109-113頁
　　　d. 高田貫太 2014『古墳時代の日朝関係―新羅・百済・大加耶と倭の交渉史―』吉川弘文館
(44)　a. 楠元哲夫 1996「信濃伊那谷座光寺地区の三石室」『研究紀要』第3集　㈶由良大和古代文化研究協会　13-31頁
　　　b. 土生田純之 2006「積石塚古墳と合掌形石室の再検討―長野・大室古墳群を中心として―」『古墳時代の政治と社会』吉川弘文館　295-324頁（初出：土生田純之 2002『専修考古学』第9号　専修大学考古学会）
(45)　なお、後期前半における横穴式石室受容の動向として、畿内を経由せずに北陸と信濃・上野における結びつきに留意して評価したが、そこから展開する課題点として、前段階である中期における渡来人や渡来文化の受容についても、さらに慎重な検討を試みる必要があろう。信濃南部の長野県飯田市宮垣外遺跡や新井原4号土坑などで見られる馬の埋葬例や初期馬具の存在、上野では群馬県高崎市剣崎長瀞西遺跡における馬の埋葬例の検出や渋川市白井遺跡群における馬の蹄跡の検出など、当地で馬匹生産を開始するにあたり、渡来人集団が携わっていた可能性が多く指摘されている。また、こうした馬匹生産とともに、信濃北部や上野などで認められる積石塚の墓制、朝鮮半島系土器（陶質土器・軟質土器）の存在をめぐり、こうした渡来人や渡来文化の移入が王権の政策によるものなのか、あるいは在地首長による対外交渉の中でもたらされたのか、議論を深化させることが求められるであろう。
(46)　「畿内系」・「非畿内系」の分類は近年、鈴木一有が東海地方における横穴式石室の動向を論じるうえで提示した視点である。列島各地における複雑な横穴式石室の地域性や地域色を読み解くうえでも、有効なひとつの基準になると考えられるため、ここで東国の横穴式石室にも当て嵌めて論じてみることにする。
　　　鈴木一有 2007「東海の横穴式石室における分布と伝播」『研究集会　近畿の横穴式石室』横穴式石室研究会　269-280頁
(47)　右島和夫 1994『東国古墳時代の研究』学生社
(48)　ただし、広瀬和雄は、例えば下野の割り抜き玄門をもつ石室（下野型石棺式石室）の編年や系譜を論じるなかで、出雲東部の石室構造との類似や密接な関連を指摘するが、「彼我の首長層にいか

終　章　古代国家の形成と東国社会

なる交渉があったのかはわからないが、遠隔地の首長同士が独自に緊密な関係性をもつことの説明はしづらい。中央―畿内地域―での接触が直接的な契機となったのであろう」との見解を与えている（下記文献：49頁）。

　しかし、本書でこれまで論じてきた古墳時代後期前半、そして後期後半における横穴式石室の系譜関係をめぐる分析・検討結果からは、ヤマト王権を介在せずに、長距離の結びつきや交流関係を基礎とする地域社会の実態が浮き彫りになったと考えられる。そのため、このような非畿内系の動きが下野に限らず、親畿内的な上野を除く東国各地で見受けられる点、受容された石室構造が一時的なものではなく各地で定着・発展する動向が把握できる点からも、無理にすべてを「中央・畿内地域での直接的な接触」という理解で評価する必要はないであろう。

　広瀬和雄 2011「しもつけ古墳群の歴史的意義―6・7世紀の東国政策をめぐって―」君島利行編『しもつけ古墳群―しもつけの覇王、吾妻ノ岩屋から車塚へ―』47-57頁

(49)　後期前半の横穴式石室導入期に下野で認められる石室（中山（将門霊神）古墳・別処山古墳など）をめぐっては、東海地方における横穴式石室の影響や系譜関係が推定でき（本書第1章第2節）、北武蔵で同時期に存在する1例（北塚原6号墳）も同様に、ここで取り上げる後期後半における片袖石室とは性格が異なるものと理解している。また、後期後半に上野では片袖石室が数例確認できるものの（御部入3号墳など）、小規模な円墳で構築されるのみであり、主体を成すのは両袖石室であると言え、群集墳においても後期後半以降、無袖石室から両袖石室への変遷を認めることができる。なお、下野では後期後半以降には、複室構造の切石積みや割り抜き玄門をもつ石室が首長墓を中心に採用されており、片袖石室は認められない。こうした点から、片袖石室は上野・下野地域ではなく、東京湾沿岸を介する経路で入ってきた可能性が高いと推測することができる。

(50)　a. 滝口　宏編『上総金鈴塚古墳』早稲田大学考古学研究室

　　　b. 戸倉茂行 2004「金鈴塚古墳の調査」『平成14・15年度木更津市内遺跡発掘調査報告書―茅野1号墳・金鈴塚古墳―』木更津市教育委員会　32-41頁

　　　c. 酒巻忠史 2006「金鈴塚古墳出土遺物（土器）の再整理」『木更津市文化財調査集報』11　木更津市教育委員会　1-26頁

　　　d. 酒巻忠史 2006『木更津市文化財調査集報』12　金鈴塚古墳出土遺物の再整理2―大刀の実測―　木更津市教育委員会

　　　e. 稲葉昭智編 2012『金鈴塚古墳展―甦る東国古墳文化の至宝―』木更津市郷土博物館金のすず特別企画展 図録

(51)　a. 和田晴吾 1989「葬制の変遷」都出比呂志編『古墳時代の王と民衆』古代史復元6　講談社　105-119頁

　　　b. 和田晴吾 1995「棺と古墳祭祀―『据えつける棺』と『持ちはこぶ棺』―」『立命館文学』第542号　立命館大学文学部人文学会　484-511頁

　　　c. 和田晴吾 2003「棺と古墳祭祀(2)―『閉ざされた棺』と『開かれた棺』―」『立命館大学考古学論集』Ⅲ-2　家根祥多さん追悼論集　立命館大学考古学論集刊行会　713-725頁

(52)　前掲註(51)a 文献：117頁

(53)　前掲註(51)a 文献：117頁

(54) a. 藏冨士寛 1997「石屋形考―平入横口式石棺の出現とその意義―」『先史学・考古学論究』Ⅱ　熊本大学文学部考古学研究室創設25周年記念論文集　龍田考古会　133-166頁
　　　b. 藏冨士寛 2009「九州地域の横穴式石室」杉井　健編『九州系横穴式石室の伝播と拡散』日本考古学協会2007年度熊本大会分科会Ⅰ記録集　北九州中国書店　3-20頁
(55) 前掲註(54)a文献：160頁
(56) 前掲註(54)b文献：4頁
(57) 前掲註(51)b・c文献
(58) 杉井　健編 2009「第Ⅱ部　討論」『九州系横穴式石室の伝播と拡散』日本考古学協会2007年度熊本大会分科会Ⅰ記録集　北九州中国書店　237-286頁
(59) 松尾昌彦 2002『古墳時代東国政治史論』雄山閣，抜粋箇所：270頁
(60) 前掲註(59)文献：288頁
(61) 前掲註(59)文献：246頁
(62) a. 網野善彦 1996『続・日本の歴史をよみなおす』筑摩書房
　　　b. 網野善彦 2000『「日本」とは何か』日本の歴史　第00巻　講談社
(63) 小沢　洋 1985『二間塚遺跡群確認調査報告書Ⅱ』富津市教育委員会
(64) 岡本東三・白石太一郎・白井久美子・山口典子ほか 2002『印旛郡栄町浅間山古墳発掘調査報告書』千葉県史編さん資料　千葉県
(65) 大塚初重 1975「千葉県岩屋古墳の再検討」『駿台史学』第37号　駿台史学会　142-155頁　など
(66) 草野潤平 2008「千葉県竜角寺岩屋古墳の石室系譜」明治大学文学部考古学研究室編『地域と文化の考古学』Ⅱ　六一書房　509-520頁　など
(67) 小林三郎ほか 1983『宮中野古墳群発掘調査概報―昭和57年度・大塚古墳発掘調査概要―』鹿嶋町教育委員会など
(68) 前掲註(67)文献
(69) 日高　慎 2000「関東地方における最終末前方後円墳と風返稲荷山古墳」『風返稲荷山古墳』霞ヶ浦町教育委員会　193-203頁
(70) a. 市毛　勲 1963「東国における墳丘裾に内部施設を有する古墳について」『古代』第41号　早稲田大学考古学会　19-26頁
　　　b. 市毛　勲 1973「「変則的古墳」覚書」『古代』第56号　早稲田大学考古学会　1-29頁
(71) 市毛　勲 1970『宮中野古墳群調査報告』茨城県教育委員会
(72) 岩崎卓也 1992「関東地方東部の前方後円形小墳」『国立歴史民俗博物館研究報告』第44集　国立歴史民俗博物館　53-77頁

図版出典

序章

第1図　奈良県立橿原考古学研究所編 1984『市尾墓山古墳』高取町文化財調査報告書第5冊　高取町教育委員会より転載。

第2図　下記文献よりそれぞれ転載、改変して作成。
1・5：第2回九州前方後円墳研究会実行委員会編 1999『九州における横穴式石室の導入と展開』第Ⅰ分冊・第Ⅱ分冊　九州前方後円墳研究会／2・3・6：柳沢一男 1982「竪穴系横口式石室再考」『森貞次郎博士古稀記念古文化論集』下巻　森貞次郎博士古稀記念論文集刊行会／4：柳沢一男 1980「肥後型横穴式石室考―初期横穴式石室の系譜」『古文化論巧』鏡山猛先生古稀記念論文集刊行会

第3図　1・2：出雲考古学研究会 1987『石棺式石室の研究―出雲地方を中心とする切石造り横穴式石室の検討―』（古代の出雲を考える6）よりそれぞれ転載、改変して作成。

第4図　下記文献よりそれぞれ転載、改変して作成。
1：小玉道明・下村登良男・村上善雄 1968『志麻・おじょか古墳発掘調査概要』阿児町教育委員会／2：土生田純之 1988「中ノ郷（穴観音）古墳横穴式石室実測調査報告」『西三河の横穴式石室　資料編』愛知大学日本史専攻会考古学部会（通称・史学科考古学研究会）／3：斎藤嘉彦・山口　豊ほか 1981『経ヶ峰1号墳』岡崎市教育委員会

第5図　下記文献よりそれぞれ転載、改変して作成。
上段：酒井清治・藤野一之・三原翔吾編 2009『群馬・金山丘陵窯跡群Ⅱ―菅ノ沢遺跡（須恵器窯跡群・古墳群）・巖穴山古墳の発掘調査報告―』駒澤大学考古学研究室／下段左・中：寺内のり子 1982『平沢・山口古墳群調査報告書』筑波大学考古学研究室／下段右：大江正行 1990『本郷的場古墳群』群馬県教育委員会・㈶群馬県埋蔵文化財調査事業団

第1章
第1節

第6図　地図：筆者作成／墳丘図：平岡和夫・高野浩之ほか 2001『高崎山古墳群西支群第2号墳・第3号墳』山武考古学研究所・新治村教育委員会より転載、改変して作成。

第7図　平岡和夫・高野浩之ほか 2001『高崎山古墳群西支群第2号墳・第3号墳』山武考古学研究所・新治村教育委員会より転載、改変して作成。

第8図　写真提供：土浦市上高津貝塚ふるさと歴史の広場

第9図　平岡和夫・高野浩之ほか 2001『高崎山古墳群西支群第2号墳・第3号墳』山武考古学研究所・新治村教育委員会より転載、改変して作成。

第10図　平岡和夫・高野浩之ほか 2001『高崎山古墳群西支群第2号墳・第3号墳』山武考古学研究所・新治村教育委員会より転載、改変して作成。

第11図　石室図：下記文献よりそれぞれ転載、改変して作成／地図ほか：筆者作成。
1：大工原豊ほか編 2003『簗瀬二子塚古墳・簗瀬首塚古墳』安中市教育委員会／2：松本浩一 1981「正円寺古墳」『群馬県史』資料編3 原始古代3　群馬県／3：加部二生 1989「王山古墳」『東日本における横穴式石室の受容』第10回三県シンポジウム　千曲川水系古代文化研究所・北武蔵古代文化研究会・群馬県考古学研究所／4：前原　豊ほか 1993『前二子古墳』前橋市教育委員会／5：大江正行 1990『本郷的場古墳群』群馬県埋蔵文化財調査事業団調査報告第

108 集　群馬県教育委員会・㈶群馬県埋蔵文化財調査事業団／6：尾崎喜左雄 1958「群馬県佐波郡轟山A号墳」『日本考古学年報』7（昭和29年度）　日本考古学協会／7：飯塚　誠・德江秀夫 1993『少林山台遺跡』群馬県埋蔵文化財調査事業団報告第153集　㈶群馬県埋蔵文化財調査事業団／8：塩野　博・小久保徹 1975『黒田古墳群』花園村黒田古墳群発掘調査会／9・10：増田逸朗 1989「北塚原古墳群」『東日本における横穴式石室の受容』第10回三県シンポジウム　千曲川水系古代文化研究所・北武蔵古代文化研究会・群馬県考古学研究所／11：平岡和夫・高野浩之ほか 2001『高崎山古墳群西支群第2号墳・第3号墳』山武考古学研究所・新治村教育委員会

第12図　澁谷恵美子編 2007『飯田における古墳の出現と展開』資料編　飯田市教育委員会より転載、改変して作成。

第13図　柳沢一男 2002「日本における横穴式石室受容の一側面―長鼓峯類型石室をめぐって―」『清溪史学』16・17合輯　韓國精神文化研究院・清溪史学会より転載、改変して作成。

第14図　1：前原　豊ほか 1993『前二子古墳』前橋市教育委員会／2：平岡和夫・高野浩之ほか 2001『高崎山古墳群西支群第2号墳・第3号墳』山武考古学研究所・新治村教育委員会よりそれぞれ転載、改変して作成。

第2節
第15図　下記文献よりそれぞれ転載、改変して作成。
1：大工原豊ほか編 2003『簗瀬二子塚古墳・簗瀬首塚古墳』安中市教育委員会／2：松本浩一 1981「正円寺古墳」『群馬県史』資料編3 原始古代3　群馬県／3：柏木一男 2000「一ノ宮本宿・郷土遺跡」『群馬文化』第261号　群馬県地域文化研究協議会／4：前橋市教育委員会 2005『大室古墳群 史跡前二子古墳・中二子古墳・後二子古墳ならびに小古墳』保存整備事業報告書／5：加部二生 1989「王山古墳」『東日本における横穴式石室の受容』第10回三県シンポジウム　千曲川水系古代文化研究所・北武蔵古代文化研究会・群馬県考古学研究所／6：飯塚　誠・德江秀夫 1993『少林山台遺跡』群馬県埋蔵文化財調査事業団報告第153集　㈶群馬県埋蔵文化財調査事業団／7：小林敏夫 1981「御部入18号墳」『群馬県史』資料編3 原始古代3　群馬県／8：大江正行 1990『本郷的場古墳群』群馬県埋蔵文化財調査事業団調査報告第108集　群馬県教育委員会・㈶群馬県埋蔵文化財調査事業団／9：尾崎喜左雄 1958「群馬県佐波郡轟山A号墳」『日本考古学年報』7（昭和29年度）　日本考古学協会

第16図　1：小林　修 2005『津久田甲子塚古墳』赤城村教育委員会／2：松村一昭 1981「峯岸山8号墳」資料編3 原始古代3　群馬県／3：横沢克明 1981「権現山2号古墳」『群馬県史』資料編3 原始古代3　群馬県／4：千田茂雄・右島和夫 2001「後閑3号墳」『安中市史』第4巻 原始古代中世資料編　安中市

第17図　1：沈奉謹編 2005『固城松鶴洞古墳群　第1号墳発掘調査報告書』古蹟調査報告第37冊　東亞大学校博物館／2：金奎運・金俊植 2009「泗川 船津里 石室墳」『嶺南考古学』第48號　嶺南考古学会／3：殷和秀・崔相宗 2001『海南方山里長鼓峰古墳試掘調査報告書』国立光州博物館学術叢書第38冊　国立光州博物館／4：趙栄済・朴升圭・柳昌煥ほか 1994『宜寧 中洞里古墳群』慶尚大学校博物館研究叢書第12輯　慶尚大学校博物館／5：定森秀夫・吉井秀夫・内田好昭 1990「韓国慶尚南道晋州水精峯2号墳・玉峯7号墳出土遺物―東京大学工学部建築史研究室所蔵資料の紹介―」『朱雀』第3集　京都文化博物館

第18図　1：福田定信編 1988『飯塚古墳群発掘調査概報Ⅰ』小山市教育委員会／2：足利市教育委員会文化課 2004「永宝寺古墳第2次発掘調査」『平成14年度文化財保護年報』足利市埋蔵文化財

図版出典

　　　　　調査報告第50集／3：関根穂高・今村利幸ほか 1985『権現山古墳―北山古墳群調査報告Ⅰ―』宇都宮市教育委員会／4：斉藤光利・秋元陽光・大橋泰夫 1992『別所山古墳』南河内町教育委員会／5：栃木県古墳勉強会 2004「中山（将門霊神）古墳調査報告」『栃木県考古学会誌』第25集　栃木県考古学会／6：高橋鑛吉 1899「下野国河内郡豊里村宮下ノ古墳」『東京人類学会雑誌』第14巻第158号　東京人類学会

第19図　　静岡県考古学会 2003『静岡県の横穴式石室』より転載。

第2章
第1節

第20図　　石室図：下記文献よりそれぞれ転載、改変して作成／地図ほか：筆者作成。
　　　　　1：平岡和夫・高野浩之ほか 2001『高崎山古墳群西支群第2号墳・第3号墳』山武考古学研究所・新治村教育委員会／2：大塚初重 1974「大日塚古墳」『茨城県史料』考古資料編　古墳時代　茨城県，佐々木憲一・倉林眞砂斗・曾根俊雄・中村新之介 2008「茨城県行方市大日塚古墳測量調査」『考古学集刊』第4号　明治大学文学部考古学研究室

第21図　　石室図：下記文献よりそれぞれ転載、改変して作成／地図ほか：筆者作成。
　　　　　1：大森信英 1974「舟塚古墳群」『茨城県史料』考古資料編 古墳時代 茨城県／2：大森信英・宇野悦郎 1986「原始・古代の瓜連地方」『瓜連町史』瓜連町／3：瓦吹　堅 1976『高寺2号墳』友部町教育委員会／4：折原洋一 1995『神岡上古墳群』北茨城市文化財調査報告Ⅳ　北茨城市教育委員会／5：後藤守一・大塚初重 1957『常陸丸山古墳』山岡書店／6：寺内のり子 1982『平沢・山口古墳群調査報告』筑波大学考古学研究会／7：稲村　繁・塩谷　修 1983『粟田石倉古墳―附 粟田A・B地点―』千代田文化財報告書　千代田村教育委員会

第22図　　石室図：下記文献よりそれぞれ転載、改変して作成／地図ほか：筆者作成。
　　　　　1：寺内のり子 1982『平沢・山口古墳群調査報告』筑波大学考古学研究会／2：斉藤　忠 1974「太師の唐櫃古墳」『茨城県史料』考古資料編 古墳時代　茨城県／3：伊東重敏 1997『栗村東古墳群・栗村西古墳群・丸峯古墳群調査報告書』千代田町教育委員会 高倉・粟田地区埋蔵文化財発掘調査会／4：西宮一男 1992『中戸古墳』八郷町教育委員会／5・6：吉川明宏・新井　聡・黒澤秀雄 1995『中台遺跡』茨城県教育財団文化財調査報告第102集　㈶茨城県教育財団

第23図　　石室図：下記文献よりそれぞれ転載、改変して作成／地図ほか：筆者作成。
　　　　　1：吉川明宏・新井　聡・黒澤秀雄 1995『中台遺跡』茨城県教育財団文化財調査報告第102集　㈶茨城県教育財団／2：千葉隆司ほか 2000『風返稲荷山古墳』霞ヶ浦町教育委員会／3：日高　慎 2000「雲母片岩使用の横穴式石室と箱形石棺」『風返稲荷山古墳』霞ヶ浦町教育委員会

第24図　　石室図：下記文献よりそれぞれ転載、改変して作成／地図ほか：筆者作成。
　　　　　1：生田目和利 1988「船玉装飾古墳」『関城町史　別冊史料編―関城町の遺跡―』関城町／2：三木ますみ 1992「高山古墳」『岩井市の遺跡』岩井市史遺跡調査報告第1集　岩井市史編さん委員会／3：箕輪健一 1998「高浜入の最後の首長墓―岡岩屋古墳の横穴式石室について―」『玉里村立史料館報』第3号　玉里村立史料館／4：伊東重敏 1997『栗村東古墳群・栗村西古墳群・丸峯古墳群調査報告書』千代田町教育委員会，高倉・粟田地区埋蔵文化財発掘調査会／5：小玉秀成・本田信之 2000「岩屋古墳発掘調査」『玉里村立史料館報』第5号　玉里村立史料館／6：中台1号墳〔石室図なし〕

第25図　　筆者撮影写真

第26図　　山ノ井清人・水沼良浩 1992「御鷲山古墳」『壬生町史』資料編1 考古 南河内町より転載、作成。

第27図　筆者撮影写真
第28図　石室図：下記文献よりそれぞれ転載、改変して作成／地図ほか：筆者作成。
　　　　1～4：寺内のり子 1982『平沢・山口古墳群調査報告』筑波大学考古学研究会／5：安藤鴻基・杉崎茂樹・山口典子 1983「千葉県佐原市又見古墳の箱形横穴式石室」『古代房総史研究』第2号　古代房総史研究会／6：相田美喜男 1993「茨城県における後・終末期古墳実測調査（1）」『婆良岐考古』第15集　婆良岐考古同人会
第29図　1：田中広明・大谷　徹 1989「東国における後・終末期古墳の基礎的研究（1）」『研究紀要』第5号　㈶埼玉県埋蔵文化財調査事業団／2：岡本東三・白石太一郎・白井久美子・山口典子ほか 2002『印旛郡栄町浅間山古墳発掘調査報告書』千葉県史編さん資料　千葉県よりそれぞれ転載、作成
第30図　下記文献よりそれぞれ転載、改変して作成。
　　　　1：山ノ井清人 1987『壬生町史』資料編　原始・古代・中世　壬生町／2：秋元陽光・大橋泰夫・水沼良浩 1989「国分寺町甲塚古墳調査報告」『栃木県考古学会誌』第11集　栃木県考古学会／3・4：秋元陽光・大橋泰夫 1988「栃木県南部の古墳時代後期の首長墓の動向―思川・田川水系を中心として―」『栃木県考古学会誌』第9集　栃木県考古学会／5：国分寺町 2000「古墳時代―地方豪族の墓―」『図説　国分寺町の歴史』
第31図　石室図：下記文献よりそれぞれ転載、改変して作成／地図ほか：筆者作成。
　　　　1～3：小澤重雄　2006『山ノ入古墳群　大日下遺跡』茨城県教育財団文化財調査報告第255集　㈶茨城県教育財団／4：協和町小栗地内遺跡調査会 1986『小栗地内遺跡群発掘調査報告書』協和町／5：横倉要次 2004『松田古墳群』茨城県教育財団文化財調査報告第226集　㈶茨城県教育財団／6：茨城県教育委員会 1970「猿島郡五霞村川妻穴薬師古墳」『茨城県埋蔵文化財調査報告書Ⅲ』／時信武史 2001「金岡八龍神塚石室調査報告」『町史研究　下総さかい』第7号　境町／星野保則・大熊佐智子 2004『岩名古墳』野田市埋蔵文化財調査報告書第26冊　野田市教育委員会

第2節

第32図　1～3,5・6：下記文献よりそれぞれ再トレースして作成／4：下記文献より転載、改変して作成。
　　　　1・2：大橋泰夫 1990「下野における古墳時代後期の動向―横穴式石室の分析を通して―」『古代』第89号　早稲田大学考古学会／3：秋元陽光・大橋泰夫・水沼良浩 1989「国分寺町甲塚古墳調査報告」『栃木県考古学会誌』第11集　栃木県考古学会／4：小森紀男・齋藤恒夫 1992「大形前方後円墳の築造企画（1）―栃木県国分寺町山王塚古墳の復元をめぐって―」『研究紀要』第1号　㈶栃木県文化振興事業団・埋蔵文化財センター／5：秋元陽光・大橋泰夫 1988「栃木県南部の古墳時代後期の首長墓の動向―思川・田川水系を中心として―」『栃木県考古学会誌』第9集　栃木県考古学会／6：小森紀男・松岡貴直 1991「国分寺町丸塚古墳第一次調査報告」『栃木県しもつけ風土記の丘資料館年報』第5号（平成2年度版）栃木県教育委員会
第33図　1～8：出雲考古学研究会 1987『石棺式石室の研究―出雲地方を中心とする切石造り横穴式石室の検討―』古代の出雲を考える6　よりそれぞれ転載、改変して作成。
第34図　下記文献よりそれぞれ転載、改変して作成。
　　　　1：乙益重隆 1980「江田船山古墳と出土遺物」『江田船山古墳』熊本県玉名郡菊水町／2：三島　格 1984「34.石之室古墳」『熊本県装飾古墳総合調査報告書』熊本県文化財調査報告第68集　熊本県文化財保護協会／3：勢田廣行 1984「36.宇賀岳古墳」『熊本県装飾古墳総合調査

図版出典

報告書』熊本県文化財調査報告第68集　熊本県文化財保護協会

第35図　下記文献よりそれぞれ転載、改変して作成。
1：三島　格 1984「47.桂原古墳」『熊本県装飾古墳総合調査報告書』熊本県文化財調査報告第68集　熊本県文化財保護協会／2：藏冨士寛・古城史雄 1998「Ⅲ 肥後における古墳の調査3」『考古学研究室報告』第34集　熊本大学文学部考古学研究室／3・4：藏冨士寛 1997「刳抜玄門について」『椿原古墳』宇土市埋蔵文化財調査報告書第20集　熊本大学考古学研究室・宇土市教育委員会／5：村井真輝ほか 1979「B地区（岩立C号墳）」『五ッ穴横穴群』熊本県教育委員会／6：高木正文 1984「10.江田穴観音古墳」『熊本県装飾古墳総合調査報告書』熊本県文化財調査報告第68集　熊本県文化財保護協会／7：三島　格 1984「55.大野窟古墳」『熊本県装飾古墳総合調査報告書』熊本県文化財調査報告第68集　熊本県文化財保護協会／8：甲元眞之・髙木恭二・木下洋介・藏冨士寛 1997『椿原古墳』宇土市埋蔵文化財調査報告書第20集　熊本大学文学部考古学研究室・宇土市教育委員会（5は玄門刳り抜き部を加筆トレース）

第36図　1～3,5・6：下記文献から再トレース／4,7～14：下記文献から転載、改変して作成。
1・2：大橋泰夫 1990「下野における古墳時代後期の動向─横穴式石室の分析を通して─」『古代』第89号　早稲田大学考古学会／3：秋元陽光・大橋泰夫・水沼良浩 1989「国分寺町甲塚古墳調査報告」『栃木県考古学会誌』第11集　栃木県考古学会／4：小森紀男・齋藤恒夫 1992「大形前方後円墳の築造企画（1）─栃木県国分寺町山王塚古墳の復元をめぐって─」『研究紀要』第1号　（財）栃木県文化振興事業団・埋蔵文化財センター／5：小森紀男・松岡貴直 1991「国分寺町丸塚古墳第一次調査報告」『栃木県しもつけ風土記の丘資料館年報』第5号（平成2年度版）栃木県教育委員会／6：秋元陽光・大橋泰夫 1988「栃木県南部の古墳時代後期の首長墓の動向─思川・田川水系を中心として─」『栃木県考古学会誌』第9集　栃木県考古学会／7～10：寺内のり子 1982『平沢・山口古墳群調査報告』筑波大学考古学研究会／11：田中広明・大谷　徹 1989「東国における後・終末期古墳の基礎的研究（1）」『研究紀要』第5号　（財）埼玉県埋蔵文化財調査事業団／12：岡本東三・白石太一郎・白井久美子・山口典子ほか 2002『印旛郡栄町浅間山古墳発掘調査報告書』千葉県史編さん資料　千葉県／13：安藤鴻基・杉崎茂樹・山口典子 1983「千葉県佐原市又見古墳の箱形横穴式石室」『古代房総史研究』第2号　古代房総史研究会／14：相田美喜男 1993「茨城県における後・終末期古墳実測調査（1）」『婆良岐考古』第15集　婆良岐考古同人会

第37図　1～3：出雲考古学研究会 1987『石棺式石室の研究─出雲地方を中心とする切石造り横穴式石室の検討─』古代の出雲を考える6よりそれぞれ転載、改変して作成。

第38図　左：中村享史・齋藤恒夫 2011『吾妻古墳 重要遺跡範囲確認調査』栃木県埋蔵文化財調査報告第333集　栃木県教育委員会・（財）とちぎ生涯学習文化財団／右：伊藤正人 2012『吾妻古墳と藤井古墳群』第26回秋季特別展　栃木県しもつけ風土記の丘資料館（展示図録）よりそれぞれ転載、作成。

第3節
第39図　①石室図：下記文献よりそれぞれ転載、改変して作成／②地図ほか：筆者作成。
1～3,11・12：増田逸朗ほか 1989「埼玉県における横穴式石室の受容」『東日本における横穴式石室の受容』第2分冊　第10回三県シンポジウム　千曲川水系古代文化研究所・北武蔵古代文化研究会・群馬県考古学研究所／4・5：塩野　博・小久保徹 1975『黒田古墳群』花園村黒田古墳群発掘調査会／6：瀧瀬芳之 1986『小前田古墳群』埼玉県埋蔵文化財調査事業団報

告書第58集　㈶埼玉県埋蔵文化財調査事業団／7・10：菅谷浩之ほか 1980『長沖古墳群』児玉町文化財調査報告書第1集　児玉町教育委員会／8：田中広明・大谷　徹ほか 1990『秋山古墳群—庚申塚古墳・諏訪山古墳の調査—』児玉町史資料調査報告第2集　児玉町教育委員会／9：駒宮史朗・増田逸朗・菅谷浩之ほか 1973『青柳古墳群発掘調査報告書』埼玉県遺跡調査会報告第19集　埼玉県遺跡調査会／13：金井塚良一編 1970『諏訪山古墳群（第1次発掘調査報告）』東洋大学考古学研究会発掘調査報告第1集　考古学資料刊行会／14：今井宏ほか 1984『屋田・寺ノ台』埼玉県埋蔵文化財調査報告書第32集　㈶埼玉県埋蔵文化財調査事業団／15：『行田北西遺跡群発掘調査報告書　池守遺跡　小藪田遺跡　酒巻古墳群』行田市文化財調査報告書第14集　行田市教育委員会／16：小林　茂「古墳時代」『皆野町誌』通史編　皆野町／17：塩野　博 1968「川田谷ひさご塚古墳」『桶川町文化財調査報告Ⅱ』桶川町教育委員会

第40図　石室図：下記文献よりそれぞれ転載、改変して作成／地図ほか：筆者作成。
1：駒宮史朗・増田逸朗・菅谷浩之ほか 1973『青柳古墳群発掘調査報告書』埼玉県遺跡調査会報告第19集　埼玉県遺跡調査会／2：小久保徹・田中英司・利根川章彦ほか 1983『三ヶ尻天王・三ヶ尻林（1）』埼玉県埋蔵文化財調査事業団報告書第23集　㈶埼玉県埋蔵文化財調査事業団／3：利根川章彦 1982『新ヶ谷戸』埼玉県埋蔵文化財調査事業団報告書第9集　㈶埼玉県埋蔵文化財調査事業団／4：塩野　博・小久保徹 1975『黒田古墳群』花園村黒田古墳群発掘調査会／5・8・9：増田逸朗・小久保徹ほか 1977『塚本山古墳群』埼玉県遺跡発掘調査報告書第10集　埼玉県教育委員会／6：菅谷浩之ほか 1980『長沖古墳群』児玉町文化財調査報告書第1集　児玉町教育委員会／7：丸山陽一・中沢良一 1998『猪俣北古墳群・引地遺跡・滝ノ沢遺跡』美里町遺跡発掘調査報告書第9集　美里町教育委員会／10：塩野　博ほか 1972『鹿島古墳群』埼玉県埋蔵文化財調査報告書第1集　埼玉県教育委員会／11：小林　茂「古墳時代」『皆野町誌』通史編　皆野町

第41図　石室図：下記文献よりそれぞれ転載、改変して作成／地図ほか：筆者作成。
1：美里町史編纂委員会 1986『美里町史』通史編　美里町／2：中村倉司 1980「一本松古墳」『瓺甕神社前遺跡・一本松古墳』埼玉県遺跡調査会報告第39集　埼玉県遺跡調査会／3：江南町史編さん委員会 1995『港南町史』資料編1　考古　江南町／4：増田逸朗・小久保徹ほか 1977『塚本山古墳群』埼玉県遺跡発掘調査報告書第10集　埼玉県教育委員会／5：田中広明・大谷　徹ほか 1990『秋山古墳群—庚申塚古墳・諏訪山古墳の調査—』児玉町史資料調査報告第2集　児玉町教育委員会／6：小林　茂「古墳時代」『皆野町誌』通史編　皆野町／7：植木　弘ほか 1987『古里古墳群—北田遺跡・上土橋支群・駒込支群の発掘調査—』嵐山町遺跡調査会報告2　嵐山町遺跡調査会

第42図　石室図：下記文献よりそれぞれ転載、改変して作成／地図ほか：筆者作成。
1：金井塚良一編 2012『三千塚古墳群—発掘調査の概要—』東松山市文化財調査報告書第29集　東松山市教育委員会／2：熊谷市史編纂委員会 1963『熊谷市史』前篇　埼玉県熊谷市／3：岡本健一 1997『将軍山古墳』《史跡埼玉古墳群整備事業報告書》—史跡等活用特別事業—確認調査・付編　埼玉県教育委員会／4：増田逸朗ほか 1989「埼玉県における横穴式石室の受容」『東日本における横穴式石室の受容』第2分冊　第10回三県シンポジウム　千曲川水系古代文化研究所・北武蔵古代文化研究会・群馬県考古学研究所／5：金井塚良一 1979「比企地方の前方後円墳」『研究紀要』第1号　埼玉県立歴史資料館／6・7：江南町史編さん

図版出典

委員会 1995『港南町史』資料編 1　考古　江南町／8：甘粕　健・小泉　功 1972「牛塚古墳」『川越市史』第 1 巻　原始古代編　川越市

第 43 図　石室図：下記文献よりそれぞれ転載、改変して作成／地図ほか：筆者作成。

1：中島陽一・門脇伸一 1994『酒巻 21 号墳（2 次）白山愛宕山古墳（1、2 次）白山 2 号墳』行田市教育委員会／2：埼玉県 1982「若宮八幡古墳」『新編　埼玉県史』資料編 2 ／3：金井塚良一・小峯啓太郎 1964「東松山市冑塚古墳発掘調査報告」『台地研究』No. 14　台地研究会／4：今泉泰之・谷井　彪・野部徳秋ほか 1974『田木山・弁天山・舞台・宿ヶ谷戸・附川』埼玉県遺跡発掘調査報告書第 5 集　埼玉県教育委員会／5：田中広明 1989「緑泥片岩を運んだ道―変容する在地首長層と労働差発権―」『土曜考古』第 14 号　土曜考古学研究会／6：金井塚良一 1978「かぶと塚古墳の発掘」『吉見町史』上巻　吉見町史編さん委員会

第 44 図　石室図：下記文献よりそれぞれ転載、改変して作成／地図ほか：筆者作成。

1・4・10：今泉泰之・谷井　彪・野部徳秋ほか 1974『田木山・弁天山・舞台・宿ヶ谷戸・附川』埼玉県遺跡発掘調査報告書第 5 集　埼玉県教育委員会／2：植木　弘 1991『稲荷塚古墳』嵐山町文化財調査報告 5　嵐山町教育委員会／3：東京大学考古学研究室 1964「埼玉県宮前村の古墳調査」『考古学雑誌』第 49 巻第 4 号　日本考古学会／5：塩野　博・増田逸朗 1979『西台遺跡の発掘調査』桶川町文化財調査報告Ⅳ　桶川町教育委員会／6：塩野　博ほか 1978『川田谷古墳群』桶川町文化財調査報告書第 10 集　桶川町教育委員会／7：金子真土・小川良祐ほか 1980『埼玉県史跡　八幡山古墳石室復原報告』埼玉県教育委員会／8：佐藤春生 1998「松の外遺跡・西戸古墳群第 3 次発掘調査」『松の外遺跡・西戸古墳群〜第 2 次・第 3 次発掘調査〜』毛呂山町教育委員会／9：北堀彰男 1988「大河原遺跡」『坂戸市遺跡群発掘調査報告書』第Ⅰ集　坂戸市教育委員会／11：岩瀬　譲 1985「鶴ヶ丘稲荷神社古墳」『鶴ヶ丘（E 区）』埼玉県埋蔵文化財調査事業団報告書第 45 集　㈶埼玉県埋蔵文化財調査事業団

第 45 図　下記文献よりそれぞれ転載、改変して作成。

1・2・4：第 2 回九州前方後円墳研究会実行委員会編 1999『九州における横穴式石室の導入と展開』第Ⅰ分冊・第Ⅱ分冊　九州前方後円墳研究会／3：川述昭人・伊崎俊秋 1982『大塚 1 号墳』広川町文化財調査報告書第 2 集　広川町教育委員会／5・6：川述昭人 1988『植松古墳群』広川町文化財調査報告書第 6 集　広川町教育委員会

第 46 図　1：松本岩雄 1999『上塩冶築山古墳の研究』島根県古代文化センター調査報告書 4　島根県教育委員会・島根県古代文化センター／2：中司照世 1986「神奈尾備山古墳」『福井県史』資料編 13　考古　福井県　図版編（図版 317-319）よりそれぞれ転載、改変して作成。

第 4 節

第 47 図　小沢　洋 2008『千葉県富津市　内裏塚古墳群総覧』富津市教育委員会より転載。

第 48 図　小沢　洋・伊藤伸久 2010『平成 21 年度―千葉県―富津市内遺跡発掘調査報告書　植ノ台遺跡 6 九条塚古墳』富津市教育委員会より転載。

第 49 図　下記文献よりそれぞれ転載、改変して作成。

1：小沢　洋 1992『西原古墳』富津市教育委員会／2・3：椙山林継 1986「内裏塚古墳群の年代」『千葉県富津市内裏塚古墳群測量調査報告書』千葉県教育委員会／4：小沢　洋 1990『三条塚古墳』富津市教育委員会

第 50 図　下記文献よりそれぞれ転載、改変して作成。

1：小沢　洋 1985『千葉県富津市二間塚遺跡群確認調査報告書Ⅱ』㈶君津郡市文化財センター／2：椙山林継 1986「内裏塚古墳群の年代」『千葉県富津市内裏塚古墳群測量調査報告書』千

葉県教育委員会／3：野口行雄 1990『下谷古墳・下谷遺跡』君津郡市文化財センター／4：中村恵次・市毛　勲 1967「富津古墳群八丁塚古墳調査報告」『古代』第49・50合併号　早稲田大学考古学会

第51図　井鍋誉之 2003「東駿河の横穴式石室」『静岡県の横穴式石室』静岡県考古学会より転載（一部改変）。

第52図　宍戸信悟編 2000『三ノ宮・下谷戸遺跡（№14）Ⅱ』かながわ考古学財団調査報告76　第一東海自動車道厚木・大井松田間拡幅工事に伴う調査報告17─伊勢原市内─　㈶かながわ考古学財団より転載。

第53図　竹内直文 1998『馬坂　馬坂遺跡・馬坂上古墳群発掘調査報告書』磐田市教育委員会より転載。

第54図　武井　勝ほか 2000『神奈川県秦野市桜土手古墳群の調査（第二次）』桜土手古墳群第二次発掘調査団より転載。

第55図　1：日野市史編さん委員会 1984「平山遺跡」『日野市史史料集 考古資料編』　253-310頁／2：梅村清春・田端　勉ほか 1974「秋葉高根古墳群」『豊田市埋蔵文化財調査集報』第1集　古墳Ⅰ　豊田市教育委員会よりそれぞれ転載、改変して作成。

第56図　小林三郎・熊野正也編 1976『法皇塚古墳』市立市川博物館研究調査報告第三冊　市立市川博物館より転載、改変して作成。

第57図　丸子　亘・渡辺智信ほか 1978『城山1号前方後円墳』小見川町教育委員会より転載、改変して作成。

第58図　下記文献よりそれぞれ転載、改変して作成。

1：日野市史編さん委員会 1984「万蔵院台遺跡」『日野市史史料集 考古資料編』／2・3：田尾誠俊 2008「登尾山古墳・埒面古墳」広瀬和雄・池上悟編『武蔵と相模の古墳』季刊考古学・別冊15　雄山閣

第59図　石室図：下記文献よりそれぞれ転載、改変して作成／地図ほか：筆者作成。

1・2：田尾誠俊 2008「登尾山古墳・埒面古墳」広瀬和雄・池上悟編『武蔵と相模の古墳』季刊考古学・別冊15　雄山閣／3：日野市史編さん委員会 1984「万蔵院台遺跡」『日野市史史料集 考古資料編』／4：小林三郎・熊野正也編 1976『法皇塚古墳』市立市川博物館研究調査報告第三冊　市立市川博物館／5：丸子　亘・渡辺智信ほか 1978『城山1号前方後円墳』小見川町教育委員会／6：宍戸信悟編 2000『三ノ宮・下谷戸遺跡（№14）Ⅱ』かながわ考古学財団調査報告76　第一東海自動車道厚木・大井松田間拡幅工事に伴う調査報告17─伊勢原市内─　㈶かながわ考古学財団／7：武井　勝ほか 2000『神奈川県秦野市桜土手古墳群の調査（第二次）』桜土手古墳群第二次発掘調査団／8：日野市史編さん委員会 1984「平山遺跡」『日野市史史料集 考古資料編』／9：小沢　洋 1992『西原古墳』富津市教育委員会／10：椙山林継 1986「内裏塚古墳群の年代」『千葉県富津市内裏塚古墳群測量調査報告書』千葉県教育委員会

第3章
第2節

第60図　飯塚　誠・徳江秀夫 1993『少林山台遺跡』群馬県埋蔵文化財調査事業団報告第153集　㈶群馬県埋蔵文化財調査事業団より転載、改変して作成（2号墳・17号墳：石室図は一部再トレースの上、合成）。

第61図　中澤貞治 1978『蟹沼東古墳群・宮貝戸下遺跡』伊勢崎市教育委員会／中澤貞治 1979『蟹沼東古墳群』伊勢崎市教育委員会／中澤貞治 1981『蟹沼東古墳群』伊勢崎市教育委員会／須長

図版出典

	泰一 1988『蟹沼東古墳群』伊勢崎市教育委員会より転載、作成。
第62図	福田紀雄ほか 1980「西大室遺跡群」『宮田遺跡群 西大室遺跡群 清里南部遺跡群』前橋市教育委員会より転載、作成。
第63図	横沢克明 1981「権現山2号古墳」『群馬県史』資料編3 原始古代3　群馬県　597-607頁より転載、作成。
第64図	梅澤重昭ほか 1983『奥原古墳群』㈶群馬県埋蔵文化財調査事業団　より転載、作成。
第65図	土生田純之ほか 2003『剣崎長瀞西5・27・35号墳』専修大学文学部考古学研究室報告第1冊　専修大学文学部考古学研究室より転載、作成。
第66図	下記文献よりそれぞれ転載、改変して作成。 観音山古墳：徳江秀夫ほか 1998『綿貫観音山古墳Ⅰ　墳丘・埴輪編』群馬県埋蔵文化財調査事業団調査報告第242集　㈶群馬県埋蔵文化財調査事業団／観音塚古墳：高崎市教育委員会 1992『観音塚古墳調査報告書』／巖穴山古墳：梅澤重昭・新井　萌 1981「巖穴山古墳」『群馬県史』資料編3 原始古代3　群馬県

第3節

第67図	下記文献よりそれぞれ転載、改変して作成。 1：観音塚古墳：高崎市教育委員会 1992『観音塚古墳調査報告書』／2：石川正之助 1981「野殿天王塚古墳」『群馬県史』資料編3 原始古代3　群馬県／3：田村　孝ほか 1981『石原稲荷山古墳』高崎市文化財調査報告第23集　高崎市教育委員会／4：市橋一郎・大澤伸啓・足立佳代 1995「足利公園古墳群第5次発掘調査」『平成5年度埋蔵文化財発掘調査』足利市埋蔵文化財報告第27集　足利市教育委員会（見取り図：坪井正五郎 1888「足利古墳発掘報告」『東京人類学会雑誌』第3巻第30号　東京人類学会）
第68図	1：前原　豊ほか 1992『後二子古墳・小二子古墳』大室公園史跡整備事業に伴う範囲確認調査概報Ⅰ　前橋市教育委員会／2：志村　哲 1988『伊勢塚古墳・十二天塚古墳』範囲確認調査報告書Ⅲ　藤岡市教育委員会よりそれぞれ転載、改変して作成。

第4節

第69図	筆者作成。
第70図	酒井清治・藤野一之・三原翔吾編 2009『群馬・金山丘陵窯跡群Ⅱ―菅ノ沢遺跡（須恵器窯跡群・古墳群）・巖穴山古墳の発掘調査報告―』駒澤大学考古学研究室より転載、作成。
第71図	梅沢重昭 1981「亀山京塚古墳」『群馬県史』資料編3 原始古代3　群馬県より転載、作成。
第72図	下記文献よりそれぞれ転載、改変して作成。 1：群馬県古墳時代研究会 1999『群馬県内の横穴式石室Ⅱ（東毛編）』群馬県古墳時代研究会資料集第4集／2：谷津浩司 2000「Ⅱ 東矢島古墳群（割地山古墳）」『市内遺跡ⅩⅥ』太田市教育委員会／3：天笠洋一 1991「西長岡東山古墳群（第Ⅲ次）A区」『埋蔵文化財発掘調査年報』1　太田市教育委員会／4：井上唯雄 1987「第4章 古墳　第5節 小金井・天良地区」『新田町誌』第2巻　資料編（上）原始・古代 中世 近世　新田町
第73図	木暮仁一 1981「『綜覧』沢野村102号古墳」『群馬県史』資料編3 原始古代3　群馬県より転載。
第74図	1：石川正之助 1981『群馬県史』資料編3 原始古代3　群馬県　93-101頁／2：陵墓調査室 2008「黄金塚陵墓参考地墳丘および石室内現況調査報告」『書陵部紀要』第59号　陵墓課よりそれぞれ転載、改変して作成。
第75図	酒井清治・藤野一之・三原翔吾編 2009『群馬・金山丘陵窯跡群Ⅱ―菅ノ沢遺跡（須恵器窯跡群・古墳群）・巖穴山古墳の発掘調査報告―』駒澤大学考古学研究室より転載、改変して作成。

第76図　酒井清治・藤野一之・三原翔吾編 2009『群馬・金山丘陵窯跡群Ⅱ―菅ノ沢遺跡（須恵器窯跡群・古墳群）・巖穴山古墳の発掘調査報告―』駒澤大学考古学研究室より転載、改変して作成。
第77図　酒井清治・藤野一之・三原翔吾編 2009『群馬・金山丘陵窯跡群Ⅱ―菅ノ沢遺跡（須恵器窯跡群・古墳群）・巖穴山古墳の発掘調査報告―』駒澤大学考古学研究室より転載、改変して作成。
第78図　酒井清治・藤野一之・三原翔吾編 2009『群馬・金山丘陵窯跡群Ⅱ―菅ノ沢遺跡（須恵器窯跡群・古墳群）・巖穴山古墳の発掘調査報告―』駒澤大学考古学研究室より転載。
第79図　石川和孝ほか 1986『西長岡横塚古墳群発掘調査概報』太田市教育委員会より転載。

第4節
第80図　中村太一 1996『日本古代国家と計画道路』吉川弘文館より転載、改変して作成。

第4章
第1節
第81図　石室図：下記文献よりそれぞれ転載、改変して作成／地図ほか：筆者作成。
1：小玉道明・下村登良男・村上善雄 1968『志摩・おじょか古墳発掘調査概要』阿児町教育委員会／2：土生田純之 1988「中ノ郷（穴観音）古墳横穴式石室実測調査報告」『西三河の横穴式石室 資料編』愛知大学日本史専攻会考古学部会（通称・史学科考古学研究会）／3：斎藤嘉彦・山口　豊ほか 1981『経ヶ峰1号墳』岡崎市教育委員会

第82図　下記文献よりそれぞれ転載、改変して作成。
1：小玉道明 1988『井田川茶臼山古墳』三重県教育委員会／2：森　泰通・田中慎也・川口昌代編 2001『不動1・2号墳 山ノ神古墳 神明神社古墳』豊田市埋蔵文化財発掘調査報告書第16集　豊田市教育委員会／3：森　泰通ほか 1995『池ノ表古墳』豊田市埋蔵文化財発掘調査報告書第4集　豊田市教育委員会／4：愛知大学日本史専攻会考古学部会（通称・史学科考古学研究会）1988『西三河の横穴式石室 資料編』よりそれぞれ転載、改変して作成。

第83図　石室図：下記文献よりそれぞれ転載、改変して作成／地図ほか：筆者作成。
1：大工原豊ほか編 2003『簗瀬二子塚古墳・簗瀬首塚古墳』安中市教育委員会／2：松本浩一 1981「正円寺古墳」『群馬県史』資料編3 原始古代3　群馬県／3：前橋市教育委員会 2005『大室古墳群 史跡前二子古墳・中二子古墳・後二子古墳ならびに小古墳』保存整備事業報告書／4：加部二生 1989「王山古墳」『東日本における横穴式石室の受容』第10回三県シンポジウム　千曲川水系古代文化研究所・北武蔵古代文化研究会・群馬県考古学研究所／5：大江正行 1990『本郷的場古墳群』群馬県埋蔵文化財調査事業団調査報告第108集　群馬県教育委員会・㈶群馬県埋蔵文化財調査事業団／6：尾崎喜左雄 1958「群馬県佐波郡轟山A号墳」『日本考古学年報』7（昭和29年度）　日本考古学協会／7・8：増田逸朗 1989「北塚原古墳群」『東日本における横穴式石室の受容』第10回三県シンポジウム　千曲川水系古代文化研究所・北武蔵古代文化研究会・群馬県考古学研究所／9：栃木県古墳勉強会 2004「中山（将門霊神）古墳調査報告」『栃木県考古学会誌』第25集　栃木県考古学会／10：斉藤光利・秋元陽光・大橋泰夫 1992『別所山古墳』南河内町教育委員会／11：高橋鑛吉 1899「下野国河内郡豊里村宮下ノ古墳」『東京人類学会雑誌』東京人類学会／12：福田定信編 1988『飯塚古墳群発掘調査概報Ⅰ』小山市教育委員会／13：常川秀夫 1988『小野巣根4号墳』岩舟町教育委員会／14：関根穂高・今村利幸ほか 1985『権現山古墳―北山古墳群調査報告Ⅰ―』宇都宮市教育委員会／平岡和夫・高野浩之ほか 2001『高崎山古墳群西支群第2号墳・第3号墳』山武考古学研究所・新治村教育委員会

第84図　下記文献よりそれぞれ転載、改変して作成。

図版出典

　　　　　1：中島陽一・門脇伸一 1994『酒巻21号墳（2次）白山愛宕山古墳（1、2次）白山2号墳』行田市教育委員会／2：埼玉県 1982「若宮八幡古墳」『新編　埼玉県史』資料編2／3：金井塚良一・小峯啓太郎 1964「東松山市冑塚古墳発掘調査報告」『台地研究』No.14　台地研究会／4：埼玉県教育委員会 1974『田木山・弁天山・舞台・宿ヶ谷戸・附川』／5：田中広明 1989「緑泥片岩を運んだ道―変容する在地首長層と労働差発権―」『土曜考古』第14号　土曜考古学研究会

第85図　1：坂詰秀一・小林三郎・塚原二郎・紺野英二編 2005『武蔵府中熊野神社古墳』府中市埋蔵文化財調査報告第37集　府中市教育委員会／2：高橋千晶 1995「北大谷古墳」『多摩地区所在古墳確認調査報告書』多摩地区所在古墳確認調査団よりそれぞれ転載、改変して作成。

第86図　下記文献より、すべて再トレースして作成。
　　　　　1・2：大橋泰夫 1990「下野における古墳時代後期の動向―横穴式石室の分析を通して―」『古代』第89号　早稲田大学考古学会／3：秋元陽光・大橋泰夫・水沼良浩 1989「国分寺町甲塚古墳調査報告」『栃木県考古学会誌』第11集　栃木県考古学会／4：秋元陽光・大橋泰夫 1988「栃木県南部の古墳時代後期の首長墓の動向―思川・田川水系を中心として―」『栃木県考古学会誌』第9集　栃木県考古学会／5：小森紀男・松岡貴直 1991「国分寺町丸塚古墳第一次調査報告」『栃木県しもつけ風土記の丘資料館年報』第5号（平成2年度版）栃木県教育委員会

第87図　下記文献よりそれぞれ転載、改変して作成。
　　　　　1：平岡和夫・折原洋一ほか 1996『不動塚古墳』山武考古学研究所／2：平岡和夫・折原洋一ほか 1995『蕪木5号墳』山武考古学研究所／3：白石太一郎・杉山晋作編 1996「千葉県成東町駄ノ塚古墳発掘調査報告」『国立歴史民俗博物館研究報告』第65集　国立歴史民俗博物館／4：千葉隆司ほか 2000『風返稲荷山古墳』霞ヶ浦町教育委員会／5：生田目和利 1988「船玉装飾古墳」『関城町史　別冊史料編―関城町の遺跡―』関城町

第88図　1：丸子　亘・渡辺智信ほか 1978『城山1号前方後円墳』小見川町教育委員会／2：小林三郎・熊野正也編 1976『法皇塚古墳』市立市川博物館研究調査報告第三冊　市立市川博物館よりそれぞれ転載、改変して作成。

第89図　下記文献からそれぞれ転載、改変して作成。
　　　　　1：観音塚古墳：高崎市教育委員会 1992『観音塚古墳調査報告書』／2：石川正之助 1981「野殿天王塚古墳」『群馬県史』資料編3　原始古代3　群馬県／3：田村　孝ほか 1981『石原稲荷山古墳』高崎市文化財調査報告第23集　高崎市教育委員会

第90図　深澤敦仁編 2004『多田山古墳群　今井三騎堂遺跡・今井見切遺跡―古墳時代編―』多田山住宅団地造成事業に伴う埋蔵文化財調査報告書第1集　群馬県埋蔵文化財調査事業団調査報告書第328集　㈶群馬県埋蔵文化財調査事業団より転載。

第91図　下記文献よりそれぞれ転載、改変して作成。
　　　　　1：伊達宗泰ほか 1972「烏土塚古墳」『奈良県史跡名勝天然記念物調査報告』第27冊　奈良県教育委員会／2：坂　靖編 1994『平林古墳』當麻町埋蔵文化財調査報告第3集　當麻町教育委員会／3：安井良三編 1994『河内愛宕塚古墳の研究』八尾市立歴史民俗資料館／4：網干善教 1960「御所市古瀬「水泥蓮華文石棺古墳」及び「水泥塚穴古墳」の調査」『奈良県史跡名勝天然記念物調査抄報』第14輯　奈良県教育委員会

第2節
　第92図　柳沢一男による図をもとに作成（柳沢一男 2006「5〜6世紀の韓半島西南部と九州―九州系埋葬施設を中心に―」『加耶、洛東江에서 栄山江으로』第12回加耶史国際学術会議　金海市）

石室図：下記文献からそれぞれ転載、改変して作成／地図ほか：筆者作成。

1：李栄文 1990『長城 鈴泉里横穴式石室墳』全南大学校博物館／2：尹根一・林永珍ほか 2001『羅州 伏岩里3号墳』国立文化財研究所／3・4：林永珍 1994「光州 月桂洞의 古墳2基」『韓国考古学報』31　韓国考古学会／5：柳沢一男 2001「全南地方の栄山江型横穴式石室の系譜と前方後円墳」『朝鮮学報』第179輯　朝鮮学会／6：朴仲煥 1996『光州 明花洞古墳』国立光州博物館学術叢書第29冊　国立光州博物館／7：国立光州博物館 2005『国立光州博物館（日本語版）』（展示図録第3次増補版）／8：徐聲勲・成洛俊 1984『海南 月松里 造山古墳』国立光州博物館学術叢書4輯　国立光州博物館・百済開発研究院／9：殷和秀・崔相宗 2001『海南方山里長鼓峰古墳試掘調査報告書』国立光州博物館学術叢書第38冊　国立光州博物館／10：沈奉謹編　2005　『固城松鶴洞古墳群　第1号墳発掘調査報告書』古蹟調査報告第37冊　東亞大学校博物館／11：金奎運・金俊植 2009「泗川 船津里 石室墳」『嶺南考古学』第48號　嶺南考古学会／12：趙栄済・柳昌煥・河承哲・孔智賢 2004『宜寧 雲谷里古墳群』慶尚大学校博物館研究叢書第22輯　慶尚大学校博物館／13：趙栄済・柳昌煥 2004『宜寧 景山里古墳群』慶尚大学校博物館研究叢書第28輯　慶尚大学校博物館／14：河承哲ほか 2006『巨済 長木古墳』慶南発展研究院歴史文化センター調査研究報告書第40冊　慶南発展研究院歴史文화센터

第93図　下記文献よりそれぞれ転載、改変して作成。

1：前橋市教育委員会 2005『大室古墳群 史跡前二子古墳・中二子古墳・後二子古墳ならびに小古墳』保存整備事業報告書／2：沈奉謹編 2005『固城松鶴洞古墳群　第1号墳発掘調査報告書』古蹟調査報告第37冊　東亞大学校博物館／3：金奎運・金俊植 2009「泗川 船津里 石室墳」『嶺南考古学』第48號　嶺南考古学会／4：殷和秀・崔相宗 2001『海南方山里長鼓峰古墳試掘調査報告書』国立光州博物館学術叢書第38冊　国立光州博物館

第94図　下記文献よりそれぞれ転載、改変して作成。

1：沈奉謹編 2005『固城松鶴洞古墳群　第1号墳発掘調査報告書』古蹟調査報告第37冊　東亞大学校博物館／2：殷和秀・崔相宗 2001『海南方山里長鼓峰古墳試掘調査報告書』国立光州博物館学術叢書第38冊　国立光州博物館／3：前橋市教育委員会 2005『大室古墳群 史跡前二子古墳・中二子古墳・後二子古墳ならびに小古墳』保存整備事業報告書

第95図　下記文献よりそれぞれ転載、改変して作成。

1：趙栄済・朴升圭・柳昌煥ほか 1994『宜寧 中洞里古墳群』慶尚大学校博物館研究叢書第12輯　慶尚大学校博物館／2：定森秀夫・吉井秀夫・内田好昭 1990「韓国慶尚南道晋州水精峯2号墳・玉峯7号墳出土遺物─東京大学工学部建築史研究室所蔵資料の紹介─」『朱雀』第3集　京都文化博物館／3：国立昌原文化財研究所 1999『咸安道項里古墳群Ⅱ』学術調査報告第7輯／4：国立昌原文化財研究所 2005『固城 内山里古墳群Ⅱ』学術調査報告第30輯

第3節

第96図　白井久美子による分布図をもとに作成（白井久美子 2003「御前鬼塚古墳・瀧台古墳・清和乙遺跡」㈶千葉県史料研究財団編『千葉県の歴史』資料編　考古2（弥生・古墳時代）千葉県）／地図：国土地理院発行地形図「八日市場」の一部を転載・改変。

第97図　浜名徳永・安藤鴻基ほか 1975『関向古墳発掘調査概報』関向古墳発掘調査団より転載、改変して作成。

第98図　㈶千葉県史料研究財団編 2002『千葉県史編さん資料 千葉県古墳時代関係資料』千葉県より転載、改変して作成。

第99図　1・2：澁谷恵美子編 2007『飯田における古墳の出現と展開』資料編　飯田市教育委員会／

図版出典

　　　　　3・4：金基雄 1978『伽倻の古墳』学生社よりそれぞれ転載、改変して作成。
第100図　1：福本　寛 2004『猫迫1号墳』田川市文化財調査報告書第11集　田川市教育委員会／2：佐田　茂ほか 1984『セスドノ古墳』田川市文化財調査報告書第3集　田川市教育委員会よりそれぞれ転載、改変して作成。
第101図　石室図：下記文献よりそれぞれ転載、改変して作成／地図ほか：筆者作成。
　　　　　1：小野田勝一 1984「栄巌古墳調査概報」『田原の文化』第10号　田原町教育委員会／2：小野田勝一ほか 1978『鬼堕古墳』赤羽根町教育委員会
第102図　左上地図：白井久美子による水域復元をもとに作成（白井久美子 2002『古墳から見た列島東縁世界の形成―総武・常総の内海をめぐる古墳文化の相剋―』千葉大学考古学研究叢書2 平電子印刷所）／右下地図：筆者作成（国土地理院発行1：200,000地勢図「千葉」をトレースして作成）。
第103図　1〜4：筆者撮影（2013年3月）。
第104図　石室図：滝口　宏・久地岡榛雄編 1963『はにわ』日本経済新聞社より転載、作成／地図ほか：筆者作成。
第105図　石室図：下記文献よりそれぞれ転載、改変して作成／地図ほか：筆者作成。
　　　　　1：巽　三郎 1978『秋葉山古墳群』御坊市教育委員会／2：巽　三郎 1978『崎山14号墳（切目崎の塚穴）―発掘調査報告書―』印南町教育委員会

終章

第106図　滝川邦彦編 2007『台ヶ鼻古墳』佐渡市埋蔵文化財調査報告書第14集　佐渡市教育委員会より転載、改変して作成。
第107図　甘粕　健・橋本博文・白石典之編 1996『磐舟浦田山古墳群発掘調査報告書』村上市教育委員会より転載、改変して作成。
第108図　1：劉茂源・沢下孝信・高橋学時 1982「玉葛窟古墳」唐津湾周辺遺跡調査委員会編『末盧国　佐賀県唐津市・東松浦郡の考古学的調査研究』〔本文編〕　六興出版／2：岡崎　敬・本村豪章 1982「島田塚古墳」唐津湾周辺遺跡調査委員会編『末盧国　佐賀県唐津市・東松浦郡の考古学的調査研究』〔本文篇〕　六興出版よりそれぞれ転載、改変して作成。
第109図　石室図：下記文献よりそれぞれ転載、改変して作成／地図ほか：筆者作成。
　　　　　1：殷和秀・崔相宗 2001『海南方山里長鼓峰古墳試掘調査報告書』国立光州博物館学術叢書第38冊　国立光州博物館／2：沈奉謹編 2005『固城松鶴洞古墳群　第1号墳発掘調査報告書』古蹟調査報告第37冊　東亞大学校博物館／3：金奎運・金俊植 2009「泗川 船津里 石室墳」『嶺南考古学』第48號　嶺南考古学会／4：定森秀夫・吉井秀夫・内田好昭 1990「韓国慶尚南道晋州水精峯2号墳・玉峯7号墳出土遺物―東京大学工学部建築史研究室所蔵資料の紹介―」『朱雀』第3集　京都文化博物館／5：趙栄済・朴升圭・柳昌煥ほか 1994『宜寧 中洞里古墳群』慶尚大学校博物館研究叢書第12輯　慶尚大学校博物館／6：滝川邦彦編 2007『台ヶ鼻古墳』佐渡市埋蔵文化財調査報告書第14集　佐渡市教育委員会／7：劉茂源・沢下孝信・高橋学時 1982「玉葛窟古墳」唐津湾周辺遺跡調査委員会編『末盧国　佐賀県唐津市・東松浦郡の考古学的調査研究』〔本文編〕　六興出版／8：岡崎　敬・本村豪章 1982「島田塚古墳」唐津湾周辺遺跡調査委員会編『末盧国　佐賀県唐津市・東松浦郡の考古学的調査研究』〔本文篇〕　六興出版／9：澁谷恵美子編 2007『飯田における古墳の出現と展開』資料編　飯田市教育委員会／10：大工原豊ほか編 2003『簗瀬二子塚古墳・簗瀬首塚古墳』安中市教育委

員会／11：前橋市教育委員会 2005『大室古墳群 史跡前二子古墳・中二子古墳・後二子古墳ならびに小古墳』保存整備事業報告書

第110図 西井龍儀・細川眞樹・上野 章・大野 究「朝日長山古墳」『氷見市史』7 資料編五 考古 氷見市よりそれぞれ転載、改変して作成。

第111図 1：洪志潤・南珍珠 1998『尚州 新興里古墳群（Ⅳ）―라地区―』学術調査報告第7冊 韓国文化財保護財団釜山・釜山地方国土管理庁／2・3：沈奉謹ほか 1992『昌寧校洞古墳群』古蹟調査報告第21冊 東亞大学校博物館

第112図 下記文献よりそれぞれ転載、改変して作成。
1：福井県遠敷郡上中町教育委員会編 1992『向山1号墳』福井県遠敷郡上中町教育委員会／2：清喜裕二 2012「福井県西塚古墳出土遺物の来歴調査について」『書陵部紀要』第63号〔陵墓篇〕宮内庁書陵部陵墓課／3：中司照世・鈴木篤英・宮崎 認 1997「十善ノ森古墳」中司照世編『若狭地方主要前方後円墳総合調査報告書』福井県教育委員会／4：入江文敏 1986「獅子塚古墳」『福井県史』資料編13 考古 福井県 図版編（図版454-457）／5：入江文敏 1986「丸山塚古墳」『福井県史』資料編13 考古 福井県 図版編（図版476-479）よりそれぞれ転載、改変して作成。

第113図 下記文献よりそれぞれ転載、改変して作成。
1～3：中司照世・鈴木篤英・宮崎 認 1997「十善ノ森古墳」中司照世編『若狭地方主要前方後円墳総合調査報告書』福井県教育委員会／4：入江文敏 2012「北陸地方における馬匹生産と馬具の様相（1）」『郷土研究部活動報告』第6号 福井県立若狭高等学校郷土研究部／5：永江寿夫・堀田直志編 2005『大谷古墳』上中町文化財調査報告第10集 上中町教育委員会

第114図 1：前原 豊 2013「前二子古墳の二つの調査から―明治・平成の発掘調査―」『古代東国文化シンポジウム 東アジアから見た前二子古墳資料集』第2回古代東国文化サミット～グ グっとぐんま・大室古墳フェスタ～ 群馬歴史文化遺産発掘・活用・発信実行委員会／2～4：大工原豊ほか編 2003『簗瀬二子塚古墳・簗瀬首塚古墳』安中市教育委員会よりそれぞれ転載、改変して作成。

第115図 石室図：下記文献よりそれぞれ転載、改変して作成／地図ほか：筆者作成。
1：小林三郎・熊野正也編 1976『法皇塚古墳』市立市川博物館研究調査報告第三冊 市立市川博物館／2：丸子 亘・渡辺智信ほか 1978『城山1号前方後円墳』小見川町教育委員会／3：戸倉茂行 2004「金鈴塚古墳の調査」『平成14・15年度木更津市内遺跡発掘調査報告書―茅野1号墳・金鈴塚古墳―』木更津市教育委員会／4：小沢 洋 2008『千葉県富津市 内裏塚古墳群総覧』富津市教育委員会／5：小沢 洋 1992『西原古墳』富津市教育委員会／6：椙山林継 1986「内裏塚古墳群の年代」『千葉県富津市内裏塚古墳群測量調査報告書』千葉県教育委員会／7：浜名徳永・安藤鴻基ほか 1975『関向古墳発掘調査概報』関向古墳発掘調査団／8・9：滝口 宏・久地岡榛雄編 1963『はにわ』日本経済新聞社

第116図 左：松尾昌彦 2002『古墳時代東国政治史論』雄山閣／右：中村太一 1996『日本古代国家と計画道路』吉川弘文館より転載、改変して作成。

第117図 石室図：下記文献よりそれぞれ転載、改変して作成／地図ほか：筆者作成。
1：小林三郎ほか 1983『宮中野古墳群発掘調査概報―昭和57年度・大塚古墳発掘調査概要―』鹿嶋町教育委員会／2：市毛 勲編 1970『宮中野古墳群調査報告』茨城県教育委員会／3：小沢 洋 1985『二間塚遺跡群確認調査報告書Ⅱ』富津市教育委員会／4：大塚初重 1975「千葉県岩屋古墳の再検討」『駿台史学』第37号 駿台史学会

あとがき

　本書は、筆者が2009年9月30日に専修大学大学院文学研究科に提出した博士学位請求論文『関東における横穴式石室の系譜と地域社会の実相』(2010年3月22日学位取得)に基づき、その後の研究成果や新出資料、用語の統一などを踏まえ、旧稿に大幅な加除改筆・改訂を行ない、補節および新稿を加えて一冊にまとめたものである。本書を成すにあたり、学位請求論文のご指導をいただいた審査委員主査の土生田純之先生、副査の酒井清治先生、荒木敏夫先生、矢野建一先生に、心より感謝を申し上げたい。

　本書に所収した各章各節における初出論文の出典は以下のとおりである。
〔初出一覧〕
序　章　本書の視点と課題（下記両稿をもとに大幅に加除改筆・改訂し、再構成したもの）
　　原題「横穴式石室の系譜と地域性―研究の現状と課題―」(『季刊考古学』第106号、雄山閣、2009年)
　　原題「横穴式石室（含棺）」(土生田純之・亀田修一編『古墳時代研究の現状と課題』上・古墳研究と
　　　　地域史研究、同成社、2012年)
第1章　横穴式石室の導入とその特質
　第1節　横穴式石室導入の一側面―常陸高崎山2号墳の横穴式石室―
　　原題「常陸高崎山西2号墳の横穴式石室に関する再検討―関東における横穴式石室導入の評価
　　　　をめぐって―」(『茨城県考古学協会誌』第17号、茨城県考古学協会、2005年)を加除改筆。
　第2節　上野・下野の横穴式石室―導入と地域色―
　　原題「上毛野・下毛野の横穴式石室―導入と地域色―」(右島和夫・若狭徹・内山敏行編『古墳
　　　　時代毛野の実像』季刊考古学別冊17、雄山閣、2011年)を一部改訂。
第2章　横穴式石室の展開と地域社会の諸相
　第1節　常陸南部における横穴式石室の系譜と地域性
　　原題「常陸南部における横穴式石室の系譜と地域性」(『専修考古学』第10号、専修大学考古学会、
　　　　2004年)を改訂・加筆（補節）。
　第2節　下野の刳り抜き玄門をもつ横穴式石室
　　原題「刳り抜き玄門を有する横穴式石室の比較検討―下野の事例とその評価をめぐる基礎的作
　　　　業―」(『専修考古学』第11号、専修大学考古学会、2005年)を改訂・加筆（補節）。
　第3節　北武蔵における横穴式石室の動向とその系譜
　　原題「北武蔵における横穴式石室の動向とその系譜」(『専修史学』第44号、専修大学歴史学会、
　　　　2008年)を改訂・加筆（補節）。
　第4節　南関東の横穴式石室―東京湾沿岸諸地域の様相から―
　　原題「南関東における横穴式石室の諸系譜―東京湾沿岸諸地域の様相から―」(『専修史学』第
　　　　49号、専修大学歴史学会、2010年)を一部改訂・加筆。
第3章　横穴式石室に見る上野の歴史動向
　第1節　上野における横穴式石室研究の視角〔新稿〕

第2節　横穴式石室の構造と葬送儀礼の変化
原題「上野における横穴式石室葬送儀礼の変化―群集墳の事例を中心として―」(『古文化談叢』第52集、九州古文化研究会、2005年)を加除改筆・改訂。
第3節　羨道部に区画をもつ横穴式石室
原題「上野における羨道部に区画をもつ横穴式石室の検討」(『駒澤考古』第30号、駒澤大学考古学研究室、2005年)を一部改訂。
第4節　東毛地域における古墳終末への一様相
原題「東毛地域における古墳終末への一様相―巌穴山古墳および菅ノ沢古墳群の検討から―」(『群馬・金山丘陵窯跡群Ⅱ―菅ノ沢遺跡（須恵器窯跡群・古墳群）・巌穴山古墳の発掘調査報告』駒澤大学考古学研究室、2009年)を一部改訂。
第5節　横穴式石室から見た上野と畿内の関係性〔新稿〕

第4章　石室系譜と地域間交流の史的理解
第1節　九州系石室の伝播と東国古墳の諸相（下記両稿をもとに加除改筆・改訂し、再構成したもの）
原題「関東における横穴式石室の動向とその特質―九州系石室の伝播をめぐって―」(杉井健編『九州系横穴式石室の伝播と拡散』日本考古学協会2007年度熊本大会分科会Ⅰ記録集、北九州中国書店、2009年)
原題「東海・関東の九州系横穴式石室」(『月刊考古学ジャーナル』№583、ニュー・サイエンス社、2009年)
第2節　関東の横穴式石室と朝鮮半島への視座―「長鼓峯類型石室」の提起する問題―
原題「関東における横穴式石室の特質と朝鮮半島への視座―「長鼓峯類型石室」の提起する問題―」(倉田芳生先生追悼論文集刊行委員会編『生産の考古学』Ⅱ、同成社、2008年)を一部改訂。
第3節　太平洋沿岸の海上交通と横穴式石室―千葉県匝瑳市関向古墳の石室構造から―
原題「太平洋沿岸の海上交通と横穴式石室―千葉県匝瑳市関向古墳の石室構造から―」(『駒澤考古』第38号、駒澤大学考古学研究室、2013年)を一部改訂。

終　章　古代国家の形成と東国社会〔新稿〕
ただし、原題「横穴式石室（含棺）」(土生田純之・亀田修一編『古墳時代研究の現状と課題』上　古墳研究と地域史研究、同成社、2012年)の内容の一部を含む。

あとがきを書くにあたり、茨城の実家の奥底に眠っていた国立科学博物館の展覧会図録の存在を思い出し、久しぶりに手に取ってみた(『中国の恐竜展―魚類から猿人までの4億年―』朝日新聞社、1981年)。4才の頃のこと、私が生まれて初めて見た展示であり、恐竜の化石・骨格復元が一堂に会されていた光景を今も鮮明に記憶している。それから毎年、両親に上野の博物館に連れていってほしいとせがみ、訪れては化石に限らず館内の隅々まで熟覧した思い出、これが博物館に興味をもつようになったきっかけであろう。

この幼少の頃から好奇心をかき立てられている「博物館」に、小中学生の頃から本やテレビで見聞きしていた「遺跡」や「発掘」、そして「考古学」という魅力を秘めた響きをもつ言葉、高校で一番好きになった歴史の授業で得た知識が加わり、これらを自分の拙い思考をもって紡いだ

あとがき

のが、私の現在に至る道程の原点と言える。振り返ると、大学で考古学を学び、将来はその職に就きたいと考えるようになったのは、ごく自然の流れであったように感じられる。

高校卒業後、駒澤大学に入学し、倉田芳郎先生、飯島武次先生のもとで考古学を学ぶようになる。同時に駒澤大学考古学研究会にも入り、この時から考古学を中心に据えた大学生活が始まった。倉田先生からは、日本考古学の歩みや研究視点・方法論のみならず、考古学がもつ魅力やその醍醐味をお教えいただき、また、飯島先生の講義では、はじめて見聞きする中国の遺跡や遺物のお話、登場する数々のスライド写真に魅了され、自らの足で各地に赴き、現地で調査するという研究姿勢を学ぶことができた。この入学した年に、倉田先生は古稀を迎えられご退職されたが、その後も考古学研究会の活動を暖かく見守りご指導いただけたことに、心より感謝している。

大学2年生から、新たに着任された酒井清治先生のご指導のもと、考古学の研究方法や発掘調査技術の習得を目指すようになる。毎年2回（夏期・春期休暇）、延べ約4ヶ月間に亘る発掘調査合宿に参加できるという貴重な機会を与えていただき、その他にも遺物整理・実測、報告書作成の作業を通して多くの知識や技術を学ぶことができた。こうした濃密な大学生活の中で、日頃から多くのご教示をいただいた諸先輩方、一緒に切磋琢磨してきた同輩・後輩の方々に深く感謝したい。また、博物館学をお教えいただいた太田喜美子先生には、考古学研究会の活動のみならず、埼玉県小川町や長野県望月町（現佐久市）の石造物調査を通して、実地踏査や資料化の方法など基礎から実践までをご指導いただき、現在もその経験が役立っている。

こうした中で、私が古墳時代を研究するようになったきっかけは、一言では表現できないものの、日頃から酒井先生のお話を直に聞ける機会に恵まれ、考古資料と徹底的に向き合って古墳時代を読み解くという先生の研究姿勢を傍らで拝見できた学問的環境が、何よりも大きい。加えて、2年生の夏に埼玉県行田市稲荷山古墳、冬から春に愛知県豊田市滝1号墳と、2つの古墳調査を経験できたことも大きく影響している。特に、滝1号墳の調査では事前の宿舎探しに始まり、墳丘測量・発掘調査から報告書作成まで一貫して携われたこと、特に現場で古墳構築方法をみんなで議論しながら、横穴式石室の実測や墳丘土層断面図の作成を経験できたことは、現在の研究視点にも結びついている。

さて、当時の駒澤大学の大学院には考古学専攻がなく、酒井先生に将来についてご相談させていただいたところ、専修大学大学院への進学を勧めていただき、学びの拠点を移すことになったが、博士論文審査の副査をお引き受けいただき、その後も暖かくご指導を賜っている酒井先生、そして、現在もより一層の親交を深めている駒澤大学考古学研究会の皆様に感謝申し上げたい。

専修大学大学院では修士課程、博士後期課程と指導教授の土生田純之先生に師事するなかで、自身の研究視野が大幅に広がったと実感している。先生の講義は考古学に留まらず、文献史学・国文学、あるいは文化人類学など多岐に及んでおり、教養に乏しい私をいつも諭すように厳しくも暖かくご指導いただいた。また、大学院在学中に群馬県高崎市剣崎長瀞西遺跡（5・27・35号墳）の遺物整理および報告書作成、前方後円墳である高崎市山名伊勢塚古墳の発掘調査および遺物整理から報告書作成に携われたことは、非常に大きな経験となった。当時に限らず、現在もご教示いただいている大学院の諸先輩方、共に学び活動してきた後輩の方々に感謝したい。

また、白石太一郎先生、岡内三眞先生、右島和夫先生、松尾昌彦先生による大学院の講義では、多くの知見を得る機会に恵まれ、自身の発表に対するご教示をその場で直に賜ることができたことに、深く感謝している。とりわけ、現在も変わらず叱咤激励をいただいている右島先生、松尾先生の恩情に報いることができるよう、今後も精進していきたい。他に、大学院では亀井明德先生の中国陶瓷史のゼミ、荒木敏夫先生の日本古代史のゼミにも参加させていただき、貴重な知識を与えていただけたこと、ゼミに参加している院生の諸先輩・同輩と交流が持てたことも、非常に刺激となった。

　ところで、土生田先生のご指導の中で、朝鮮考古学に関心をもたない者は、古墳時代を研究すべきではない、と日頃から朝鮮考古学の重要性を認識させていただけたことが、私の研究の大きな指針となった。博士後期課程に進学し、韓国留学への意志を強めるようになり、大学院を休学して2006年2月下旬から1年間、土生田先生のご紹介により、韓国の慶北大学校大学院考古人類学科に研究生として留学することができた。留学先の慶北大学校では、李白圭先生、李熙濬先生、朴天秀先生にご指導いただき、同大学校博物館の李在煥先生にも多大なご高配を賜り、心より感謝申し上げたい。とりわけ、朴天秀先生には資料調査や遺跡踏査のご助言から留学生活まで、公私ともに多くのご教示を賜った。そして、机を並べて共に考古学を学んだ慶北大学校の院生・学部生と過ごせた貴重な時間は、一生の宝物である。若輩者の私を暖かく受け入れていただいた韓国の諸先生方、研究者および院生・学部生の方々のご厚情に深く御礼申し上げたい。

　帰国後、2007年4月から大学院に復学し、専修大学東アジア世界史研究センター任期制助手として勤務させていただくことになった（平成19年度文部科学省オープン・リサーチ・センター整備事業「古代東アジア世界史と留学生」）。主に韓国における当該研究の動向把握を中心に担当し、ようやく軌道に乗り始めた頃、現在の職場である松戸市立博物館への就職が決まり、1年で退職することとなった。しかし、プロジェクト1年目の立ち上げに携われ、韓国の研究者との交渉や論文翻訳等も含め留学経験を活かすことができたことは大きな経験であり、本プロジェクトの中心であった荒木敏夫先生、矢野建一先生、飯尾秀幸先生をはじめ研究員の先生方、同僚であった助手の方々、同センターの関係者の方々に深く感謝したい。

　2008年より、松戸市立博物館の学芸員に奉職し、幸運にも古墳時代をご専門とされる岩崎卓也名誉館長、関根孝夫前館長、望月幹夫館長のご指導のもとで、学芸員業務に携わるようになった。多岐に亘る業務に奔走するなかで、日々勉強の毎日であるが、平成24年度企画展「東日本の古墳と渡来文化―海を越える人とモノ―」を企画・実施できたことは、これまでの留学経験や研究視点を一部ではあるものの、展示として表現できたのではないかと考えている。日頃から専門分野の枠を越えて多くのご助言をいただいている同僚の学芸員諸氏に感謝申し上げたい。

　最後に、遺漏を恐れてご氏名を掲げることができなかったが、本書を成すにあたりご高配を賜った多くの研究者の方々ならびに諸研究機関、諸先輩・同輩・後輩の方々に感謝の意を表したい。また、本書の出版を勧めていただいた土生田先生、出版をお引き受けいただいた雄山閣と、編集・校正のご尽力を賜った桑門智亜紀氏に心から御礼申し上げたい。そして、日頃から暖かく見守ってくれる家族に感謝の気持ちを込めて本書を捧げたい。

著者紹介

小林 孝秀（こばやし　たかひで）

1977 年　埼玉県川口市に生まれ、茨城県守谷市で育つ
2000 年　駒澤大学文学部歴史学科卒業
2003 年　専修大学大学院文学研究科修士課程修了
2006〜2007 年　大韓民国慶北大学校大学院考古人類学科留学
2010 年　専修大学大学院文学研究科博士後期課程修了、博士（歴史学）

2007〜2008 年　専修大学東アジア世界史研究センター任期制助手を経て、
2008 年より現在　松戸市立博物館 学芸員
（2009・2010 年度　専修大学文学部非常勤講師）

主な論著

『九州系横穴式石室の伝播と拡散』（北九州中国書店、2009 年、共著）
『古墳時代研究の現状と課題』（上・古墳研究と地域史研究、同成社、2012 年、共著）
「千葉県松戸市竹ヶ花古墳の再検討」『松戸市立博物館紀要』第21号、2014 年、共著）
など。

2014 年 5 月 25 日 初版発行　　《検印省略》

横穴式石室と東国社会の原像
（よこあなしきせきしつ　とうごくしゃかい　げんぞう）

著　者　　小林孝秀
発行者　　宮田哲男
発行所　　株式会社 雄山閣
　　　　　〒102-0071　東京都千代田区富士見2-6-9
　　　　　TEL　03-3262-3231(代)／FAX 03-3262-6938
　　　　　URL　http://www.yuzankaku.co.jp
　　　　　e-mail　info@yuzankaku.co.jp
　　　　　振替：00130-5-1685
印刷・製本　株式会社ティーケー出版印刷

©Takahide Kobayashi 2014　　　ISBN978-4-639-02314-2 C3021
Printed in Japan　　　　　　　　N.D.C.210 287p 27cm